인생 막다른 골목

인생 막다른 골목

1판 1쇄 인쇄 2026년 1월 10일
1판 1쇄 발행 2026년 1월 15일

지은이 김서택

발행인 한동인
펴낸곳 (주)씨뿌리는사람

등록번호 제2006-4호
주 소 경기도 이천시 경충대로 2096-4
(서울사무소) T. 741-5181, 4 F. 744-1634

책값은 뒤표지에 있습니다.

ISBN 978-89-90342-72-0

Web www.kclp.co.kr

"천국은 마치 사람이 자기 밭에 갖다 심은 겨자씨 한 알 같으니
이는 모든 씨보다 작은 것이로되 자란 후에는 나물보다 커서 나무가 되매
공중의 새들이 와서 그 가지에 깃들이느니라"(마 13:31-32)

인생 막다른 골목

김서택

씨뿌리는 사람

Prologue

프롤로그

저는 대구에 내려와서 목회를 한지 25년이 지나가 버렸습니다. 지난 25년 동안 교회에서 강해설교를 한다고 정신없이 설교 준비하고 설교했는데, 한 주에 서로 다른 설교를 다섯 개씩 준비해서 했습니다. 특히 설교는 준비하는 것이 설교하는 시간보다 오래 걸리고 힘이 몇 배나 드는 어려운 작업입니다. 그래서 25년 동안 오직 교회 외에는 아무것도 몰랐습니다. 가족도 만나지 못했고 친척들도 챙기지 못했고 친구들도 거의 만나지 못했고 제가 좋아하는 어학공부도 못하고 운동도 제대로 하지 못했습니다.

목회 중간에는 깊은 병까지 들어서 목회를 중단해야 하지 않을까 고민하던 때도 있었습니다. 그때 목회 중에 죽으면 영광이라는 생각을 하고 무조건 설교를 했습니다. 교회는 아름다운 부흥이 많이 있었습니다. 교인들도 거의가 보석으로 변했습니다. 그리고 그렇게 사랑하고 친했던 어르신들은 거의 다 돌아가셨습니다. 한때 교회 한쪽에는 할머니 부대가 있었는데, 그분들은 제 팬들이었습니다. 이분들은 설교를 마치고도 돌아가시지 않고 저를 꼭 만나고 악수를 하셔야 집으로 가셨습니다. 그러나 코로나를 지나고 난 후에 이 할머니들은 거의 다 돌아가셨습니다. 25년이라는 세월이 정말 눈 깜짝할 사이에 지나가 버리고 이제 저는 목회에서 정년으로 물러나게 되었습니다.

저는 그동안 교회만 생각했기 때문에 막상 정년이 되니까 아무것도 생각이 나지 않았습니다. 어디를 가야 할지도 모르겠고 무엇을 해야 할지도 알 수 없었습니다. '리어카를 하나 구해서 폐지를 주워야 하나? 주유소 같은 데 가서 기름을 넣어주는 아르바이트를 해야 할까? 아니면 개인택시 면허라도 따서 택시 운전이라도 할까?' 남은 인생을 어떻게 하면 가치 있게 보낼까 하는 것이 가장 어려운 문제였습니다.

저는 어렸을 때부터 제 삶을 돌아볼 때 이 이상 나아갈 수 없는 막다른 골목을 만날 때가 많았던 것을 생각했습니다. 어렸을 때 사나운 개에게 쫓기고 있었을 때, 막다른 골목에 갇혔던 것입니다. 또 청소년 시기에 대학을 진학해야 하는데, 집이 너무 가난해서 학교를 다니지 못했습니다. 그때 저에게 미래의 꿈을 생각할 수도 없었습니다. 결혼하고 난 후에도 "무엇을 먹을까, 무엇을 입을까 염려하지 말라"는 주님의 말씀만 붙들고 미친 사람처럼 청소년 캠프 사역을 하고 대학생 성경공부를 할 때도 있었습니다. 또 열 명도 채 안 되는 교인들을 집에 모아서 홈 처치를 하기도 했습니다. 그때 저는 이것이 과연 저의 길인지 아닌지 몰라서 고민을 많이 했습니다.

그 길고 긴 고난의 세월을 저는 성경을 묵상하면서 건너왔습니다. 그리고 길고 긴 개척교회와 대구동부교회 사역을 강해설교 하면서 건너왔습니다.

저는 나름대로 긴 갈등과 고민과 망설임 끝에 목회를 그만두지 않기로 결심했습니다. 왜냐하면 '설교'는 저의 부르심이고 '영혼을 건지는 것'은 제 생명 다하는 날까지 해야 할 일이라고 생각했기 때문입니다. 그래서 저는 또 개척교회를 시작하기로 결심했습니다. 그러나 이미 나이가 들어서 은퇴한 원로목사가 새로 개척교회를 시작한다는 것은 거의 불가능한 일이었습니다. 하지만 저와 몇 명의 교인들은 어느 돈가스집에서 모여 예배드리다가, 서울 가까이에 있는 고속열차 광명역 회의실을 주일에만 빌려서 예배를 드리게 되었습니다. 이제 장소가 준비되면 용인 쪽의 어느 상가로 들어갈 계획입니다. 이때 저는 대구동부교회를 은퇴하면서 설교 준비와 설교의 부담에서 좀 벗어났는데 정말 기분이 묘하고 이상했습니다. 과연 내가 이렇게 설교 준비나 설교를 안 해도 될까 하는 생각이 많이 들었기 때문입니다.

저는 이제까지 살아오면서 인생의 막다른 골목이라고 생각했던 순간에 하나님에게는 새로운 길이 준비되어 있다는 사실을 깨달았습니다. 성경을 보니까 살아가면서 유명하고 성공한 인물들은 모두 인생 막다른 골목에서 하나님을 붙잡고 성경을 의지해서 그 고비를 넘겼던 것을 너무나도 많이 볼 수 있습니다.

우리는 때때로 사나운 짐승에게 쫓기고, 어떤 때는 불량배에게 쫓기고, 어떤 때는 가난이나 질병에 쫓기면서 막다른 골목을 만날 때가 있습니다. 그러나 거기에 반드시 길이 있습니다. 우리는 모두 살아야 하고, 맹수와 가난과 반대와 핍박과 싸워서 이겨야 합니다.

어떤 교인은 아들이 젊어서 죽었는데, 그가 남긴 돈을 저에게 가지고 와서 영혼 살리는 데 써 달라고 한 어머니도 계셨습니다. 한 젊은 여집사님은 암 말기여서 돌아가시게 되었는데, 제가 심방을 가서 재미있게 이야기를 나누었습니다. 그 집사님은 그날 자기 은행에 있는 돈을 꺼내서 부치려고 했는데 그만 그날 돌아가셨습니다. 그러나 그 남편이 그 집사님의 돈을 모아서 영혼 살리는 데 써 달라고 제게 보내었습니다. 어떤 분은 집과 직장을 다 버리고 목사님의 영혼 살리는 일에 동참하겠다고 고향을 떠나기도 했습니다. 저는 폐지나 주워서 팔고 택시 운전이나 할까 했는데, 영혼의 가치와 설교의 가치를 아는 분들이 제 주위에 너무 많이 계셨습니다.

저는 어느 식당에서 모여 예배드릴 때와 KTX역 회의실을 빌려서 예배드릴 때 막다른 골목을 만나서 맹수와 싸우고 불량배와 싸우고 가난이나 죽음과 싸웠던 성경 이야기를 중심으로 계속 설교를 했습니다. 언젠가는 다시 연속 본문 강해설교로 돌아갈 것입니다. 그러나 이번에 크고 안정된 대구동부교회를 은퇴하고 아무것도 없는 허허벌판에서 몇 명 안 되는 교인들과 예배드리면서 설교했던 이 내용은 정말 우리 인생에 꼭 필요한 말씀이 아닌가 생각했습니다. 마치 예수님께서 보리떡 다섯 개와 물고기 두 마리로 오천 명을 먹이신 후에 남은 부스러기를 모으셨듯이 저도 그 부스러기를 모았습니다. 그래서 이 설교집은 열두 광주리 설교라고 보면 좋을 것입니다.

언제나 성경강해와 주해의 가치를 소중하게 생각하시고 저의 책을 아무 말씀 없이 출판하시는 〈씨뿌리는 사람〉의 한동인 시장님께 한없는 존경과 신뢰를 보냅니다. 아내는 은퇴하고 남편과 여행이나 다닐 줄 알았는데 또 목회한다니까 처음에는 이상하게 생각했지만, 지금은 저보다 더 훌륭한 목회자가 되어 있습니다. 딸과 사위와 인터넷 설교를 듣는 모든 분과 대구동부교회 교인들과 주기쁨교인들과 제자들교회 교인들과 그동안 저를 사랑하고 찾아오셔서 격려해주셨던 모든 분께 깊은 감사를 드립니다.

2025년 9월

동탄호수에서 김서택 목사

Contents

차 례

	프롤로그			05
막다른 골목	01	내 믿음이 작아졌을 때	왕상 20:13	13
	02	아무도 믿어주지 않을 때	왕상 22:6	23
	03	내가 누구인가?	왕하 1:9-10	34
	04	하나님이 보이지 않을 때	왕하 2:9	46
	05	해답이 없을 때	삼상 9:3	56
	06	어처구니 없는 일	삼상 11:1-2	66
	07	어디로 가야 하나	삼상 30:8	77
	08	성공만을 위한 인생	삼상 15:8-9	89
	09	무모한 신앙	삼상 14:6	101
	10	막다른 골목	삼상 24:3	113
	11	내 몸을 먹으라	마 26:26	125
	12	약한 자로 살아가기	왕하 4:8	134
	13	감당할 수 없는 시험	왕하 4:1	145
	14	버려진 인생	삿 11:1-2	155
	15	하나님께 대한 실망	창 12:1-2	168
	16	교활한 천재	삼하 17:1-2	180
	17	사람의 운명	눅 16:19-21	191
	18	사기에 넘어갔을 때	수 9:13	202
	19	짧은 머리의 기도	삿 16:28	214
	20	세 번의 구렁텅이	창 39:20	226

21	불가능한 말씀	왕하 7:1	238
22	먹고 사는 걱정	요 21:11	249
23	나사렛 예수의 이름	행 3:6-8	263
24	믿음이 없는 시대	막 9:23-24	275
25	응급 환자의 발생	민 21:6	283
26	생명의 발원지	눅 2:14	293
27	이리를 만난 양	마 10:16	303
28	물이 없는 곳	출 17:3	315
29	이길 수 없는 싸움	삼상 17:45	327
30	두려워하지 말라	막 5:36	338
31	가능성 제로의 인생	출 14:12-13	349
32	재앙의 도시	창 19:24-25	360
33	대인 공포	마 10:28-29	371
34	작은 결심	단 1:8-9	383
35	파면 통보	눅 16:2-3	396
36	해답을 찾는 방문	왕상 10:1-3	408
37	삶과 죽음의 사이	행 12:5	420
38	왕의 귀환	삼하 19:24	431
39	결단의 순간	출 2:2-3	441
40	천사와 씨름한 야곱	창 32:24-25	453

01 막다른 골목

내 믿음이 작아졌을 때

왕상 20:13

한 선지자가 이스라엘의 아합 왕에게 나아가서 이르되 여호와의 말씀이 네가 이 큰 무리를 보느냐 내가 오늘 그들을 네 손에 넘기리니 너는 내가 여호와인 줄을 알리라 하셨나이다

이 세상에는 유달리 약한 정신이나 몸을 가지고 태어나는 사람들이 있습니다. 키가 너무 작다든지 너무 마음이 약하다든지 하는 사람들은 학교에서나 직장생활에 잘 적응하지 못할 뿐 아니라 바보 취급당해서 사회생활을 못 하거나 심지어 자살하는 경우도 있습니다.

오래전에 제가 하는 청소년 캠프에 한 중학교 3학년 학생이 찾아왔습니다. 그 학생은 키가 1학년보다 작을 뿐 아니라 부모가 모두 장애인이었는데 목회를 하고 계셨습니다. 이 학생은 키가 너무 작아서 열등의식이 심했고 불우한 가정 형편 때문에 사춘기가 되면서 고민이 너무 많았습니다. 그래서 어느 날 저를 찾아왔습니다. 그리고 자기 집안 사정을 이야기하고 자기가 키가 작아서 다른 아이들에게 따돌림만 당한다고 고민과 불평을 털어 놓았습니다. 저는 그 아이의 머리에 손을 얹고 하나님께 이 아이의 키가 잘 자라도록 해달라고 기도했습니다. 그런데 놀랍게도 이 학생의 키는 그다음부터 한 해에 15cm씩 자라기 시작했습니다. 나중에 이 학생의 키는 185cm 정도까지 자라서 엄청나게 큰 키가 되었고, 후에 방송국의 카메라맨으로 취직하게 되었습니다.

북한의 판문점에서 근무했던 한 북한 병사는 남한의 K-Pop 노래를 너무나도 듣고 싶었습니다. 그 북한 병사는 자기가 남한으로 탈출하면 틀림없이 총에 맞겠지만 죽지만 않으면 남한의 의사들이 자기를 살릴 것이라는 작은 믿음을 가지고 있었습니다. 그 북한 병사는 지프차를 몰고 가다가 판문점 가까이 간 후 지프차에서 내려서 무작정 남쪽을 향해서 뛰었습니다. 그는 몸에 수도 없이 총알을 맞았지만 죽을 힘을 다해 남한을 향해서 뛰었고 나중에는 기어서 마침내 군사 분계선을 넘었습니다. 이 병사가 맞은 총알은 무려 사십 알이 넘었다고 합니다. 우리나라 측에서는 즉시 헬기를 띄어서 이 죽어가는 병사를 병원으로 옮겼습니다. 의사는 이 병사의 몸에 박혀 있는 총알을 다 제거했습니다. 그리고 엄청나게 많은 수혈을 했습니다. 그를 집도한 의사는 이 북한 병사에게 남한 청년 3만 명에게 수혈할 피를 당신에게 다 집어넣었다고 했습니다. 그리고 그 북한 병사는 병원에서 듣고 싶었던 K-Pop 가수들의 노래를 이제 실컷 듣고 있다고 했습니다.

모든 사람에게는 작은 믿음이 있습니다. 그런데 사람들은 자신의 작은 믿음이 아무 힘이 없다고 미리 단정하고 이 믿음 사용하기를 포기할 때가 많습니다. 그 결과는 실패이고 죽음입니다. 그러나 그 믿음을 포기하지 않고 끝까지 붙드는 자는 하나님께서 도와주셔서 어려움을 이기게 하십니다. 저는 어렸을 때 집이 너무 가난해서 희망이라는 것을 가질 수 없었습니다. 저에게는 미래가 없었습니다. 그러나 저는 교회를 다니고 있었기 때문에 작은 믿음을 가지고 있었습니다. 저는 절망이라는 것을 해 본 적이 없습니다. 저는 항상 긍정적이었습니다.

그리고 그렇게 오늘까지 살아왔습니다.

이스라엘 왕 중에는 하나님으로부터 멸망의 저주를 받은 왕이 있습니다. 그 왕은 아합인데, 우리가 잘 아는 소설《백경》에 나오는 선장 '에이합'과 이름이 같습니다. 아합은 하나님의 선지자들을 죽이고 바알 신에게 자기 신앙을 팔아먹었습니다. 그리고 작은 욕심을 포기하지 못해서 나봇을 죽이고 그의 포도원을 빼앗기도 했습니다. 그래서 하나님은 개가 나봇의 피를 핥던 곳에서 아합의 피를 핥을 것이라고 예언하셨습니다. 그는 저주와 멸망이 예정된 자였습니다. 그런데 그에게는 아주 작은 믿음이 있었고, 이스라엘 백성 중에도 작은 믿음을 가진 자가 있었습니다.

1. 멸망이 찾아옴

하나님께서 우리에게 시험을 주시거나 고난을 주실 때는 예고 없이 갑자기 재난이 일어날 때가 많습니다. 그러나 간혹 하나님께서는 미리 재난을 알려주실 때도 있습니다. 대표적인 예가 아브라함과 롯에게 하신 소돔과 고모라 멸망의 예언일 것입니다. 하나님의 천사가 소돔 성을 방문해서 롯에게 "이 성은 곧 멸망할 테니까 탈출해야 산다"고 알려준 것입니다. 그러나 롯은 많은 재물로 갈등하고 우왕좌왕하다가 골든타임을 놓치고 맙니다. 이럴 때는 다른 것은 다 버리고 사람의 목숨만 살리는 것이 사는 길입니다.

하나님은 아합과 이스라엘을 멸망시키기 위하여 멸망자를 보내셨습니다. 그 멸망자는 북쪽의 아람 왕 벤하닷과 그와 동맹한 32명의 왕이었습니다. 그들은 아합 왕과 이스라엘 모든 중요한 사람들이 다 있는 사마리아 성을 말과 병거로 포위하고 사신을 보내었습니다. 그 사신은 아합 왕에게 "네가 가지고 있는 금과 은은 모두 다 내 것이고, 왕비와 왕자들도 모두 잡아 가겠다"고 했습니다. 아합 왕은 벤하닷과 32명의 왕을 이길 힘이 없었으므로 미리 항복했습니다. 그래서 왕이 보낸 사신에게 "금과 은은 전부 왕의 것이고, 왕비와 왕자도 왕의 것이기 때문에 다 드리겠습니다."라고 전하며 항복 의사를 밝혔습니다. 벤하닷의 사자가 자기 왕에게 돌아가서 아합의 항복 사실을 보고하니까 벤하닷은 한판 전쟁을 치르려고 했는데 너무 싱겁게 끝나는 것 같았습니다. 그래서 벤하닷은 계획을 변경했습니다.

벤하닷은 결코 은이나 금이나 여자를 받고 곱게 떠날 생각이 없었습니다. 그는 사마리아가 겉으로 멀쩡하게 남아있는 것을 보고 떠나려고 하니까 배가 아파서 견딜 수 없었습니다. 그래서 벤하닷은 두 번째 사신을 보내었습니다. 그리고 "내가 지난번에는 너희가 주는 금이나 은이나 여자나 받고 곱게 물러가려고 했는데 배가 아파서 도저히 안 되겠다. 너희를 완전히 폐허로 만들고 남자들만 거지로 남겨놓고 떠나야 직성이 풀리겠다"고 이차 통보를 했습니다. 이제 아합은 큰일이 났습니다. 드디어 멸망자가 쳐들어와서 아합과 모든 귀족을 거지 홀아비로 만들어놓고 사마리아 왕궁과 집들은 잿더미로 만들어놓고 갈 테니까 너희들은 구경만 하고 있으라는 통보였습니다.

아합은 아무리 믿음이 없어도 그래도 이스라엘의 자존심은 가지고 있었고 깊은 마음속에는 먼지만 한 믿음은 가지고 있는 사람이었습니다. 사실 이스라엘의 그 못된 행위들은 이세벨이라는 왕비가 주동되어 저지른 것인데 아합이 마음이 여려서 그대로 따라간 측면도 있었습니다.

그래서 아합은 이 두 번째 통보를 받고는 신하들에게 "내가 벤하닷의 두 번째 통보를 받았는데, 이것은 우리가 주는 금이나 은이나 여자를 받고 항복을 받으려는 것이 아니라 완전히 우리 남자들 목숨만 살려두고 우리를 알거지 홀아비로 만들고 성은 잿더미로 만들어야 그들의 직성이 풀린다고 한다. 이제 어떻게 하면 좋겠느냐?" 하고 물었습니다. 그러니까 신하들도 "그것은 우리가 눈을 뻔히 뜨고 여자들이 강간당하고 자식들이 죽는 것을 보고 있으라는 것인데, 우리가 죽는 것보다 더 고통스러운 것입니다. 그럴 바에야 우리 모두 싸우다가 죽어 버립시다."라고 대답했습니다. 즉 아합이나 신하와 모든 남자는 이 비참한 꼴을 보지 않고 싸우다가 죽는 편이 더 낫겠다고 생각했습니다.

그래서 아합은 사신을 보내어서 벤하닷에게 "첫 번째 요구 즉 항복하고 돈이나 여자를 내놓으라는 것은 받아들이겠지만, 두 번째 요구 즉 군대가 성안에 들어가서 여자를 빼앗고 사람을 죽이고 불을 지르고 노략하는 것을 보기만 하라는 제안은 받아들이기 곤란합니다"라고 대답했습니다. 그랬더니 벤하닷은 드디어 불량배의 본성을 드러내면서 "이 사마리아의 부스러기가 뭐라고 떠들어대는 거냐? 너희들은 내 부하들의 한주먹 안에도 안 들어가!"라고 하면서 즉시 전쟁 준비에 돌입했습니다.

그때 아합은 "갑옷 입은 자가 갑옷 벗는 자만큼 큰소리치면 안 되지"라고 했습니다. 이 말은 아직 전쟁이 끝나지도 않았는데 벌써 이긴 것처럼 큰소리치면 안 된다는 의미입니다. 아직 아합에게는 하나님의 실눈 같은 기적을 기대하는 마음이 있었습니다. 아합은 믿음이 없었고 하나님 앞에서 죄만 지었습니다. 그래도 아합에게는 하나님의 도우심을 바라는 마음이 조금은 남아있었던 것입니다.

2. 하나님 계획의 변동

하나님은 한번 계획을 세우시면 한 치의 오차도 없으시고, 한번 계획을 세우시면 무슨 일이 있어도 바꾸지 않으신다고 알고 있습니다. 이것은 사실입니다. 하나님은 한번 계획을 세우시면 무슨 일이 있어도 그 계획을 이루시고야 맙니다. 그러나 하나님에게는 우리가 알지 못하는 놀라운 성품이 있습니다. 그것은 우리가 아무리 믿음이 없고 죄만 지으면서 살아왔더라도 하나님을 향해서 믿음이 조금이라도 있으면 그 계획을 바꾸신다는 사실입니다. 우리만 변덕을 부리는 것이 아니라 하나님도 변덕을 부리십니다. 때로 하나님은 우리의 불신앙과 죄를 보시고 멸망하기로 작정하셨다 하더라도 우리가 마지막 순간 하나님께 눈물 흘리고 회개하면 하나님은 그 멸망을 바꾸어서 축복이 되게 하십니다.

그래서 아브라함은 소돔과 고모라의 멸망을 두고 하나님과 협상을 벌여서 의인 열 명만 있으면 그 성을 멸망시키지 않겠다는 약속을 받아내었던 것입니다. 그런데 소돔과 고모라에는 의인 열 명이 없었던 것입니다. 하나님은 우리가 하나님을 조금이라도 의지하고 기도하고 열심을 내면 그분이 계획하셨던 재앙과 심판을 연기하시고 오히려 이전보다 더 큰 은혜를 주십니다. 그래서 하나님께 무조건 무릎을 꿇고 겸손하면 내가 가진 것 하나도 잃지 않고 더 큰 축복을 받을 수 있습니다.

하나님은 일찍이 아합이 하나님의 선지자들을 다 죽이고 나봇의 포도원을 빼앗고 그를 죽였을 때, 아합을 죽이고 이스라엘을 멸망시키기로 작정하셨습니다. 그런데 아합이 엄청난 위기에 빠지니까 하나님을 믿으려고 하는 마음이 먼지 털만큼 생겼습니다. 그래서 하나님은 변덕을 부리셨습니다. 그것은 멸망할 수밖에 없는 이스라엘을 살려주실 뿐 아니라 크게 승리하게 하시는 것이었습니다.

이때 하나님의 한 선지자가 아합을 찾아왔습니다(왕상 20:13). 즉 그때 하나님의 선지자가 있다는 것은 하나님과 의사소통이 된다는 뜻입니다. 하나님의 선지자가 하는 말은 아합으로서는 도저히 믿을 수 없는 말이었습니다. 하나님의 선지자는 아합에게 "사마리아를 에워싸고 있는 군대를 네 손에 넘기겠다"는 하나님의 말씀을 전했습니다.

이것은 아합이 벤하닷과 32명의 나라 왕들을 완전히 이기게 하겠다는 의미입니다. 그런데 놀랍게도 아합은 이 선지자에게 "말도 되지 않는 소리하지 말라"고 하지 않고 그 말씀을 믿었습니다. 그래서 아합이 "누가 이 전쟁을 리드합니까?"라고 물었을 때 선지자는 "지방 고관의 청년들이 나가면 된다"고 했습니다. 지방의 청년 장교들은 사마리아의 귀족들과는 달랐습니다. 그들은 외국에 가본 적도 없고 바알 숭배도 하지 않은 순수한 청년들이었지만 세련되지 못한 촌사람들이었습니다. 그래서 아합이 그들의 숫자를 헤아리니까 232명이었습니다. 아합은 선지자의 이 말을 믿고 232명의 오염되지 않은 지방 고관의 청년들과 칠천 명의 이스라엘 백성을 데리고 사마리아 성문을 열고 성을 새카맣게 에워싸고 있는 적들과 싸우려고 성 밖으로 나갔습니다.

그때 벤하닷은 이미 전쟁에서 이겼다고 생각하고 32명의 왕들과 술을 마시고 있었습니다. 아합이 성 밖으로 나오자 벤하닷의 부하들은 성에서 군대가 나오고 있다고 왕에게 보고했습니다. 그때 벤하닷은 화해하러 나오든 싸우러 나오든 전부 다 포로로 잡으라고 명령했습니다. 그런데 그때 이상한 일이 일어났습니다. 이 232명의 청년들이 성에서 나올 때는 정오였습니다. 이 청년들에게 태양의 직사광선이 쪼이는데 그들의 투구나 옷이나 무기가 해 같이 빛이 났습니다. 이 강력한 빛 때문에 아람 군대는 눈을 뜰 수 없었습니다. 그때 이 청년들은 그대로 아람 군대에 뛰어들어서 칼로 적들을 쳐 죽이니까 그들을 대항해서 싸울 수가 없었습니다. 그래서 이스라엘 청년들이 말을 타고 지나간 곳은 모두 시체뿐이었습니다. 결국 아람 군대는 도망치고 이스라엘 군대는 추격하면서 크게 이겼습니다. 이때 벤하닷은 겨우 말을 타고 마병의 호위를 받으며 도망쳐서 살았습니다.

아합은 비참하게 죽어야 마땅했는데 선지자의 말을 믿고 순종하는 바람에 전쟁에서 이겨버렸습니다. 아합은 졸지에 이스라엘의 영웅이 되었습니다. 옛날이나 지금이나 이런 전쟁에서 한번 이기면 그 나라의 영웅이 됩니다.

3. 두 번째 승리를 주시는 하나님

아합이 망할 수밖에 없는 전쟁에서 이기고 이스라엘의 영웅이 되었을 때 지난번에 왔던 하나님의 선지자가 다시 찾아왔습니다. 그리고 그 선지자는 아합에게 승리한 기분에 도취하지 말고 힘을 기르고 다음 전쟁을 준비하라고 했습니다. 그러면서 해가 바뀌면 벤하닷이 다시 침공할 것이라고 경고했습니다. 이에 아합은 승리에 도취하지 않고 전쟁을 준비했습니다.

이때 하나님은 이스라엘 백성을 이기게 할 핑곗거리가 없을까 찾고 계셨습니다. 그때 벤하닷과 그 신하들이 말로 큰 실수를 하게 됩니다. 벤하닷은 자기들이 보잘것없는 이스라엘에게 진 이유를 이해할 수 없었습니다. 벤하닷은 "이스라엘 백성은 별 것도 아니고 말을 타고 나온 사람들도 어른이 아니고 애들이었는데 왜 우리가 졌을까?" 하면서 이런 고민을 부하들에게 털어 놓았습니다.

그때 부하들은 벤하닷에게 아주 이스라엘의 하나님을 무시하는 말을 했습니다. 즉 "이스라엘의 신은 산의 신이기 때문에 우리가 산에서 싸우면 못 이긴다"는 것이었습니다. 하나님은 이스라엘 백성을 시내산에게 만나주셨고 이스라엘 백성은 산에서는 하나님의 도우심으로 잘 싸운다는 것입니다. 그러나 하나님은 평지의 신이 아니기 때문에 우리가 평지에서 싸우면 그 하나님도 힘이 없기 때문에 이스라엘 백성이 맥을 추지 못하고 패한다는 것이었습니다. 그런데 이 벤하닷의 신하들과 벤하닷이 하는 말을 하나님께서 들으셨습니다.

그래서 하나님의 선지자가 아합에게 와서 "하나님께서 아람 군대의 지휘관들과 왕이 여호와는 산의 신이고 골짜기나 평지의 신이 아니기 때문에 우리가 평지에서 싸우면 그 신이 힘을 쓰지 못한다고 하는데, 내가 정말 그런지 그렇지 않은지 한번 본때를 보여주어야겠다고 말씀하셨다"고 했습니다. 그래서 이번 전쟁에서 아합이 가진 무기는 하나님이 적들이 하는 이야기를 들으셨다는 것밖에 없었습니다. 하나님이 적들이 하는 이야기를 들으셨다고 해서 이스라엘이 이긴다는 보장은 없었습니다. 그러나 하나님이 들으신다는 것은 아주 무서운 것입니다.

우리는 적들로 망하게 하려면 자꾸 하나님을 모욕하고 성도들을 비난하는 말을 하게 해야 합니다. 그들이 교만해져서 하나님은 시골에서는 힘이 없다는 둥, 불교 나라에서는 하나님의 힘이 약하시다는 둥 이러한 교만한 이야기를 하게 해야 합니다. 어떤 교만한 사람들의 입에서 "우리가 '갑'이기 때문에 목사님은 아무 힘도 없다"는 말을 자꾸 하게 해야 합니다. 왜냐하면 하나님은 그 말을 들으시면 거꾸로 응답하시기 때문입니다. 즉 그 악하고 교만한 말들이 자신들의 머리로 돌아가게 만드시기 때문입니다.

마침내 새해가 되니까 드디어 아람 왕 벤하닷은 전에 죽은 군대를 더 보충하고 보강해서 사마리아로 쳐들어왔습니다. 이제 벤하닷은 사마리아 산으로 올라오지 않고 평지에 진영을 쳤습니다. 그리고 이스라엘 군대도 평지로 내려가서 아람 군대와 대치했습니다. 이때 아람 군대는 숫자가 얼마나 많은지 그 넓은 들판을 다 채우고 있었고, 이스라엘은 군대가 적어서 두 무리의 적은 염소 떼 정도밖에 되지 않았다고 했습니다. 그런 상태에서 아람 군대와 이스라엘 군대는 서로 싸우지 않고 칠 일을 대치하고 있었습니다. 그렇게 서로 대치하고 있다가 칠 일째 되는 날 드디어 접전하게 되었습니다. 아람 군대는 얼마 되지도 않는 이스라엘 군대를 포위해서 다 죽일 계획이었습니다.

그런데 이스라엘 군대가 공격해 오는데 아람 군대는 이상하게 힘을 쓸 수 없었습니다. 마치 몸이 굳어버린 것 같이 움직일 수 없었습니다. 그래서 이스라엘 군대가 진격하는 데마다 아람 군대는 싸우지 못하고 멍하게 있다가 칼에 맞아 죽었습니다. 그 들판에서 그렇게 죽은 아람 군대의 숫자가 십만 명이었습니다. 그리고 남은 아람 군대는 아벡이라는 성으로 도망쳐 들어갔는데, 갑자기 아벡 성벽이 무너지면서 남은 사람 이만 칠천 명이 성벽에 깔려 죽었습니다. 이제 벤하닷은 골방에 숨어서 벌벌 떨면서 자기가 아합에게 항복하여 살 수 있는 방법을 찾았습니다. 이때 아합이 벤하닷을 인정사정 보지 말고 죽였더라면 후에 아합은 죽지 않을 수 있었을 것입니다. 그러나 아합은 두 번째 전쟁도 이기고 더 큰 영웅이 되니까 교만하여 거들먹거리면서 벤하닷을 자기 마차에도 태워주고 살려줍니다. 하지만 결국에는 아합이 벤하닷의 군대의 손에 죽게 됩니다.

하나님은 교만한 자를 물리치고 겸손한 자에게 은혜를 베푸십니다. 하나님은 우리에게 진노하고 계신다 하더라도 조금이라도 회개하고 바로 믿으려고 하면 그의 진노를 거두시고 복을 내려주십니다. 절대로 부정적인 생각을 하지 마시고 하나님의 말씀을 끝까지 신뢰하시기 바랍니다.

02 막다른 골목

아무도 믿어주지 않을 때

왕상 22:6

이스라엘의 왕이 이에 선지자 사백 명쯤 모으고 그들에게 이르되 내가 길르앗 라못에 가서 싸우랴 말랴 그들이 이르되 올라가소서 주께서 그 성읍을 왕의 손에 넘기시리이다

시중에 나와 있는 책 중에《칭찬은 돌고래도 춤추게 한다》라는 제목의 책이 있습니다. 이 책은 돌고래를 길들이는 내용이 아니라 일종의 경영학의 동기부여에 대한 책입니다. 조련사들이 돌고래를 춤추게 하려면 머리를 쓰다듬어주기도 하고 입을 맞추기도 하고, 점프하거나 춤을 추면 상으로 생선을 던져주기도 합니다. 어떤 교회나 직장에 가보면 아무리 잘해도 칭찬이라고는 하지 않는 사람들이 간혹 있습니다. 오히려 반대로 자신도 모르는 상대방의 결점을 찾아서 야단치는 모습을 보게 됩니다. 그런 일을 당한 사람들은 대개 주눅 들고 자아상이 깨어지고 나중에는 우울증에 걸려서 폭력을 행사하거나 싸움하거나 심지어 자살하는 예도 많습니다. 어떤 사람은 다른 사람의 기를 죽이고 자아상을 깨트리면서 일하기도 합니다. 이런 사람들은 자신에 대하여 대단히 부정적인 생각을 하고 있거나 칭찬에 익숙하지 않는 모습을 보게 됩니다. 그러나 사람들에게 좋은 칭찬을 하게 되면 큰 용기를 불러일으키기도 하고 그동안 몰랐던 재능을 발견하게 되기도 합니다.

성경에 보면 하나님의 저주가 이미 내려진 사람들이 있습니다. 그 중에 이스라엘 왕 아합이 있습니다. 아합은 하나님의 선지자들을 죽이고 이스라엘에 바알 신앙을 퍼트렸으며, 나봇의 포도원이 탐이 나서 그를 죽이고 그 포도원을 빼앗았습니다. 그래서 하나님께서는 엘리야를 보내어 "나봇의 피를 핥아먹은 개들이 너의 피도 핥아먹을 것이라"고 예언하셨습니다.

하나님의 계획에 의하면, 멸망자가 와서 아합과 이스라엘 백성을 다 죽이는 것이 맞습니다. 그러나 하나님은 핑곗거리만 있으면 우리를 살리고 상 주시며 복을 주시는 분이십니다. 하나님은 아합을 멸망시키기 위하여 아람 왕 벤하닷을 보내셨습니다. 그런데 아합의 마음에는 하나님이 말씀하시면 선지자의 말을 들을 믿음이 조금은 남아 있었습니다. 하나님은 이 믿음을 보시고 그 계획을 바꾸셔서 멸망해야 할 아합을 전쟁에서 이기게 하시고 이스라엘의 위대한 영웅이 되게 하셨습니다. 여기서 우리는 조심해야 합니다. 우리가 망해야 하는데 도리어 큰 복을 받고 유명하게 되었다면 하나님 앞에서 더 겸손해야 하는데 이때 자기가 잘난 줄 알고 날뛰다가 망하는 사람들이 많습니다.

1. 아합의 손익 계산

아합은 이스라엘의 왕이 되기 위해서 자기 영혼을 바알신에게 팔아 버렸습니다. 마치 괴테가 쓴 《파우스트》에서 파우스트가 유명해지기 위해서 자기 영혼을 악마에게 팔아 버린 것과 비슷합니다. 그리고 많은 하나님의 종들을 죽이고 이스라엘 온 땅에 바알 신앙을 퍼트렸습니다. 그리고 왕궁 옆에 있는 나봇의 포도원을 탐내어서 빼앗았는데, 나봇이 왕을 욕하고 하나님을 저주했다고 거짓 증언하는 사람을 세워 고발하고 불량배들을 시켜서 그를 돌로 쳐 죽였습니다. 하나님은 엘리야 선지자를 통하여 아합이 죽을 것이라고 예언하셨습니다. 그러나 하나님의 자비가 얼마나 크신지 망하고 죽어야 할 아합을 전쟁에서 이기게 하시고 이스라엘의 영웅이 되게 하셨습니다. 이제 만나는 사람마다 아합을 존경하고 영웅으로 대했습니다.

그런데 이런 아합에게 기분 나쁜 일이 생겼습니다. 분명히 자기에게 패해서 포로가 되었던 벤하닷이 '길르앗 라못' 이라는 땅을 돌려주겠다고 약속했는데, 돌려주지 않고 있는 것이었습니다. 이때 아합은 어떻게 하는 것이 옳겠습니까? 아합이 하나님 앞에서 자신을 돌아보면서 '하나님은 자비로우셔서 죽어야 마땅한 나를 두 번이나 전쟁에서 이기게 하셨다. 내가 지금 살아있는 것이 어디냐? 길르앗 라못보다는 내 생명이 훨씬 더 중요하다. 길르앗 라못을 돌려받는 것은 하나님께 맡기고 기도하면서 기다리자' 라고 하는 것이 옳겠습니까? 아니면 '왜 벤하닷은 약속을 지키지 않는 거야? 내가 두 번이나 살려주었으면 그 은혜를 생각해서라도 당장 그 땅을 돌려주어야지. 그 땅은 절대로 뺏겨서는 안 돼. 무슨 수를 써서라도 도로 찾아야 해. 두 번이나 전쟁에서 이겼으니 세 번째도 틀림없이 이길 거야!' 라고 생각하는 것이 옳을까요?

사실 이것은 쉽게 결정할 수 없는 어려운 문제입니다. 아합은 인간적으로 생각하면 지금까지 두 번이나 벤하닷을 이겼으니까 세 번째도 이길 것입니다. 그러나 하나님 앞에서 생각해 보면 아합은 죽어 마땅한 죄인이었습니다. 길르앗 라못은 둘째로 치고 자기가 살아있는 것만 해도 너무 감사한 일이었습니다. 내가 살아있는 것이 중요합니까? 내가 죽더라도 나라 땅을 도로 찾는 것이 중요합니까? 내 목숨을 지키는 것이 중요합니까? 아니면 내 체면이나 나라의 체면이 중요할까요? 우리가 보통 생각하기에는 내 한 목숨 사는 것보다 나라 땅을 되찾는 쪽이 훨씬 중요할 것입니다.

일제강점기 때 우리나라 안중근 의사 같은 경우에는 자기 한 목숨을 버려서 우리나라를 빼앗은 이토 히로부미를 총으로 쏘아죽여서 영웅이 되었습니다. 그러나 우리는 때때로 너무 사소한 일에 자기 목숨을 걸 때도 있습니다. 올림픽대로는 한강변에 있는데 차들이 고속으로 달리는 곳입니다. 거기서 두 사람의 운전자가 시비 붙어서 차에서 내려 싸우다가 빠르게 달려오던 다른 차에 치어서 둘 다 즉사한 사건이 있습니다. 물론 두 사람 모두 잘한 부분이 있었을 것입니다. 그러나 그것이 아무리 옳은 일이라도 자기 목숨을 걸 정도로 중요한 일은 아닙니다.

아합은 자기도 살아야 하겠고 길르앗 라못도 찾아야겠다고 생각했습니다. 그는 욕심 때문에 한 가지도 포기할 수 없었습니다. 더욱이 이때 유다 왕 여호사밧이 이스라엘에 방문차 와 있었습니다. 아합은 손님이 있을 때 그 앞에서 자기가 얼마나 대단한 사람인지 보여주고 싶었습니다.

아합은 먼저 신하들에게 물어보았습니다. "내가 길르앗 라못에 가서 싸우는 것이 좋겠느냐?"고 물으니까, 이미 이스라엘 백성은 아합을 영웅으로 생각하고 있었기 때문에 "왕이시여, 올라가서 그 땅을 찾으십시오!"라고 하면서 한마디로 대답했습니다. 아합 왕은 자기보다 신앙이 좋은 유다 왕 여호사밧에게 물었습니다. "내가 길르앗 라못에서 싸우면 당신도 가서 같이 싸우시겠소?" 그때 마음씨 좋은 왕 여호사밧은 아합에게 "그런 것은 걱정하지 마십시오. 저도 같이 나가서 싸울 것입니다. 그 대신에 이런 문제에 대해서는 하나님의 선지자의 말을 먼저 들어봅시다."라고 제안했습니다. 하나님의 말씀을 먼저 듣고 결정하는 것이 신앙인의 순서였습니다.

2. 사백 명의 거짓 선지자

다행스럽게도 이스라엘에는 하나님의 선지자들이 많았습니다. 무려 사백 명이나 되는 선지자들이 있었습니다. 그러나 이들은 하나님의 말씀을 전하기보다는 사람을 기쁘게 하는 예언을 하는 사람들이었습니다.

오늘 설교자들 가운데도 사람을 기쁘게 하는 이들이 훨씬 더 많은 인기를 끄는 것을 볼 수 있습니다. 이들이 하는 설교가 결코 틀린 설교는 아닙니다. 그런데 이 세상 이야기에 살을 붙여서 너무나도 재미있게 설교를 합니다. 이들은 "하나님은 우리의 병을 고치기를 원하시는 분이고, 하나님은 새벽기도를 하는 분에게 가장 먼저 복을 주시고, 헌금을 많이 하는 분들에게 복을 많이 부어주신다" 고 말합니다. 어떤 이들은 자기는 교회의 종이라고 하면서 강대상 위에 지게를 가지고 와서 지고 왔다 갔다 합니다. 그런 모습이 교인들 보기에는 얼마나 감동적인지 모릅니다. 또 대통령 조찬기도회에서 설교하면서 대통령에게 온갖 칭찬을 다 합니다. 그런 말에 기분 나빠할 사람은 아무도 없을 것입니다. 그리고 다른 부인을 데리고 사는 사람에게는 하나님은 모든 죄를 다 용서하시는 분이라고 이야기하기도 합니다. 헌금만 많이 내면 모든 죄를 다 용서하실 뿐 아니라 진노를 축복으로 바꾸시는 하나님이시라고 설교합니다. 이를 듣는 교인들은 모두 그 말에 '아멘' 이라고 합니다.

그 당시 이스라엘의 사백 명이나 되는 선지자들은 모두 사람을 기쁘게 하는 선지자들이었습니다. 그래서 그들은 모두 이구동성으로 "왕이시여, 왕은 이미 영웅이십니다. 두 번 전쟁에서 이긴 왕이 세 번을 이기지 못하겠습니까? 이번에 전쟁에 나가서 완전한 승리를 거두시고 나라의 땅을 찾으십시오!" 라고 확신에 차서 소리를 높였습니다. 이미 아합은 아람과의 전쟁을 두 번이나 이긴 영웅이었습니다. 그리고 길르앗 라못은 나라의 이해와 체면이 달린, 반드시 찾아야 하는 아주 중요한 곳이었습니다. 그런데 무려 사백 명이나 되는 선지자들이 아합이 전쟁에 나가면 반드시 이긴다고 하면서 승리를 거두라고 예언했으니, 이 말을 듣고 우쭐하지 않을 사람이 어디 있으며 자신감을 가지지 않을 사람이 어디 있겠습니까? 특히 그중에 시드기야라는 선지자는 쇠로 된 뿔을 가지고 나와서 머리에 대고 사방을 들이받으면서 아합 왕은 무적이라고 예언했습니다.

그래서 아합은 '이번 전쟁이 하나님의 뜻이고 내가 반드시 승리하겠구나' 확신하고 출전하려고 하는데, 갑자기 유다의 여호사밧 왕이 "잠깐만 기다리십시오"라고 말을 합니다. 여호사밧이 보기에는 이 사백 명의 선지자들이 무엇인가 좀 가벼워 보였고, 하나님의 말씀을 전하는 것보다는 자기 생각을 전하는 것처럼 보였기 때문입니다. 이들의 말씀 속에는 영혼을 뒤집어엎는 권세가 없었습니다. 그들의 설교 가운데는 하나님의 영광 앞에서 두려워 떨면서 세상의 권세를 이기는 힘이 없었습니다. 이들의 설교에는 하나님이 정말 우리와 함께 하신다는 확신이 없었습니다. 예레미야는 "내 말[하나님의 말씀]이 불 같지 아니하냐 바위를 쳐서 부스러뜨리는 방망이 같지 아니하냐"(렘 23:29)고 했습니다. 하나님의 말씀은 반석을 부수는 다이너마이트나 막대 수류탄 같아서 터지면 바위들이 부서졌습니다. 그러나 이 사백 명의 거짓 선지자들의 설교는 반석을 부수는 불방망이 같은 파괴력이 없었습니다.

그래서 여호사밧은 아합에게 이 사람들 외에 다른 선지자는 없느냐고 물어보았습니다. 그랬더니 아합이 인상을 쓰면서 "다른 선지자가 한 명이 있기는 한데 그는 언제나 내게 나쁜 예언을 하므로 잘 부르지 않는다"고 했습니다. 즉 그 사람은 항상 우리의 틀린 부분만 지적하기 때문에 불러봐야 그 소리가 뻔하다고 했습니다. 그는 또 우리가 회개부터 해야 한다고 하고 나쁜 죄부터 버리라고 할 것이라고 했습니다. 그때 여호사밧은 신앙이 있었기 때문에 아합에게 그런 소리를 하지 말라고 하면서 그 사람을 불러 달라고 요청했습니다. 그러니까 아합은 어쩔 수 없어서 이믈라의 아들 미가야를 부르라고 지시했습니다.

여기서 핵심은 무엇입니까? 하나님께서는 아합이 자기 꾐에 빠져서 죽기를 바라신 것입니다. 즉 아합이 더 이상 겸손하지 않고 자기도취에 빠져서 자기가 최고라고 생각해서 전쟁에 나가 죽기를 바라신 것입니다.

사람이 술에 취하면 세상의 모든 일이 시시하게 보이고, 자기가 모든 것을 다 할 수 있을 것 같습니다. 술에 취하면 기분이 너무나도 좋아지고 다른 사람이 전부 자기를 최고라고 생각하는 것 같습니다. 그래서 술에 취하면 걸어가는데 비틀거립니다. 자기는 바로 가는데 땅이 올라갔다 내려갔다 하기 때문입니다. 그리고 다른 사람을 보면 싸우고 싶어서 주먹을 휘두릅니다. 또 술에 취한 사람은 마구마구 소리를 지릅니다. 겁나는 것이 없기 때문입니다. 그래서 파출소에 붙잡혀 가도 경찰을 막 때립니다. 그러나 요즘은 주폭에 대하여 법이 엄격해졌습니다. 그래서 술을 마시고 행패를 부리면 징역을 살게 됩니다. 그런데 술 취한 것보다 더 무서운 것은 자기도취에 빠지는 것입니다. 나르시시즘에 빠지면 세상에 자기보다 더 똑똑한 사람이 없고, 자기보다 더 잘난 사람이 없으므로 겁나는 것이 없습니다. 자신의 성공에 도취하는 것은 술 취한 것보다 훨씬 더 위험합니다.

이번 사건의 핵심은 어디에 있습니까? 사탄이 거짓말하는 영이 되어서 모든 거짓 선지자의 입에 들어가서 거짓 예언을 한다는 것입니다. 400명이나 되는 모든 선지자가 똑같은 소리로 거짓말을 하기 때문에 아합이나 여호사밧 같은 왕도 속아서 전쟁에 나가게 되는 것입니다. 여호사밧도 이런 거짓 선지자들의 말을 듣고 이 전쟁에 따라갔다가 거의 죽을 뻔하게 됩니다.

3. 참 선지자의 가치

이 세상에 진짜는 무엇이든지 드뭅니다. 그 대신에 가짜들은 수도 없이 많습니다. 진짜가 드문 이유는 그것의 숫자가 원래 적기 때문입니다. 진짜 금이나 다이아몬드나 진짜 박사는 얻기도 힘들 뿐 아니라 숫자가 원래 적기 때문에 구하기 매우 어렵습니다. 반대로 가짜는 얼마든지 많이 만들 수 있고, 가치가 없기 때문에 얼마든지 싸게 구할 수 있습니다.

이것은 하나님의 말씀에 있어서도 마찬가지입니다. 가짜 하나님의 말씀은 세상에서 주워들은 다른 사람들의 이야기를 전합니다. 그래서 예화 중심으로 설교하고 웃기는 이야기 중심으로 설교합니다. 그래서 이런 목사는 여기저기 돌아다니면서 재미있는 이야기를 주워듣기만 하면 됩니다. 그리고 교인들은 이런 이야기에도 약간의 유익한 것은 있기 때문에 부담 없이 들을 수 있습니다. 그러나 하나님의 말씀은 아무도 살지 않는 아주 깊은 산이나 사막의 땅속 깊은 곳에 있는 보석입니다. 사람이 무슨 재주로 그 깊은 땅속에 보석이 있다는 것을 알 수 있겠습니까? 그래서 보석을 캐는 사람은 수없는 실패를 하면서 보석이 나올만한 곳을 겨우 알게 되고 나중에는 암반을 부수고 그 안에 들어있는 원석을 캐내어서 제련하든지 아니면 원석을 깎아서 진짜 아름다운 보석을 만들게 됩니다. 이런 완제품은 아주 작은 것이라 하더라도 수백만 원을 주어야 구할 수 있습니다.

그런데 구약시대에는 하나님의 말씀을 구하는 것이 더 어려웠습니다. 이때는 선지자들이 환상 가운데 하나님 앞에 이끌려가서 거기서 하나님이나 천사들이 하는 소리를 듣고 돌아와야 합니다. 그것을 하나님의 회의라고 하는데 과연 누가 환상 가운데 하나님 앞에 이끌려가서 하나님과 천사들이 하는 이야기를 듣고 올 수 있겠습니까? 그러나 이런 능력을 가져야 하나님의 참 선지자가 될 수 있었습니다.

드디어 아합 왕 앞에 이믈라의 아들 미가야가 불려 왔습니다. 미가야를 데리러갔던 사신은 그에게 "모든 선지자들이 왕에게 좋은 예언을 했기 때문에 당신도 왕에게 좋은 예언을 하는 것이 좋을 겁니다"라고 미리 이야기를 했습니다. 그리고 미가야는 아합 왕 앞에서 거짓 선지자들이 하는 예언을 그대로 흉내 냈습니다. 미친 사람들이 헛소리하듯이 "왕이시여, 올라가셔서 승리를 차지하십시오!"라고 하는데 완전히 조롱하듯이 예언했습니다. 그러니까 아합 왕은 그럴 줄 알았다는 듯이 "너는 몇 번이나 이야기해야 진정한 예언을 하겠느냐? 빨리 네가 본 바른 예언을 해라"고 재촉했습니다.

그랬더니 미가야의 얼굴이 갑자기 엄숙해지고 진지해졌습니다. 이것은 결코 장난이 아니었습니다. "제가 본 하나님의 환상은 두 가지였습니다. 하나는 땅의 환상이고, 다른 하나는 하늘의 환상이었습니다. 땅의 환상은 왕이 죽었기 때문에 모든 이스라엘 백성이 뿔뿔이 도망쳐오는 모습이었습니다. 그리고 하늘의 환상은 하나님이 보좌에 앉으시고 그 앞에 천사들이 섰는데, 하나님이 천사들을 보고 '누가 아합을 꾀어서 길르앗 라못에 가서 죽게 해야 하겠는데 누가 하겠느냐?' 고 물으셨습니다. 그랬더니 한 영이 나오는데 이것은 사탄이었습니다. 사탄은 '제가 거짓말하는 영이 되어서 모든 선지자의 입에 들어가서 거짓말을 하게 하겠습니다' 라고 대답했습니다. 하나님은 사탄에게 '너는 과연 이 일을 해낼 것이라' 고 하셨습니다. 그래서 모든 선지자가 거짓말하고 있는 것이었습니다."

사실 목사가 거짓의 영에게 속는 것은 모두를 죽이려고 하는 것입니다. 그때 빨리 결단해야 합니다. '내가 과연 이 소리를 계속 들어야 하느냐, 아니면 지금이라도 뛰쳐나가야 하느냐.' 결단해야 합니다. 미가야가 이 말을 하니까 시드기야라는 선지자는 미가야의 뺨을 철썩 때리면서 "하나님의 영이 언제 내 속을 떠나서 네 안에 들어갔다는 말이냐?"라고 했습니다. 그러나 사실 시드기야 안에는 성령이 들어간 것이 없었습니다. 미가야는 시드기야에게 "네가 골방에 숨게 될 것이라"고 했습니다. 미가야는 바른 예언을 했기 때문에 거짓 선지자로부터 뺨을 맞았습니다. 그리고 아합은 미가야를 감옥에 넣어서 전쟁이 끝나기까지 거의 죽지 않을 정도의 더러운 물과 곰팡이 핀 떡을 주라고 했습니다.

벤하닷도 전략을 세웠고 아합도 전략을 꾸몄습니다. 벤하닷은 가장 용감한 용사 32명에게 다른 사람은 상대하지 말고 아합 왕만 찾아서 죽이면 된다고 했습니다. 그리고 아합은 여호사밧에게 자기는 하급 장교의 옷을 입고 갈 테니까 여호사밧에게 왕복을 입고 싸우라고 했습니다. 이것은 아합이 자기 신분을 감추려는 것입니다. 처음에는 모든 것이 인간의 생각대로 되는 것 같았습니다. 그래서 아람의 특공대는 여호사밧이 왕의 옷을 입었기 때문에 아합인 줄 알고 여호사밧을 에워싸서 죽이려고 했습니다. 여호사밧은 믿음이 있었지만 그래도 많은 선지자의 말이 옳은 줄 알고 전쟁터에 나왔다가 졸지에 죽을 위기에 처한 것입니다. 여호사밧은 자기가 포위가 되니까 "나는 아합이 아니야!"라고 소리를 질렀는데 이에 아람 특공대가 보니까 아합이 아니었습니다. 이것은 하나님의 은혜였습니다. 아람 특공대가 모르고 여호사밧의 목을 베었더라면 괜히 아합의 죗값을 여호사밧이 받게 되는 것입니다. 그래서 사람이 많이 모였다고 해서 그들의 말이 옳은 것은 아닙니다. 이때는 소리를 질러야 합니다. "나는 아니야. 나는 아합이 아니란 말이야!"라고 소리를 질러야 합니다.

원래 전쟁할 때는 대장과 비슷한 가짜 장군을 많이 만들어 놓습니다. 이들이 바로 '가케무사' 입니다. 그래서 적들은 그가 대장인 줄 알고 몰려들어서 죽일 때 대장은 하급 군사의 옷을 입고 빠져나가는 것입니다. 아람 특공대가 보니까 아합은 없었습니다. 왜냐하면 부하들의 옷을 입고 숨어 있기 때문에 그 많은 군인 가운데 찾아낼 수 없었습니다. 그런데 누군지 모르지만 어떤 사람이 우연히 활을 겨누어서 쏘았는데, 그것이 하필이면 아합을 향해 날아갔습니다. 아합은 갑옷을 입고 있었기 때문에 활에 맞아도 쇠비늘이 튕겨낼 수 있었습니다. 그런데 하필이면 그 화살이 아합이 입은 갑옷과 갑옷 사이, 아마도 앞판과 뒤판 사이 옆구리 쪽에 박혔던 것 같습니다. 아합은 마부에게 "내가 활에 맞았다. 빨리 전쟁터에서 빠져나가자" 고 했지만 너무 전쟁이 치열해서 병거가 움직이지 못했습니다. 결국 아합은 출혈과다로 병거 위에서 죽었습니다. 왕은 죽어서 사마리아에 돌아왔습니다. 그래서 사람들은 왕의 시체를 매고 성안으로 들어갔는데 병거를 씻는다고 사마리아 못에 그냥 두었습니다. 그랬더니 선지자의 예언대로 나봇의 피를 핥았던 들개들이 또다시 나타나서 병거에 있는 아합의 피를 핥아먹었습니다.

이 세상에 가짜는 너무 많습니다. 가짜가 많은 이유는 우리를 죽이려고 하기 때문입니다. 어렵게 하나님의 말씀을 듣고도 친구라고 해서 쓸데없이 따라가면 자기가 대신 죽을 수 있습니다. 우리는 하나님의 자비와 긍휼로 사는 사람들입니다. 남들이 뭐라고 한다고 해서 화를 내지 말고 위대한 말씀으로 만족하는 성도들이 다 되시기 바랍니다.

03 막다른 골목

내가 누구인가?

왕하 1:9-10

이에 오십부장과 그의 군사 오십 명을 엘리야에게로 보내매 그가 엘리야에게로 올라가 본즉 산 꼭대기에 앉아 있는지라 그가 엘리야에게 이르되 하나님의 사람이여 왕의 말씀이 내려오라 하셨나이다 엘리야가 오십부장에게 대답하여 이르되 내가 만일 하나님의 사람이면 불이 하늘에서 내려와 너와 너의 오십 명을 사를지로다 하매 불이 곧 하늘에서 내려와 그와 그의 군사 오십 명을 살랐더라

우리는 가끔 자기 자신이 누구인지 혼동을 겪는데 특히 거의 모든 크리스천이 이런 상태에 있다고 볼 수 있습니다. 크리스천은 예배드리는 가운데 자신이 하나님의 자녀이며 택함받은 백성이라는 사실을 압니다. 우리는 이 세상에서 가장 존귀한 자들입니다. 그런데 회사에 출근하거나 세상에 나가면 자신이 아무것도 아닌 존재로 느껴지고 여겨질 때가 많습니다. 그러면 다른 사람들은 우리가 자기 마음에 들지 않는다고 하며 소리를 지르기도 하고 욕을 하기도 합니다. 그때 우리는 자신이 과연 누구인가 혼란을 겪게 됩니다. '나는 과연 하나님의 존귀한 자녀인가, 아니면 이 세상에서 욕을 먹어야 하는 비천한 사람인가?' 하는 혼동을 겪게 됩니다. 이때 많이 읽게 되는 말씀이 "사람들이 종일 내게 하는 말이 네 하나님이 어디 있느뇨 하오니 내 눈물이 주야로 내 음식이 되었도다"(시 42:3)라는 말씀일 것입니다. 이때 얼마나 눈물이 흐르는지 밥 안에 눈물이 뚝뚝 떨어져서 국이 되어버리는 것입니다.

어떤 분은 군대에서 대령까지 있다가 제대했습니다. 제대 후에 이분은 할 일을 찾다가 학교의 경비원으로 취직했는데, 그 학교에서 자기보다 나이가 새카맣게 어린 여자 교감이 이분을 하인 부리듯이 부렸습니다. 한번은 교감이 이 경비원에게 무슨 심부름을 시켰는데 이분이 그 일을 하는 동안에 정신이상자가 학교로 들어왔습니다. 결국 경찰이 그 학교로 출동해서 조사하고 이 경비원은 자신의 자리를 지키지 않았다고 주위에서 비난을 받았습니다. 그러나 그 경비원은 자신이 왜 자리를 비웠는지에 대해 아무 말도 하지 않았습니다. 그 경비직무도 자기에게는 필요한 일이었고 직장을 잃는 것을 원하지 않았기 때문입니다.

우리는 때로 악몽을 꿉니다. 꿈속에서는 아직 우리가 학생이기도 하고, 나쁜 사람에게 쫓기기도 하고, 군대 졸병이어서 상사에게 맞기도 합니다. 그런데 눈을 떠보면 그것이 현실이 아니고 꿈이었던 것입니다. 그때 우리는 이것이 꿈인 것이 얼마나 감사하고 다행스러운지 모릅니다. 저도 대구동부교회에서 목회하면서 설교 마치고 난 뒤에 잠시 쉬는 동안 잠이 들 때가 있었습니다. 그때 꿈속에서 제가 어느 시골 학교에 있기도 하고 교회로 돌아올 수 없는 먼 곳에 있기도 했습니다. 그러다가 잠을 깨는 순간 제가 어디에 있는지 알지 못할 적이 있습니다. '여기가 도대체 어디지?' 하고 두리번거리는데 제 책이 눈에 보입니다. '여기에 내 책이 있네?' 하고 둘러보면 교회 안의 목회실인 것입니다. 그때 저는 안심하면서 얼마나 다행스럽게 생각했는지 모릅니다.

오늘 지금 우리는 누구입니까? 성경 말씀에서 듣는 내가 진짜 나일까요, 아니면 나 혼자 생각하고 다른 사람들이 말하는 내가 진짜 나일까요? 이것은 비단 우리에게만 일어나는 일이 아닙니다. 이것은 하나님의 위대한 종들에게도 종종 일어난 일이었습니다.

1. 기다리시는 하나님

우리는 하나님에 대하여 도무지 이해할 수 없는 점이 있습니다. 그것은 우리가 아무리 악한 죄인이고 하나님을 배반했다 하더라도, 하나님은 우리가 그분께 돌아오기를 기다리고 계신다는 사실입니다. 그래서 아무리 잘못을 많이 저지르고 또 믿음으로 살지 못했다 하더라도 어떤 어려움을 통해서 깨닫고 하나님께 돌아오기만 하면 하나님은 우리를 용서해 주시고 축복해 주십니다.

이스라엘 왕 중에서 아합은 너무나도 악한 왕이었고 하나님을 배반한 왕이었습니다. 그러나 하나님은 아합의 아들인 아하시야가 다락 난간에서 떨어져서 중상을 입었을 때 그것을 계기로 그가 하나님께 돌아오기를 기다리고 계셨습니다.

왕하 1:2, "아하시야가 사마리아에 있는 그의 다락 난간에서 떨어져 병들매 사자를 보내며 그들에게 이르되 가서 에그론의 신 바알세붑에게 이 병이 낫겠나 물어 보라 하니라"

아합은 이스라엘 왕 중에서 가장 하나님을 대적했던 악한 왕이었습니다. 그는 하나님의 선지자들을 죽였고 우상숭배를 강요했으며, 나봇이라는 선량한 사람을 죽이면서까지 그의 포도원을 빼앗았습니다. 그리고 하나님은 엘리야 선지를 통해서 이스라엘에 삼 년 반 동안

비가 오지 않을 것이라고 경고하셨습니다. 결국 아합은 길르앗 라못에 올라가면 죽는다는 미가야 선지의 말을 듣지 않고 거짓 선지자들의 말만 듣고 그곳에 올라가서 아람 군대와 싸우다가 누군가가 우연히 쏜 화살에 맞아 죽고 말았습니다.

그런 후에 그의 아들 아하시야가 이스라엘의 왕이 되었습니다. 우리 생각에 이 정도면 하나님께서 인정사정 보지 않고 이스라엘을 멸망시킬 것 같은데, 하나님은 아합의 아들이라도 하나님께 돌아오기를 기다리고 계셨습니다. 그런데 아합의 아들이 하나님께로 돌아갈 기회가 생겼습니다. 그것은 바로 이 아하시야가 다락 난간에 기대고 있다가 나무가 부러지면서 떨어져 중상을 입은 것입니다. 아하시야는 왕궁을 아주 크게 지었을 뿐 아니라 이층에는 베란다를 만들었습니다. 그리고 이 베란다에는 뺑 둘러서 안전하게 나무 난간을 만들어서 떨어지지 않게 해 놓았습니다. 아하시야는 이층 난간에서 바람을 쐬면서 난간에 몸의 무게를 싣고 뒤로 기울였는데 그만 난간이 몸무게를 이기지 못해 부러지면서 밑으로 떨어지게 되었습니다. 그리고 그는 일어나지 못했는데 아마 척추가 부러졌든지 허리가 마비되어서 일어날 수가 없었던 것 같습니다. 그리고 점점 건강이 나빠지게 되었습니다. 이때 아하시야는 의사들의 도움을 받았지만 소용이 없으니까 신의 도움을 받아야 하겠다고 생각했습니다. 이때가 바로 아하시야가 하나님께로 돌아올 수 있는 기회였습니다.

아하시야는 그때 두 가지 어려움을 함께 겪고 있었습니다. 하나는 경제적인 어려움이었습니다. 아버지 아합이 죽으면서 그동안 매년 십만 마리의 양털을 제공하던 모압이 이스라엘을 배반해 버렸습니다. 그래서 한순간에 매년 들어오던 양털 수입이 확 줄게 되었습니다. 이것은 엄청난 경제적 손실이었습니다. 거기에다가 아하시야는 생각지도 못하게 다락에서 떨어져 중상을 입어 숨도 제대로 쉴 수 없고 일어날 수도 없었습니다. 이와 같이 경제적으로나 신체적으로 큰 어려움을 겪을 때가 바로 하나님을 찾을 때입니다.

어떤 사람은 부인을 배신하고 집에 있는 돈을 전부 다 챙겨서 가출했습니다. 그는 그 돈으로 술을 마시고 다른 여자들과 방탕하게 살면서 돈을 전부 다 탕진했습니다. 그는 빚을 잔뜩 지고는 빚쟁이들의 시달림을 견디지 못해서 자살하려고 강에 있는 다리 위에 섰습니다. 그런데 그날이 바로 주일이었습니다. 그는 이제 죽더라도 예배나 드리고 죽자고 생각해서 예배를 드리러 교회를 찾아갔습니다. 그런데 그날의 예배 설교는 완전히 자기를 향한 말씀이었습니다. 하나님은 죄인을 사랑하실 뿐만 아니라 자살하려고 하는 사람까지 사랑하신다는 말씀이었습니다. 그는 하나님 앞에 무릎을 꿇고 자기가 악하게 산 것을 회개했습니다. 그리고 밑바닥부터 열심히 일을 해서 빚을 다 갚았습니다. 그리고 살아서 아내에게 돌아갔고, 교회에서도 아주 충성된 교인이 되었습니다.

히스기야 왕은 병이 깊어서 뼈만 남았을 때 하나님을 향해서 울면서 기도했습니다. 하나님은 히스기야의 병을 치료해 주셨고 그의 수명을 15년이나 연장해 주셨습니다. 그리고 히스기야 때 유다에 하나님의 큰 부흥이 일어나게 되었습니다. 그래서 우리는 육체적으로나 경제적으로 큰 어려움에 빠지는 것이 멸망의 기회가 아니라 하나님께 돌아갈 기회이고, 하나님은 우리의 기도를 기다리고 계신다는 사실을 깨달아야 합니다.

그러나 아하시야는 하나님께 돌아가지 않았습니다. 아하시야는 블레셋 신들 중의 하나인 에그론의 신 바알세붑에게 사신을 보내어서 자기 병이 나을지, 낫지 못할 병인지 물어보게 했습니다. 여기서 병이 낫는지 물어본다는 것은 결국 병이 나으려면 돈을 얼마나 바쳐야 하는지를 묻는 것과 같습니다.

여기서 우리는 이상한 점을 보게 됩니다. 아하시야의 아버지 아합은 지독한 바알 숭배자였습니다. 그런데 아하시야는 왜 자기가 병들었을 때 아버지가 믿던 바알에게 도와달라고 하지 않았을까요? 그것은 아버지가 화살에 맞아 죽는 것을 보고 이미 바알은 힘이 없다는 것을 알았기 때문입니다. 그러면 왜 하나님께로 돌아갈 생각을 하지는 않았을까요? 그것은 자기 속에 하나님을 너무나도 미워하는 마음이 있었기 때문입니다. 사람들은 원래 본성이 하나님을 싫어합니다. 만약 하나님께 돌아오는 사람이 있다면 하나님이 강권적으로 붙잡아서 끌고 오기 때문에 믿는 것이지, 자발적으로 하나님을 믿으려고 하는 사람은 아무도 없습니다.

그러면 왜 아하시야는 에그론의 바알세붑 신을 찾도록 사신들을 보내었을까요? 이것은 아하시야의 마음속에 하나님께 반항하는 마음이 꽉 차 있었기 때문입니다. 그래서 아하시야는 하나님께 반항하는 마음으로 하나님이 가장 싫어하는 신을 찾아서 사신을 보내었던 것입니다.

교인들이 교회를 다니다가 타락했을 때는 하나님께 반항하느라고 하나님이 가장 싫어하는 짓을 골라서 합니다. 그래서 일단 술을 잔뜩 마시고 엄청난 사기꾼이 되어 사기를 치고, 점치는 곳에 가서 귀신을 만나려고 합니다. 왜냐하면 그렇게 하면 자기에게 고통을 준 하나님께 복수를 한다고 생각하기 때문입니다. 그러나 사람들은 이것이 하나님께 복수하는 것이 아니라, 자기 자신을 더 비참하게 만든다는 사실을 알지 못합니다.

여기서 "바알세붑"은 '파리의 주인'이라는 뜻입니다. 왜 아하시야는 신들 중에서 가장 지저분한 파리의 신을 숭배하러 신하들을 보내었을까요? 파리는 지저분한 환경에서 삽니다. 파리의 유충인 구더기는 배설물이나 썩은 시체에 삽니다. 또 구더기의 성체인 파리는 배설물에 들끓고 음식이 있으면 먼저 먹으려고 덤벼듭니다. 파리가 들끓는 곳은 반드시 불결한 곳입니다. 그래서 불결한지 더러운지 알려면 파리가 있는지 없는지를 보면 알 수 있습니다. 아하시야는 하나님께 대한 반항심으로 하나님께 돌아올 기회가 있었음에도 일부러 가장 지저분한 신에게 도움을 받으러 갔던 것입니다. 그러나 하나님께 반항하면 반항할수록 자기에게 점점 더 손해라는 사실을 알아야 합니다.

2. 하나님의 심판의 말씀

아하시야는 신하들을 에그론에 보내고 답을 기다리고 있는데, 신하들이 너무 빨리 돌아왔습니다. 그래서 아하시야는 왜 이렇게 빨리 돌아왔느냐고 물었습니다. 그랬더니 신하들이 말하기를 가는 도중에 어떤 한 사람이 나타나서 우리에게 '에그론까지 갈 필요가 없다'고 했다는 것입니다. "그 사람은 몸에 털이 아주 많고 허리에 가죽 띠를 띠었는데 아주 무서운 말씀을 했습니다"라고 했습니다. 즉 그는 왕에게 말하라고 하면서 "너는 이스라엘에 물어볼 하나님이 없어서 에그론의 바알세붑에게 물어보러 가느냐? 하나님의 말씀에 네가 이렇게 믿음이 없으니까 올라간 침상에서 내려오지 못하고 그 위에서 죽을 것이라"고 했습니다.

하나님께서는 아하시야에게 "이스라엘에는 신이 없어서 이방신에게까지 도움을 받으러 가느냐?"고 물으셨습니다. 이것은 이스라엘에는 항상 하나님이 계셔서 기도만 하면 하나님이 들어주시는데, 이 사실을 깨달으라는 말씀입니다. 지금 하나님은 이스라엘을 도우시고 복 주시려고 기다리고 계십니다. 아하시야나 그 신하들이 할 일은 오직 하나님께 도와달라고 부르짖기만 하면 되는 것입니다. 그러나 아하시야나 신하들은 너무 못된 짓을 많이 했기 때문에 하나님께서도 자기들을 미워하실 것이라고 지레 생각하고 있었던 것입니다.

우리는 가끔 사람들이 자기 수준에서 생각을 많이 한다는 말을 합니다. 못된 사람들은 자기들이 못된 생각을 하고 못된 말들을 했기 때문에 예수 믿는 사람들도 자기들을 엄청나게 미워한다고 지레짐작해서 더 나쁜 짓을 할 때가 많습니다. 그러나 우리는 그런 사실조차도 모르고 그런 생각을 해 본 적이 한 번도 없는 것입니다.

아하시야는 신하들에게 중간에서 말하던 사람이 어떻게 생겼더냐고 물으니까 몸에 털이 많고 가죽 허리띠를 띠었더라고 했습니다. 몸에 털이 많은 그 선지자는 엘리야였던 것입니다. 엘리야도 이 말을 자기 마음대로 하는 것이 아니었습니다.

본문 3절에 "여호와의 사자가 디셉 사람 엘리야에게 이르되"라고 했습니다. 엘리야가 아하시야를 미워한 것도 아니고, 하나님이 아하시야를 미워한 것도 아니었습니다. 단지 아하시야가 하나님이 자기를 미워하신다고 오해하고 있었던 것입니다. 그래서 그는 살 수 있는 기회를 놓치고 말았습니다.

3. 하나님의 사람이여 내려오소서

아하시야는 자기가 병을 고치려고 신하들을 바알세붑에게 보내었는데, 엘리야가 중간에 나타나서, 하나님께 도움을 요청하지 않고 엉뚱한 신에게 도움받으러 갔기 때문에 침상에서 내려오지 못하고 반드시 죽을 것이라고 하니까 화가 나서 견딜 수 없었습니다. 그래서 아직 아하시야는 왕이고 죽지 않았기 때문에 얼마든지 엘리야에게 복수할 기회가 있었습니다. 아하시야는 자기를 죽도록 미워하는 이 건방진 엘리야를 잡아서 죽여야겠다고 생각해서 엘리야를 체포하도록 군인들을 보내었습니다. 엘리야를 잡으러 간 군인들은 오십 명이었고 그 대장은 오십부장이었습니다.

그런데 엘리야는 아하사야가 자기를 잡아서 죽일 것이라는 사실을 알고 사람이 쉽게 올라갈 수 없는 바위산 꼭대기에 올라가서 길을 막아버리고 산꼭대기에 앉아 있었습니다.

왕하 1:9, "이에 오십부장과 그의 군사 오십 명을 엘리야에게로 보내매 그가 엘리야에게로 올라가 본즉 산 꼭대기에 앉아 있는지라 그가 엘리야에게 이르되 하나님의 사람이여 왕의 말씀이 내려오라 하셨나이다"

엘리야에게는 지금 왕의 체포령이 내려졌습니다. 아마 엘리야가 산에서 내려가면 아하시야는 틀림없이 그를 고문해서 죽이려고 할 것입니다. 그래서 엘리야는 엘리야 나름대로 군인들이 올라올 수 없는 아주 뾰족한 절벽 끝에 올라가서 앉아 있었습니다. 엘리야는 절대로 이 산꼭대기에서 내려가지 않을 생각입니다. 내려가는 즉시 죽기 때문입니다.

그때 체포하러 온 오십 명의 대장은 엘리야를 속이려고 했습니다. "하나님의 사람이여 왕의 말씀에 내려오라 하셨습니다." 이 오십부장은 엘리야를 진짜 하나님의 사람으로 믿지 않았습니다. 그는 엘리야를 살살 구슬려서 "당신이 하나님의 사람인데 산꼭대기에 숨어 있어서 되겠느냐? 정정당당하게 내려오시라"고 말하는 것입니다. 그리고 엘리야에게 '왕의 명령에 내려오라' 고 했습니다. 즉 누가 감히 왕의 명령을 거역하겠습니까? 그래서 그는 "왕이 내려오라고 하면 누구든지 다 내려와야 합니다"라고 겁을 주었습니다. 우리는 이 대장의 말에서 모순을 보게 됩니다. 하나님의 사람은 하나님의 명령만 듣는 사람이지, 왕의 명령에 복종하는 사람이 아니기 때문입니다. 그러나 이 오십부장은 이 두 가지를 섞고 있습니다. 즉 엘리야는 하나님의 사람이지만 살려고 하면 왕의 명령을 따라야 한다는 것입니다. 이것은 하나님의 말씀과 인간의 말을 섞는 행위입니다. 즉 하나님의 말씀은 절대적이지 않다는 것입니다. 사람들이 부르기만 "하나님의 사람이여"라고 불러주면 그만이고, 그는 실제로 '왕의 말씀' 을 따라야 인정도 받고 사람들도 따르고 유명해질 수 있다는 뜻입니다.

여기서 엘리야는 자신의 정체성에 혼동이 생기게 됩니다. 즉 '나는 누구냐?' 하는 것입니다. "나는 정말 하나님의 사람이냐, 아니면 왕의 명령대로 내려오라고 하면 내려가야 하고 죽으라고 하면 죽어야 하는 한 범죄자에 불과한가?" 하는 것입니다. 엘리야는 지금 이 오십부장의 말이 맞는가 아니면 하나님의 말씀이 맞는가 정체성에 혼란이 생겼습니다. 하나님의 천사는 엘리야에게 "아하시야가 하나님을 찾지 않았기 때문에 침상에서 내려오지 못하고 죽는다는 말을 하라"고 해서 그대로 전했습니다. 그런데 아하시야는 체포하는 군인들을 보내어서 "너는 왕의 명령을 거역하고 네 멋대로 헛소리를 하는 범죄자이기 때문에 산에서 내려와서 잡혀가야 한다"는 것입니다.

이때 엘리야는 진짜 자기가 하나님의 사람인지 아닌지 알 수 없었습니다. 옛날에는 하나님의 사람이었던 것 같은데 지금은 아닌 것 같기도 했습니다. 그래서 엘리야는 소리를 질렀습니다. "내가 만일 하나님의 사람이라면 하늘에서 불이 내려와서 너희들을 다 태울 것이다!"라고 했습니다. 즉 하늘에서 불이 내려와서 이 오십 명을 죽이면 엘리야는 하나님의 사람이 맞고, 불이 내려오지 않으면 내려가서 그들의 손에 잡혀야 했습니다. 그때 하늘에서 갑자기 불이 내려오면서 오십부장과 오십 명의 군대를 한순간에 다 태워버렸습니다. 이것이 바로 하나님의 인정이었습니다. 하나님은 엘리야에게 "너는 사람의 인정이 필요 없다. 너는 내가 인정하는 하나님의 사람이 맞다" 하는 뜻이었습니다.

그런데 아하시야는 집요했습니다. 앞서 보낸 오십부장과 오십 명이 불에 타 죽은 줄 알면서도 또다시 오십부장과 오십 명의 군대를 보내어서 엘리야를 체포하게 했습니다. 그랬더니 이 사람도 엘리야에게 앞에 죽은 오십부장과 똑같은 말을 했습니다. 이것이 바로 그 시대의 사상이었습니다. "하나님의 사람이여, 왕의 말씀이 속히 내려오라고 하셨습니다." 그 역시 한편으로는 엘리야를 하나님의 사람이라고 부르면서, 또 다른 편으로는 왕의 말에 복종하라는 것이었습니다. 하나님의 사람은 하나님의 말씀만 들으면 되는 것이지, 왜 왕의 명령을 들어야 합니까? 이 두 번째 오십부장이 추가시킨 말은 "속히 내려오라"는 것이었습니다. '왜 왕이 말씀하셨는데 빨리 내려오지 않고 우물쭈물하십니까? 속히 내려오세요!' 라는 뜻입니다.

엘리야는 하나님의 사람입니까? 아니면 왕이 내려오라고 하면 내려오고 올라가라고 하면 올라가는 한 인간입니까? 어떻게 한번은 하나님께서 불을 내리셔서 심판하셨지만 두 번이나 불을 내리시겠습니까? 그래서 엘리야는 소리를 지릅니다. "내가 진짜 하나님의 종이라면 하늘에서 불이 내려와서 너희를 태울 것이다." 그랬더니 두 번째도 하늘에서 불이 내려와서 오십부장과 오십 명을 한순간에 다 태워 죽게 했습니다. 만일 한번 같으면 하늘에서 벼락이 떨어져서 재수가 없어서 오십 명이 죽었다고 할 수 있겠지만, 두 번이나 똑같은 일이 일어났습니다. 이것은 하나님의 대답이었습니다. "엘리야야, 너는 하나님의 사람이다. 하나님의 말씀만 전하면 된다"는 뜻이었습니다.

아하시야는 자기가 살아 있을 때 마지막으로 할 일이 엘리야를 죽이는 것이라고 생각해서 세 번째로 오십부장과 오십 명의 군대를 보내었습니다. 그런데 이 세 번째 오십부장은 믿음이 있는 사람이었습니다. 그는 엘리야 앞에서 무릎을 꿇고 엎드려서 간구하기를 "하나님의 사람이여, 나의 생명과 당신의 종 오십 명의 생명을 귀하게 생각해 주십시오"라고 하며 간청했습니다. 이것이 하나님의 종에 대한 바른 태도입니다. 그 오십부장은 왕의 말을 전하지 않았습니다. 단지 하나님의 사람에게 자기들의 생명을 아껴달라고 했습니다. 그때 하나님의 천사는 엘리야에게 두려워하지 말고 함께 내려가라고 했습니다.

그런데 엘리야는 천사가 말을 했다고 해서 내려가야 합니까? 엘리야가 산에서 내려가면 반드시 아하시야가 자기를 죽일 텐데요? 그러나 엘리야는 죽을 각오를 하고 하나님의 말씀대로 산에서 내려갔습니다. 그리고 아하시야를 만나서 다시 한번 직접 하나님의 말씀을 전합니다. "너는 이스라엘에 물을 말한 하나님이 안 계셔서 에그론의 바알세붑이라는 더러운 신에게 도움을 받으러 신하를 보내느냐? 너는 침상에서 내려오지 못하고 죽을 것이다." 그때 아하시야는 아직 왕이고 살아 있기 때문에 얼마든지 엘리야를 죽일 수 있었습니다. 왕은 "엘리야를 죽여라"고 한마디만 하면 됩니다. 그러나 아하시야가 손가락은 들었지만 말이 나오지 않았습니다. 그리고 그 자리에서 팔이 내려오더니 죽고 말았습니다. 인간은 아무리 권력이 있어도 진흙 한 덩어리에 불과합니다. 하나님의 명령이 왕의 명령 위에 있습니다. 그래서 하나님이 죽으라고 하시면 왕도 죽어야 합니다.

우리의 정체성은 무엇입니까? 하나님의 사람입니까, 아니면 세상 사람들이 말하는 사람입니까? 우리는 욕을 얻어먹고 멸시받고 천대받는 사람입니까, 아니면 기도로 하늘에서 불이 떨어지게 할 수 있는 사람입니까? 하나님의 말씀이 우리의 진정한 자아상을 밝혀줍니다. 우리는 세상에 굴복할 필요가 없습니다. 하나님이 인정하신 모습이 우리의 참 모습입니다. 그리고 영과 진리로 예배드리는 모습이 우리의 참 모습입니다. 목사라고 해서 다 목사가 아닙니다. 장로라고 해서 다 장로가 아닙니다. 하나님께서 응답하시는 사람이 진짜 하나님의 사람입니다.

04 막다른 골목

하나님이 보이지 않을 때

왕하 2:9

건너매 엘리야가 엘리사에게 이르되 나를 네게서 데려감을 당하기 전에 내가 네게 어떻게 할지를 구하라 엘리사가 이르되 당신의 성령이 하시는 역사가 갑절이나 내게 있게 하소서 하는지라

우리는 때때로 몸이 아파서 하나님께 기도하고, 또는 등록금이나 전세금이 필요해서 하나님께 열심히 기도해도 아무 응답이 없을 때가 있습니다. 그때 우리는 과연 오늘 지금도 하나님의 능력이 있는가 의심하게 됩니다. 언젠가 어떤 교인이 폐암 3기였는데 기도하고 항암 치료를 받았는데 완치가 되었습니다. 그때 청년 중에는 "오늘날에도 하나님의 능력이 있는가?"라는 말을 했습니다. 이 말은 오늘 세상은 우리가 하나님을 믿기는 하지만 기적은 없다는 뜻입니다.

《아라비안나이트》를 보면, 어떤 아이가 오래된 다락이나 창고에 들어가서 낡은 램프를 하나 들고 나오는데 먼지를 털려고 손으로 램프를 비비었더니 연기가 나면서 큰 거인이 나타나서 "주인님, 무엇을 해드릴까요?" 묻습니다. 그래서 '먹을 것을 달라, 금화를 한 자루 갖다 달라, 혹은 큰 집을 갖다 달라, 예쁘게 생긴 공주를 데려다 달라' 고 말하면 시키는 대로 거인이 다 해주고 사라집니다. 그런데 우리는 성경을 믿고 기도는 하는데 이런 마술 램프가 없어서 날마다 돈 걱정을 해야 하고, 살아야 할 집 걱정을 해야 하고, 무엇을 해야 할지 자신의 진로를 걱정하고 있는 것입니다. 그래서 어떤 때는 하나님 앞에 예배드리러 나와서도 하나님의 말씀은 하나도 귀에 들어오지 않고 돈 걱정만 하고 내일 해야 할 일 걱정만 하고 식구들 걱정만 하다가 돌아갈 때가 많은 것입니다.

저는 어렸을 때부터 교회를 열심히 다니고 설교 말씀을 잘 들었습니다. 그러나 잘할 수 있는 것이 아무것도 없었습니다. 제 형들은 공부도 잘하고 물건을 만드는 재주도 있는데, 제가 잘할 수 있는 것은 교회에 가서 예배드리는 것밖에 없었습니다. 그러나 성경 지식은 대학 입학에 전혀 도움이 되지 않았고 세상에서 취직하거나 돈 버는 데 아무 도움이 되지 않았습니다. 저는 이 세상에서 할 수 있는 것이 아무것도 없는 사람이었습니다. 예수 잘 믿는 것은 이 세상에서 돈 벌고 잘 사는 것에는 도움이 되지 않았습니다. 우리는 예수를 믿으면서도 무엇인가를 잘할 수 있는 능력을 가질 수 없을까요?

그러나 우리가 모르는 것이 있습니다. 그것은 우리가 듣는 이 말씀의 가치입니다. 우리가 듣는 이 말씀은 하나님이 하신 말씀을 그 아들이 직접 하늘에서 이 세상에 가지고 오셔서 전해주신 것입니다. 하나님의 아들이 전해주시는 이 말씀이야말로 우주를 만든 말씀이고, 다이아몬드나 사파이어나 루비, 석유나 땅과 바다를 만든 그 말씀입니다. 이 말씀 속에 그 모든 보물의 소유권이 들어있습니다.

그리고 우리가 기도하는데, 기도는 우리 영혼의 호흡입니다. 세상의 모든 사람은 숨을 쉬지 못하고 있습니다. 그래서 돈을 많이 버는 사람이든 적게 버는 사람이든 모두 인공호흡기에 의존해서 살아가고 있습니다. 이들은 의식도 없고 일어나서 움직일 수도 없고 돈주머니만 꽉 쥐고 있습니다. 그런데 우리는 기도하면서 벌써 숨을 쉬기 시작합니다. 우리는 스스로 숨을 쉬면서 인공호흡기는 떼버리고 척척 걸어서 병원 밖으로 나갈 수 있습니다. 그런데 우리는 스스로 늘 가난하다고 생각합니다. 그리고 늘 미래를 걱정하고 있습니다. 차라리 인공호흡기 달고 있는 사람들은 미래 걱정을 하지 않는데, 스스로 숨을 쉴 수 있는 우리는 앞으로 살아갈 일을 걱정하고 있는 것입니다.

이것은 비단 우리의 이야기만이 아닙니다. 하나님의 위대한 선지자도 자신이 당장 무슨 기술이나 돈이 없을 때는 자신의 인생은 망한 인생이라고 생각했습니다.

1. 하나님의 빈털터리

세상에 아무것도 가진 것이 없는 빈털터리들이 있습니다. 어떤 사람은 다른 사람의 말을 너무 잘 믿어서 잘못 투자하는 바람에 사기를 당해서 망하기도 합니다. 어떤 사람은 사업이 잘되니까 너무 많이 늘리다가 은행 빚을 갚지 못해서 파산하기도 합니다. 심지어는 교회도 작은 규모의 교회를 너무 크게 늘리려고 무리하게 건축했다가 결국 은행 이자를 갚지 못해 파산해서 그 잘 지은 예배당을 뺏기고 슈퍼마켓이나 레스토랑이나 심지어는 십자가를 떼고 술집으로 바뀌는 경우도 있습니다. 무료급식소 같은 곳을 가보면 노숙자들도 있지만 옷을 깨끗하게 입고 타임지를 읽는 사람도 있습니다. 또 노숙자 중에는 밥을 먹지 않고 소주만 마시는 사람들이 있는데 이들은 일을 할 수 없습니다. 그러다가 이런 사람들이 밥을 먹기 시작하면 그때부터 일을 할 수 있고 노숙자의 생활을 벗어날 수 있다고 합니다.

그런데 성경을 보면 신앙 때문에 빈털터리가 되는 사람들이 있습니다. 예수님께서는 돈이 많은 젊은 청년이 찾아왔을 때 "네가 가진 것을 모두 가난한 자에게 주고 너는 나를 따르라" 고 하셨습니다. 만약 이 부자 청년이 예수님을 따르려고 하면 자신이 망해야 합니다. 그래서 이 부자 청년은 예수님을 따르지 않고 돈을 붙듭니다. 한편 예수님은 세리 일을 보고 있는 마태에게도 "나를 따르라" 고 하셨습니다. 세리 마태는 즉시 하던 일을 그만두고 직장 없이 예수님을 따랐습니다. 그리고 그는 결국 〈마태복음〉이라는 엄청난 보물을 우리에게 남겼습니다. 중세 때 프란시스코는 돈이 가톨릭을 타락시킨다고 생각하고 자신의 모든 재산을 다 포기하고 입은 옷 한 벌만 가지고 살았습니다. 가톨릭은 프란시스코 교단을 인정했는데 그 회에 가입하는 조건은 재산을 전부 가난한 자들에게 주고 입고 있는 옷 한 벌만 가지고 사는 것이었습니다. 이들은 모두 예수님 때문에 빈털터리 거지가 되었던 것입니다.

엘리사는 소 스무 마리로 농사를 짓는 부자였습니다. 그런데 어느 날 하나님의 사람 엘리야가 나타나서 자기 겉옷을 엘리사에게 던져주었는데, 이것은 자기 제자가 되라는 뜻이었습니다. 엘리사는 엘리야의 부름을 받고 소 스무 마리를 다른 사람에게 주고 한 마리는 잡아서 잔치하고 밭이나 돈도 다른 사람에게 다 주고 입은 옷 하나만 가지고 엘리야의 종이 되었습니다. 엘리사는 어제까지만 해도 큰 농사를 짓는 부자였는데 엘리야가 부르는 바람에 모든 재산 다 버리고 엘리야의 심부름하는 몸종이 되었습니다.

엘리사는 자기 일을 다 접고 엘리야의 몸종이 되었지만 후회하지 않았습니다. 그는 이것을 다 투자라고 생각했기 때문입니다. 엘리사는 언젠가는 엘리야가 자기에게 능력 있는 기도를 하는 법이나 하늘문을 열고 닫는 법, 그리고 하늘에서 불이 떨어지는 법을 가르쳐주리라고 믿었던 것입니다. 그런데 아무리 시간이 지나도 엘리야는 엘리사에게 그런 능력의 비법을 가르쳐주지 않았습니다. 그러다가 어느 날 엘리사는 하나님께서 엘리야를 하늘로 데리고 간다는 영감을 받게 되었습니다. 지금 엘리사는 스승 엘리야로부터 능력을 배우거나 받지 못했습니다. 그러면 엘리사는 완전히 빈털터리가 되는 것입니다. 그런데 스승은 자기를 떼놓고 혼자 하나님께 간다고 합니다. 이때 엘리사는 완전히 인생을 사기당한 기분이었을 것입니다.

우리가 하나님의 연단을 받다 보면 이럴 때가 종종 있습니다. 믿음의 결단을 내리고 직장에 사표를 내거나 사업을 정리했는데 하나님의 능력은 아직 오지 않고 중간에 끼어서 세상으로도 못 가고 하나님의 능력도 받지 못할 때가 있습니다. 이때 우리는 고스란히 앉아서 죽을 것만 같습니다. 이럴 때 어떻게 해야 합니까? 이때 세상으로 다시 돌아가면 되지도 않을뿐더러 죽습니다. 어떻게 하든 하나님의 능력이 올 때까지 살아남아야 하는 것입니다.

2. 엘리사의 홀로서기

엘리사는 스승 엘리야를 놓치면 자신이 완전히 망한다는 것을 알고는 죽자고 엘리야를 따랐습니다. 그런데 엘리야는 자꾸 엘리사를 떼어놓으려고 했습니다. 엄마가 어디로 가려고 하는데 아이가 엄마와 떨어지지 않으려고 자꾸 옷을 놓지 않고 울면 엄마는 어떻게 해서든지 아이를 떼놓으려고 별의별 이야기를 다 합니다.

엘리야는 엘리사를 떼어놓기 위해서 하나님이 가라고 한다고 하면서 자꾸 자리를 이동했습니다. 처음에는 길갈에 있었는데, 하나님이 벧엘로 가라고 하시니까 잠깐 여기서 기다리라고 했습니다. 엘리야와 엘리사가 벧엘에 가니까 하나님이 여리고로 가라고 하신다고 하면서 잠시 기다리라고 했습니다. 또 여리고로 가니까 엘리야는 엘리사에게 하나님이 요단 건너편에 가라고 하신다면서 여기서 좀 기다리라고 했습니다. 그때마다 엘리사는 하나님의 살아계심을 걸고 자기는 절대로 당신을 떠나지 않겠다고 맹세했습니다.

그런데 놀라운 것은 엘리야가 엘리사를 데리고 가는 곳마다 선지자의 제자들이 있어서 하나님의 예언을 하기 시작했다는 것입니다. 그들은 모두 엘리사에게 "오늘 하나님이 너의 선생을 당신의 머리 위로 데리고 가는데 알고 있느냐?"고 이야기했습니다. 엘리사는 다른 제자들이 그런 말을 할 때마다 "나도 아니까 조용히 하라"고 대답했습니다.

그러면 왜 선지자의 제자들은 엘리사에게 가는 곳마다 "오늘 하나님이 너의 선생을 하늘 위로 데리고 간다"고 예언을 했을까요? 그것은 엘리사에게 '네가 지금까지 엘리야를 따라다닌 것은 완전 헛다리를 짚은 것이라' 는 뜻으로 말한 것입니다. 적어도 선지자가 되려면 어느 정도 사람들도 모이고 남들이 알아주는 데서 공부하고 인정을 받아야지, 죽으나 사나 엘리야를 따라 다녀봤자 아무 소용이 없다는 뜻이었습니다. 그래서 지금이라도 늦지 않으니까 엘리야를 포기하고 많은 사람이 가는 넓은 길로 가라는 뜻입니다. 물론 이 선지자의 제자들이 하는 말이 다 틀린 말은 아닐 것입니다. 그러나 그것이 핵심은 아니었습니다.

우리도 하나님의 말씀을 따라 결단을 내리고 아무도 가지 않는 길을 가고 있는데 응답이 없다면 마음속으로 '더 늦기 전에 지금이라도 사람을 찾아갈까?' 라는 생각이 들 때가 많습니다. '더 늦기 전에 지금이라도 내 학벌을 가지고 이력서를 내볼까?' , '더 늦기 전에 아는 사람을 찾아가서 취직자리를 부탁해 볼까?' 라는 생각이 드는 것입니다. 엘리사는 가는 곳마다 선지자 제자들이 엘리야를 포기하라고 말하는 바람에 미칠 지경이었습니다. 그러나 엘리사는 선지자 제자들에게 "너희는 잠잠하라"고 했습니다. 엘리사도 그런 정도는 알고 있는데 그것은 길이 아니라는 뜻입니다. 엘리사가 유일하게 생각하고 있는 길은 오직 엘리야밖에 없기 때문에 딴소리는 듣지 않겠다는 것입니다.

엘리사의 마음은 딱 하나였습니다. 즉 '나는 망하더라도 오직 엘리야만 붙잡는다' 는 생각뿐이었습니다. 다른 사람들은 엘리야만 붙잡는 것은 다 헛다리 잡는 것이라고 알려주어도, 엘리사는 '헛다리 잡는 것이라도 좋다' 고 생각했습니다. 엘리야에게는 하나님의 말씀이 있으니까 그 말씀만 따라가겠다는 뜻이기도 합니다. 엘리사는 하나님의 말씀만 보고 따라갈 것이고 그 말씀 따라가다가 쫄딱 망해도 좋다고 믿었던 것입니다.

사실 라스베이거스나 강원랜드에 있는 도박장에 가보면 한 군데 '올인' 하다가 완전히 쫄딱 망하는 사람들이 많습니다. 그래서 이 세상에서는 할 수 있으면 여러 가지 가능성을 열어두는 것이 좋습니다. 그래야 하나가 막히면 다른 길로 갈 수 있기 때문입니다. 그러나 하나님의 말씀에는 오직 올인 밖에 없습니다. 올인 하지 않으면 그렇고 그런 말밖에 하지 못합니다. 즉 누구든지 할 수 있는 뻔한 수준밖에 말하지 못하는 것입니다. 우리가 이 세상에서 사탄의 전략을 이기려면 비밀 노하우가 필요합니다. 즉 사탄이 절대로 생각할 수 없는 비밀 무기가 있어야 하는 것입니다. 이것을 엘리사는 알고 있었습니다. 그리고 이것을 얻기 전까지는 절대로 엘리야를 놓칠 생각이 없었습니다.

그러나 결국 엘리야나 엘리사가 더 앞으로 나갈 수 없게 되었습니다. 요단강이 그들의 앞길을 막고 있었기 때문입니다. 이때 엘리사는 자기가 그렇게 보고 싶었던 선생님의 능력을 보게 됩니다. 엘리야는 요단강을 건너가는 것은 아무것도 아닌 것처럼 외투를 벗더니 그 외투로 요단강을 이리저리 치니까 강이 갈라져 길이 생겼습니다. 엘리사가 기다렸던 것은 바로 이것이었습니다. 엘리야에게는 누구든지 할 수 있는 뻔한 소리가 아니라, 강을 가르고 기적을 일으킬 수 있는 능력이 있었습니다. 사도 바울은 "하나님의 나라는 말에 있지 않고 능력에 있다"(고전 4:20)고 했습니다.

3. 하나님의 능력은 어디 있는가?

요단강을 건너간 후 엘리야는 엘리사에게 솔직하게 털어놓습니다. "하나님은 나를 데려가려고 하신다. 그런데 너는 나를 잡고 놓지 않으니까 어떻게 하면 네가 나를 놓아주겠느냐?" 이제 엘리사에게 아주 중요한 순간이 찾아왔습니다. 이것은 마치 솔로몬이 일천번제를 마친 후 하나님께서 솔로몬에게 "네가 원하는 것이 무엇이냐?"고 물으시는 것과 같습니다.

지금 엘리사에게는 무엇이 가장 필요할까요? 많은 돈일까요? 아니면 큰 건물이나 성일까요? 학벌일까요? 왕이나 세상 사람들의 인정일까요? 이때 엘리사는 자기에게 필요한 것이 무엇인지 알았습니다. 그것은 바로 엘리야의 능력이었습니다. 그러나 지금은 세상이 두 배나 더 악해졌기 때문에 엘리야에게 "당신의 성령의 역사가 갑절이나 필요하다"고 했습니다.

이때 엘리야는 "네가 참 어려운 것을 요구한다"고 했습니다. 그때 갑자기 불바람이 회오리바람처럼 날려 왔습니다. 이때 엘리사가 본 것은 불 회오리바람이었습니다. 엘리사는 그 불 회오리바람이 자기에게 오니까 본능적으로 몸을 피했습니다. 그때 스승 엘리야는 불 회오리바람 가운데 뛰어들어서 하늘로 올라가 버렸습니다. 이에 엘리사는 "나의 아버지여, 나의 아버지여, 이스라엘의 병거와 마병이여!"라고 소리를 질렀습니다. 이것은 '나도 망했고 이스라엘도 망했다'는 뜻입니다. 엘리사는 아버지를 잃은 고아가 되었고, 이스라엘은 가장 강력한 무기를 잃은 것이었습니다. 아마 이때 엘리사는 그때 불말과 불병거의 모양을 보았을 것입니다.

스승 엘리야는 이렇다 저렇다 말도 없이 불 회오리바람을 타고 올라가 버렸습니다. 그리고 엘리사는 아무것도 가진 것이 없었습니다. 엘리사는 하늘에서 불이 떨어지는 능력도, 하늘문을 열고 닫는 능력도, 사람들의 병을 치료하는 능력도, 그 어떤 것도 가지지 못했습니다. 엘리야는 엘리사에게 안수기도 한 번 해주지 않고 하늘로 올라버렸습니다. 엘리사가 보니까 스승이 입으시던 외투만 떨어져 있었습니다. 이때 엘리사는 자신이 완전히 망했다고 생각했을 것입니다. 엘리사는 하나님의 말씀만 믿고 스승만 따라오다가 이제 가진 것이 하나도 없는 빈털터리가 되고 말았습니다. 엘리사는 화가 나서 자기 옷을 북북 찢어버렸습니다. 그리고 스승이 입었던 낡은 외투로 요단강에게 화풀이하였습니다. 엘리사는 그 외투로 요단강을 치면서 "엘리야의 하나님 어디 계십니까?"라고 소리치니까 놀랍게도 요단강이 둘로 갈라졌습니다. 그러나 엘리사는 그때까지도 하나님의 능력이 자기에게 있다는 것을 믿지 않았습니다.

엘리사가 요단강을 건너오니까 선지자의 제자들이 엘리사에게 엘리야가 불 회오리바람에 딸려 올라가다가 어딘가에 떨어져 죽어있을 것이라고 했습니다. 그래서 장례라도 치러야 하니까 우리 모두 흩어져서 찾아보자고 했습니다. 여기서 엘리사와 다른 제자들의 차이가 드러나기 시작합니다. 엘리사는 이미 두 세계를 보고 있었습니다. 하나는 하나님의 나라이고, 다른 하나는 이 세상이었습니다. 그러나 다른 제자들은 이 세상만 보였습니다. 그래서 엘리야가 회오리바람에 딸려 올라갔으면 반드시 어딘가 떨어져 죽었을 것이라고 엄청나게 고집을 부리고 찾아보았지만 헛수고였습니다. 다른 제자들은 불 회오리바람만 보았지만 엘리사는 그 안에 있는 불말과 불병거를 보았던 것입니다. 세상 사람들은 세상만 보지만, 우리는 두 세계를 보고 있습니다. 우리 눈에는 하나님의 세계와 세상이 같이 보이기 때문에 걱정할 것이 없습니다.

그리고 엘리사가 여리고 성에 들어가니까 그 성에 고질적인 문제가 있었습니다. 그것은 과일이 익기도 전에 다 떨어지는 것이었습니다. 여리고 사람들은 엘리사에게 이것을 고쳐달라고 요청했습니다.

그러나 이것은 엘리사의 전공이 아니었습니다. 그런데 엘리사에게는 무슨 생각이 떠올랐습니다. 이것이 바로 하나님의 영감입니다. 엘리사는 물의 근원을 찾아가서 새 그릇에 소금을 담아서 뿌렸습니다. 그러자 여리고의 과일들이 다 열매를 맺게 되었습니다. 그러나 엘리사는 아직도 자기에게 하나님의 능력이 있는 줄 몰랐습니다.

엘리사가 혼자 벧엘로 올라가는데 거기에 불량배들이 있었습니다. 이들은 하나님을 대적하는 청년들이었습니다. 이들은 엘리사가 대머리인 것을 보고 엘리사에게 "대머리여, 올라가라. 대머리여, 올라가라"고 조롱했습니다. 엘리사는 그렇지 않아도 대머리여서 콤플렉스를 가지고 있었는데, 이 불량한 청년들이 자기를 대머리라고 놀리니까 화가 나서 하나님의 이름으로 저주해 버렸습니다. 이것은 그들이 하는 행동이 나쁘다는 것이지 반드시 죽으라는 뜻은 아니었습니다. 이 불량배들은 하나님의 종에 대한 존경심이 전혀 없었습니다. 그런데 엘리사가 저주하는 소리를 가까운 숲속에 있던 암곰 두 마리가 들었습니다. '지금 선지자가 저 불량배들을 저주하시는군. 그렇다면 그 불량배들은 살 가치가 없는 것이 아닌가?' 그래서 그 암곰 두 마리가 숲에서 나와서 미쳐 날뛰는 바람에 불량배 마흔두 명이 물려 죽고 말았습니다. 엘리사도 자기에게 그런 능력이 있는 줄 몰랐던 것입니다. 만약 우리에게 하나님의 능력이 있는 줄 모르면 다른 사람들을 저주해서 죽게 할 수 있을지 모릅니다.

우리에게 필요한 것은 그렇고 그런 뻔한 설교가 아닙니다. 직업적으로 목회하는 사람들의 말이 아닙니다. 요단강을 가르고 하늘의 세계를 보고 자신의 말 한마디로 마흔두 명의 불량배가 죽을 수도 있는 능력을 가져야 합니다.

하나님의 나라는 많은 말이나 생각에 있는 것이 아니라 오직 능력에 있습니다. 하나님의 능력을 믿으시기 바랍니다.

05 막다른 골목

해답이 없을 때

삼상 9:3

사울의 아버지 기스가 암나귀들을 잃고 그의 아들 사울에게 이르되 너는 일어나 한 사환을 데리고 가서 암나귀들을 찾으라 하매

우리 인생은 처음 자기가 생각했던 대로 풀리는 경우가 거의 없습니다. 우리 인생에는 우리가 생각하지 못했던 의외의 변수가 있기 때문입니다. 바로 그 의외의 변수는 하나님이 나의 삶에 개입하시는 것입니다.

우리 집은 어렸을 때 부산에서 살 길이 막연했습니다. 특히 어머니는 아이들이 모두 돈이 없어서 공부도 못하고 빈둥빈둥 놀게 될까봐 늘 걱정이었습니다. 그때 큰형은 고등학교 3학년이었는데 대학에 갈 형편이 아니었습니다. 그때 어머니는 큰아들에게 대학 가는 것을 포기하라고 하셨습니다. 그때 큰형은 태어나서 처음으로 어머니 말씀을 거역하고 서울공대에 시험을 쳤다고 했습니다. 형은 합격하고 학비를 벌기 위해 과외를 하면서 학교를 다녔지만, 도저히 등록금을 낼 수 없으니까 군대를 갔습니다. 군대에서도 김신조의 무장공비가 내려와서 복무기간이 1년 더 늘어났습니다. 그리고 형은 복학했고 주로 외국에 다니면서 근무를 많이 했습니다. 그런데 이때 큰형이 내린 가장 놀라운 결정은 제 설교를 계속 들으시다가 드디어 천주교에서 교회를 다니기로 작정한 것입니다. 제가 경기도 쪽에 개척을 한다는 것을 듣고 쌍수를 들고 환영하신 분이 형님이십니다. 또 지금은 돌아가셨지만 저의 셋째 형님은 명문 부산중학교에 다니셨는데 그 학교 학생들은 대개가 부자인데 우리집은 너무 가난하니까 학교에 가기를 싫어했습니다.

그때 어머니는 큰 결단을 하셨습니다. 즉 굶어 죽을지언정 아이들은 서울에 가서 공부시켜야 한다고 해서 집에 있는 것 전부 팔아서 빚잔치하고 맨손으로 서울로 올라오셨습니다. 그 바람에 저는 서울에서 교회를 다니고 대학을 다닐 수 있었습니다. 형들도 서울에 있는 명문대학을 다닐 수 있었던 것은 그때 어머니가 결단을 내리셨기 때문입니다. 서울에서 어머니와 저는 가장 먼저 교회를 찾았습니다.

저는 대학원 졸업을 앞두고 진로 문제를 생각했습니다. 아무래도 유학 가서 박사 학위를 받고 교수되는 것이 좋은 길인 것 같았습니다. 그러나 유학 갈 돈은 없었습니다. 그때 장모님은 혼자 가면 학비를 대어주겠다고 하셨지만 저는 아내와 아이하고는 떨어지고 싶지 않았습니다. 그러면 연구소 같은데 취직해야 하는데 이상한 것이 시험을 엄청나게 잘 보면 면접에서 헛소리하고, 그렇지 않으면 연구소에서 지방에 근무하겠느냐고 물어서 싫다고 하니까 뽑히지를 않았습니다. 옛날에는 원서만 내면 다 되었는데 교회에서 전도사 몇 년 하고 나니까 갈 데가 없었습니다. 그때 하나님의 말씀이 생각났습니다. "무엇을 먹을까, 무엇을 입을까 염려하지 말고 오직 그의 나라와 그의 의를 구하라. 그리하면 이 모든 것을 더하시리라"는 말씀이었습니다. 저는 그 즉시 모든 것을 다 때려치우고 말씀의 길을 걸었습니다. 정말 7년 동안 죽을 고생을 했습니다. 그러나 저는 집이나 우리 아이가 진학하는 것을 하나도 걱정하지 않았습니다. 하나님께서 다 더하여 주신다고 했기 때문입니다.

그런데 하나님도 약속을 지키시지 않은 것 같은 것이 있었습니다. 그것은 우리 아이 결혼이었습니다. 아이가 나이는 들어가는데 결혼할 상대가 없는 것입니다. 그래서 별의별 생각을 다했습니다. 그러다가 '맞다. 더하여 주신다고 했지' 라고 생각하고 그냥 내버려두었습니다. 그러나 제 아내는 딸 결혼 문제를 두고 걱정을 많이 했습니다. 그것이 결국 나중에 아내의 쓸개가 썩어버리는 원인이 아니었을까 생각합니다. 아이는 혼자 있는 토요일이나 일요일만 되면 우울해지는 것이었습니다. 그렇게 몇 년 지나다가 어느 날 아론이라는 이름을 가진 청년이 시현이(우리 아이)를 보고 있다가 퇴근하면서 손에 자기 전화번호 적은 것을 쥐여주고 갔습니다. 이 청년이 결국 시현이의 남편이 되었습니다.

스티브 잡스는 크리스천은 아니고 인도 쪽의 선불교를 믿는 자였지만 하나님은 그의 생애에 몇 번이나 일하신 것을 알 수 있습니다. 첫 번째가 그가 태어났을 때 시리아 남편과 미국 여자 사이에 태어난 이 아기를 아버지가 받아들일 수 없다고 했을 때, 대학까지 공부시킨다는 조건으로 잡스라는 기계공의 아들로 입양시킨 것입니다. 잡스는 너무 성격이 독특해서 어느 고등학교에도 적응할 수 없었습니다. 그래서 퇴학당하고 퇴학당하다가 나중에 아주 비싼 사립 고등학교를 졸업하게 됩니다. 그리고 대학을 다니면서도 공부에 관심이 없고 글씨체에만 관심을 가지고 공부했습니다. 그가 아버지의 차고에서 애플사를 시작했을 때 그가 만든 매킨토시의 글씨체가 가장 아름다웠습니다. 애플사가 성공하고 잡스가 억만장자가 되었을 때 매킨토시 2가 실패하고 잡스는 자기가 세운 애플사에서 쫓겨나게 됩니다. 그는 한창 성공하다가 한순간에 실패자로 전락하고 말았습니다. 그는 넥스트라는 회사를 세워서 돈을 좀 벌었습니다. 그리고 넥스트가 픽사라는 애니메이션 회사를 인수했는데 픽사가 〈토이 스토리〉라는 영화를 만들어서 대히트를 칩니다. 그리고 그는 애플사로 다시 돌아와서 '아이패드'를 개발하는 데 성공합니다. 이런 것을 보면 스티브 잡스의 인생에 하나님이 여러 번 개입하셔서 그를 성공하게 하신 것을 알 수 있습니다. 단지 스티브 잡스는 그 하나님을 믿지 않았을 뿐입니다.

마찬가지로 우리 인생에 하나님이 일하실 때가 있습니다. 그러나 우리는 언제가 하나님이 일하실 때이고 하나님이 무엇을 원하시는지 몰라서 그분의 뜻을 거역하고 자기 생각만으로 고집부릴 때가 많습니다.

1. 하나님이 일하시는 방법

이스라엘 백성은 사사시대를 지나면서 왕이 없어서 무질서하고 심지어는 자기들끼리 싸워서 내전을 겪기도 했습니다. 더욱이 이스라엘 중 베냐민 지파는 동성애자들이 많아서 이스라엘 전체와 전쟁하다가 여자와 아이들 그리고 남자들이 거의 다 죽고 간신히 육백 명만 도망쳐서 살아남을 정도로 망하게 되었습니다. 이때 이스라엘 백성은 도저히 비전을 가질 수 없었고 미래의 멋진 나라의 모습을 상상할 수도 없었습니다. 이스라엘 백성은 가나안 땅에 흩어진 여러 난민 중의 하나였습니다.

사사시대 말기가 되었을 때 이스라엘은 왕이 없었으므로 외국 군대의 공격이나 이스라엘끼리의 내전에 전혀 하나가 될 수 없었습니다. 이때 하나님은 일하기 시작하셨습니다. 하나님이 일하신 시기는 이스라엘이 가장 절망적인 때였습니다. 그들의 힘으로는 아무것도 할 수 없는 때였습니다. 그리고 그때 하나님께서 주목하신 지파는 내란으로 거의 다 죽고 남자만 육백 명이 남은 베냐민 지파였습니다. 하나님은 막강한 힘을 가진 유다 지파나, 항상 이스라엘의 첫 번째가 되려고 했던 엘리트 지파 에브라임을 주목하신 것이 아니었습니다. 하나님께서 주목하신 지파는 내전으로 거의 망하다시피 한 베냐민 지파였습니다. 그 이유가 무엇일까요? 하나님께서는 가장 어렵고 힘든 사람들에게 가장 먼저 일어설 기회를 주시는 것 같습니다. 그래서 지금 겨우겨우 목숨을 부지하고 있고 미래에 대하여 도무지 가능성이 보이지 않는 분들이라면 적어도 하나님으로부터는 왕창 축복을 받을 수 있는 찬스를 가지고 있다고 보아야 합니다. 하나님은 가난한 자를 멸시하지 아니하시며 한번 망한 자들에게 가장 먼저 복 받을 수 있는 기회를 주십니다.

이스라엘이 몹시 어려움에 처한 이때 하나님께서 주목하신 사람은 사울이라고 하는 평범한 청년이었습니다. 사울의 특징은 키가 아주 컸다는 것입니다. 사울은 키가 다른 사람들보다 어깨 위만큼 더 컸고, 아주 잘생긴 사람이었습니다. 성경은 사울에 대하여 "준수하다"는 표현을 쓰고 있습니다. "이스라엘 자손 중에 그(사울)보다 더 준수한 자가 없고"(삼상 9:2)라고 했습니다. 그런데 시대나 지방에 따라서 잘생긴 사람의 기준이 다른 것을 볼 수 있습니다. 요즘 우리나라는 잘생겼다고 하면 몸은 좀 마르고 배에는 식스팩이 있는 근육질의 사나이라고 볼 수 있습니다. 더욱이 얼굴까지 부드럽게 잘생겼다면 그는 엄청난 인기를 얻을 것입니다. 그런데 지방에 내려오니까 어르신들은 덩치가 크고 키가 크고 남자답게 생긴 사람을 준수하게 생겼다고 생각하는 것 같습니다. 사울은 나중에 보면 알지만 굉장히 겸손하고 수줍어하는 성격이었습니다. 사울은 shy한 것이 특징이었습니다. 그래서 나중에 왕으로 뽑힌 후에도 부끄러워서 쌓아 놓은 짐 속에 숨어 있다가 붙잡혀 나오기도 했습니다. 하나님은 가장 힘이 없고 망했고 수줍음이 많은 청년 사울을 보셨던 것입니다.

하나님께서 사울에게 일을 맡기려 하실 때 사울의 집에는 큰 어려움이 생겼습니다. 그것은 바로 사울의 집에서 키우고 있는 암나귀들을 모두 잃어버린 것입니다. 이스라엘은 산지가 많아서 사람이 이동하거나 물건을 나를 때 말보다 나귀가 훨씬 더 유용했습니다. 사울의 집에 암나귀가 몇 마리 있었는지 모르겠지만 어느 날 이 암나귀들을 몽땅 다 잃어버리게 되었습니다.

사울의 아버지는 암나귀들을 다 잃어버리자 사울에게 화를 내면서 종 하나를 데리고 찾아오라고 했습니다. "너는 도대체 집에서 무엇을 하고 있었기에 나귀들이 없어지는 것을 모르고 있었느냐? 너는 도무지 쓸모없는 자식이다. 당장 종 하나를 데리고 가서 암나귀들을 다 찾아오너라!"고 엄명을 내렸습니다. 그래서 사울은 종 하나를 데리고 여기저기 돌아다니면서 암나귀들이 있을 만한 곳을 찾았지만 찾지 못했습니다.

사울은 에브라임 지파 땅까지 다 찾아보고 살리사, 사알림 땅도 뒤지고 베냐민의 땅까지 다 찾았지만 나귀는 없었습니다. 사울과 그 사환은 자기 집 부근은 고사하고 이웃 도시의 아주 먼 곳까지 돌아다녔지만 나귀는 없었습니다. 나귀들이 있어야 사람도 타고 다닐 수 있고 밭도 갈고 물건도 옮길 수 있는데, 나귀들이 없어지는 바람에 아무것도 할 수 없게 되었습니다. 그리고 이스라엘이나 베냐민 지파의 경제가 이렇게 어려울 때 나귀들을 다시 돈 주고 산다는 것은 너무나도 힘든 일이었습니다.

그런데 사울이나 그 사환이 이 넓은 세상에서 어디로 도망갔는지도 모르는 나귀들을 어디서 찾을 수 있겠습니까? 사울은 도무지 잃어버린 나귀들을 찾을 수 없었습니다.

2. 획기적인 생각의 전환

결국 '숩' 이라는 땅까지 간 사울은 그곳이 자신들이 갈 수 있는 마지막 땅이라고 생각한 것 같습니다. 그래서 사울은 자기 사환에게 "우리는 나귀를 찾을 만큼 다 찾아보았다. 이제 도저히 찾을 수 없으니 여기에서 나귀를 포기하고 집으로 돌아가자. 너무 오래 돌아다니니까 아버지가 우리를 나귀보다 더 걱정하시겠다" 고 말했습니다. 그리고 사울이 집으로 돌아가려고 하는데, 사울의 사환이 아주 획기적인 제안을 하나 했습니다.

사울의 사환은 사울에게 "우리가 온 이 성읍에 나귀는 없지만 존경받는 하나님의 사람이 한 분 있는데 그 사람이 한 말은 틀림이 없다고 합니다. 우리가 하나님의 선지자를 찾아가서 나귀를 찾으러 어디로 가면 되는지 물어봅시다" 라고 제안했습니다. 즉 우리 힘으로 나귀를 찾으려 해도 도저히 찾을 수 없으니 하나님의 종을 찾아가서 하나님의 말씀을 한번 들어보자는 것이었습니다. 그것은 그야말로 사울이 생각하지 못했던 획기적인 생각의 전환이었습니다. 사실 우리가 이 세상에서 겪는 많은 어려움은 하나님의 말씀으로 가는 과정일 때가 많습니다. 하나님은 우리에게 하나님의 말씀을 듣게 하시려고 직장에서 밀려나게 하시고, 사업에 실패를 겪게 하시고, 진로를 찾지 못해서 갈팡질팡하게도 하십니다. 이때 우리는 사소한 과거 일에 집착할 것이 아니라, 자신의 문제를 완전히 다른 각도에서 한번 돌아보는 것이 필요합니다. 이것이 바로 하나님의 말씀을 들으러 가는 것입니다.

많은 사람이 길을 찾지 못하거나 혹은 망해서 하나님의 말씀을 듣게 되었을 때 그 모든 말씀이 자기 한 사람을 위해서 하는 것처럼 들릴 때가 있습니다. 즉 '나 들으라' 고 하시는 말씀인 것 같은 것입니다. 이것이야말로 방향을 바로 잡은 것입니다. 그래서 세례 요한은 자기를 가리켜 "광야에서 외치는 자의 소리" 라고 했습니다. 한 번도 안 가본 광야의 초행길에서 길을 잃어버렸을 때는 현지인의 도움을 받아서 길을 찾아가는 것이 가장 확실한 방법입니다.

그런데 사울이 선지자에게 가려고 하는데 걸림돌이 있었습니다. 그것은 바로 자신의 자존심이었습니다. 사울은 어려서부터 선지자에게 가서 말씀을 들으려고 하면 예물을 들고 가서 들어야 한다는 것을 배운 것 같습니다. 그러나 사울에게는 당장 선지자에게 줄 수 있는 예물이 하나도 없었습니다. 이때 사울의 사환이 머리 돌아가는 것이 빨랐습니다. 이 사환은 사울에게 자기 수중에 4분의 1 세겔의 은이 있으니까 이것을 예물로 드리자고 했습니다. 그래서 사울은 이 돈을 빌려서 선지자에게 줄 생각을 하고 무작정 하나님의 선지자를 찾아갔습니다.

3. 사울을 기다리시는 하나님

사울이 찾아간 성에 있다는 선지자는 '사무엘' 이었습니다. 사무엘은 선견자였는데, 나중 이스라엘 사람들은 선견자라고 하면 무엇을 말하는지 잘 몰랐던 것 같습니다. 선지자는 하나님의 계시를 보는 자이고, 선견자는 환상으로 미래 일을 보는 자였습니다. 그런데 사무엘은 이스라엘 여러 곳을 순회하면서 제사도 드리고 하나님의 말씀도 전하기 때문에 사실 그때 그 성에 반드시 있다는 보장을 할 수 없었습니다. 그러나 하나님이 하시는 일은 놀라웠습니다. 이미 하나님의 선지자는 그 성에 와 있었고, 사울이 올 것을 알고 있었습니다. 사울은 성으로 가는 비탈길을 올라가면서 물 길러 내려오는 소녀들에게 "오늘 이 성에 하나님의 선견자가 있느냐?" 고 물었습니다. 그랬더니 그 소녀가 "그분이 막 이 성에 오셨는데 산당으로 먼저 올라가셨습니다. 빨리 가면 선견자를 만나실 수 있을 것입니다" 라고 소식을 전했습니니다. 그리고 그 성에서는 얼마나 이 선견자를 존경하는지 선견자가 하나님께 제사를 드리고 난 후에 고기를 먹을 때 선견자가 와서 축복기도를 해야 비로소 사람들이 고기를 먹는다는 말도 알려줬습니다.

사울은 나귀를 찾지 못해서 속이 상하고 지치고 피곤했지만, 하나님은 사울에게 큰 뜻을 가지고 계셨습니다. 그것은 바로 사울의 머리에 기름을 부어서 이스라엘의 왕으로 만들어 이스라엘을 학대하는 블레셋을 물리치는 것이었습니다. 사울은 자신의 약간의 불편함과 손해를 가지고 짜증을 부리고 있었지만, 하나님은 사울에 대하여 어마어마하게 큰 계획을 가지고 계셨습니다.

사울이 그 성에 들어가니까 사무엘은 이미 사울을 만나러 오고 있었습니다. 사울은 사무엘을 알아보지 못하고 선견자가 어디 있느냐고 물으니까 사무엘은 "내가 선견자이니라"라고 대답했습니다. 이것은 마치 교회에 새로 온 사람이 교회에서 담임목사님이 어디 계시냐고 묻는 것과 같습니다. 어떤 사람은 "큰 목사님 어디 계시냐?"고 묻기도 합니다. 이런 분은 절에 다니시던 분일 가능성이 큽니다. 절에서는 큰 스님, 작은 스님이라고 부르거든요.

사무엘은 사울에게 산당으로 올라가라고 하면서 거기서 식사를 할 것이라고 했습니다. 사무엘은 제사를 드린 후 거기에 모인 사람들의 상석에 사울을 앉게 했습니다. 이것은 미래 이스라엘 왕에게 대한 예의였습니다. 그리고 사무엘은 드디어 사울에게 말을 했습니다. "사흘 전에 잃어버렸던 나귀들은 다 찾았느니라"고 했습니다. 결국 이 나귀들은 사울을 하나님의 말씀을 듣는데 오게 하는 수단이었던 것입니다. 임무를 다 마친 나귀들은 집으로 돌아왔습니다. 그리고 사무엘은 사울에게 "온 이스라엘이 사모하는 자가 누구냐? 바로 너"라고 했습니다. 여기서 '사모' 한다는 것은 극장에서 사람들이 모여서 주인공이 나타나기를 눈 빠지도록 기다리는 것을 말합니다. 극장에서 모든 사람이 기다리는 것은 광고나 선전이 아니라 주인공이 나타나는 것입니다.

그리고 사무엘은 요리사에게 "내가 따로 두라고 한 넓적다리와 거기에 붙은 살을 가지고 오라"고 했습니다. 지금 사울은 사흘 동안 나귀를 찾느라고 배를 쫄쫄 굶으면서 돌아다니고 있었습니다. 그런데 사울은 사무엘을 만나서 하나님의 말씀을 듣자마자 가장 높은 상석에 앉게 되고 고기 중에서도 가장 맛있는 부분을 먹게 되었습니다.

이때 우리는 이 맛있는 고기를 사양해야 할까요? 아니면 맛있게 먹어야 할까요? "여기에 어른들도 많이 계신데 저같이 젊은 사람이 이 맛있는 부분을 먹어서야 되겠습니까? 저에게는 족발이나 주십시오"라고 사양하는 것이 옳겠습니까? 그렇지 않습니다. 사울은 그것을 먹어야 합니다. 왜냐하면 그것은 하나님이 주시는 위로이고, 이제부터 사울은 옛날의 사울이 아니고 새 사울이기 때문입니다. 즉 이제 사울은 지금까지 그 평범하던 사람에서 이스라엘의 지도자로 새로 태어나는 순간이기 때문입니다. 때로는 하나님께서 우리를 과분하게 높이셔서 위로하실 때가 있습니다. 그때 하나님은 우리의 위상을 높이시는 것입니다. 우리는 더 이상 과거의 내가 아닌 것입니다. 이제는 더 이상 욕이나 얻어먹고 나귀나 찾아다니는 평범한 청년이 아닌 것입니다.

우리는 하나님이 이렇게 부르실 때 '아멘!' 하고 그것을 받아들여야 합니다. 괜히 겸손한 체하면서 주저하면 그 직분을 빼앗기는 수가 있습니다. 우리는 하나님이 위로하실 때 위로를 받으시기 바랍니다. 그리고 이제는 더 이상 내가 이 연극에서 엑스트라가 아니라 주인공이라는 사실을 아시고 무게 있는 멋진 연기를 하시기 바랍니다.

06 막다른 골목

어처구니 없는 일

삼상 11:1-2

암몬 사람 나하스가 올라와서 길르앗 야베스에 맞서 진 치매 야베스 모든 사람들이 나하스에게 이르되 우리와 언약하자 그리하면 우리가 너를 섬기리라 하니 암몬 사람 나하스가 그들에게 이르되 내가 너희 오른 눈을 다 빼야 너희와 언약하리라 내가 온 이스라엘을 이같이 모욕하리라

우리는 가끔 너무 어처구니없는 일을 당하면 두려워하게 되고 어떻게 해야 할지 모를 때가 종종 있습니다. 예를 들어서 어떤 사람은 건물에 세 들어서 열심히 장사하고 있는데 어느 날 집 주인이 전화해서 그 가게를 우리 아들에게 주어야 하겠으니 집세를 두 배로 내든지 아니면 나가라고 한다면 굉장히 황당한 느낌이 들 것입니다. 어떤 사람은 자기와 너무나도 친한 친구가 전화해서 지금 큰 어려움을 당해서 당장 돈이 필요한데 몇천만 원을 불러주는 계좌로 보내 달라고 하기에, 그 친구를 위해서는 목숨까지 줄 수도 있는데 그까짓 몇천만 원이 대수냐 하며 돈을 보내었는데 알고 보니까 보이스피싱이었던 것입니다. 이럴 때 정말 자신의 무지함과 어리석음을 탓할 수밖에 없습니다.

저는 오래전에 개척 교회 목회할 때 어느 지하 문화센터를 임대해서 사용했는데, 그때 교인이 좀 늘어서 120명쯤 되었습니다. 그때 주인으로부터 그 빌딩을 팔기로 했으니까 다른 곳으로 옮기라는 연락이 왔습니다. 그런데 저는 이미 그 예배실에 누군가에게 인테리어 비용을 준 상태였습니다. 우리는 그 돈을 받을 수 없을 뿐 아니라 우리가 가진 돈으로는 갈 곳이 없었습니다. 저는 그때 정말 어디로 가야 할지 막막했습니다. 그런데 사실 우리는 그 건물에서는 포화상태여서 더 있을 수 없었습니다. 여름에는 가까운 농수산시장에서 나오는 배추 썩은 냄새가 진동했고, 더위에 예배를 드리고 나오면 모든 교인이 열기에 데워져서 찐빵이 되어 나왔습니다. 그래도 저는 미련하게 그 장소에 집착했습니다. 왜냐하면 갈 데가 없었기 때문입니다. 그런데 교인 중 할머니 한 분이 버스 타고 가다가 임대라는 글씨를 보았다고 하기에, 무작정 찾아갔는데 그곳이 우리가 갈 곳이었고 우리가 가진 돈과 딱 맞았습니다. 그리고 그곳은 전에 있던 곳보다 더 넓었고 거기서 교회는 폭발적인 부흥을 했습니다.

우리가 세상을 살다 보면 도저히 감당할 수 없는 억지를 부린다든지 무리한 요구나 불법의 행동을 요청해서 고민할 때가 있습니다. 이때 우리는 어떻게 이런 곤경에서 빠져나갈 수 있을까요?

이스라엘 사람에게는 이런 일이 수도 없이 많이 있었습니다. 그래서 이스라엘 사람들은 떼죽음을 당하기도 하고 재산을 다 빼앗기기도 하고 여성도 사람 취급을 받지 못했던 일들이 많이 있었습니다.

바로 이런 일이 사울이 이스라엘의 왕이 되기 직전에 일어났습니다. 길르앗 야베스 사람들은 요단강 동쪽에 사는 이스라엘 사람들이었습니다. 지금 하나님은 이스라엘에 대한 큰 그림을 가지고 사울이라는 청년을 왕으로 삼으려고 사무엘 선지자를 만나게 하셨습니다. 결국 사울은 잃어버린 암나귀를 찾으려 돌아다니다가 자기 사환의 말을 듣고 사무엘 선지자를 찾아갔다가 엄청난 하나님의 계획을 듣게 되었습니다. 그리고 실제로 하나님은 이스라엘 백성 대표들을 다 모이게 한 후 제비를 뽑았는데 거기서 사울이 왕으로 뽑혔습니다.

그러나 그 당시 아무리 사울이 왕으로 뽑혔다고 하지만 국가의 시스템이라는 것이 없었기 때문에 사울은 유명무실한 왕이 될 수밖에 없었습니다. 그리고 이스라엘 백성 중에 질이 좀 나쁜 사람들이 있었는데, 그들은 사울이 자기들 마음에 들지 않는다고 하며 왕이 된 것을 인정하지 않았습니다.

그때 사탄은 하나님의 계획을 미리 좌절시키기 위해서 선수를 쳤습니다. 그것은 항상 이스라엘 땅을 노리고 있던 암몬 왕 나하스를 충동질해서 요단강 동쪽에 있는 이스라엘 땅 길르앗 야베스를 공격하게 한 것이었습니다. 이스라엘은 지금 왕을 뽑기는 했지만 유명무실했고, 길르앗 야베스 사람들은 암몬 왕 군대를 물리칠 능력이 없었습니다. 그래서 길르앗 야베스 사람들이 항복하려고 하는데, 암몬 왕으로부터 도무지 받아들일 수 없는 굴욕적이고 고통스러운 요구를 받게 됩니다.

1. 너무나도 굴욕적인 요구

이스라엘 백성에게는 부흥의 조짐이 있었습니다. 그들은 선지자 사무엘의 설교를 듣고 정체성을 찾기 시작했습니다. 그러나 이스라엘 백성이 이렇게 정신을 차리고 자기 가치를 발견하는 것을 가장 싫어하는 것이 바로 사탄이고 이스라엘 주위에 있는 불신앙의 사람들이었습니다. 이것은 오늘 우리도 마찬가지입니다. 어떤 교인이 침체되어 맥을 추지 못하고 있거나 교회가 분쟁에 빠져서 흔들리고 있다면 사탄은 계속 부채질만 하면 됩니다. 그러나 어느 곳에 갑자기 말씀의 역사가 나타나서 성도들이 깨어나고 기도하기 시작하고 부흥이 일어나게 되면 사탄은 바짝 긴장합니다. 그리고 사탄은 가장 이용하기 쉬운 자를 사용해서 그 부흥의 불을 끄려고 합니다.

욥기를 보면 욥은 우스 땅에서 하나님을 잘 믿을 뿐 아니라 사람에게 하나님을 가르치는 일을 했습니다. 그는 하나님 앞에 바로 살려고 노력했고 그의 자녀들을 위해서도 매일 기도했습니다. 그랬더니 하나님 앞에서 천사들이 모여서 회의할 때 사탄은 욥을 노리고 있었습니다. 하나님께서 사탄에게 "어디에 있다가 왔느냐?" 고 물으셨을 때 "여기저기 돌아보다가 왔습니다" 라고 대답합니다. 이것은 거짓말입니다. 사탄은 이미 욥이 하나님의 말씀으로 부흥을 일으키는 것을 보고 욥을 공격할 준비를 하고 있었던 것입니다. 그때 하나님은 사탄에게 "내 종 욥을 주의하여 보았느냐?" (욥 1:8)라고 물으셨습니다. 사탄이 한 일은 바로 그것이었습니다. 사탄은 욥을 '주의하여' 우려의 눈으로 보았던 것입니다. 이것은 오늘 우리에게도 마찬가지입니다.

우리도 정신을 차리지 못하고 세상을 따라가면 사탄도 우리를 대수롭지 않게 생각합니다. 그러나 우리가 정신을 차리고 하나님의 말씀을 들으려고 몸부림치며 기도하려고 하면 어려움이 생기기 시작합니다. 많은 사람은 그 어려움에 굴복을 해버립니다. 어떤 분은 예수를 믿고 열심을 내려고 하는데 이상하게 일요일마다 시어른이나 친척들이 찾아와서 교회를 가지 못할 일이 생깁니다. 어떤 분은 아이가 열이 나서 교회를 오지 못하게 만듭니다. 그렇게 사소한 것을 가지고 싸우기 시작하다가 굴복하게 되면 성령이 떠나시면서 냉랭해지게 됩니다. 그러면 사탄의 집중 공격을 받아서 교회가 초토화되어 버립니다.

우리 한국 교회에 코로나는 거의 원자폭탄을 맞은 수준이었습니다. 거의 대부분 교회가 교인들이 25% 정도 줄어들고 작은 교회 중에는 없어진 교회도 많습니다. 그 코로나의 원인이 어디에 있다고 생각하십니까? 중국 우한에서 어떤 중국인이 박쥐 고기를 먹었기 때문이라고 생각하십니까? 그것은 한 과정에 불과한 것입니다. 우리 한국 교회가 교만해서 코로나 전에 엄청나게 서로 싸웠기 때문입니다. 아마 큰 교회 중에 교회 안에서 싸우지 않은 교회가 없을 정도입니다. 예수님은 교회가 서로 사랑하라고 하셨는데, 어떤 교회는 원로 목사와 새 목사 사이에, 어떤 교회는 목사와 장로 사이에, 어떤 교회는 같은 교회당 안에서 찬송가를 부르면서 상대방의 예배를 방해하고, 어떤 교회는 교회 안에 철조망을 치고, 어떤 교회는 용역을 동원해서 같은 교회 교인을 강제로 쫓아내고 하더니 코로나가 터졌습니다. 정부나 언론에서는 교회가 예배드리는 것 자체를 못하게 했습니다. 그동안 교회가 너무 교만했기 때문입니다.

이스라엘이 사울이라는 왕을 뽑아서 이제는 제대로 나라를 세워 보려고 했는데, 암몬 왕 나하스가 군대를 이끌고 요단 동쪽에 있는 길르앗 야베스로 쳐들어왔습니다. 이때 이스라엘은 갈기갈기 찢어져 있었고 자기 이익만 생각했기 때문에 어느 곳에서 큰 어려움이 생겼다고 해도 도울 수 있는 형편이 되지 못했습니다. 그래서 길르앗 야베스 장로들은 암몬 왕에게 항복하겠다고 의사 표시를 했습니다. 그랬더니 암몬 왕은 길르앗 야베스 장로들에게 "그냥은 항복을 받아주지 않겠고 남자든 여자든 어린아이든 길르앗 야베스 사람들은 다 오른쪽 눈을 빼야 항복을 받아주겠다"고 통보했습니다. 이것은 정말 어처구니없는 억지였습니다. 어떻게 모든 사람을 줄을 세워놓고 칼로 눈알을 파내어야 항복을 받아줍니까? 그러면 이제부터 길르앗 야베스 사람들은 살기는 살겠지만, 모두 눈이 하나씩 없게 됩니다. 이것은 비록 살았다고 하지만 죽은 것 이상으로 치욕적인 일이었습니다. 얼마나 끔찍한 일입니까?

제가 대구에 처음 부임을 했을 때 젊은 부부가 저희 집에 거의 쳐들어오다시피 찾아왔습니다. 그들은 아기를 안고 왔는데 이 아이가 두 눈이 실명되어서 병원에서는 눈이 꺼지니까 눈알을 지금 빼야 한다고 하는데 어떻게 하면 좋으냐고 했습니다. 그 아버지는 "우리 아이가 다시 보기만 한다면 목사가 되게 하겠습니다"라고 약속하려고 했습니다. 그래서 저는 그 아버지에게 지금은 그런 소리를 하지 말라고 했습니다. 그리고 그 아이에게 손을 얹고 이 아이의 눈이 치유되도록 간절한 마음으로 기도했습니다. 그 아기 부모는 그렇게 집으로 돌아갔는데 나중에 병원에서 진찰해 보니까 아기가 한쪽 눈은 볼 수 있게 되었다고 했습니다. 한쪽 눈으로 본다는 것만 해도 얼마나 대단한 일입니까? 그러나 이스라엘 사람들은 모두 멀쩡한 눈을 가지고 있는데 불량배 같은 암몬 왕에게 걸려서 모든 사람이 강제로 눈알을 뽑히게 된 것입니다.

이때 길르앗 야베스 사람들은 어떻게 해야 합니까? 모두 나가서 눈알을 뽑히고 굴욕을 당하며 살아야 합니까? 아니면 죽을 각오를 하고 암몬 족속과 싸워서 죽든지 해야 합니까? 길르앗 야베스 사람들에게는 길이 없었습니다.

이때 야베스 장로들은 암몬 왕에게 가서 시간을 달라고 했습니다. "일 주일만 시간을 주시오. 그동안 우리가 이스라엘 전체에 통보해서 우리를 구해줄 사람이 있으면 싸우겠소. 그러나 이스라엘 전체에 우리를 도울 수 있는 사람이 아무도 없으면 우리가 나가서 모두 눈알을 하나 뽑히겠소."라고 사정했습니다. 그랬더니 암몬 왕은 야베스 장로들에게 "지금 이스라엘은 산산조각이 나 있어서 너희를 도울 사람이 없을 거야"라고 하면서 일주일의 말미를 주었습니다. 여기서 길르앗 야베스 장로들의 지혜는 일주일이라는 아주 소중한 시간을 번 것이었습니다. 어떤 때는 일분일초에 사람의 생명이 왔다 갔다 할 때가 있습니다. 이럴 때 시간을 버는 것은 아주 중요한 것입니다. 우리는 어처구니없는 일을 당했을 때도 너무 쉽게 자포자기해서는 안 됩니다. 일단 할 수 있으면 시간을 벌고 봐야 합니다.

러시아의 대문호 도스토옙스키는 젊었을 때 사회주의 경향을 가진 사람들과 모여서 독서토론을 했습니다. 그것 때문에 도스토옙스키는 그 그룹에 있는 사람들과 같이 체포되어서 사형 언도를 받았습니다. 군인들이 도스토옙스키의 사형을 집행하려고 하는 순간 황제로부터 전령이 와서 사형이 중지되었습니다. 그리고 도스토옙스키는 목숨을 건졌는데 그 후에 그는《죄와 벌》이라든지《카라마조프가의 형제》라든지《악령》같은 명작을 쓰게 되었습니다. 마지막 1분이 도스토옙스키의 목숨을 살린 것이었습니다.

야베스 장로들은 이 귀한 시간을 낭비하지 않았습니다. 그리고 요단 동쪽에 전령들을 보내어서 길르앗 야베스의 기가 막힌 사연을 전해주고 도움을 요청했습니다.

2. 사울의 즉각적인 순종

사울은 왕으로 뽑혔지만 실제적인 권한이 하나도 없었습니다. 그 이유는 아직 이스라엘이 왕을 세울 체계가 전혀 잡혀 있지 않았고, 또 사울이 키만 컸지 마음에 들지 않는다고 왕으로 인정하지 않는 반대파가 많이 있었기 때문입니다. 그래서 사울은 이름만 왕이지 실제로 왕이 아니었습니다. 사울이 하는 일은 왕이 되기 전에 하던 일과 똑같았습니다. 그는 소를 몰고 밭에 나가서 밭을 갈았습니다. 사울은 하나님으로부터 택함을 받고 이스라엘 백성이 제비를 뽑아서 왕이 되었지만 실권은 하나도 없는 왕이었습니다.

이런 형편에 있던 사울이 밭에서 소를 몰고 자기 동네 기브아로 오는데 동네에서 통곡 소리가 났습니다. 이때 사울은 현실적으로는 왕의 역할을 하지 못했지만 사무엘에게 기름부음 받았을 때 임했던 성령의 능력은 남아 있었습니다. 그는 밭에서 일을 하면서도 낙심하지 않았습니다. 그런데 동네에 오니까 모든 사람이 통곡하는데 이것이 무슨 일인지 물어보았습니다. 그랬더니 사람들은 길르앗 야베스 사람들의 처지를 이야기하면서 모두 눈알을 하나씩 빼게 되었는데, 이스라엘에는 아무도 그들을 도울 사람이 없다고 했습니다.

이 말을 듣자 사울의 마음속에 있는 하나님의 성령이 사울을 감동시키기 시작했습니다. 사울은 갑자기 성령에 사로잡힌 사람이 되었습니다. 사울은 더 이상 사람들의 반응을 염려하거나 자신들에게 군인이 하나도 없는 것을 비관하지 않았습니다. 사울은 그 소리를 듣는 즉시 자기가 몰고 오던 소 두 마리를 칼로 쳐 죽이고 그 두 마리를 열두 토막으로 나누었습니다. 그리고 모든 이스라엘 지파에 이 소의 고기 조각을 보내면서 누구든지 집에서 나와서 사무엘과 사울을 따르지 않으면 그들의 소도 이렇게 죽일 것이라고 경고했습니다.

위기가 발생했는데 방구석에 처박혀 있는 사람은 진정한 이스라엘 사람의 자격이 없습니다. 그들은 소를 가지고 농사지을 자격이 없는 사람입니다. 그들은 죽도록 고생해야 마땅한 사람들입니다. 이스라엘이라는 이름은 너무나도 명예로운 이름입니다. 이 이름은 야곱이 천사와 씨름해서 이기고 얻은 이름입니다. 마찬가지로 크리스천이라는 이름은 이스라엘보다 더 위대한 이름입니다. 우리는 예수님의 이름을 쓸 수 있는 사람들입니다. 요즘은 교인들이 크리스천이라는 이름은 시시하게 생각하고 장로나 권사 같은 이름을 더 좋아합니다. 그러나 목사나 장로나 권사나 집사나 모두 크리스천입니다. 이렇게 가장 명예스러운 이름은 이스라엘이고 크리스천입니다.

사울이 열두 조각의 고깃조각을 모든 이스라엘 지파에게 보내었을 때 모든 이스라엘 사람에게 하나님의 두려움이 임했습니다. 그들의 마음에 우리가 지금 나서지 않는다면 소가 아니라 우리 모두가 죽을 수도 있다는 두려움이 임했습니다. 그래서 단 일주일 만에 집합한 이스라엘 백성의 숫자는 어마어마했습니다. 이스라엘 백성의 수가 삼십만 명이었고, 유다 지파의 수가 삼만 명이었습니다. 그래서 길르앗 야베스를 구하기 위해서 모인 이스라엘 백성의 수는 삼십삼만 명이었습니다.

우리가 숫자만 보면 그럴 수도 있구나 하고 넘어갈 수 있습니다. 그러나 실제로 일주일 만에 삼십삼 만 명이 모였다는 것은 모두 질풍같이 달려온 것입니다. 적어도 삼십삼만 명이 전쟁하기 위해서 집합하려고 하면 아마 석 달이나 6개월 정도 걸려야 할 것입니다. 그러나 며칠 뒤에는 모든 이스라엘 사람의 오른쪽 눈알을 뽑겠다는데 그 후에 출동해봤자 무슨 소용이 있습니까?

사울은 하나님의 성령이 감동하시니까 즉각적으로 순종했습니다. 군인들은 상사가 명령을 내리면 즉각적으로 순종해야 합니다. 위에서 명령을 내려도 즉시 행동하지 않고 꾸물거리는 자는 군사재판에 넘겨지게 됩니다. 요즘 목사나 교인들은 오직 자기 자리만 생각하고 움직일 생각을 하지 않는 것 같습니다. 그러면 사람을 살릴 수 있는 시기를 놓치는 것입니다. 만약 교인이 심방을 해달라고 하면 즉시 심방을 가야 합니다. 그래야 사람을 살릴 수 있습니다.

사울이 밭농사를 짓다가 하나님의 말씀에 즉시 순종했을 때 이스라엘 전체에 성령의 바람이 불었습니다. 그 결과 그렇게 하나가 안 되던 이스라엘이 며칠 만에 그 많은 수가 다 모여든 것입니다. 우리가 하나님의 말씀에 즉시 순종하면 성령의 바람이 불게 됩니다. 그래야 말도 되지도 않는 요구를 하고 있던 악한 자를 물리칠 수 있는 것입니다. 그러나 하나님의 뜻에 즉시 순종하지 않았을 때 사람들은 핑계가 많습니다. 그 원인을 파고 들어가 보면 귀찮은 데 있습니다. 그러면 결국 눈 하나를 뽑히고 마는 것입니다.

3. 야베스 사람들의 연기

사울은 전령을 보내어 야베스 사람들에게 우리가 구조하러 가는데 내일 해가 더울 때쯤 우리가 도착할 것이라고 알려주었습니다. 해가 더울 때는 몇 시쯤일까요? 아마 정오는 가장 뜨거울 때니까 오전 10시 정도쯤 될지 모르겠습니다. 옛날에는 시간을 이렇게 계산했습니다. 즉 해가 가장 높을 때라든지, 날이 더울 때라든지 하는 식으로 말입니다. 그런데 요즘 교회도 이런 식으로 오시는 분들이 간혹 있습니다. '날이 더울 때 교회 가야지' 라고 하는데 그때 가보면 이미 예배는 끝나 있는 것입니다.

교인들이 예배에 늦게 오는 것은 옛날에도 마찬가지였습니다. 옛날에는 시계가 없으니까 교회 종소리를 듣고 왔습니다. 그래서 예배 30분 전에 한 번 치고, 예배 시작할 때 두 번째 치므로 교인들은 첫 번째 종을 칠 때 준비하고 교회를 향해서 출발해야 합니다. 그런데 간혹 두 번째 종을 쳐야 교회에 갈 준비를 하는 사람들이 있었습니다. 그러니까 목사님께서 첫 번째 종은 '오라' 는 종이고, 두 번째는 늦었으니까 '오지 말라' 는 종이라고 광고했다고 합니다.

우리는 때때로 연기를 할 때가 있습니다. 아프지 않은데 아픈 것처럼 배를 잡고 아프다고 하고, 어지럽지도 않은데 어지러운 체할 때가 있습니다. 이런 연기는 모두 나쁜 것일까요? 반드시 그렇지는 않습니다. 어떤 때는 이런 연기가 필요한 때도 있습니다.

길르앗 야베스 사람들은 사울 왕이 도와줄 것이라는 말에 굉장히 기뻐했습니다. 그때 자기들이 해야 할 일이 무엇인가 생각해 보았습니다. 그것은 바로 암몬 군대로 하여금 방심하게 만드는 것이었습니다. 그래서 야베스 사람들은 암몬 왕을 찾아가서 연기했습니다. 그들은 나오지도 않는 눈물을 뚝뚝 흘리면서 "암몬 왕이여, 우리가 아무리 이스라엘에게 도와달라고 해도 도와줄 사람이 없습니다. 우리는 내일 모두 나와서 눈을 하나씩 전부 다 빼겠습니다."라고 말을 했습니다. 그러니까 암몬 왕이 너무나도 당연한 듯이 "그것 봐. 너희 이스라엘은 전부 자기밖에 모르는 이기적인 인간들이야. 너희들은 도무지 다른 사람에 대한 배려가 없단 말이야"라고 하면서 부하들에게 내일 눈알을 뽑을 집게를 준비하라고 명령을 내렸습니다.

이때 사울은 33만 명의 이스라엘 백성을 지휘해서 1분도 지체하지 않고 밤에 한숨도 자지 않고 길르앗 야베스로 몰려갔습니다. 이스라엘 백성이 가장 잘할 수 있는 전략은 야간 기습작전이었습니다. 그것은 적이 방심하고 있을 때 기습하는 것이었습니다. 하나님의 백성은 기습에 능해야 합니다. 그래서 남이 잘 때 자고 남이 놀 때 놀면서 공부 잘하고 성공한다는 것은 기대하기 어렵습니다. 하나님의 백성은 남들이 안 할 때 해야 하고 남이 하지 않는 짓을 해야 이길 수 있습니다.

사울은 밤새 길르앗 야베스에 간 후 전체 이스라엘을 세 파트로 나누어서 암몬 부대를 기습공격 했습니다. 그 결과 사울의 부대는 적진 한가운데로 뚫고 들어갈 수 있었습니다. 그래서 이스라엘 백성이 암몬 사람들을 얼마나 철저하게 공격했던지 그들은 단 한 사람도 같이 도망가지 못하고 전부 뿔뿔이 흩어져서 도망을 쳤습니다. 그리고 길르앗 야베스 사람들은 한 사람도 눈알을 뽑히지 않을 수 있었습니다. 길르앗 야베스 사람들은 시간을 벌고 사울은 성령의 감동에 즉각적으로 순종함으로 암몬 사람을 이길 수 있었습니다. 오늘도 우리는 말도 되지 않는 요구를 당할 때가 많이 있습니다. 이것이야말로 머리와 머리의 싸움입니다. 모두 이 싸움에서 승리할 수 있기를 바랍니다.

07 막다른 골목

어디로 가야 하나

삼상 30:8

다윗이 여호와께 묻자와 이르되 내가 이 군대를 추격하면 따라잡겠나이까 하니 여호와께서 그에게 대답하시되 그를 쫓아가라 네가 반드시 따라잡고 도로 찾으리라

옛날에 수련회에 왔던 여대생들과 대화를 나눈 적이 있습니다. 이 여학생들은 학교를 졸업하고 난 후의 진로 문제를 두고 고민하고 있었습니다. 그래서 그들은 취직하고 결혼할 남자도 있으면 '금메달', 취직만 한 학생은 '은메달', 남자 친구만 있으면 '동메달', 아무것도 없는 학생은 '목메달'이라고 한다고 했습니다.

남학생들도 대학을 다니면서 진로 문제로 고민을 많이 합니다. 우선 군대는 어떻게 할 것인가 즉 사병으로 빨리 갔다 올 것인가 아니면 장교로 갈 것인가 아니면 국가기관에서 일하는 사람이 될 것인가 하는 문제를 두고 고민합니다. 또 직장 문제도 물론 시험에 합격해야 들어갈 수 있지만 대기업 중에서 어느 기업을 지원할 것인가 아니면 대학원을 들어갈 것인가 아니면 외국에 유학을 갈 것인가 하는 문제를 놓고 고민합니다. 또 학교를 졸업하거나 군대를 제대하면 무엇인가 하기 위해서 진로를 결정해야 합니다. 그러나 요즘은 아무것도 결정하지 못해서 집 안에만 처박혀 있는 젊은이들도 많이 있다고 합니다.

우리는 거의 매일 어떤 방향으로 가야 하는지 결정을 내려야 합니다. 어떤 여자는 어떤 남자를 선택해야 나중에 결혼 생활에 실패하지 않고 끝까지 행복하게 살 수 있을지 결정하지 못해서 목사님이나 주위 사람들에게 물어봅니다. 교인 중에는 새로운 곳에 이사 가게 되었을 때 어느 교회를 나가야 은혜를 받고 신앙생활을 잘할 수 있을지를 놓고 고민합니다. 이것은 아주 중요한 고민이고 자기 영혼과 가정의 미래를 결정하는 문제입니다. 그래서 요즘은 많은 교인이 이름 있는 교회들을 투어하면서 자기 신앙에 맞는 교회인지 생각해 보기도 하고, 인터넷이 발달해 있으니까 인터넷으로 주위에 있는 교회 목사님의 설교를 다 들어본 후에 교회를 결정하기도 합니다.

과거에는 아이가 심부름 가거나 혹은 엄마가 데리고 시장에 갔는데 잠깐 사이에 아이가 없어졌을 때 엄마는 속이 타서 아이의 이름을 부르면서 온 시장이나 아이가 갈만한 곳을 찾아다닙니다. 그래도 아이가 나타나지 않으면 온 가족이 동원되어 파출소에 가서 실종 신고를 하기도 하고 친구 집에 연락해 보기도 하고 고아원이라는 고아원은 다 뒤지고, 그래도 안 되면 전단지를 만들어서 주위 사람들에게 나누어줍니다. 어느 우유팩에는 그렇게 잃어버린 미아들의 사진이 나오는데 요즘 같은 세상에서도 아이를 잃어버리는 집이 많은 것을 알 수 있습니다.

전에 교회에 지적 장애가 있는 청년이 있었습니다. 이 청년은 지적 수준이 서너 살밖에 되지 않았습니다. 그런데 이 청년이 사라져 버렸습니다. 집에서는 이 청년을 찾느라고 온 경찰서나 쉼터 같은 데를 다 찾았습니다. 나중에 6개월 만에 그를 찾았는데 옆에 있는 도시에서 정신이상자들을 수용하는 요양원에 수용되어 있었던 것입니다. 그 요양원은 이 청년에 대한 일체 보고서도 없고 정부 보조금만 받으려고 하니까 적극적으로 찾아줄 생각을 하지 않았던 것입니다. 결국 이 청년은 집으로 돌아왔고, 이제는 정부에서 이런 청년을 지키는 남자 복지사를 붙여주어서 안전하게 살고 있습니다.

이런 경험은 다윗에게도 있었습니다. 다윗은 사울 왕에게 미움을 받아서 쫓길 때 인생의 가장 고통스러운 시간을 보내어야 했습니다. 다윗은 결국 원수의 나라 블레셋에 망명해서 아슬아슬하게 목숨만 이어가는 삶을 살고 있었습니다. 그런데 이스라엘과 블레셋 사이에 전쟁이 터지니, 다윗은 블레셋 편에 서서 자기 동족과 싸워야만 하는 처지에 몰리게 되었습니다. 그런데 블레셋 지도자들이 다윗을 믿지 못하므로 자기 가족이 있는 시글락으로 돌아왔는데, 그동안 사막의 약탈자들인 아말렉 족속이 그곳을 공격해서 집을 전부 다 불태우고 가축과 여자와 아이들을 몽땅 다 잡아가 버렸습니다.

다윗과 그와 함께 한 육백 명의 용사들은 그 넓은 사막에서 도대체 어디서 붙들려간 가족을 찾을 수 있겠습니까? 아말렉 족속은 온 사막을 낙타나 말을 타고 돌아다니기 때문에 흔적조차 찾을 수 없었습니다. 다윗과 육백 명의 용사들은 모두 가족을 잃고 통곡하는데, 나중에는 더 울 기운이 없어서 울지 못했고, 육백 명의 용사들은 리더인 다윗이 미워서 돌을 던져 죽이려고까지 했습니다. 다윗은 이 광활한 사막에서 어디로 가야 가족들을 찾고 양 떼를 찾을 수 있을까요? 다윗은 이 넓은 땅에서 도대체 어느 방향으로 가야 합니까?

1. 다윗의 생존 전략

다윗은 사울 왕의 미움을 받으면서 강제 이혼을 당하고 모든 직책을 다 잃어버리고 그의 추격을 피해서 도망을 다녀야만 했습니다. 그때 다윗에게 가장 어려운 문제는 생계 문제였습니다. 다윗은 먹을 것이 없어서 성막의 제사장을 찾아가서 제사장 외에는 먹을 수 없는 하나님의 떡을 얻어먹기도 했습니다. 그 사실을 안 사울 왕은 제사장 85명을 죽여 버렸습니다. 도피 중에 있던 다윗은 아둘람 굴에서 가장 비참한 생활을 했습니다. 그러나 다윗이 아둘람 굴에 있다는 소식을 듣고 사울 왕의 통치를 견딜 수 없었던 사람들이 사백 명이나 몰려와서 그들과 같이 살게 되었습니다.

다윗은 자기 혼자 먹을 양식도 없는데 어떻게 사백 명이나 되는 사람들과 그 가족을 먹여 살리겠습니까? 그래서 처음에 다윗이 한 방법은 구걸하거나 양식을 빌리는 것이었습니다. 그러다가 당시 벌판에서 수많은 양을 치던 나발에게 먹을 것을 좀 달라고 부탁했습니다. 그러나 나발은 다윗에게 양식을 주는 것이 아까우니까 양식만 주지 않은 것이 아니라 그를 향해 저주까지 했습니다. 다윗은 너무 자존심이 상해서 나발을 죽이려고 출동하는데, 나발의 부인인 아비가일이 그 사실을 알고 급히 먹을 것을 상당히 가지고 나와서 다윗의 상한 마음을 풀어주었고, 나중에는 하나님이 치심으로 나발은 죽고 말았습니다.

또 다윗은 먹는 문제를 해결하기 위해서 블레셋에 망명하려고 하니까 블레셋 왕과 신하들이 다윗이 이스라엘의 영웅인 것을 알고는 다윗을 죽이려고 했습니다. 그때 다윗은 미친 사람처럼 입에서 침을 흘리고 헛소리를 하고 엉뚱한 짓을 해서 미친 놈이라는 멸시를 받으며 쫓겨나서 겨우 목숨을 건집니다. 이때 다윗은 끼니를 때우는 것 자체가 어려웠습니다. 그러다가 다윗은 블레셋 남쪽에 있는 가드에 가서 가드 왕 아기스에게 충성을 맹세하고 망명해서 겨우 사울의 추격에서 벗어나게 됩니다.

이때 다윗은 자기가 살 수 있는 새로운 방법을 찾아내었습니다. 그것은 바로 다른 나라나 마을을 약탈하는 것이었습니다. 다윗이 살인 강도짓을 해서 먹고 사는 것이었습니다. 다윗은 이스라엘 마을이 아닌 마을을 습격해서 거기에 있는 양식과 가축을 약탈하고 그 증거를 없애기 위해 단 한 사람도 살려두지 않았습니다. 그리고 자기가 약탈한 것은 철저하게 아기스 왕에게 상납했습니다. 이때 다윗이 사는 방식은 다른 도둑이나 강도떼와 다를 것이 아무것도 없었습니다. 오히려 다른 도둑들보다 더 잔인했습니다. 증거를 남기지 말아야 하니까 어린아이들이나 여자들까지도 다 죽였기 때문입니다. 그리고 아기스가 오늘 어디를 공격했느냐고 물으면 이스라엘의 어느 마을을 기습했다고 거짓말로 대답했습니다. 이때 다윗은 먹고 살기 위해서 자기와 원한 관계도 없는 마을을 많이 약탈하고 사람들도 많이 죽였습니다. 아마 이때가 다윗에게는 가장 이중적이었고 가장 거짓말을 잘하고 사람을 잘 죽이는 잔인한 시기였습니다. 다시 말해서 다윗은 이때 신자가 아니라 강도떼의 우두머리였습니다. 그러나 다윗의 중심에는 하나님에 대한 신앙이 있었고 언젠가는 이 일을 그만두고 바른 신앙으로 돌아가야 한다는 마음이 있었습니다.

다윗은 상당한 기간 먹고 살기 위해서 이렇게 이중생활을 했고 철저하게 거짓된 생활을 살았습니다. 그러나 하나님은 다윗을 사랑하셔서 한 번도 약탈한 것이나 사람을 죽인 것이나 거짓말한 것이 들통나지 않았습니다. 우리도 때로는 불법적인 일을 할 수 있고 거짓말을 수 없이 할 때도 있습니다. 그런데 '내가 언젠가는 바른 신앙으로 돌아가야지' 하는 마음을 가지고 있으면 하나님께서 불쌍히 여기셔서 바른길로 인도해 주십니다.

언젠가 오래전에 저는 서울시청 옆의 어느 일식집 지배인이 교회 집사님이어서 그 일식집에 가서 일주일에 한 번 예배를 드렸습니다. 그런데 그 일식집은 여성 접대부가 많았고 모두 예쁜 한복을 입고 있었습니다. 그들은 손님들을 모시기 전에 한복을 곱게 차려입고 머리를 곱게 하고 저와 함께 예배드리고는 장사를 했습니다. 그들의 장사는 아마도 일식 요리도 팔았지만 술장사였을 것입니다. 저는 설교한

대가로 그 집에서 고기를 많이 넣은 탕을 얻어먹기도 했습니다. 그런데 놀라운 것은 그 종업원 중에 여러 사람이 교회를 나왔다는 것입니다. 그리고 세례를 받고 고향으로 가든지 남자를 만나서 결혼하기도 했습니다. 그들은 술을 많이 팔려고 하면 자기도 술을 마셔야 했던 것 같습니다. 그런데 이들의 마음속에는 '하루라도 빨리 이 일을 그만두고 신앙생활을 해야 하겠다'는 마음을 가지고 있었습니다. 제가 그곳에서 일 년 반 정도인가 예배드리고 떠날 때 그들은 저에게 잠바를 하나 사주고 액자를 선물했습니다. 그 액자에는 "죽도록 충성하라 그리하면 생명의 면류관을 얻으리라"는 성경 구절이 적혀 있었습니다.

다윗의 진짜 위기는 이스라엘과 블레셋 사이에 큰 전쟁이 일어난 때였습니다. 이때 다윗은 블레셋 왕의 부하였기 때문에 블레셋 편에서 조국 이스라엘과 싸워야 했습니다. 그래서 블레셋 왕은 다윗에게 블레셋 군대 맨 앞에 서서 이스라엘 군대와 싸워서 공을 세우고 충성심을 보이라고 요구했습니다. 이때 다윗은 일단 나중에는 어떻게 되더라도 큰소리를 치고 봅니다. "왕이시여, 이번에는 저의 충성심을 제대로 볼 것입니다. 제가 선두에 나가서 이스라엘 군대를 완전히 묵사발 내어버리겠습니다."라고 했습니다. 이것이 과연 다윗의 진심일까요? 아닙니다. 그런데 다윗은 무엇을 믿고 이렇게 큰소리를 치는 것일까요? 다윗은 그야말로 자신의 앞날을 알 수 없었습니다. 그러나 살든지 죽든지 하나님이 알아서 하시겠지라는 믿음을 가지고 무조건 큰소리를 쳤던 것입니다. 아마 다윗이 진짜 이스라엘 군대와 싸워야 했다면 최후의 순간에 블레셋을 배신했을 것입니다. 그러면 남겨두고 온 시글락에 있던 가족들은 블레셋의 보복으로 다 죽게 될 것입니다.

그러나 이때 하나님의 놀라운 일이 나타났습니다. 그것은 다른 블레셋 장군들이 다윗을 알아본 것이었습니다. 그들은 아기스 왕에게 "이 사람은 다윗이 아니냐?"고 물었습니다. 아기스 왕이 그렇다고 하니까 장군들이 모두 화를 내면서 "저 사람이 바로 블레셋의 영웅, 골리앗을 죽인 사람이라"고 하며 항의했습니다. "우리는 그때 이스라엘 여자들이 불렀던 노래까지 기억하는데 '사울을 죽인 자는 천천이요 다윗이 죽인 자는 만만이라' 고 했다"는 것입니다. 그러면서 다윗을 전쟁터에 데리고 가는 것은 폭탄을 안고 가는 것과 같다고 하면서 모든 장군이 반대했습니다. 아기스가 아무리 다윗은 충성되다고 말해도 소용없었습니다. 그래서 아기스는 할 수 없어서 다윗에게 "너는 집으로 돌아가라. 장군들이 너를 이렇게 싫어하는데 너를 데려갈 수 없다"고 했습니다. 이때 다윗이 좋아해야 하겠습니까, 싫은 체해야 하겠습니까? 다윗은 이스라엘과 싸우기를 원했다는 듯이 "제가 도대체 무엇을 잘못했다고 저를 돌려보내는 것입니까? 이번에는 정말 저의 충성심을 보여주려고 벼르고 별렀습니다"라고 하며 연기를 했습니다. 다윗은 그야말로 연기의 달인이었습니다. 악한 자들에게는 악한 자들에게 맞게 연기했습니다.

그러나 이런 연기가 우리가 배워야 할 것은 아닙니다. 하나님의 종들은 언제나 진실해야 합니다. 다행히도 다윗은 이스라엘과 싸우지 않고 이 전쟁을 피하게 되었습니다. 그러나 그 결과 사울 왕과 엄청난 이스라엘 백성이 이번 전쟁에서 죽게 됩니다.

2. 가족을 모두 잃어버린 다윗과 용사들

다윗은 자기가 이스라엘과 싸우지 않게 된 것을 정말 다행스럽게 생각했습니다. 자칫 잘못했으면 자신의 정체가 드러나고 자기 가족들이 다 죽을 수도 있었는데, 하나님께서 다윗이 블레셋 장군들의 의심을 받게 하는 바람에 집으로 돌아올 수 있게 되었습니다. 그래서 우리는 때때로 악한 자들의 미움을 받은 것은 우리의 입장을 더 분명하게 하는 것이기 때문에 기분 나빠할 필요가 없습니다. 사실 악한 자들은 하나님의 백성과 근본이 다르기 때문에 미워할 수밖에 없습니다. 그래서 예수님께서는 악한 자들이 너희를 박해하고 미워할 때 기뻐하고 즐거워하라 하늘에서 너희 상이 크다고 말씀하셨습니다(마 5:11-12). 타종교를 가진 자나 무당이나 점쟁이나 술꾼들은 그리스도인을 미워할 수밖에 없습니다. 더욱이 교회 안에서도 인본주의를 좋아하는 사람들은 말씀만 붙드는 자들을 미워할 수밖에 없습니다. 그렇다고 해서 그들과 싸울 필요는 없습니다. 그것은 시간 낭비이기 때문입니다. 우리는 중요하지 않은 일에 신경을 쓰거나 그것을 가지고 지나치게 고민할 필요가 없습니다.

다윗이 육백 명의 용사를 데리고 자신들의 집이 있는 시글락으로 돌아오고 있는데, 먼 데서도 마을에 연기가 뭉게뭉게 올라가고 있는 것이 보였습니다. 다윗의 발걸음이 한발 늦었던 것입니다. 하나님께서 다윗의 정체를 감추어주시고 이스라엘과 전쟁하지 않게 빼내신 것은 감사하지만 다윗이 없는 동안 사막의 약탈자들인 아말렉 족속이 쳐들어와서 다윗과 육백 용사가 있던 시글락을 불태우고 여자들과 아이들과 양떼를 전부 잡아갔던 것입니다. 다윗이 도착해보니 이미 집들은 다 타버렸고 이 강도떼들은 어디로 갔는지 흔적조차 남겨놓지 않았습니다.

어떤 사람은 외출했다가 집으로 돌아오는데 자기 아파트 쪽에서 연기가 올라가는 것을 보았습니다. 그래서 웬일인가 하고 달려갔더니 바로 자기 집에서 불이 난 것이었습니다. 이 사람은 불 속에 뛰어들어서 아직 피하지 못하고 있던 가족을 겨우 데리고 나왔습니다. 그는 모든 재산을 다 잃고 가족의 생명을 찾았습니다. 그러면 다 찾은 것입니다. 재산까지 욕심 내면 안 됩니다.

미국의 인디언들은 적들이 사람들을 납치해서 도망가면 그 말발자국을 보고 따라간다고 하는데, 아말렉 족속은 흔적도 남기지 않았습니다. 이 허허벌판에서 다윗은 도대체 어디로 가야 가족들을 찾을 수 있을까요? 아말렉 강도떼는 그동안 다윗이 벌어놓은 양들이나 소들도 다 훔쳐 갔고 여인들과 아이들도 모두 잡아갔습니다. 이제 다윗과 그와 함께 한 육백 명은 알거지가 되었을 뿐 아니라 여기까지 데리고 온 여인들과 아이들까지 모두 다 잃어버리고 찾을 길이 없었습니다. 다윗과 육백 명은 모두 폐허 위에서 통곡했습니다. 그들이 얼마나 울었던지 나중에는 '꺽꺽' 하는 소리도 내지 못했습니다. 그리고 이 모든 책임은 다윗에게 있다고 하면서 모두 돌을 들고 다윗을 때려죽이려고 했습니다.

일단 다윗은 자기 부하들에게 몰매 맞는 것은 피하고 봐야 했습니다. 다윗은 아무것도 가진 것이 없었습니다. 처자식도 잃어버렸고 육백 명의 동지도 자기를 돌로 때려죽이려고 하고 있습니다. 그럼에도 다윗은 지금 자기가 가지고 있는 것이 무엇인지 생각해 보았습니다. 일단 중요한 것은 여인이나 아이들의 시체가 보이지 않았다는 것입니다. 그것은 그들이 아직 살아있을 가능성이 있다는 것입니다. 그리고 또 한 가지는 다윗에게는 제사장의 겉옷 에봇이 있었습니다.

삼상 30:7, "다윗이 아히멜렉의 아들 제사장 아비아달에게 이르되 원하건대 에봇을 내게로 가져오라 아비아달이 에봇을 다윗에게로 가져가매"

아비아달은 사울 왕이 제사장 85명을 죽일 때 다윗에게 도망친 단 한 명의 제사장이었습니다. 그때 아비아달은 도망치면서 제사장의 에봇을 가지고 왔습니다. 에봇은 요즘으로 치면 무전기의 안테나와 같은 것입니다. 아비아달은 하나님과 통신할 수 있는 안테나를 뽑아 가지고 도망쳐 왔던 것입니다. 그러나 에봇의 한계는 하나님의 음성을 듣지 못하고 '예스'와 '노'의 단답형의 대답만 한다는 것이었습니다.

삼상 30:8, "다윗이 여호와께 묻자와 이르되 내가 이 군대를 추격하면 따라잡겠나이까 하니 여호와께서 그에게 대답하시되 그를 쫓아가라 네가 반드시 따라잡고 도로 찾으리라"

여기에 보면 하나님이 "쫓아가라"고 하시고, "반드시 따라잡는다"고 말씀하셨지만 이것은 의역한 것이고, 실제로는 에봇 안에 있는 보석으로 '예스'와 '노'만 대답하신 것입니다. 하나님은 쫓아가라고 하셨지, 어디로 가라고 하시지 않았습니다. 일단 다윗은 자기가 육백 명에게 맞아 죽으면 이것도 하나님의 뜻이라고 각오하며 육백 명 앞에 나와서 하나님께 물었습니다. "제가 누군지는 모르지만 강도떼들을 쫓아갈까요?" 하나님은 '예스'라고 대답하셨습니다. "제가 가족을 찾을 수 있을까요?" 하나님은 '예스'라고 대답하셨습니다. 이럴 때는 어떻게 해야 합니까? 무조건 움직이고 봐야 합니다.

예를 들어서 전쟁 때 적의 비행기가 오면 비행기들은 무조건 일단 공중에 떠야 합니다. 함정에서도 비상벨이 울리면 수병이나 장교들은 무슨 일을 하다가도 일단은 라이프 재킷을 입고 함포를 쏘는 곳이나 기관총을 쏘는 곳이나 기관으로 달려가야 합니다. 그러면서 명령을 받습니다. 다윗은 무조건 육백 명에게 '가자'고 했습니다. 다윗은 어디로 가야 하는지 모르지만 무조건 육백 명에게 어디론지 가자고 했습니다.

3. 다윗의 전환점

다윗이 무조건 떠나니까 육백 명도 일단 따라나섰습니다. 거기에 그냥 있어 봐야 아무 소용 없기 때문입니다. 그런데 가다가 브솔시내를 건너가는데, 이백 명은 너무 피곤해서 죽어도 추격전에 따라갈 수 없다고 했습니다. 지금 다윗은 한 명이라도 더 있어야 하는데, 이백 명이나 되는 사람들이 블레셋 군사들이 모이는 곳까지 왔다가 이곳으로 달려오는 바람에 지쳐서 더 이상 다윗을 따라갈 수 없었습니다. 이들은 작은 시내조차 건널 힘이 없었습니다. 다윗은 그들에게 시내를 건너라고 강요하지 않았습니다. 다윗은 그들에게 피곤하면 거기서 쉬라고 했습니다. 이것이 바로 다윗의 여유입니다. 다윗은 아무리 다급한 일을 만나도 하나님을 의지하는 데서 나오는 남을 배려하는 마음이 있었습니다. 그리고 사백 명을 데리고 어느 한쪽을 향해서 달려갔습니다. 다윗은 그 방향이 옳은지도 틀렸는지도 알지 못했습니다. 우리가 길을 찾지 못했을 때 어느 한 방향으로 계속 나아가는 것이 중요합니다. 여기저기 왔다 갔다 하다가는 결국 죽도 밥도 되지 않게 됩니다. 오늘 우리나라 교회는 너무 여기저기를 왔다 갔다 합니다. 그래서 세미나에 참석하고 무슨 프로그램을 자주 하지만, 가장 중요한 강해설교로는 돌아오지 않습니다. 우리는 같이 갈 수 없는 사람들을 억지로 가자고 할 필요가 없습니다.

그런데 드디어 다윗의 운명을 결정하는 일이 생겼습니다. 그것은 무작정 길을 가는데 한 애굽의 종이 더위에 쓰러져 있는 것입니다. 지금 다윗은 일분일초가 아까운 사람입니다. 애굽 종 하나가 쓰러져 있다고 해서 그를 돌보아 줄 의무가 없습니다. 그런데 다윗은 일분일초가 급하지만 더위에 쓰러져 있는 사람을 그냥 두고 가면 그는 죽고 말 것입니다. 이스라엘 사람도 아니고 애굽 사람인데 돌보아줄 필요가 있을까요?

그러나 다윗은 가던 길을 멈추고 그에게 떡을 주고 물을 마시게 하고 무화과 뭉치도 주고 건포도 두 송이까지 주어서 의식이 돌아오게 했습니다. 이 종은 거기서 사흘을 먹지 못하고 쓰러져 있었던 것입니다. 그는 정신이 들자 자기 이야기를 하기 시작했습니다. 그것이야말로 다윗에게는 너무나도 귀중한 정보였습니다. 결국 다윗이 길에 쓰러진 사람을 모르는 체하지 않고 살린 것이 자기가 사는 지름길이었습니다. 그 애굽 소년은 아말렉 사람의 종이었는데 사흘 전에 열병이 걸리니까 주인은 그가 죽도록 길에 버리고 가버렸던 것입니다. 그런데 바로 그 아말렉 족속이 다윗의 동네를 공격한 강도떼였습니다. 그 소년은 자기들이 공격했던 마을을 알려주는데, 그렛의 남방과 유다 지방과 갈렙 남방을 약탈했다고 하면서 시글락도 약탈하고 불을 질렀다고 했습니다.

다윗은 그 아말렉 족속이 있는 곳에 우리를 데려갈 수 있느냐고 하니까 주인에게 자기를 팔지만 않는다면 얼마든지 데려갈 수 있다고 했습니다. 다윗은 그 소년을 따라서 갔습니다. 그랬더니 그렇게 멀지 않은 곳에 이 강도떼들이 아주 넓은 지역에 퍼져서 불을 피워놓고 술을 마시고 춤을 추고 취해 있었습니다. 그들은 이번에 엄청난 재물과 사람들을 약탈한 것이 기뻐서 술을 마시고 노래를 부르고 난리가 났습니다. 다윗과 사백 명은 사막에 엎드려서 해가 지고 새벽이 될 때까지 기다렸습니다. 그리고 새벽이 되어서 모두 곯아떨어졌을 때 공격했습니다. 그래서 술 취한 그들을 모두 칼이나 창으로 찔러 죽이고 자녀들과 가족들을 모두 다 찾았는데, 하나도 손해를 본 것이 없고 오히려 엄청난 약탈물을 챙김으로 다윗은 한순간에 부자가 되었습니다.

우리는 우리의 나아갈 길을 모릅니다. 그렇다고 해서 침체해 있으면 아무것도 할 수 없습니다. 지금 나아갈 수 있는 길로 가야 합니다. 다른 사람들을 핑계 대어서는 안 됩니다. 내가 가고 같이 갈 수 있는 사람들만 가면 됩니다. 거기서 너무 이기적이면 안 됩니다. 어려움에 처한 사람을 살릴 때 같이 살게 됩니다.

08 막다른 골목

성공만을 위한 인생

삼상 15:8-9

아말렉 사람의 왕 아각을 사로잡고 칼날로 그의 모든 백성을 진멸하였으되 사울과 백성이 아각과 그의 양과 소의 가장 좋은 것 또는 기름진 것과 어린 양과 모든 좋은 것을 남기고 진멸하기를 즐겨 아니하고 가치 없고 하찮은 것은 진멸하니라

우리는 모두 이 세상에서 성공하기를 원합니다. 자기가 하고 있는 일에 다른 사람보다 능력이 탁월해서 사람들 사이에 유명하게 되어서 어디를 가든지 VIP 대접을 받는 사람을 성공한 사람이라고 할 것입니다.

어떤 분은 목회자로 성공해서 세계적으로 유명한 목사가 되었습니다. 그분은 교인 양육 프로그램을 잘 만들어서 교인이 만 명 이상 모이고 그의 텔레비전 설교를 듣는 사람들도 수만 명이나 되었습니다. 또 우리나라에도 큰 교회에 와서 세미나와 설교를 했고 그의 책도 베스트셀러가 되었습니다. 그 책 중에《아무도 없는 곳에서 당신은 누구입니까?》라는 책이 있습니다. 저도 책 제목이 너무 멋이 있어서 구입해서 읽었더니 책 제목과는 아무 상관이 없는 신앙생활에 대한 교훈을 담은 책이었습니다. 그런데 그분은 은퇴를 앞두고 오래전에 다른 여성과 동거하고 있었던 것이 드러나면서 교회에서 쫓겨나서 아무도 모르는 곳에 숨어버렸습니다. 이분은 하나님을 위하여 한평생을 살았지만, 그의 모든 수고는 헛수고가 되고 말았습니다.

우리는 모두 이 세상에서 성공하고 유명하게 되고 최고의 자리에 올라가기를 원하지만, 하나님 앞에서 중요한 것은 인기도 없고 사람이 알아주지 않아도 하나님의 말씀에 백 퍼센트 순종하는 것입니다. 사람의 눈앞에서 가장 중요한 것은 성공이고 명예이지만 하나님의 눈에 가장 중요한 것은 세상에서 손해를 보고 욕을 얻어먹어도 철저하게 백 퍼센트 하나님의 뜻에 순종하는 것입니다. 그래서 예수님은 "누구든지 이 계명 중의 지극히 작은 것 하나라도 버리고 또 그같이 사람을 가르치는 자는 천국에서 지극히 작다 일컬음을 받을 것이요 누구든지 이를 행하며 가르치는 자는 천국에서 크다 일컬음을 받으리라"(마 5:19)고 말씀하셨습니다.

하나님은 이스라엘의 첫 임금으로 가장 약한 지파의 사울을 뽑으셨습니다. 사울은 왕이 되었을 때 제대로 왕 대접을 받지 못했지만, 길르앗 야베스 사람들이 암몬 왕의 위협을 받아서 오른쪽 눈알을 다 뽑히게 되었을 때, 하나님의 뜻에 순종하여 전 이스라엘 백성을 모아서 암몬 족속을 철저하게 응징했습니다. 그런 후에 하나님은 하나님의 뜻에 순종한 사울 왕에게 큰 명예를 주시려고 작정하셨는데, 그것은 오랫동안 이스라엘과 원수 되었던 아말렉을 쳐서 멸절시키는 것이었습니다.

그러나 하나님은 사울에게 아말렉을 멸하라고 하실 때 조건을 주셨습니다. 그것은 아말렉의 모든 사람을 다 죽이고 양이나 소도 다 죽이라는 것이었습니다. 즉 재산적인 가치는 전부 포기하고 명예만 가지라는 것이었습니다.

1. 사울에게 주시려는 명예

사울은 이스라엘의 가장 보잘것없는 베냐민 지파 사람이었지만 겸손했습니다. 사울이 얼마나 겸손한 사람이었는가 하면, 사무엘이 사울의 머리에 기름을 붓고 안수기도를 하고 앞으로 이스라엘의 왕이 될 것이라고 예언했음에도 불구하고 사울은 그 이야기를 아무에게도 하지 않았던 것을 보아 알 수 있습니다. 그리고 이스라엘 백성이 투표해서 사울을 왕으로 뽑았을 때도 자기는 왕의 자격이 없다고 해서 부끄러워서 사람들이 가지고 온 짐 사이에 숨어 있다가 발견되기도 했습니다. 사울은 잘난 체하는 성격이 아니라 부끄러움을 타는 'shy' 한 성격이었습니다. 사울이 왕으로 뽑혔을 때 사울을 미천하게 생각했던 사람들은 그를 왕으로 인정하지 않았습니다. 그래서 사울은 왕으로 뽑혔지만 집으로 돌아가서 소 두 마리를 가지고 밭을 갈았습니다.

그러나 사울은 이스라엘에 대한 애국심이 있었습니다. 그는 길르앗 야베스 사람들이 암몬 왕의 공격을 받아서 오른쪽 눈알을 다 뽑히게 되었을 때 나팔을 불어서 이스라엘 백성을 다 소집하고는 암몬을 쳐서 이김으로 길르앗 야베스 사람들이 모두 눈알을 뽑지 않게 되었습니다. 그리고 사울은 자신이 이스라엘의 왕으로 뽑힌 목적이 블레셋 족속으로부터 이스라엘을 지키는 것임을 알고 열심히 블레셋 족속과 싸웠습니다. 그리고 블레셋과 싸우는 중에 사울과 그의 아들 요나단은 하나님이 주시는 능력으로 큰 승리를 거두기도 했습니다. 이것을 보면 사울과 그의 아들 요나단이 얼마나 하나님으로부터 사랑받았는지를 알 수 있습니다.

그러나 대개 사람들의 문제는 처음에는 겸손하고 착한 마음으로 시작하지만 나중에는 돈과 여자 문제로 변질된다는 사실입니다. 우리가 어떤 일에 성공해서 똑같은 일을 계속하게 되면 자기도 모르게 '권태' 라는 것이 오게 됩니다. 아무리 성공해도 권태가 찾아오면 자기가 하는 일로 만족하지 못하게 됩니다. 그러면 무엇인가 좀 더 짜릿하고 아슬아슬한 일을 즐기고 싶은 마음이 드는데 그때가 바로 위험한 순간입니다. 대개 사람이 성공해서 높은 자리에 있게 되면 죄와 죄가 아닌 것의 아슬아슬한 경계선 위를 걷게 됩니다. 왜냐하면 그 아슬아슬한 맛이 재미 있기 때문입니다. 그래서 언론에서는 우리나라 정치인들을 평하기를 교도소 담장 위를 걷는 사람이라고 했습니다. 그들은 이쪽으로 치우치면 교도소 안으로 떨어지게 되고 저쪽으로 떨어지면 교도소 밖으로 떨어지기 때문입니다. 이처럼 사람이 처음부터 끝까지 순수하다는 것은 거의 불가능합니다. 우리는 세상에 살거나 교회 일을 하면서 끊임없이 죄의 도전을 받습니다. 그러다가 너무 스트레스를 받거나 삶에 재미가 없어지면 죄의 미끼를 물게 됩니다.

사울은 이스라엘의 초대 왕이 되어서 열심히 그 일을 감당했습니다. 그러나 시간이 지나면서 조금씩 변질되기 시작했습니다. 그러나 하나님은 사울을 사랑하셔서 그에게 큰 명예를 주시기로 작정하셨습니다. 그것은 바로 이스라엘 백성이 출애굽할 때 이스라엘을 공격했던 아말렉 족속을 멸절시키는 것이었습니다.

하나님은 아말렉 족속의 죄를 잊지 않으셨습니다. 팔레스타인에 있던 모든 족속은 하나님께서 홍해를 육지처럼 건너게 하시고 애굽 군대를 멸망시키셨다는 말을 듣고 감히 이스라엘을 공격하지 못했습니다. 그러나 아말렉 족속은 하나님에 대한 두려움이 없었습니다. 그래서 그들은 이스라엘 백성을 공격해서 전쟁을 하기도 했습니다. 하나님은 아말렉 족속의 교만을 잊지 아니하셨습니다. 출애굽기 17장에 보면, 하나님은 모세로 하여금 아말렉과 싸우게 하셨는데, 모세는 산에서 손을 들고 기도하고 여호수아는 백성들을 이끌고 나가서 아말렉과 싸웠습니다. 그런데 이상하게도 모세가 두 손을 들면 이스라엘이 이기고, 모세가 팔이 아파서 손을 내리면 아말렉이 이겼습니다. 이때 모세는 자기가 손을 들고 있어야 이스라엘이 아말렉을 이긴다는 것을 알고 자기는 바위 위에 앉고 아론과 훌로 하여금 계속 모세의 손을 들고 있게 함으로 결국 이스라엘이 아말렉을 이기게 되었습니다. 이때 하나님께서는 자신을 '여호와 닛시'라고 소개하시면서 아말렉과 영원히 싸우겠다고 말씀하셨습니다.

그러나 아말렉 족속은 사사시대를 지나고 이스라엘의 왕정이 되도록 건재했습니다. 그때 하나님은 사울 왕으로 하여금 아말렉 족속과 싸우라고 명령하셨습니다. 이것은 사울 왕으로서는 큰 명예였습니다. 모세도 멸절시키지 못했고 여호수아도 완전히 이기지 못했던 아말렉 족속을 대상으로 사울에게 싸우라고 하신 것은 그에게 큰 명예를 주시려는 하나님의 큰 목적이 있었던 것입니다.

2. 하나님의 조건

넓은 사막을 마음대로 돌아다니면서 노략질을 하고 사람을 죽이고 마을을 불태우는 아말렉 족속을 진멸하는 것은 결코 쉬운 일이 아니었습니다. 그러나 하나님께서는 사울 왕에게 사무엘 선지를 보내어서 과거 이스라엘 백성이 출애굽했을 때 아말렉 족속이 저질렀던 교만한 행위를 이제 심판하겠다고 말씀하셨습니다. 하나님이 사울 왕에게 이런 명령을 주신 것은 확실히 아말렉을 이기게 하겠다는 약속이나 마찬가지였습니다.

그런데 하나님은 사울에게 이 전쟁에서 조건을 제시하셨습니다. 그것은 사울이 아말렉 족속을 치되 양이나 소나 모든 동물을 한 마리도 남기지 않을 것과 모든 아말렉 족속 즉 어른이나 아이나 젖먹이까지 한 사람도 살리지 말고 다 죽이라는 것이었습니다.

우리는 가끔 성경을 보다가 하나님께서 이방인을 심판하시면서 죄도 없고 약한 여자나 아이들까지 다 죽이라고 하는지 이해되지 않을 때가 있습니다. 그러나 하나님께서는 아말렉 족속이 하는 행위를 삼백 년 정도 지켜보셨습니다. 그동안 그들이 하는 짓은 어른이나 여자나 아이나 할 것 없이 모두 철저하게 악한 것이었습니다. 예를 들어서 독사인 살모사가 새끼를 낳았습니다. 아직 그 새끼들은 다른 작은 짐승을 잡아먹을 줄 모릅니다. 그러나 독사의 새끼도 독사입니다. 새끼 독사의 이빨 밑에는 어미와 같은 독이 있습니다. 그래서 독사 새끼들이 자라면 어미와 똑같이 독이 있는 독사가 되는 것입니다.

하나님께서는 사울에게 먼저 아말렉의 모든 양이나 소나 나귀는 한 마리도 남기지 말고 다 죽이라고 명령하셨습니다. 그 가축은 정상적으로 사거나 키운 것이 아니고 모두 노략하고 강도짓을 해서 얻은 것이기 때문입니다. 그 당시 가축은 현금이나 마찬가지였습니다. 남자들이 결혼할 때도 가축을 끌고 가서 돈을 치렀습니다. 그러나 하나님은 이스라엘 백성이 부정한 돈을 가지는 것을 원치 않으셨습니다. 그래서 부정한 수입은 가축 한 마리라도 남기지 말고 다 죽이라고 하셨던 것입니다. 하나님께서는 이스라엘 백성에게 돈을 완전히 포기하라고 하셨습니다. 그리고 사울에게 한 사람도 남기지 말고 다 죽이라고 명령하셨습니다. 그 이유는 아말렉 사람들은 전부 독을 가지고 있는 독사였기 때문입니다.

옛날에 포로를 많이 잡아와서 끌고 오는 것은 그 나라의 큰 명예였고 자랑이었습니다. 더욱이 상대 나라의 왕을 사로잡아서 밧줄로 묶어서 끌고 온다면 완전한 성공이고 큰 명예였습니다. 그러나 하나님은 사울에게 단 한 사람의 왕이나 귀족도 살리지 말라고 하셨습니다. 이는 사울은 오직 하나님이 주시는 명예만으로 만족하라는 뜻이었습니다.

그런데 우리 눈앞에 있는 엄청난 돈과 명예를 보고서도 하나님이 주시는 칭찬과 인정만으로 만족할 수 있을까요? 사람이 주는 명예는 우선 수많은 사람의 박수와 환호 소리가 있습니다. 그런데 수천 명이

치는 박수 소리는 사람을 지극히 행복하게 하는 마력이 있습니다. 그리고 거기에 매혹되었을 때부터는 사람들이 자기를 대하는 태도가 달라집니다. 유명한 가수들은 노래 부를 때 수천 명의 청중이 박수 치고 소리를 지릅니다. 그 순간 가수는 자기가 이 세상에서 최고가 되었다는 기분에 빠지게 됩니다. 이것은 마치 마약을 먹은 것과 같습니다. 그러나 그 순간이 지나고 집에 들어오면 혼자만 있게 됩니다. 그때 그 고독과 외로움을 견디지 못해서 자살을 하는 경우가 많습니다.

그러나 하나님의 말씀에 순종했을 때는 사람들의 박수도 없고 돈도 없습니다. 아무런 명예도 주어지지 않는 것 같습니다. 단지 그는 하나님 앞에서 인정받고 하나님 앞에서 귀한 사람이 될 뿐입니다. 사람들은 그 둘 중에서 과연 어느 것을 택하겠습니까? 많은 사람은 당연히 눈앞에 보이는 돈과 수많은 사람들의 박수 소리와 인기를 택할 것입니다. 그런 의미에서 하나님께서 사울에게 주시고자 한 큰 명예와 복은 오히려 그에게 무서운 시험이 되었습니다. 즉 사울이 지금까지는 하나님이 주시는 능력으로 나라에 충성하고 왕으로 통치를 잘했는데 하나님은 드디어 사울을 시험하시는 것입니다. 그것은 "네가 하나님이 주시는 상급만으로 만족할 수 있느냐, 아니면 많은 돈과 사람들이 주는 명예를 같이 가지겠느냐?" 하는 것입니다.

3. 사울의 부족한 순종

그 당시 사울은 이제 전쟁에는 도가 통했을 정도로 전략가가 되어 있었습니다. 사울은 먼저 이스라엘 백성을 소집했습니다. 그랬더니 이스라엘 백성은 이십만 명이 모였고, 유다 지파는 만 명이 모였습니다. 이때부터 이스라엘 백성을 카운트할 때 꼭 '이스라엘 몇 명, 유다 지파 몇 명' 하는 식으로 구분하고 있습니다. 왜 유다 지파만 구별해서 인원을 파악했을까요? 잘은 모르겠지만 아마도 이 글을 기록한 사람이 유다와 이스라엘이 분열된 후에 쓴 것이 아니겠느냐 하는 생각이 듭니다. 아니면 이때부터 벌써 유다 사람들은 이스라엘 사람들과 하나님의 말씀에 순종하는 태도가 달랐는지도 모릅니다.

그러고 난 후 사울은 스파이들을 보내어서 아말렉 족속이 사막의 어디에 몰려 있는지 알아내었습니다. 아말렉 족속은 따로 성을 만들어서 살고 있었고 다행히도 한 지역에 몰려 있었습니다. 원래 그들은 사막의 떠돌이였는데, 이제는 모두 부가 넘쳐서 호화롭게 살고 있었습니다. 그런데 스파이들은 이 아말렉 족속 중에서 아말렉 사람이 아닌 겐 족속이 같이 살고 있는 것을 알았습니다. 왜냐하면 겐 족속은 결코 돌이나 나무로 지은 집에 살지 않고 텐트에 살았기 때문입니다. 이 겐 족속은 이스라엘 백성이 출애굽한 후 광야를 헤맬 때 안내자 역할을 해주었습니다. 그리고 그들은 이스라엘 백성이 주는 부스러기를 먹고 살았습니다. 즉 겐 족속은 이스라엘 백성이 먹는 만나의 부스러기를 먹었으니 하나님 말씀의 부스러기를 먹었던 것입니다. 요즘으로 치면 교회의 정식 등록 교인이 아니고 그냥 아웃사이더로 와서 말씀을 듣고 가는 사람들과 같았습니다. 그런데 하나님은 이 겐 족속의 순수성을 사랑하셨습니다. 그래서 사울은 스파이를 보내어서 겐 족속에게 지금 우리가 아말렉을 공격할 텐데 너희들은 몰래 아말렉에서 빠져서 멀리 도망치라고 알려주었습니다. 그래서 겐 족속은 모두 조용히 아말렉 족속을 떠나고 순수한 악질들만 남게 되었습니다.

그리고 사울은 이십일만 명의 이스라엘 군인을 데리고 조용히 접근해서 아말렉 가까이에 있는 골짜기에 매복했습니다. 그리고 아말렉 족속은 사막 어디로든지 도망칠 수 있었기 때문에 몇 겹으로 포위했습니다. 그리고 드디어 사울은 아말렉을 급습했습니다. 사울의 이 작전은 대성공이었습니다. 이스라엘의 공격에 전혀 대비되어 있지 않았던 아말렉 족속은 도망치기에 급했습니다. 그리고 도망치는 자들은 사울이 처 놓은 몇 겹의 그물에 걸려서 모두 다 죽음을 면치 못했습니다. 이스라엘 족속은 드디어 수백 년 동안 가지고 있었던 아말렉에 대한 깊은 원수를 갚을 수 있었습니다. 사울은 왕이 된 후 제대로 큰 승리를 거두었습니다. 온 들판은 아말렉 사람들의 시체로 널려 있었습니다. 그들의 시체가 하윌라라는 곳에서부터 애굽으로 가는 길목인 술까지 널려 있었습니다. 아말렉 족속은 전멸하고 말았습니다.

그러나 바로 이 순간 사울의 마음에 욕심이 생겼습니다. 그것은 자신이 그 엄청난 승리를 거두고 수백 년 이스라엘의 원한을 갚는 승리를 거두었음에도 불구하고 빈손으로 돌아가야 한다는 사실 때문이었습니다. 아말렉 족속이 가지고 있던 양이나 소나 나귀 등의 가축은 정말 좋은 것이었습니다. 그리고 아말렉 왕을 사로잡아 가지고 가면 엄청난 명예를 얻게 될 것입니다. 아마 사울은 이스라엘 역사상 최고의 왕으로 기억될지도 모릅니다. 그래서 사울은 두 가지 방법을 택했습니다. 우선 금전적인 가치가 없는 마르고 시원찮은 가축은 전부 죽였습니다. 그리고 토실토실하고 윤기가 흐르고 시장에 내놓기만 하면 좋은 가격으로 팔릴 좋은 양이나 소나 나귀는 죽이지 않고 가져왔습니다. 그리고 모든 아말렉 사람은 다 죽였지만 단 한 사람 아말렉 왕은 죽이지 않고 포로로 끌고 왔습니다. 이런 결정은 다른 민족에게는 전혀 이상이 없는 일이고 너무나도 잘한 일일지 모릅니다. 문제는 여기가 딴 나라가 아니라 이스라엘이었다는 사실입니다.

사울은 하나님의 명령에 몇 퍼센트 정도 순종했을까요? 약 85퍼센트 정도 순종했다고 볼 수 있습니다. 그리고 사울이 한 행위는 하나님의 말씀보다 훨씬 경제적으로 좋고 실용성이 있는 결정이었습니다. 만약 사울이 하나님의 말씀에 백 퍼센트 순종했더라면 그 큰 전쟁을 이기고도 빈손으로 돌아오는 어리석은 자가 되었을지도 모릅니다. 그러나 사울은 이런 어리석은 짓을 하기에는 너무나도 똑똑한 사람이었습니다. 그는 돈이 될 만한 양이나 소나 나귀 수만 마리 혹은 수십만 마리는 다 살려두었습니다. 그리고 아말렉 왕 아각은 모든 사람이 보기를 원하는 악질 두목이었습니다. 사울 왕은 모든 백성의 환호 소리를 들으면서 전쟁터에서 돌아왔습니다. 그리고 좋은 소나 양이나 나귀는 사무엘이 보지 못하도록 다른 곳에 감추어두었습니다.

그러나 이미 하나님께서는 사울이 한 행위를 다 알고 계셨습니다. 하나님께서는 사무엘에게 "사울을 왕으로 세운 것을 후회한다"고 말씀하셨습니다. 사울이 하나님의 명령을 행하지 않았기 때문이라고 하셨습니다. 하나님은 사울을 왕으로 임시 세우신 것이었습니다. 그런데 만약 사울이 하나님의 말씀에 철저히 순종했더라면 사울을 정식 왕으로 세우고 그의 정권이 견고했을 것입니다. 그러나 그는 하나님의 말씀에 85%만 순종했습니다. 85% 순종한 것은 전혀 순종하지 않은 것과 같았습니다. 그러나 사울은 벌써 자기가 승리한 것을 기념하기 위하여 기념비를 만들어 갈멜에 세웠습니다.

사무엘은 사울 왕을 자기가 기름을 부었는데 하나님께 실격이 되니까 마음이 슬펐습니다. 사울은 길갈에서 사무엘을 만나고는 큰소리쳤습니다. "하나님을 찬양합니다. 저는 하나님의 말씀대로 순종해서 큰 승리를 거두었습니다"라고 하면서 자랑했습니다. 그러나 사무엘은 "지금 내 귀에 많은 양 울음소리가 들리는데 그것은 무슨 소리냐?"고 물었습니다. 물론 사무엘의 귀에는 양 울음소리가 들리지 않습니다. 이미 사울이 양이나 소들을 사무엘이 보지 못하는 곳에 감추어두었기 때문입니다. 그러나 선지자는 다른 사람들이 듣지 못하는 양 울음소리를 듣고 있었던 것입니다.

하나님의 선지자는 소리에 민감해야 합니다. 우선 하나님의 음성에 민감해야 하고 한 말씀도 놓치지 말아야 합니다. 그리고 하나님의 양들이 고통스러워서 우는 소리를 잘 들어야 합니다. 선지자는 아픈 양들의 소리를 듣고 찾아가야 합니다. 그리고 전쟁의 소리를 들을 수 있어야 합니다. 사람들은 모두 평화에 빠져 있지만 곧 전쟁이 터질 것을 알아야 합니다. 에스겔 선지는 시커멓게 몰려오는 전쟁의 먹구름을 보았고, 예레미야는 끓는 가마솥이 북에서 남으로 기울어져서 끓는 물이 쏟아지는 모습을 보았습니다.

예수님은 유대 지도자들에게 "아침에 하늘이 붉고 흐리면 오늘은 날이 궂겠다 하나니 너희가 날씨는 분별할 줄 알면서 시대의 표적은 분별할 수 없느냐"(마 16:3)고 책망하셨습니다. 그 시대는 하나님의 아들이 오셔서 무진장한 복을 쏟아부어 주실 때였던 것입니다. 예수님이 오신 지금 우리는 하나님의 능력을 받고 부흥을 일으킬 절호의 찬스입니다. 지금 하나님 나라의 복을 받지 못하는 자는 바보입니다. 그리고 선지자는 죄짓는 소리를 잘 들어야 합니다.

사무엘은 사울 왕에게 왕이 하나님의 말씀을 버렸기 때문에 하나님도 왕을 버려 왕이 되지 못하게 하실 것이라고 경책했습니다. 사무엘이 사울 왕으로부터 돌아서서 가려고 하니까 사울이 사무엘의 옷자락을 잡으면서 백성 앞에서 자기 체면을 세워달라고 했습니다. 그래서 사무엘의 옷이 찢어졌습니다. 이것이 바로 사울이 나라를 빼앗기는 표시였습니다. 그리고 사무엘은 아말렉 왕 아각을 끌고 오라고 하니까 아각은 "진실로 사망의 괴로움이 지났도다"라고 하면서 노래를 부르면서 왔습니다. 그때 사무엘은 아각에게 "네가 얼마나 많은 여인의 아들들을 죽였는데 더 살려고 하느냐?"고 하면서 칼로 그를 찍어서 죽였습니다.

사울은 돈과 명예에 대한 욕심 때문에 왕의 기회를 빼앗기고 말았습니다. 그 순간부터 사울에게는 하나님의 성령이 떠나게 되었습니다. 성령의 사람에게서 성령이 떠나면 원래 믿지 않는 사람보다 배 이상 타락하거나 안티 기독교인이 됩니다. 그래서 대개 기독교에 대하여 아주 배타적인 안티 사람들을 보면 옛날에 신학교를 다녔거나 목사 아들이거나 교회나 선교 단체에서 열심히 봉사했던 사람이 많습니다. 성령이 떠나심으로 금단 증세가 나타나기 때문입니다.

사울은 성령이 떠난 후에도 이스라엘 왕으로 있었습니다. 그러나 그에게는 성령이 떠나셨습니다. 그래서 그에게는 더 이상 하나님의 능력이 나타나지 않았습니다. 반대로 그는 심한 우울증과 히스테리에 시달렸습니다. 성령이 떠난 사울은 성령에 충만한 사람 다윗을 보았을 때 그를 시기해서 끝까지 죽이려고 했습니다. 사울은 마지막에 길보아 산에서 블레셋과 싸우다가 중상을 입으니까 자기 칼에 엎드려 스스로 죽는 비참한 죽음을 맞이하고 말았습니다.

우리도 세상에 살다 보면 돈이나 명예욕이 생기게 되어 있습니다. 우리가 하나님의 말씀을 붙들면 유혹을 받다가도 다 물리칠 수 있습니다. 하나님의 사람이 하나님의 말씀에 불순종하면 귀신의 영이 들어오게 됩니다. 끝까지 하나님께 귀하게 사용 받는 성도들이 다 되시기 바랍니다.

09 막다른 골목

무모한 신앙

삼상 14:6

요나단이 자기의 무기를 든 소년에게 이르되 우리가 이 할례 받지 않은 자들에게로 건너가자 여호와께서 우리를 위하여 일하실까 하노라 여호와의 구원은 사람이 많고 적음에 달리지 아니하였느니라

우리는 때때로 이성적으로는 말도 안 되는 너무나도 무리한 일을 해야 하는지, 말아야 하는지 결정해야 할 때가 있습니다. 어떻게 보면 그 일은 하나님이 주신 기회인 것 같고, 어떻게 보면 자기만이 아니라 가족까지 망하게 하는 무모한 짓일 때도 있습니다. 우리는 주위에서 이런 무모한 짓을 했다가 망하는 사람들을 자주 보고 있습니다. 어떤 사람은 주식 투자를 하는데 어떤 회사 주식이 엄청나게 오를 것이라는 정보를 얻게 되었습니다. 그는 돈을 많이 벌기 위해서 자기가 가진 돈은 물론이고 자기 집을 담보로 잡아서 투자하고 심지어는 자기 형과 동생, 부모님의 돈까지 전부 다 모아서 투자했는데 결국 그 정보가 엉터리 정보인 바람에 자기만 망하는 것이 아니라 그에게 빌려주었던 형제나 부모, 심지어는 친구들까지 한꺼번에 망하는 경우를 보게 됩니다. 그때 우리는 그 사람을 두고 참 무모한 사람이라고 욕을 합니다.

돌아가신 유명한 여류작가 박완서 씨가 쓴 《휘청거리는 오후》라는 소설이 있습니다. 이 소설은 어느 일간지에 연재되었는데 그 소설이 얼마나 인기가 있었는지 그 신문이 불티나게 팔렸습니다. 저도 신문에 난 그 연재소설을 정말 재미있게 읽었습니다. 거기에 보면 작은 공장을 경영하는 세 딸을 둔 아버지가 있습니다. 이 아버지는 세 딸을 시집보내어야 했습니다. 그런데 부인이 허영심이 있었습니다. 큰 딸은 중매로 부잣집에 시집가게 되었는데 혼수를 많이 해주어야 했습니다. 둘째 딸은 유학간다고 해서 공장을 저당 잡혀서 유학비를 마련해주었습니다. 셋째 딸은 너무 가난한 남자와 결혼했는데 언니에게 해준 만큼 돈을 주어야만 했습니다. 세 딸을 모두 시집을 보내고 난 후 아버지는 공장도 날아가고 재산도 모두 없어진 가난뱅이가 되고 말았습니다. 그 아버지는 결국 방에서 약을 먹고 자살을 해버렸습니다. 그 아버지는 자기 부인이나 딸의 말을 듣고 너무 무모한 결혼을 시켰던 것입니다.

그런데 성경을 보면 믿음의 훌륭한 사람들은 거의 대개 무모한 신앙을 가졌던 것을 볼 수 있습니다. 아브라함은 하나님이 바치라고 한다고 해서 하나밖에 없는 아들, 그것도 백 세에 낳은 아들을 죽여서 하나님께 바치려고 모리아 산까지 가서 실제로 아들을 묶어놓고 칼로 찌르려고 했습니다. 얼마나 무모한 아버지입니까? 모세는 출애굽한 후 이백만 명쯤 되는 이스라엘 백성을 데리고 물도 없고 양식도 없는 광야로 무작정 들어갔습니다. 모세는 광야에 이 많은 사람이 먹고 마실 수 있는 양식이나 물이 있다고 생각했겠습니까? 모세가 데리고 간 광야에는 양식도 없고 물도 없으니까 돌로 모세를 때려죽이려고까지 했습니다.

소년 다윗은 블레셋의 장군 거인 골리앗이 이스라엘 백성을 모욕하고 하나님의 이름을 모욕하는 것을 보고 이 거인 앞에 양을 치던 막대기와 물맷돌만 가지고 나갔습니다. 사람들은 모두 저 아이가 간땡이가 부었다고 생각했습니다. 세상에는 무모한 투자를 해서 왕창 버는 사람도 있지만 쪽박을 차는 사람도 많이 있습니다. 그런데 왜 성경에 나오는 믿음 좋은 사람들은 한결같이 무모한 사람들이었을까요? 그 이유는 바로 이것이 하늘 문을 여는 열쇠였기 때문입니다.

1. 요나단의 무모한 신앙

사울 왕에게는 요나단이라는 믿음이 좋은 장남 아들이 있었습니다. 요나단은 나중에 다윗과 의형제를 맺을 정도로 마음과 믿음이 통했습니다. 사울이 왕이 되었을 때 블레셋 사람들은 이스라엘 백성을 자기들의 종으로 생각했기 때문에 이스라엘을 나라로 인정하지 않았습니다. 그래서 어느 날 블레셋은 수천 명의 군사가 이스라엘의 기를 꺾어버리려고 세 대로 나누어서 이스라엘을 공격했습니다.

이때 블레셋이 이스라엘에서는 아예 칼을 만들지 못하게 했기 때문에 도끼나 괭이도 블레셋에 가서 돈을 주고 날을 세워왔습니다. 그래서 이스라엘 전체에 칼이 두 자루밖에 없었습니다. 그리고 사울에게는 단지 육백 명의 군사들만 있었을 뿐입니다. 나라 전체에 칼이 두 자루밖에 없는 나라가 어디 있겠습니까? 이것은 블레셋 사람들이 이스라엘을 철저히 무력하게 만들어서 감히 나라가 될 생각을 하지 말라는 의도였습니다. 이스라엘은 사울을 왕으로 뽑고 이제 겨우 나라를 세워보려고 하는데, 그들에게는 너무나도 강한 이웃인 블레셋이 그들을 억누르고 있었습니다. 이때 이스라엘은 블레셋을 물리치지 않는 이상 절대로 일어설 수 없었습니다.

이러한 상황에서 블레셋은 어떻게 소문을 들었는지 이스라엘이 건방지게 왕을 뽑고 암몬 족속과 싸웠다는 소식을 듣고는 이스라엘을 노략질하기 위해서 대부대가 출동했던 것입니다. 이때 사울은 요나단과 함께 믹마스라는 언덕에 육백 명의 군사를 거느리고 진을 치고 있었습니다. 그런데 블레셋 부대는 세 대로 나누어서 한 부대는 오브라 길을 따라서 수알이라는 곳에 이르고, 또 한 부대는 벧호론이라는 곳으로 진격했고, 또 한 부대는 광야 쪽의 스보임 골짜기가 내려다보이는 길로 진격했습니다. 이것은 이스라엘 백성이 아무리 블레셋을 막아봐야 어느 한쪽 길은 뚫어서 이스라엘을 정복하고야 말겠다는 전략이었습니다. 이번에야말로 블레셋이 이스라엘 나라 전체를 불 지르고 약탈하고 허수아비 같은 왕을 사로잡아 오겠다는 뜻이 있었습니다. 이때 블레셋의 주력 부대는 사울이 있는 믹마스 쪽으로 공격해 오고 있었습니다.

이때 블레셋과 이스라엘은 큰 골짜기를 사이에 두고 서로 마주하고 있었습니다. 이스라엘의 소수 군대는 사울과 함께 믹마스라는 언덕에 있었고, 블레셋의 주력부대는 건너편 언덕 넓은 땅에 진을 치고 있었습니다. 그리고 이 두 언덕은 모두 아주 경사가 진 절벽이었고, 그 사이에는 돌이 많은 황무지가 있었습니다. 예전에 어떤 한국 사람이 겁도 없이 혼자서 이곳을 지나갔다고 합니다. 그는 일행과 떨어져서 그 골짜기에 갔는데 결국은 그 절벽을 기어 올라가야 했습니다. 그래서 손으로 튀어나온 돌을 잡으면서 기어서 올라가는데 위에서 내려다보니까 아주 높은 절벽이었다고 합니다. 그는 목숨을 걸고 요나단이 기어 올라갔던 그 절벽을 기어올라서 겨우 일행을 만났는데 자기는 죽는 줄 알았다고 했습니다.

이때 요나단은 이렇게 시간만 보낼 것이 아니라 무슨 수라도 한번 써 봐야 하겠다고 생각해서, 자기 부관을 데리고 몰래 부대를 빠져나왔습니다. 이때 요나단의 성격은 룰에 매이지 않는 자유분방한 성격이었던 것 같습니다. 물론 요나단은 하나님께 대한 깊은 신뢰와 믿음이 있었습니다. 그렇지만 자기가 하는 모든 행동을 아버지에게 보고하거나 허락받는 성격은 아니었습니다. 아버지 사울의 입장에서 보면 장남인 요나단은 자기 멋대로 행동하는 엉뚱한 아들이었을 것입니다.

요나단은 학교식 교육보다는 자기 혼자 스스로 신앙을 배우고 전쟁을 익힌 스타일인 것 같습니다. 요나단은 두 개의 절벽을 사이에 두고 이스라엘과 블레셋이 대치하고 있는데 이것은 아무 의미가 없다고 생각했습니다. 그래서 요나단은 자기 마음대로 혼자 몰래 심복 부하 하나를 데리고 진에서 빠져나와서 황무지로 내려왔습니다.

요나단이 가진 신앙은 놀랍게도 다윗이 가졌던 신앙과 같았습니다. 즉 할례를 받지 않은 블레셋 족속은 야생동물과 같다는 것입니다. 산에서 곰이나 사자 같은 야생동물을 만나면 사람이 이길 수 없지만, 머리를 써서 무기를 사용하거나 함정을 파거나 올무를 놓으면 얼마든지 이길 수 있다고 생각했습니다. 요나단에게 바로 그 머리라는 것은 자기 머리가 아니라 하나님의 능력이었습니다. 하나님의 백성에게 가장 어려운 숙제는 도대체 어떻게 하면 나의 현실에 하나님의 능력을 끌어와서 이 야생동물 같은 적을 이길 수 있느냐 하는 것입니다. 이것이 우리 모든 크리스천의 가장 큰 숙제입니다. 아무리 예수를 잘 믿는다고 해도 하나님의 능력이 나타나지 않는다면 이리떼 같은 세상에 잡아먹힐 것이고, 세상 사람들보다 훨씬 무능력한 삶을 살게 될 것입니다.

이때 요나단은 두 가지를 했습니다. 하나는 자기가 가진 신앙을 부관에게 이야기했습니다. 이것을 요즘 교인은 '나눔'(sharing)이라고 하는데, 자기 생각을 다른 사람에게 말해보는 것입니다. 그러면 자기 스스로 말하면서도 말이 안 되는 생각이라는 것을 알 때가 많습니다. 요나단은 자기 부하에게 "나는 이 할례 받지 않은 사람들에게 건너가서 싸우고 싶다. 나는 하나님의 구원이 사람이 많고 적은데 달려 있지 않다고 생각한다"고 했습니다. 이 말은 우리 단 두 사람이 블레셋 부대 안을 대낮에 쳐들어가서 싸우자는 제안입니다. 그런데 요나단만 이상한 것이 아니라 그의 부하도 정신이 좀 이상했던 것 같습니다. 요나단의 부하도 요나단의 말을 듣더니 반대하지 않았습니다. "장군님 생각도 일리가 있는 것 같으니까 일단 저는 같이 행동하겠습니다"라고 동의했습니다. 요나단은 거의 미친 짓을 하려고 하는데, 그 생각에 동의하는 사람을 하나 만난 것입니다.

2. 하나님의 사인 확인

요나단은 자기 멋대로 신앙생활을 하고 전쟁을 연습하는 가운데 자기만의 노하우를 익힌 것이 있습니다. 그것은 바로 하나님이 함께 하시는지 아니면 자기 혼자만의 생각인지를 알아내는 능력이었습니다. 그것은 요나단이 기드온에게서 배운 기술이라고도 볼 수 있습니다. 아마 시간이 넉넉했으면 사사 기드온처럼 요나단도 양털을 가지고 "하나님이 함께하시면 양털에만 이슬이 내리게 해 주십시오"라고 기도했을지 모릅니다. 그러나 지금 요나단에게는 이슬을 가지고 하나님의 사인을 구할만한 시간이 없었습니다.

요나단은 지금 당장 블레셋을 공격해야 하는지 말아야 하는지 결정해야만 했습니다. 그래서 요나단은 기드온의 방식을 사용하기로 했습니다. 기드온이 3백 명의 용사로 미디안 군대 13만 5천 명과 싸웠을 때 그것도 일종의 미친 짓이나 마찬가지였습니다. 기드온은 하나님의 명령에 따라 밤에 미디안 군사의 진영을 보러 갔다가 수많은 미디안 군사들이 잠을 자는 것을 보게 됩니다. 미디안의 군사들은 도저히 헤아릴 수 없었고 낙타마저도 바다의 모래같이 많이 있었습니다. 그런데 그때 기드온은 자기의 귀를 번쩍 뜨이게 하는 미디안 군사의 말을 듣게 됩니다. 그것은 한 미디안 군사가 자면서 꿈을 꾸는데 이스라엘

진에서 보리떡이 굴러와서 미디안 진을 부순다는 내용이었습니다. 그 이야기를 듣고 옆에 있는 다른 군사는 이 보리떡은 이스라엘 사람 기드온의 칼이라고 대답했습니다. 이때 하나님이 적의 머릿속 즉 잠재의식의 세계까지 들어가서 꿈을 꾸게 하시고 적의 입을 통해서 그 보리떡이 기드온이라는 사실을 말하게 하셨던 것입니다. 기드온은 지금까지 사람들에게 존경받지 못하는 보리떡 같은 인생이었던 것입니다. 이 비밀을 미디안 군사가 꿈에서 보고 말하는 것이었습니다. 기드온은 즉시 자신을 나타내는 비밀을 알 수 있었습니다. 여러분은 자신의 인생을 무엇이라고 생각하는지요?

요나단은 기드온의 사인을 이용하여 적의 입을 통해서 하나님의 사인을 보기로 작정했습니다. 그것은 절벽 위에 있는 블레셋 군인들이 아래를 보고 있을 때 요나단과 그의 부관이 나타나는 것입니다. 이때 블레셋 사람들이 자기들을 보고 "야야, 애들이 어디를 올라오려고 하느냐? 집에 가서 밥이나 더 먹고 오라" 고 말하면 올라가지 않는 것이 하나님의 뜻이라고 생각하자는 것입니다. 반대로 블레셋 사람들이 요나단과 그 부하를 보고 "이 땅강아지 같은 놈들아, 지금까지 어디에 숨어 있었느냐? 여기로 올라와! 우리가 본때를 보여주겠다!" 고 한다면 올라가는 것을 하나님의 사인으로 본다는 것입니다. 즉 요나단은 하나님의 뜻을 적의 입을 통해서 확인하기로 했습니다. 그들이 '꺼지라' 고 하면 올라가지 말고, '이리로 올라오라' 고 하면 올라가는 것을 하나님의 뜻으로 생각한다는 것입니다.

그런데 이렇게 하나님의 뜻을 아는 것은 굉장히 위험하지 않을까요? 이것은 너무나도 우연한 것에 자신들의 생명을 맡기는 것이기 때문입니다. 블레셋 사람들의 기분에 따라서 '올라오라' 고 할 수 있고, '보기 싫다. 가라' 고 할 수도 있는 것이지, 어떻게 그것을 하나님의 뜻이라고 믿고 단 두 명이 블레셋 부대 안으로 들어갈 수 있을까요? 그래서 이렇게 남의 방법을 흉내 내어서는 안 됩니다. 다시 말해서 바른 신앙인이라면 자기 자신만이 하나님과 통할 수 있는 비밀암호를 만들어놓아야 하는 것입니다.

나이 어린 사무엘은 하나님과의 비밀암호가 없었기 때문에 하나님이 몇 번씩 불러도 사무엘은 하나님이 부르시는 줄 모르고 엘리에게 달려갔던 것입니다. 우리는 하나님과 나만 알아들을 수 있는 암호를 만들어두어야 합니다. 요즘은 사무실 문을 열거나 스마트 폰을 열려고 할 때 지문이나 혹은 홍채 인식을 통해서 본인 여부를 확인하게 되어 있는 곳이 있습니다.

예전에 제가 개척 교회를 할 때 건물이 팔리는 바람에 우리는 나가야만 했습니다. 그러나 우리는 갈 데가 없었습니다. 그래서 건물주나 그 건물을 사는 사람에게 우리가 더 있을 수 있도록 부탁하려고 했습니다. 그때 제 머릿속에 이 사람들의 말을 통해서 하나님의 뜻을 구별해야겠다는 생각이 들었습니다. 그래서 그 건물을 사는 사람에게 "우리가 나가야 하느냐?"고 물었습니다. 그랬더니 그 사람이 저에게 "나가야 합니다"라고 대답했습니다. 그 순간 저는 그 건물에 대한 미련을 완전히 버리고 무조건 나가야 하는 것을 하나님의 뜻으로 생각했습니다. 그런데 그것은 정확한 하나님의 뜻이었습니다. 처음에는 장소를 구하지 못해서 고생했고, 하마터면 잘못된 장소를 계약할 뻔했던 적도 두어 번이나 있었지만 결국 하나님이 준비하신 곳을 찾아내는 데 성공했습니다. 그리고 거기서 교회는 폭발적인 부흥을 했습니다.

드디어 요나단과 그의 부하는 블레셋 사람들 앞에 나타났습니다. 절벽 위에서 보초를 서고 있던 블레셋 군사들은 "이제 드디어 히브리인이 숨어 있던 땅 구멍에서 나오는구먼. 이리로 올라와! 우리가 본때를 보여줄게!"라고 했습니다. 블레셋 사람들은 요나단에게 분명히 "이리로 올라오라"고 했습니다. 그러자 요나단은 자기 부하에게 "틀림없이 올라오라고 했지? 좋아 올라간다!"라고 하면서 무기는 등에 짊어지고 두 손, 두 발로 기어서 절벽을 기어 올라갔습니다.

요나단은 절벽을 다 기어 올라가자마자 무기를 꺼내어서 재빨리 블레셋 사람들을 치기 시작했습니다. 요나단과 그 부하가 반나절 정도 블레셋 군인들과 싸웠지만 하나님의 능력은 나타나지 않았습니다. 그래도 요나단은 두려워하지 않고 자기가 가진 무기로 블레셋 사람들을 쳤습니다. 그러다가 반나절쯤 지나고 요나단이 블레셋 군인 스무 명가량 죽였을 때 하나님의 능력이 나타나기 시작했습니다. 그것은 바로 떨림이었습니다. 그 순간부터 블레셋 사람들은 경련을 일으키기 시작했고 땅이 진동했습니다. 그리고 모든 블레셋 사람이 떨기 시작했습니다. 그런데 점점 그 떨림이 심해지면서 블레셋 사람들은 제대로 서 있지도 못하고 땅에 넘어져 구르기도 하고 광기가 일어나면서 자기들끼리 적으로 보여서 서로 죽이기 시작했습니다. 블레셋이나 다른 이방 민족이 이스라엘과 싸울 때 가장 조심해야 하는 것이 바로 이 광기입니다. 어느 순간 갑자기 광기가 일어나는데 자기편이 전부 적으로 보여서 서로 죽이기 시작하는 것입니다. 그러면 군사가 아무리 많아도 소용없습니다.

요나단이 하나님과 가지고 있었던 비밀암호는 시간이 좀 걸렸지만 틀림없었습니다. 블레셋의 주력부대는 단 두 사람의 이스라엘 사람에 의해서 무너지고 말았습니다. 우리가 이것을 보면 하나님의 백성이라는 사실이 얼마나 권세 있는 것임을 알 수 있습니다.

3. 사울 왕의 율법주의

사울 왕이 있는 이스라엘 진영에서 보니까 마주 편의 블레셋 진영에 난리가 났는데 사람들이 이리저리 흩어지고 서로 칼로 쳐서 죽이고 사람들이 쓰러지기도 하는데 난리가 아니었습니다. 사울 왕은 도대체 이스라엘에서 얼마나 많은 군인들이 자기에게 보고도 하지 않고 나가서 블레셋 진영을 기습하고 있는지 알아야 했습니다. 그래서 사울 왕은 부하에게 이스라엘 군사들을 모아서 누가 있고 누가 나갔는지 점호하게 했습니다. 사울의 생각으로는 블레셋 진영에 저 정도의 소동을 일으키려면 적어도 수백 명의 군사가 기습했을 것으로 생각했습니다.

사울이 이스라엘 부대를 점호해 보니까 단 두 명이 없었습니다. 그 사람은 자기 아들 요나단과 요나단의 부관이었습니다. 이때 비로소 사울 왕은 블레셋과 싸워야 하는지 제사장에게 하나님의 궤를 가져오라고 명령했습니다. 사울은 지금 두 명이 블레셋 진영 안에 들어가서 블레셋 군대를 완전히 휘젓고 있는데 이제야 비로소 싸워야 하는지 말아야 하는지 그리고 하나님께서 자기들을 이기게 할 것인지 물어보려고 했습니다. 하나님께서 요나단을 통해서 블레셋 군대를 치고 계시므로 지금은 물어보고 말고 할 시간이 없었습니다. 그럼에도 불구하고 사울은 격식을 다 갖추려고 했습니다. 이것이야말로 형식주의이고 위선적인 신앙이었습니다. 이처럼 형식적인 기도는 하나님께 물어보려고 하는 것이 아니라 자기를 나타내려고 하는 경우가 많습니다.

이때 이미 이스라엘 백성은 법궤에는 관심이 없었습니다. 소동은 점점 더 커지고 있었고 블레셋 군대는 무너지고 있었기 때문에 군사들이 보기에 지금은 기도할 때가 아니고 당장 나가서 전쟁할 때라는 것을 알았기 때문입니다. 그제야 비로소 사울은 제사장에게 기도를 중지하라고 하고는 백성들과 같이 전쟁하러 블레셋 진영으로 쳐들어갔습니다. 가보니까 블레셋 군사들은 모두 떨고 있던지, 아니면 광기에 빠져서 자기들끼리 죽이고 있었습니다. 그리고 사울의 군대 외에 블레셋 군대 안에도 이스라엘 사람들이 있었습니다. 이들은 모두 블레셋을 배반하고 요나단을 도와서 블레셋 군대를 치고 있었습니다. 블레셋 군대는 다시 혼이 나서 많은 군인이 칼에 맞아 죽고 나머지 블레셋 군대는 도망쳤습니다.

그때 요나단은 이스라엘 군대가 이상하게 힘이 없는 모습을 보았습니다. 이스라엘 군대는 블레셋 군대가 도망치는 것을 보고서도 조금 추격하다가는 모두 땅에 주저앉아 버렸습니다. 이때 요나단은 숲 안에 들어가 보니까 벌집이 있었고 꿀이 있었습니다. 요나단은 지팡이로 그 꿀을 찍어서 먹었더니 눈이 밝아지면서 새 힘이 생겼습니다. 그런데 백성 중에서는 아무도 그 꿀을 보고도 먹는 자가 없었습니다. 요나단은 그들에게 "왜 너희들은 맛있는 꿀을 보고서도 먹지 않느냐? 나는 조금만 찍어 먹어도 이렇게 새 힘이 생기는데?"라고 물었습니다. 그랬더니 그들은 블레셋 군대와 싸우기 전에 사울 왕이 오늘은 모두 금식하고 전쟁하라고 명령을 내렸기 때문에 아무도 꿀을 먹을 수 없고, 그래서 모두 배가 고파서 블레셋 군대를 추격하지 못한다고 대답했습니다.

그때 요나단은 군사들 앞에서 아버지 왕을 원망했습니다. "아버지는 정말 잘못된 맹세를 시키셨다." (경상도 사람들은 이런 것을 디비쫀다라고 말합니다.) 사울 왕의 생각으로는 백성이 금식하면 더 하나님을 의지하고 싸울 것이라고 생각했지만, 백성은 일단 금식하니까 힘이 없어서 싸울 기운이 없었던 것입니다. 그래서 적들이 눈앞에서 도망치는 것을 뻔히 보면서도 배가 고파서 추격하지 못했습니다. 요나단은 "내가 지팡이 끝으로 꿀을 찍어먹어도 눈이 밝아지고 새 힘이 생겼는데 오늘 백성이 적에게서 빼앗은 음식을 먹기만 했어도 얼마나 큰 승리를 거두었겠느냐" 고 하며 탄식했습니다.

그래도 이스라엘 군사들은 명령은 명령이기 때문에 믹마스에서부터 시작해서 아얄론까지 블레셋 사람들을 추격하면서 쳤습니다. 그리고 나니까 이스라엘 백성은 도저히 배가 고파서 참을 수 없었습니다. 그러니까 누가 뭐라고 말하지 않아도 소를 칼로 죽여서 피도 빼지 않고 불에 구워 먹었습니다. 이것은 금식의 맹세보다 더 하나님의 율법을 어기는 것이었습니다.

사울 왕은 이번 전쟁에서 이해가 안 되는 명령을 여러 번 내렸습니다. 그중의 하나는 블레셋 군대가 무너지고 있는데도 하나님의 언약궤를 가져와서 하나님의 뜻을 물어보려고 한 것이고, 더 크게 승리할 수 있는 전쟁에서 백성에게 금식하게 해서 모두 배가 고파서 최선을 다하지 못하게 만든 원인을 제공한 것입니다. 그들은 너무 배가 고프니까 나중에는 율법이고 무엇이고 생각하지 않고 닥치는 대로 소를 잡아서 피도 빼지 않고 고기를 불에 구워 먹었습니다. 그리고 전쟁에 승리한 후에 사울이 다시 블레셋 군대를 추격할 것인지 하나님께 물어도 하나님이 응답하시지 않으니까 요나단이 금식의 맹세를 어겨서 그렇다는 것을 알고는 요나단을 죽이려고까지 했습니다. 그러니까 백성들이 오늘 대승리를 가져온 사람은 요나단인데 이런 믿음 있는 사람을 죽이면 어떻게 하느냐고 반발하면서 요나단을 죽이지 못하게 했습니다.

우리는 하나님과의 비밀암호를 가지고 있어야 합니다. 어떤 때는 하나님의 응답이 더디게 나타날 때도 있지만 낙심하지 말고 계속 나가야 합니다. 그리고 형식주의 신앙은 백성들로 하여금 하나님을 더 의지하게 하는 것이 아니라, 백성들보다 못한 신앙을 강요하게 된다는 점을 기억하시기 바랍니다. 그래서 최근에 많은 교회에서 보게 되는 것은 목사와 장로의 생각이 교인들보다 더 훨씬 못한 것을 보게 됩니다. 그것은 그들이 형식주의와 위선에 빠졌기 때문입니다.

10 막다른 골목

막다른 골목

삼상 24:3

길 가 양의 우리에 이른즉 굴이 있는지라 사울이 뒤를 보러 들어가니라 다윗과 그의 사람들이 그 굴 깊은 곳에 있더니

우리는 골목길에서 어떤 사람의 집을 찾아가다가 틀림없이 이 길이 맞을 것 같은데 막다른 골목을 만나는 경우가 간혹 있습니다. 그런 경우는 어쩔 수 없이 길을 돌아 나와서 다시 다른 길을 찾는 수밖에 없습니다. 그런데 우리 인생길에서도 자주 막다른 골목을 만날 때가 있습니다.

레마르크라는 독일 작가는《서부전선 이상 없다》로 알려진 작가입니다. 저는 그의 두 작품《서부전선 이상 없다》와《사랑할 때와 죽을 때》를 가장 좋아하는 작품으로 생각하고 있습니다. 그런데 레마르크에게는 전혀 다른 작품이 하나 있습니다. 그것은 결핵환자들의 요양소를 배경으로 한 책입니다. 이 요양소는 시스템이 잘 되어 있어서 환자들이 밖에 나갈 수도 있고 사람들과 만날 수도 있습니다. 그런데 그 요양소 환자들의 막다른 골목은 결핵입니다. 이들은 요양소를 얼마든지 나올 수 있지만 어디를 가더라도 결핵이 그의 인생을 붙잡고 있습니다. 그 요양소에 이십대의 아름다운 여성이 있었는데, 이 여성은 자기에게 미래가 없다는 것을 압니다. 그래서 자동차경주 선수인 남자를 만나 요양소를 떠나서 파리로 갑니다. 그는 거기서 환자복을 벗고 옷을 여러 벌 맞춥니다. 이 여자가 가장 싫어하는 말은 내년에는 어떻게 된다는 말이었습니다. 이 여자에게는 내년이 없고 오직 현재밖에 없었기 때문입니다. 그래서 지금 당장 옷을 사 입고 고급 포도주를 마시고 가고 싶은 데를 마음대로 돌아다닙니다. 그리고 한 번씩 자동차경주 선수를 만나서 술을 마십니다. 이 여자는 아름답고 젊었지만 내일이라는 것이 없었습니다. 이 여자는 또 남자에 집착할 이유도 없었습니다. 내일이 없었기 때문입니다. 그러나 사귀던 결핵이 없는 자동차경주 선수가 먼저 죽습니다. 그는 자동차경주대회에 나갔다가 앞차가 고장 나는 바람에 뒤에서 들이받아서 얼굴 형체를 알아볼 수 없도록 망가져서 죽습니다. 그리고 그다음 날 이 여자는 요양소로 돌아갑니다. 그리고 이틀 후에 그 있기 싫어하던 요양소에서 죽습니다. 그 아름다운 여성에게는 결핵이라는 병이 인생의 막다른 골목이었던 것입니다.

또 암이라는 병이 막다른 골목인 경우도 있습니다. 어떤 분은 죽자 살자 돈을 모으고 투자해서 성공했는데 암에 걸려서 그 많은 돈을 써보지도 못하고 죽는 것입니다. 얼마 전에 어느 항공기는 태국에 갔다 오다가 새 떼와 충돌하는 바람에 비상 착륙을 시도했지만, 벽에 충돌하는 바람에 승무원 한 명만 기적적으로 살고 179명이나 되는 사람들이 모두 죽는 안타까운 사고가 있었습니다. 이들에게는 이 사고 비행기가 인생의 막다른 골목이었습니다.

우리가 이 세상을 사는 이상 이런 막다른 골목을 만나지 않고 평생 잘살 수는 없습니다. 어떻게 하면 이런 막다른 골목을 피하거나 혹은 만났다 하더라도 거기서 도망쳐서 살 수 있을까요?

우리 믿는 자들에게는 '전화위복(轉禍爲福)' 이라는 것이 있습니다. 눈앞에 닥친 일만 보면 망할 수밖에 없는데 오히려 이것이 후에 더 좋은 일이 되는 것입니다. 다윗이 당한 막다른 골목은 최소한 두 번이었습니다. 한번은 사울에게 쫓기다가 거의 막다른 골목에 걸려들었을 때이고, 또 한번은 다윗의 아들 압살롬이 반역을 일으켜서 도망쳤을 때입니다. 다윗은 인생의 위기를 당했지만 무엇인가 붙잡는 것이 있었습니다. 그것은 바로 하나님에 대한 믿음이었습니다.

1. 어려운 자를 돕는 다윗

다윗은 사울 왕의 시기를 받아서 강제 이혼당하고 모든 직책을 박탈당하고 쫓기는 신세가 되었습니다. 이럴 때 다윗에게 가장 안전한 방법은 아무도 모르는 곳에 숨고 꼼짝하지 않는 것입니다. 엘리야 선지는 이스라엘에 삼년 반 동안 비가 오지 않도록 기도하자 시냇물이 마르니까 사렙다라는 이방 땅에 가서 숨어 살았습니다. 그러니까 아합 왕이 아무리 군대를 풀어서 그를 잡으려고 수색해도 잡을 수 없었습니다.

다윗이 사울을 피해서 황무지에 몸을 감추고 숨어 있을 때 다른 이스라엘 백성에게 아무리 어려운 일이 생겨도 모르는 체하고 숨어 있어야 자기 위치가 들통나지 않을 것입니다. 그러나 다윗은 이스라엘 백성을 사랑하는 마음이 너무나도 간절했기 때문에 마냥 숨어 있을 수 없었습니다.

다윗은 황무지에 숨어 있는데, 블레셋 사람들이 '그일라' 라는 이스라엘 성읍에 쳐들어와서 사람을 죽이고 타작한 밀이나 보리를 모두 빼앗아가는 광경을 보았습니다. 다윗은 그 모습을 보고 참을 수 없었습니다. 다윗은 이스라엘 사람들을 돕고 싶었습니다. 하지만 다윗이 그일라 사람들을 도우려고 나서서 블레셋 사람들과 싸우면 그 소문이 금방 사울 왕의 귀에 들어가서 다윗의 위치가 그대로 알려지게 되고 다윗은 몸을 숨기기가 어려워지게 됩니다. 다윗은 자기가 안전하게 있어야 하는지 아니면 자기가 위험해지더라도 이스라엘 사람들을 도와야 하는지 이 문제를 놓고 결단을 내려야 했습니다. 이때 다윗은 이 문제를 하나님께 물었습니다. 만약 이것에 대해 하나님께서 결정하신다면 하나님이 책임을 지셔야 할 것입니다.

다윗은 자신이 결정하기 어려운 문제를 만날 때마다 제사장이 입는 에봇을 가지고 하나님의 뜻을 물어보았습니다. "하나님, 블레셋 사람들이 그일라 사람들이 일 년 농사지은 양식을 약탈해 가는데 제가 그들을 구해줄까요? 아니면 모르는 체하고 그냥 둬버려야 할까요?" 우리는 제사장이 입는 에봇이 없는데 이런 것을 어떻게 물어봐야 할까요?

일단은 우리가 즉흥적으로 아무 생각 없이 남의 일에 뛰어드는 것은 좋지 않을 것입니다. 요즘은 학생들이 골목에서 불량배들에게 얻어맞아도 사람들은 모두 못 본 체하고 지나쳐 가버리는 경우가 많습니다. 왜냐하면 남을 돕는다는 것은 귀찮은 일이기도 하고 잘못하면 자신이 어려움에 처할 수도 있기 때문입니다. 그래서 요즘 우리나라에서는 자기 자신이 스스로를 지켜야 합니다. 왜냐하면 사람들의 마음속에 사랑이 메말라서 다른 사람이 고통당하는 것을 보고서도 도우려고 하지 않기 때문입니다. 그래서 지금은 어려운 일을 당한 사람만 운이 나쁘다고 생각합니다. 아무도 다른 사람의 어려움을 보고서 돕지 않기 때문입니다.

그러나 예수님은 어려움을 당한 사람을 보면 도와주라고 말씀하셨습니다. 그 대표적인 비유가 여리고로 가다가 강도 만난 사람의 이야기입니다. 어떤 사람이 여리고로 가다가 강도를 만나서 가진 것은 다 빼앗기고 옷도 뺏겨 벌거벗고 두들겨 맞아서 중상을 입고 길가에 쓰러져 있었습니다. 그때 한 목사님이 지나가면서 못 본 체하고 지나갔습니다. 장로님도 지나가다가 못 본 체하고 지나갔습니다. 집사님도 보고 못 본 체하고 지나갔습니다. 그런데 어떤 청년은 이 사람을 보고 외면하지 않고 업어 병원에 데리고 갔습니다. 그리고 주머니를 털어서 그 사람의 치료비로 내놓았습니다. 다른 사람들은 모두 못 본 체하고 지나갔는데 왜 이 청년은 그 다친 사람을 업고 병원으로 데리고 갔을까요? 아마 그 청년은 마음이 덜 오염되었고 남을 사랑하는 마음이 있었기 때문일 것입니다. 예수님은 사람들에게 "누가 이 강도 만난 사람의 이웃이겠느냐?"고 물어보셨습니다. 그것은 당연히 이 사람을 도와준 청년일 것입니다. 그런데 자기와 가장 가까이 있는 목사님이나 선교사님을 돕지 않으면서 멀리 있는 선교사를 돕는다는 것은 거짓말입니다. 더욱이 고통 중에 있는 자기 교회 목사님을 사랑하지 않으면서 멀리 있는 원수를 사랑한다는 것은 거짓말입니다. 그런 사람은 절대로 진정한 크리스천일 수 없습니다.

우리는 어떻게 나와 상관없는 사람을 도울 수 있을까요? 바로 그때 하나님이 말씀하시는 방법이 성령의 감동입니다. 즉 마음속에 그 사람을 돕고 싶은 마음이 뜨겁게 생기는 것입니다. 이것이 감동입니다. 감동이 일어날 때는 행동하는 것이 좋습니다. 그것은 하나님이 기뻐하시는 선한 뜻이기 때문입니다. 이때는 대개 앞뒤를 재지 않고 무조건 뛰어들어서 돕는 것이 좋습니다. 자꾸 생각하면 생각할수록 아까워지고 인색해지고 도와주기 싫어지기 때문입니다. 그래서 저는 마음에 감동이 일어나면 무조건 해버립니다. 시간이 지나면 그 마음이 없어진다는 것을 알기 때문입니다.

하나님께서는 다윗에게 그일라 사람들을 도우라고 말씀하셨습니다. 그리고 다윗에게 블레셋 사람들을 다 이기게 하시겠다고 약속하셨습니다. 물론 그것은 제사장이 입는 에봇의 보석을 통해서 대답하신 것이었습니다. 그러나 위기는 승리 후에 찾아왔습니다. 다윗이 블레셋 사람들과 싸워서 그들을 죽이고 양식을 도로 찾았을 때 거기에 사는 이스라엘 사람들은 다윗을 아주 좋아하게 되었습니다. 그일라는 성벽이 있는 작은 도시여서, 다윗과 그의 일행이 살기에는 너무나도 좋은 곳이었습니다. 그리고 그일라 사람들도 다윗을 좋아해서 다윗에게 거기에 같이 살자고 제안했습니다. 다윗이 같이 살면 더 이상 블레셋의 도둑 떼를 걱정하지 않고 안심하고 살 수 있었기 때문입니다.

그러나 다윗이 그일라에 나타났다는 것은 벌써 첩보망을 통해 사울의 귀에 들어갔습니다. 사울은 다윗이 그일라에 있다는 말을 듣고 굉장히 좋아했습니다. 그일라는 포위하기가 쉽고 일단 포위하면 도망갈 수 없었기 때문입니다. 사울 왕은 군대를 소집해서 다윗을 잡으러 갈 준비를 하기 시작했습니다. 이때 다윗도 사울과 똑같은 생각을 하고 있었습니다. 그일라가 살기 좋고 사람들은 친절하지만 사울이 내려와서 포위하면 완전히 독안에 든 쥐처럼 도망갈 수 없었습니다.

다윗은 이 문제를 놓고 기도했습니다. "하나님, 사울 왕이 나를 잡으러 내려와서 이 성을 포위하겠습니까? 그리고 그일라 사람들은 자기들이 살려고 나를 잡아서 사울에게 넘겨주겠습니까?" 라고 물었습니다. 그랬더니 하나님께서는 "사울이 너를 잡으러 내려올 것이고, 그일라 사람들은 너를 배신할 것이라"고 말씀하셨습니다. 다윗은 하나님의 뜻이 이해되지 않았습니다. 그일라는 살기 좋은 곳이었습니다. 그리고 다윗은 그일라 사람들을 위기에서 건져주었습니다. 그런데 그런 사람들이 과연 다윗을 배신할 수 있을까요? 하나님은 얼마든지 배신한다고 말씀하셨습니다. 사람은 누구든지 약하기 때문입니다. 사람은 자기가 살려고 하면 아무리 은혜받았던 사람이라 하더라도 배신할 수밖에 없습니다. 그래서 이런 실망을 하지 않으려면 아예 기대하지 않는 편이 좋습니다.

2. 방황하는 다윗

다윗은 그일라를 포기하고 그 성을 떠난 후에는 숨을 만한 장소가 없었습니다. 그래서 다윗은 매일 사울의 군대로부터 도망치는 수밖에 없었습니다. 다윗은 일단 광야의 요새에 숨었다가 사울의 군대가 잡으러 오는 것을 보면 피하다가 십 광야 산골에 숨어 있었는데, 그곳까지 사울의 군대가 다윗을 잡으러 왔습니다. 다윗이 십이라는 광야 수풀에 숨어 있을 때 사울의 추격부대 중에 다윗의 친구가 있었습니다. 그는 바로 요나단이었습니다. 요나단은 다른 사람들 몰래 부대를 빠져나와서 수풀에 가서 다윗을 불렀습니다. 다윗은 요나단의 목소리를 알아듣고 요나단을 만나러 갔습니다. 그때 요나단은 다윗의 손을 잡고 "오직 하나님만 힘껏 의지하라"고 하면서 자기 아버지 사울이 너를 잡을 수 없을 것이라고 일러주었습니다. 왜냐하면 요나단은 아버지 사울의 작전 계획을 듣고 종을 시켜서 다윗에게 알려주었기 때문입니다.

또 사울이 아무리 다윗을 잡으려고 해도 다윗은 아슬아슬하게 사울을 피해서 달아났습니다. 다윗은 어렸을 때 양을 치면서 사자나 곰 같은 야생동물들과 싸우고 그들을 추격한 경험이 있었습니다. 그래서 다윗은 사울의 손에서 벗어날 때 야생동물의 습성을 가지고 도망쳤기 때문에 정규전만 지휘했던 사울은 그런 다윗을 잡을 수 없었던 것입니다. 그래서 사울은 번번이 다윗을 놓치고는 자기 사람들에게 "다윗은 심히 지혜롭게 행동한다"고 말했습니다. 이것은 다윗이 하는 것은 도저히 예측할 수 없고 항상 한걸음 먼저 움직이기 때문에 다윗을 잡을 수 없다는 뜻입니다.

그런데 결국 다윗은 사울의 그물망에 걸려들게 됩니다. 거기는 바로 사해 근방의 황무지였습니다. 그곳을 마온 황무지라고 하는데, 아라바라는 사해 부근이었습니다. 거기서 다윗은 사울의 그물망에 걸려

들어서 아슬아슬하게 도망치고 있었습니다. 그 황무지에는 작은 산이 하나 있었는데, 다윗이 거기에 피해 있다는 것을 누군가가 사울에게 고자질하는 바람에 사울의 군대가 쳐들어와서 다윗은 그 산을 중심으로 뺑뺑 돌면서 도망치고 있었습니다. 그러니 사울의 부대는 다윗을 다 잡은 것이나 마찬가지였습니다. 지금 작은 산자락을 중심으로 빙빙 돌고 있는데 다윗에게는 여자나 아이들도 있었기 때문에 사울의 군대만큼 행동이 빠르지 못했습니다.

그러나 여기서 반전이 일어납니다. 이제 다윗의 일행이 사울의 부하 군사에게 막 잡히게 되었을 때, 전령이 급히 달려와서 사울 왕에게 지금 블레셋 부대가 나라를 침략하고 있다고 알려주었습니다. 사울 왕은 거의 다 잡은 다윗을 그냥 두고 돌아가는 것이 너무 아까웠지만, 블레셋 부대를 막지 않으면 나라가 망하게 되니까 어쩔 수 없이 블레셋과 싸우기 위해 돌아갔습니다. 그때 사울의 군대가 막 다윗을 잡으려는 장소를 다윗의 부하들은 "셀라하마느곳"이라고 불렀습니다. 이것은 여기서 사울의 부대가 헤어졌다는 뜻입니다. 사무엘 선지 때 미스바의 회개 운동을 하는 중에 블레셋이 공격해 왔는데 그때 하나님이 우박으로 블레셋 군대를 치셨습니다. 그래서 블레셋 부대는 도망을 치고 이스라엘은 블레셋 군대를 추격했는데 그 마지막 추격한 곳이 "에벤에셀"이었습니다. 그것은 '여기까지 하나님이 도우셨다'는 뜻입니다. 결국 '에벤에셀'이나 '셀라하마느곳'은 같은 의미라고 볼 수 있습니다.

그런데 왜 하필이면 다윗이 잡히려고 할 때 블레셋 군대가 이스라엘을 공격했을까요? 그것은 하나님이 시키셨기 때문입니다. 하나님은 다윗이 죽도록 쫓기게 하시면서도 결정적인 순간에는 다윗을 잡히지 않게 보호하셨습니다. 그 이유가 무엇일까요? 다윗은 하나님의 기름 부음을 받은 자이고 그 안에 성령이 있는 사람이었기 때문입니다.

3. 전화위복

사울 왕은 급히 돌아가서 블레셋 군대를 물리쳤습니다. 이것을 보면 이때 공격했던 블레셋 군대가 큰 규모가 아닌 것을 알 수 있습니다. 하나님은 다윗을 빼돌리기 위해서 블레셋 군대를 부른 것이었습니다. 그 당시 사울 왕은 이스라엘 모든 곳에 정보원을 퍼트려놓았기 때문에 다윗이 어디 있든지 그에게 보고하게 되어 있었습니다.

다윗은 거할 곳 없이 떠돌아다니다가 사해 옆쪽에 있는 엔게디 광야를 지나가고 있었습니다. 그런데 마침 엔게디 골짜기에 거주하는 원주민이나 그곳을 지나가던 사람들이 다윗의 일행이 그 부근을 지나가는 것을 보았습니다. 그들은 즉시 사울에게 보고했고, 사울 왕은 가장 빠르고 전투에 능한 정예부대 3천 명을 데리고 다윗을 잡으러 엔게디 광야로 출동하게 되었습니다.

여기에 보면 "들염소 바위"라는 지명이 나옵니다. 아마 그 바위 위에 들염소들이 자주 올라가는 모양입니다. 들염소이지만 산양도 있을 것입니다. 들염소나 산양은 절벽을 아주 잘 탑니다. 들염소나 산양은 특수한 발을 갖고 있어서 그런지 바위로 된 절벽을 거의 평지처럼 달립니다. 그래서 맹수의 위험에서도 안전합니다.

사울은 정확한 정보를 듣고 거의 다윗이 숨어 있는 곳 가까이까지 잡으러 왔습니다. 그런데 사울 왕은 거의 이곳 부근에 있다는 것은 알고 있지만 정확한 위치를 알지 못했습니다. 악한 자들이 하나님의 백성을 공격할 때도 대충 어디쯤 있는가는 알지만 정확한 위치를 모를 때가 많습니다. 그리고 하나님의 자녀들도 인간이기 때문에 약점이 있는 것은 사실이지만 사탄은 정확한 죄가 무엇인지 알지 못합니다. 왜냐하면 하나님은 악한 자들의 눈을 어둡게 하시고 하나님의 백성의 결점을 감추어주시기 때문입니다.

그런데 정오쯤이 되었습니다. 유다같이 더운 나라나 지방에서는 낮에 낮잠을 자는 것이 습관이었습니다. 이때 사울 왕은 더운 날씨에 다윗을 추격하느라고 너무 피곤해서 한순간이라도 빨리 잠을 자고 싶었습니다. 뿐만 아니라 사울은 지금 다윗 가까이에 와 있고 다윗이 도망쳐봐야 틀림없이 잡힌다는 자신감을 가지고 있었습니다. 이 자신감이 사울 왕의 해이를 가져왔습니다.

그때 사울은 길가에 보니까 양 우리가 있는데 그 속에 굴이 하나 있었습니다. 그런데 사울은 그 굴 안에 다윗이 숨어 있는 줄은 꿈에도 생각하지 못했습니다. 만일 사울이 그 굴에 들어가서 낮잠을 자기 전에 부하들에게 굴을 한번 수색해보라고 했더라면 다윗은 틀림없이 잡혔을 것입니다. 아마 다윗이나 그의 부하들은 사울의 추격대가 굴 밖에까지 와서 웅성거렸을 때 이제는 자신의 인생이 끝나는구나 생각하고 불안해했을 것입니다.

그때 사울은 잠이 오고 피곤하고 모든 것이 귀찮았을 뿐입니다. 그래서 사울은 너무 서둘러서 굴 안에 들어가고 부하들도 너무 서둘러서 낮잠을 자려고 했습니다. 우리 개정개역 성경에는 "사울이 뒤를 보러 들어가니라"고 했는데, 예전 개역 성경에는 "사울이 그 발을 가리우러 들어가니라"고 번역했습니다. 왕이 발을 가리우는 경우는 개정개역 성경처럼 용변을 보거나 혹은 잠을 자는 것을 말합니다. 그런데 다윗이 부하들과 사울을 죽일 것인지 의논하고 다윗이 살살 기어가서 사울 왕의 옷자락을 베어간 것을 보면 사울이 그 굴에서 낮잠을 잤다고 보는 것이 바른 번역일 것입니다.

사울 왕은 다윗이 숨어있는 굴까지 들어갔지만 방심에 빠져서 수색도 하지 않고 굴에서 깊이 잠에 곯아떨어져 버렸습니다. 다윗은 이제 자기 인생이 끝났다고 생각했는데 오히려 역전되어서 사울은 정신 놓고 잠을 자고 있는 것입니다. 이것은 완전히 전화위복이 된 것입니다. 사람들이 하나님 앞에서 겸손해야 하는 이유는 인간은 이런 무방비 상태에 빠질 때가 반드시 있기 때문입니다. 다윗의 부하들은 사울이 정신없이 곯아떨어진 지금이야말로 사울을 죽일 기회라고 했습니다. 즉 "하나님이 당신에게 원수를 넘기겠다고 하셨는데 오늘이 바로 그날이라"고 했습니다. 지금 다윗이 사울을 죽이면 더 이상 쫓겨 다닐 필요가 없습니다. 그리고 다윗은 집으로 돌아갈 수 있고 부인도 만날 수 있고 왕이 될지도 모릅니다. 지금이야말로 하나님이 주신 기회라고 볼 수 있습니다.

그런데 다윗의 마음에 찔리는 것 하나는 사울이 비록 악한 종이고 자기를 죽이려고 열심히 따라다녔고 마음에 많은 상처를 주었지만 그래도 하나님의 기름부음을 받은 종이라는 사실이었습니다. 하나님이 나에게 이런 전화위복의 기회를 주셨다고 해서 내가 사울을 죽이기까지 해야 하는가 하는 부분에 자신이 없었습니다. 다윗은 확신이 들지 않는 일은 하지 않았습니다. 그래서 다윗은 부하들에게 분명한 기준을 제시했습니다. "하나님의 기름 부음 받은 종은 좋은 종이든 나쁜 종이든, 하나님이 알아서 하신다. 나는 절대로 하나님의 기름부음 받은 종을 대적해서 죽이지 않겠다"고 했습니다. 그리고 살금살금 기어가서 사울의 옷자락을 베었습니다. 이것은 내가 얼마든지 당신을 죽이려고 했으면 죽일 수 있었다는 증거였습니다.

사울은 그것도 모르고 코를 골면서 실컷 낮잠을 자고 난 후에 다윗을 잡으러 굴에서 나갔습니다. 사울이 어느 정도 길을 가는데 누군가가 사울을 부르는 소리가 들렸습니다. 사울이 뒤를 돌아보니까 다윗이 사울의 옷자락을 들고 서 있었습니다. 다윗은 사울에게 "왕이시여, 옷을 한번 보십시오. 한쪽 옷자락이 없을 것입니다. 오늘 하나님이 왕을 내 손에 맡기셨는데 저는 왕을 죽이지 않았습니다. 저는 왕을 해칠 생각이 전혀 없습니다."라고 소리쳤습니다. 이때 사울은 등에서 식은땀이 흘렀습니다. 오늘 낮에 사울은 죽은 것이나 마찬가지였습니다. 그런데 다윗은 사울을 죽이지 않고 옷자락만 베었던 것입니다. 그때 사울은 울었습니다. 무엇이 사울을 울게 했는지는 잘 모르겠습니다. 아마 그동안 마음을 가득 채웠던 미움이 없어지면서 눈물의 감정이 살아났던 것 같습니다. 사울은 다윗에게 고맙다고 했습니다. "세상에 어느 누가 원수를 죽일 기회가 주어졌는데 죽이지 않고 보내는 사람이 있겠느냐?"고 하면서 진정으로 감사와 기쁨의 눈물을 흘렸습니다. 그러나 사울의 이 눈물은 오래가지 않았습니다. 사울은 이 눈물이 마르자마자 다시 다윗을 죽이려고 출동하게 됩니다. 그러면 사울왕이 흘린 눈물은 악어의 가짜 눈물이었을까요? 그렇지 않습니다. 사울은 진정으로 참된 감정이 살아난 것이었습니다. 그러나 사울의 우울증은 이미 병이 되었습니다. 그래서 다시 살아난 감정이 오래가지 않고 다시 의심의 영이 살아났던 것입니다.

우리는 막다른 골목을 만나더라도 반드시 솟아날 구멍이 있습니다. 하나님은 "너희가 시험당할 때 감당할 수 있는 시험만 주시고 또 피할 길을 주신다"고 약속하셨습니다(고전 10:13). 오히려 하나님은 우리의 막다른 골목이 전화위복이 되게 하실 것입니다. 그래서 모든 부정적인 생각은 버리시고 다른 사람이나 자신의 좋은 점과 긍정적인 면을 보고 믿음을 사용하시기 바랍니다. 믿으면 되는데 무슨 의심을 하십니까? 하나님은 전화위복의 하나님이십니다. 나쁜 생각이나 의심은 다 버리시기 바랍니다.

11 막다른 골목

내 몸을 먹으라

마 26:26

그들이 먹을 때에 예수께서 떡을 가지사 축복하시고 떼어 제자들에게 주시며 이르시되 받아서 먹으라 이것은 내 몸이니라 하시고

사람에게 몸은 참 중요합니다. 사람들은 몸이 있기 때문에 행복한 것이고 몸이 병들면 고통스럽습니다. 중병에 걸려서 중환자실에 몇 달 동안 있어야 한다면 우리는 살아도 산 것 같지 않을 것입니다.

처음 제가 대구에 청빙 받아서 내려왔을 때, 교인들은 자꾸 저에게 알지 못하는 건강식품이나 심지어는 한약 같은 것을 지어서 오셨습니다. 저는 그것이 이해되지 않았습니다. 그분들은 제가 어디 아픈지도 알지 못하고, 또 저의 혈압이나 몸무게나 저의 몸에 대한 기초적인 사항을 아무것도 알지 못하면서 아무 약이나 건강식품을 갖다주셨기 때문입니다. 그러나 시간이 지나면서 저는 그 의도를 알게 되었습니다. 그것은 목사님의 건강이 모든 교인에게 중요하니까 아무 소리 말고 몸에 좋은 것 드시고 건강해서 목회를 오래 하시라는 뜻이었습니다. 그것이 바로 교인들이 저에게 사랑을 표현하는 방식이었습니다.

우리는 모두 자기 몸을 가지고 있기 때문에 살아가고 있습니다. 만약 우리 몸이 크게 다쳐서 피를 많이 흘리게 된다면 우리는 더 이상 살지 못할 것입니다. 만약 큰 폭발 사고가 있다든지 비행기가 추락하면 그 충격으로 사람들의 죽은 몸이 여기저기 흩어지게 될 것입니다. 그러면 시체를 전문적으로 다루는 전문가들이 와서 조각난 시신이 누구의 몸에서 떨어져 나왔는지 정확한 DNA 조사를 하여 사망자를 확인하게 됩니다.

심한 화상을 입은 경우 화상을 당한 사람의 피부에 죽은 사람의 피부를 덮어놓는 경우도 있습니다. 혹은 화상이 너무 심해서 얼굴이 다 훼손되었을 때 죽어가는 사람의 얼굴 피부를 떼어서 이식을 하는 경우도 있다고 합니다. 그럼에도 불구하고 어떤 때는 몸을 잘라내어야 할 때도 있습니다. 그 사람의 몸에 암이 있다든지 혹은 썩어가는 부분이 있을 때입니다.

그런데 전혀 병들지 않은 몸이지만 몸 전체를 죽이거나 살리는 것이 있습니다. 그것은 바로 죄입니다. 사람이 죄를 지으면 그 죄가 그 사람에게 붙어있게 됩니다. 어떤 악한 사람은 오래전에 사람을 죽였는데, 오랫동안 입을 다물고 숨어 있으니까 아무도 그가 살인자인 것을 알지 못했습니다. 그런데 이 사람은 죄를 지은 지 오랜 시간이 지났기 때문에 시효가 지난 줄 알고 술을 마시면서 자기 옆에 있는 동료에게 옛날에 자기가 사람을 죽였다고 자랑했습니다. 그것을 들은 동료는 당장 이 사람을 경찰에 신고했고 경찰은 이 사람을 잡아서 조사해보니까 살인자가 틀림없었습니다. 결국 이 사람은 재판을 받고 무기징역을 살게 되었습니다.

그런데 예수님께서는 십자가를 앞두고 제자들에게 떡을 주시며 "이것은 내 몸이다. 모두 받아서 먹으라"고 말씀하셨습니다. 이것은 너무나도 무서운 말씀입니다. 예수님은 떡을 주시며 자기 몸이라고 주장하셨습니다. 그리고는 설사 그 떡이 예수님의 몸이라 하더라도 수술해서 다시 붙이거나 바늘로 깁거나 하라고 하시지 않고 받아서 먹으라고 말씀하셨습니다. 과연 이 떡을 예수님의 살이라고 할 수 있을까요? 그리고 만일 그것이 예수님의 몸이라면 그것을 먹어버리면 어떻게 되는 것입니까?

1. 자르고 태워야 하는 죄

전 세계에서 죄를 저절로 치료할 수 있는 나라는 없습니다. 그래서 모든 나라에는 경찰이 있고 감옥이 있고 처형장이 있습니다. 중국에서는 사형을 시킬 때 총으로 쏘는데 그 총알값은 죄수가 부담해야 한다고 합니다. 북한에서는 사형수들을 공개 처형하는데, 강가나 운동장에서 죄수를 나무 기둥에 묶어놓고 머리와 가슴과 배에 총을 세 방씩 쏘는 것을 동네 사람이나 어린이들도 심심찮게 구경한다고 합니다.

제가 어렸을 때 텔레비전에서 흑백영화로 방영된 〈도망자〉라는 드라마가 있었습니다. 어떤 사람이 자기 부인을 죽였다는 누명을 쓰고 형사에게 쫓깁니다. 그 사람은 어떤 도시에서 좋은 일을 하고 정착하려고 하면 어느새 그 형사가 이 죄수를 잡으려고 나타납니다. 그러면 그 죄수는 다시 가방을 챙겨서 다른 도시로 도망칩니다. 그는 진짜 범인이 잡혀서 자기가 죄가 없다는 사실을 밝히기 전까지는 사랑도 할 수도 없고 직장도 가질 수 없고 정착해서 살 수도 없습니다. 그가 형사에게 잡히지 않는 방법은 도망치는 방법밖에 없었습니다.

얼마 전 미국의 국가대표 체조선수 전담 닥터가 있었습니다. 이 사람은 겉으로는 닥터이지만 실제로는 수많은 나이 어린 여자 체조선수들을 성추행한 나쁜 사람이었습니다. 결국 그는 체조선수들이 성인되고 난 후 모두에게 고소당했습니다. 이 여성들은 눈물을 흘리면서 자기들이 어렸을 때 그 닥터에게 당한 모든 사실을 다 법정에서 증언했습니다. 그 의사는 법정에서 175년 형을 선고받았습니다. 그는 원칙적으로 죽고 또 살아나서 감옥살이 하고, 다시 죽고 또다시 살아나서 감옥살이 해서 그 175년을 채워야 합니다.

예전에 사람들은 죄를 짓더라도 보는 사람이 없고 지문이나 머리카락 같은 것을 남기지 않으면 잡히지 않았습니다. 그러나 지금 도시의 골목이나 건물에는 CC-TV가 많이 설치되어 있어서 웬만하면 CC-TV화면에 다 찍혀서 범죄자는 잡히게 되어 있습니다. 그리고 이 지구상에 사는 모든 사람은 지문이 다 다릅니다. 수십억의 사람이 전부 지문이 다르다는 것은 신기한 일이 아닌가요? 그래서 범인이 현장에서 무엇인가를 손으로 만지기만 하면 지문이 남습니다. 하나님이 모든 사람의 지문을 다르게 만드신 것은 함부로 죄지을 생각을 하지 말라는 경고인지 모릅니다.

사람들은 죄와 죄의 행위를 잘 구별하지 못합니다. 근본적인 죄는 하나님을 적대시하는 것입니다. 그리고 죄의 행위는 그 결과 인간이 저지르는 모든 악한 행동이 나오게 됩니다. 이 세상에서 악한 행위를 하지 않는 사람은 한 명도 없고, 하나님에 대하여 적대적이지 않은 사람 역시 한 명도 없습니다. 정말 죄가 없는 사람은 혈기조차도 없어야 하고 분노조차도 내지 않아야 합니다. 예수님께서는 형제에 대하여 분노하는 자마다 지옥에 들어가게 된다고 말씀하셨습니다(마 5:22).

2. 죄를 용서받는 나라

이 세상에서 자기가 지은 죄를 용서받을 수 있는 나라가 딱 한 군데 있었습니다. 성범죄자가 자살하지 않고 용서받을 수 있고, 중요한 실수를 한 사람이 처형당하지 않고 죄 용서받을 수 있다면 얼마나 좋겠습니까? 우리나라의 아무리 최고 권력자라 하더라도 검찰의 소환을 받으면 검찰청 앞에 있는 포토라인에 서야 합니다. 죄를 지은 사람들은 그 포토라인에 서는 것을 죽는 것보다 더 싫어한다고 합니다.

옛날 이스라엘 사람들은 죄 용서 받을 수 있었습니다. 이스라엘 백성이 죄 용서를 받으려면 세 가지가 필요한데, 하나는 성전이었습니다. 성전은 하나님이 임재하시는 곳이었습니다. 둘째는 제물이 필요했습니다. 그래서 죄를 지은 사람은 소나 양이나 염소 같은 살아있는 짐승을 끌고 성전에 가야 했습니다. 셋째는 제물을 하나님께 드릴 제사장이 있어야 했습니다. 성전에서 제사장은 소나 양을 죽여서 피를 흘리고 온몸을 조각내서 불로 태웠습니다. 그 후에 제사장은 죄를 지은 사람에게 "네 죄 사함을 받았느니라"는 선언을 했습니다. 이스라엘 백성은 죄를 지으면 벌써 하나님으로부터 표시가 있었습니다. 비가 오지 않거나 홍수가 나거나 화재가 나거나 전염병이 퍼졌습니다. 그러나 하나님 앞에 죄 용서를 받으면 이런 재앙들이 그쳤습니다.

사람들은 우리가 사는 땅은 아무것도 모른다고 생각합니다. 그래서 이 땅 위에서 사람을 죽이고, 여성들을 추행하고, 모든 악한 짓을 하지만, 하나님이 '개시' 라고 말씀하시면 전염병이 퍼지기도 하고 큰불이 나기도 하고 가축병이 유행해서 어마어마한 가축이 살처분 당하기도 합니다. 요즘은 산불과 지진과 기후변화로 수많은 재앙이 일어나고 있습니다. 이것은 모든 사람에 대한 하나님의 진노의 심판입니다.

그러나 이스라엘 백성은 양이나 소나 염소의 살이나 피가 어떻게 해서 자신들의 죄를 용서하는지 알지 못했습니다. 그들은 그냥 믿음으로 그 일을 했을 뿐입니다. 그런데 죄 용서받는 해답을 말하는 사람이 나타났습니다. 그는 바로 세례 요한이었습니다. 세례 요한이 예수님이 오시는 것을 보고 "보라 세상 죄를 지고 가는 하나님의 어린 양이로다"(요 1:29)라고 했는데, 바로 이 선언이 무려 수천 년 동안 인간이 풀지 못했던 숙제를 풀어주는 것이었습니다. 인간의 모든 죄를 짊어지고 수치를 당하시고 몸이 쪼개어져 제물로 죽으시는 분이 나사렛 예수였던 것입니다.

예수님은 세상에 오셔서 맹인의 보지 못하는 눈을 고치시고, 일어나지 못하는 자의 다리를 고치시고, 중풍병을 고치시고, 특히 믿음이 있는 사람에게는 병만 고치시지 않고 "네 죄가 사함을 받았느니라"는 선언까지 하셨습니다. 그 이유는 예수님은 성전이시고 제물이시고 제사장이셨기 때문입니다. 예수님은 자기 자신을 하나님께 단번에 제물로 바치셔서 예수님께 나아오는 자들의 죄를 쪼개시고 불로 태우시고 없애버리셨습니다.

3. 예수님의 성찬

예수님은 잡히시기 전에 열두 제자를 모아놓고 성찬식을 행하셨습니다. 예수님은 먼저 떡을 떼서 제자들에게 주시며 "받아서 먹으라 이것은 내 몸이니라"(마 26:26)고 말씀하셨습니다.

어떻게 먹는 떡이 예수님의 몸이 될 수 있을까요? 우리가 떡을 먹으려고 하면 꿀꺽 삼켜서는 안 됩니다. 떡을 꼭꼭 씹어서 완전히 형체가 없어져서 반죽같이 만들어서 침과 함께 삼켜야 먹을 수 있습니다. 예수님은 마치 우리가 먹는 떡처럼 뭉개지고 씹히고 조각이 나서 완전히 형체가 없어지는 것처럼 십자가 위에서 자신의 몸이 처참하게 못 박혀서 죽어야 우리의 죄가 우리에게서 떨어져 나갈 것을 아셨습니다. 제자들은 예수님의 떡을 씹으면서 각자가 예수님의 채찍질과 십자가의 고통을 보았습니다. 아무리 성질이 급해도 예수님의 떡을 대충 씹고 삼키면 목에 걸리게 됩니다. 완전히 형체가 없어질 때까지 씹어야 하는 것입니다.

우리의 몸은 마귀에 의해서 형체가 없어질 때까지 씹히지는 않습니다. 그러나 예수님은 철저하게 씹히셨습니다. 예수님은 로마 군인에게 전신을 채찍으로 맞으심으로 씹히셨습니다. 그리고 우리가 송곳니와 어금니로 떡의 단단한 부분을 씹어서 자르듯이 예수님은 날카로운 못에 찔리셔서 계속 나무에 달려 계셨습니다.

예수님께서 "이것이 내 몸이니라"고 하셨기 때문에 천주교에서는 "이 떡이 몸 안에서 진짜 예수님의 몸이 된다"고 가르칩니다. 이것이 바로 '화체설' 입니다. 거기에 비하여 츠빙글리는 이 떡이 진짜 예수님의 몸이 되는 것이 아니라 예수님이 우리를 위하여 죽으신 것을 상징으로 보여준다고 주장했습니다. 그러나 마틴 루터는 상징설도 받아들이지 않았습니다. 그래서 개신교 안에서 분열이 일어나게 됩니다. 천주교의 '화체설' 은 일종의 신비주의입니다. 떡이 우리 몸 안에서 진짜 예수님의 몸으로 변하니까 얼마나 경건해야 합니까? 거기에 비하여 츠빙글리의 '상징설' 은 너무 성찬을 현실적으로 보았던 것입니다.

우리는 예수님의 찢기신 몸을 떡으로 먹는 것을 어떻게 생각해야 할까요? 이것은 그야말로 예수님의 말씀입니다. 우리는 하나님의 말씀을 먹는 것입니다. 성찬은 예수님이 하시는 설교입니다. 말로 하는 설교는 설교자에 따라서 많은 차이가 있습니다. 그러나 성찬은 예수님이 직접 하시는 설교입니다. 그래서 우리는 떡을 엄숙하게 그리고 기쁨으로 먹어야 합니다. 왜냐하면 성찬은 설교와 똑같은 천국의 음식이기 때문입니다.

그러나 이것으로 성찬식이 끝난 것은 아니었습니다. 예수님은 포도주를 제자들에게 주시면서 "이것은 죄 사함을 얻게 하려고 많은 사람을 위하여 흘리는 바 나의 피 곧 언약의 피니라"(마 26:28)라고 말씀하셨습니다.

우리가 어떤 중요한 약속을 할 때는 말로만은 안 되고 그 서류 위에 도장을 찍어야 합니다. 이때 사용하는 인장에는 대개 붉은 색 인주를 사용합니다. 사람이 죽으면서 남겨놓은 유언장은 아무도 변경할 수 없습니다. 더욱이 그 유언장을 변호사에게 맡겨서 공증까지 받아놓으면 절대로 그 내용을 바꿀 수 없습니다. 옛날에는 둘 사이에 중요한 약속을 하고 짐승을 죽여 피를 흘려 증거를 삼으면 자신의 목숨을 걸고 맹세하는 것과 같았습니다.

예수님의 피는 우리가 죄 용서받고 하나님의 상속자가 되었다는 것을 변경할 수 없는 사실로 확증하는 것입니다.

4. 다시 포도주를 마실 때

예수님은 이 말씀을 하시고 겟세마네 동산에서 기도하시다가 유대인들에게 붙들려 가십니다. 거기서 예수님의 죄명은 오직 하나였습니다. 즉 그는 하나님의 아들이라는 것입니다. 예수님은 로마 군인에게 붙들려 거의 형체를 알아볼 수 없을 정도로 두들겨 맞으셨는데, 마치 요리사가 고기를 다지듯이 채찍으로 온몸을 맞으셨습니다. 그리고 예수님은 주무시지도 못하고 물 한 모금 마시지 못한 상태에서 십자가를 지시고 넘어지시고 또 넘어지시면서 갈보리 처형장으로 가셨습니다. 거기에서 예수님은 사탄의 가장 날카로운 송곳니인 굵은 대못으로 두 손과 두 발이 못 박히셨습니다. 또 십자가에 매달려서 생살이 찢기고, 살갗을 홀랑 다 태우는 태양 빛 밑에서 여섯 시간이나 말할 수 없는 고통을 받으셨습니다. 그리고 운명하셨습니다. 예수님은 부자 아리마대 요셉의 무덤에 장사 되셨습니다.

예수님의 싸움은 그때부터였습니다. 예수님의 영혼은 지옥에 끌려가셨습니다. 거기서 예수님은 사흘 동안 마귀와 악령들에 의해서 탈탈 털리셨습니다. 그러나 아무도 예수님에게서 죄를 발견할 수 없었습니다. 하나님의 오랜 언약은 사망이 죄인에게는 절대적인 권력을 가지게 되지만, 죄 없는 자를 죽이면 사망이 죽게 되는 것입니다. 예수님은 거기서 일어나셔서 사망을 깨트리셨습니다. 그리고 거기서 마귀의 머리를 깨셨습니다. 그리고 자신의 피를 가지고 하늘의 성전에 가셔서 의로운 제사를 드리시고, 합격 판정을 받으셨습니다. 이제 예수님의 피는 사망을 이기는 면역성을 가지게 되었습니다. 예수님은 다시 살아나셔서 이 세상으로 돌아오셨습니다.

예수님은 제자들과 성찬식을 마치시면서 "내가 아버지 나라에서 새 것으로 마시기까지 포도주를 마시지 않겠다"고 말씀하셨습니다(마 26:29). 이것은 일종의 이중반의법입니다. 즉 "내가 아버지 나라에서 포도주를 마시기 전까지는 포도주를 마시지 않겠다"는 말은 "내가 다시 포도주를 마실 때는 하나님의 나라가 임했다"는 뜻입니다. 다시 말해서 예수님이 포도주를 다시 마시게 되는 때는 아버지의 나라가 임했기 때문이라는 뜻입니다.

우리는 하나님의 나라에서 성찬식을 거행합니다. 우리 죄는 다 용서되었고, 우리 안에는 사망을 이기는 면역성을 가지게 되었습니다. 사망은 우리에게 감기 정도의 능력밖에 되지 않습니다. 죽음으로 우리 인생은 끝나지 않습니다. 이미 이 세상의 한 부분에는 천국이 임해 있습니다. 우리는 천국 사람으로 어떻게 살아야 할까요? 이것이 우리의 숙제입니다. 우리는 다른 사람들과 싸울 수 없습니다. 우리에게 죽음은 인생의 끝이 아닙니다. 우리는 이 세상의 높은 자리나 이 세상의 많은 것을 가질 필요가 없습니다. 왜냐하면 우리는 왕의 아들이고 딸이기 때문입니다. 왕자나 공주는 무엇인가 다른 사람들과 달라야 합니다. 오늘 우리 모두 새 힘을 얻으시고 새로운 자아상을 찾으시고 왕의 아들과 딸로 사시기 바랍니다.

12 막다른 골목

약한 자로 살아가기

왕하 4:8

하루는 엘리사가 수넴에 이르렀더니 거기에 한 귀한 여인이 그를 간권하여 음식을 먹게 하였으므로 엘리사가 그 곳을 지날 때마다 음식을 먹으러 그리로 들어갔더라

우리가 이 세상에서 약한 자로 살아가는 것은 너무나도 어렵습니다. 학교에서도 힘이 센 학생들은 약한 아이들을 괴롭혀서 고통을 견디지 못한 학생들이 자살하는 경우도 많았습니다. 특히 약한 여성들은 남편이나 직장의 남자 상사로부터 괴롭힘을 당하면서도 참아야 할 때가 많습니다. 어떤 여자 청년은 직장의 남자 상사로부터 너무 심한 괴롭힘을 당한 나머지, 우울증이 오고 직장을 그만두는 것까지 고려할 정도로 고통받은 적이 있다고 했습니다. 그래서 생긴 말이 '갑질' 입니다. '갑질' 이라는 말은 우리가 아는 것처럼 자신의 우월한 위치를 이용해서 상대방에게 모멸감을 주거나 해야 할 필요가 전혀 없는 일을 시키는 것입니다.

그런데 우리 그리스도인들은 세상에서 '약한 자' 로 살아야 할 때가 많습니다. 우선 직장 생활하는데도 술을 마시지 못해서 직장 상사나 동료와도 잘 어울리지 못할 때가 많습니다. 또 집안에서도 가족들과 친척들이 모여서 제사를 지낼 때 교회 다닌다고 절을 하지 않으니까 삼촌이나 아버지가 야단치기도 하고 "족보에서 네 이름을 파버리겠다"고 위협하면서 집에서 쫓아내기도 합니다. 여인들 경우에는 교회 나간다고 해서 남편에게 맞거나 시어머니에게 구박당하는 일들이 많이 있습니다.

하나님께서 우리를 이 세상에 약한 자로 보내시는 이유가 있습니다. 약하게 보이는 하나님의 종들 안에 엄청난 축복이 있기 때문입니다. 예수님은 제자들에게 "내가 너희를 작은 자로 세상에 보내는데 작은 자를 영접하면 나를 영접하는 것이고, 나를 영접하면 나를 보내신 하나님을 영접하는 것이라"고 말씀하셨습니다. 우리가 하나님을 내 인생에 모시는 비결이 무엇일까요? 우리가 약한 가운데 주님의 말씀을 받아들이면 그것이 바로 예수님을 모시는 것이고, 하나님을 내 마음과 내 인생에 모시는 것입니다.

1. 하나님의 말씀을 사랑한 여인

엘리사가 하나님의 말씀을 전할 때 이스라엘의 형편은 우리나라 일제강점기에 선교사들이 노방 전도하는 수준이었습니다. 교회도 없고 예수 믿는 사람도 없는 동네에 가서 느티나무 밑에 모인 사람들에게 예수 믿으라고 하면 그들은 긴 담뱃대로 담배를 피우면서 흘려듣기도 하고, 어떤 사람은 주먹을 불끈 쥐면서 "예수를 믿을 바에야 내 주먹을 믿으라"고 비방하기도 하고, "성경을 읽는다고 해서 먹을 것이 하늘에서 떨어지나?"라고 하면서 조롱하기도 했습니다. 어떤 선교사가 거리에서 사람들을 모아놓고 예수 믿으라고 전도하니까 쌍욕을 하는 사람도 있고 썩은 계란을 던지는 사람도 있고 심지어 죽은 고양이를 던지거나 돌을 던지는 사람도 있었다고 합니다.

한번은 교도소에서 어떤 죄수가 성경책과 내복을 보내 달라고 교회로 편지를 보내어서 그곳으로 보내주었습니다. 그런데 교도관들의 말에 의하면 그 죄수는 그 교도소에서 최고 악질로 소문나 있었고 면회를 오거나 물건을 보내주는 사람이 전혀 없었다는 것입니다. 그런데 어디서 성경책이 그 사람 앞으로 오고 내복도 오고 영치금도 오니까 일단 교도관들이 놀랐다고 합니다. 그런데 그 사람에게 그것들을 보내주는 사람이 누구인지 알아보니까 김서택 목사더라는 것입니다. 그래서 교도관들은 저희 교회를 새로운 눈으로 보았다고 합니다.

제가 처음 상가건물 일부를 빌려서 개척 교회 할 때 그 건물 주인은 알코올 중독자여서 항상 술 냄새가 진동하고, 건물에 비가 새거나 무슨 일이 있을 때마다 저를 많이 괴롭혔습니다. 그리고 교회 종탑을 올리려고 하니까 그 문제로 많은 핍박을 했습니다. 그리고 누가 교회에 불을 지르러 온다고 소문을 내서 문을 다 열어놓고 그 방화범을 기다린 적도 있었습니다. 그런데 그렇게 저희를 못살게 굴던 주인집에 변화가 일어나는 일이 생겼습니다. 그것은 집주인 큰아들이 대학 졸업을 해야 하는데 졸업 논문을 쓸 실력이 되지 못했기 때문입니다. 그 주인이 저를 찾아와서 아들 졸업 논문 쓰는 것을 도와달라고 부탁했습니다. 그 주인의 평소 행실을 생각하면 절대로 도와주고 싶지 않았지만, 저는 아무 소리도 하지 않고 훌륭한 논문이 되도록 도와주었습니다. 그때 그 가족들이 감동받은 것 같습니다. 그 후부터 한 명씩 교회 나오기 시작하더니 나중에는 가족 전부가 교회에 나오게 되었습니다. 특히 부인과 딸은 열성적인 교인이 되었습니다.

엘리사는 수넴이라는 곳을 정기적으로 방문해서 노방 전도를 했던 것 같습니다. 그러나 거기 사람들은 하나님의 말씀에 적대적이어서 엘리사를 영접하지도 않고 식사 대접하는 사람도 없었습니다. 그래서 엘리사는 수넴에 가면 하루 종일 굶든지 아니면 돌 위에서 쉬든지 나무 밑에서 졸았습니다. 그런데 그런 하나님의 말씀에 적대적인 동네에도 하나님의 말씀을 사랑하는 여인이 있었습니다. 이 여인의 남편은 별로 신앙이 없는 사람이었지만, 자기는 하나님의 말씀을 계속 듣고 싶었습니다. 이 여인은 엘리사가 전해주는 하나님의 말씀을 사랑했고, 또 말씀을 전해주는 엘리사를 귀하게 생각했습니다. 아마 이 여인의 집은 그 동네에서 꽤 부유했던 것 같습니다. 그래서 이 여인은 엘리사가 자기 집을 지나가기만 하면 꼭 그를 불러서 식사 대접을 했습니다. 이 여인은 엘리사가 수넴에서 말씀을 전할 때 굶지 않도록 돕는 것을 자기 사명으로 생각했습니다. 그래서 나중에는 엘리사도 그 여인의 집에 들어가서 식사하는 것을 자연스럽게 생각하게 되었습니다. 엘리사는 적대적인 세상에서 자기에게 꼭 식사 대접하는 이 여인을 귀하게 생각했습니다.

그런데 이 여인은 자기가 엘리사에게 식사 대접하는 것으로는 부족하다고 생각했습니다. 엘리사가 그 동네에 오면 아무도 그를 영접해주지 않아서 쉴 곳도 없었고 조용하게 묵상할만 한 곳도 없었기 때문입니다. 그래서 이 여인은 신앙이 없는 남편을 설득했습니다. "우리 집을 지나가는 저 사람은 하나님의 거룩한 종입니다. 하나님의 말씀을 전하는 저런 귀한 분이 영접해 주는 사람이 없어서 제대로 쉬지 못하는데 작은 방을 하나 만들어서 쉬게 하면 어떨까요? 그러면 선지자도 계속 이 동네에 오실 것이고 거기서 쉬기도 하고 주무시고 말씀 묵상도 하시면 좋지 않겠습니까?" 이렇게 간곡히 부탁하니까 여인을 사랑하는 남편은 거절하지 못하고 "당신 좋은 대로 하구려"라고 승낙했습니다.

여기에 보면 특이한 것이 담 위에 작은 방을 만든다는 것입니다. 보통 방을 하나 만든다면 우리나라처럼 마당 끝에 사랑채를 만들거나 혹은 2층 다락방을 만들 것 같은데, 이 여인은 담 위에 방갈로 같은 방을 하나 만들었습니다. 이것은 아마 엘리사가 그 집에 들를 때 전혀 불편하지 않게 들어오고 나가게 하기 위함이었던 것 같습니다.

그런데 이 수넴 여인은 엘리사를 자기 집에 영접함으로 엄청난 것을 얻게 되었습니다. 그것은 바로 하나님을 자기 집에 모시게 된 것입니다. 그래서 하나님은 사람들의 마음을 시험해 보십니다. 즉 세상적으로는 자랑할 것이 하나도 없고 외모도 초라하지만 하나님의 말씀을 전하는 사람을 영접하면 하나님께서 그 집에 들어오시는 것입니다. 반대로 하나님의 사람을 쫓아내면 하나님을 그 교회나 집에서 쫓아내는 것입니다.

엘리사는 음식도 대접하고 방까지 만들어서 자고 쉴 수 있게 해준 수넴 여인을 귀하게 생각했습니다. 그래서 엘리사는 자기 종을 보내어서 그 여인을 오게 했습니다. 그리고 엘리사는 그 여인에게 "우리를 위하여 먹을 것도 주고 방까지 만들어주어서 너무 고맙다. 내가 조금이라도 보답하고 싶으니까 필요한 것이 있으면 무엇이든지 말하라"고 했습니다. 세금을 깎는 것도 좋고, 왕에게 청원하는 것이 있어도 좋고, 혹시 도둑이나 나쁜 사람이나 괴롭히는 사람을 물리치는 것도 좋으니까 말만 하면 도와주겠다고 했습니다. 그러니까 이 여인은 "저는 다른 사람들과 다를 것이 하나도 없습니다. 저는 특별대우를 받고 싶지 않습니다. 그냥 선지자께서 여기 오셔서 쉬시는 것만 해도 감사합니다"라고 대답했습니다. 이 여인은 하나님의 말씀을 들으니까 전혀 부족한 것을 느끼지 않았습니다. 하나님의 말씀이 최고였던 것입니다.

그렇다고 해서 그냥 물러설 엘리사가 아니었습니다. 엘리사는 자기 종 게하시에게 이 집을 돌아다니면서 필요한 것이 무엇인지 찾아보라고 했습니다. 이것이 바로 하나님의 마음입니다. 하나님은 하나님의 말씀을 좋아해서 하나님의 종을 선대한 여인에게 그가 생각하지 못하는 것까지 찾아서 채워주시는 분이십니다.

그랬더니 엘리사의 종이 그 집안을 돌아다니다가 가만히 보니까 아이 소리가 들리지 않는 것입니다. 엘리사의 종 게하시는 이 집에 필요한 것을 찾았습니다. 그것은 바로 이 집에 아이가 없다는 것이었습니다. 이 집 주인은 늙었고 부인도 나이 들어가는데 아이가 없었습니다. 엘리사의 종 게하시는 당장 엘리사에게 달려가서 "이 집에 없는 것을 찾았습니다. 그것은 아이입니다."라고 보고했습니다.

엘리사는 다시 수넴 여인을 불러서 하나님의 감동으로 "여자여, 한 해가 지나 이때가 되면 아들을 안고 있으리라"고 했습니다. 그 집에서 아이 문제는 이 여인이나 남편이 이미 포기한 것이었습니다. 그래서 기도도 하지 않고 요구도 하지 않았는데, 엘리사가 일 년 만에 아들이 생길 것이라는 너무 엄청난 말을 하니까 수넴 여인은 믿을 수 없었습니다. 그래서 엘리사에게 "하나님의 사람이여, 말도 안 되는 소리 하지 마십시오. 저를 속이지 마십시오. 저는 아이를 바라지도 않습니다."라고 대답했습니다. 그런데 얼마 지나지 않아서 수넴 여인은 임신하더니 일 년 후에 아들을 낳았습니다.

하나님은 말씀을 사랑하고 말씀을 계속 듣기 원해서 말씀의 종을 선대하는 자에게는 그가 기대하지도 않는 것까지 찾아서 응답해 주십니다. 얼마나 기쁜 일인지 모릅니다. 수넴 여인은 가난하지는 않지만 약한 여자였습니다. 그러나 하나님의 종을 영접하니까 하나님께서 그 집에 최고로 좋은 선물을 주셨습니다.

2. 말씀을 사랑하는 집에 찾아온 불행

엘리사가 약속한 대로 일 년이 되었을 때 수넴 여인은 아들을 낳았습니다. 수넴 여인은 얼마나 기뻤는지 모릅니다. 그리고 이 아들은 별 탈 없이 쑥쑥 잘 자라서 어느새 아장아장 걷고 말도 할 수 있는 나이가 되었습니다. 이 아이는 아버지도 아주 좋아하고 잘 따랐습니다. 그래서 여름 한창 더울 때 아버지가 추수하러 밭에 가니까 아이가 아버지를 따라가겠다고 했습니다. 그래서 추수하는 일꾼들이 아이를 밭에 데리고 갔는데 아이가 땡볕에 너무 오래 있다가 아이가 그만 일사병에 걸리게 된 것 같습니다. 아이가 "머리 아파. 머리 아파" 하더니 정신을 잃고 쓰러져버렸습니다. 아버지는 큰일이 아닌 줄 알고 종에게 아이를 엄마에게 데려다주라고 했습니다. 종이 아이를 어머니에게 데리고 갔더니 어머니 무릎에 앉아 있다가 아이는 정신을 차리지 못하더니 죽고 말았습니다.

이 수넴 여인은 하나님을 사랑하고 하나님의 말씀을 사랑하고 하나님의 종을 사랑했습니다. 그리고 하나님께서는 이 여인에게 원하지도 않았던 아들을 주셨습니다. 그러면 이 아이가 잘 자라도록 지켜주셔야 하는데 아이가 가장 귀여울 때 죽어버린 것입니다. 그때 이 수넴 여인의 집에는 엘리사가 없었습니다. 엘리사는 아주 먼 갈멜산에 가 있었습니다. 그리고 수넴 여인의 남편은 아이가 죽은 사실을 받아들일 만한 믿음이 없었습니다. 이런 상황에서 수넴 여인은 어떻게 해야 합니까?

그런데 수넴 여인에게는 한 가지 믿음이 있었습니다. 그것은 이 아이는 하나님께서 주셨기 때문에 하나님의 아이라는 믿음이었습니다. 수넴 여인은 이 아이는 하나님의 아이이기 때문에 살든지 죽든지 하나님께 붙어서 씨름해야 한다고 생각했습니다. 그래서 수넴 여인은 아이가 죽은 사실을 일체 남편에게 말하지 않았습니다. 남편은 하나님을 의지하는 믿음이 없었기 때문입니다. 그래서 수넴 여인은 아이를 하나님의 사람의 방 침대에 눕혀놓고 남편에게 종 한 사람과 나귀 한 마리를 달라고 하면서 하나님의 사람을 만나고 오겠다고 했습니다. 남편은 도무지 이해되지 않는다는 듯이 "초하루도 아니고 안식일도 아니고 예배도 없는데 왜 선지자에게 가려고 하느냐?" 고 물으니까 그녀는 평안한데 기도를 부탁하고 싶어서 간다고 했습니다. 그러고는 사환에게 나귀에 안장을 지우고 달리는데 "내가 말하기 전에는 멈추지 말고 달리라"고 했습니다. 즉 시간을 허비할 생각하지 말고, 내가 멈추라고 하기 전에는 절대로 멈추지 말고 달리라는 것입니다. 수넴 여인의 마음이 얼마나 긴박했는지 알 수 있습니다. 그녀는 하나님을 상대로 씨름하고 있었던 것입니다.

그렇게 종은 엘리사가 있는 갈멜산까지 쉬지 않고 달려갔습니다. 하나님의 사람 엘리사가 멀리서 보니까 수넴 여인 같은 사람이 나귀를 타고 정신없이 달려오고 있는 것이었습니다. 그래서 엘리사는 자기 종을 보내어서 무슨 일로 평일에 찾아오느냐고 물어보라고 했습니다. 그래서 종이 여인을 만나서 "집에 별일이 없느냐?"고 하니까 없다고 대답했습니다. "남편이 잘 계시냐, 아이가 잘 있느냐, 집에 어려움은 없느냐?' "고 물으니까 다 잘 있다고 대답했습니다. 그리고 이 여인은 엘리사에게 와서는 아무 말도 하지 않고 엘리사의 다리를 붙잡고 떨어지지 않았습니다. 그러니까 엘리사도 당황스러웠고 엘리사의 종도 당황스러웠습니다. 그래서 엘리사의 종은 강제로 그 여인을 떼려고 했습니다. 그랬더니 엘리사는 종에게 그냥 두라고 했습니다. 엘리사는 "이 여자에게는 말하지 못할 괴로움이 있는데 하나님께서도 나에게 아무 말씀을 하시지 않은 문제가 있다"고 했습니다. 얼마나 엄청나고 괴로운 문제이면 여인이 말할 수 없고, 하나님께서도 선지자에게 아무 말씀을 하시지 않았을까요?

이 수넴 여인은 왜 엘리사의 종에게는 아무 일 없이 모두 다 잘 있다고 대답했을까요? 이 문제가 선지자의 종에게 말할 수준이 되지 못했기 때문입니다. 이것은 엘리사에게 직접 말씀드려야 할 문제이고, 그것도 결사적으로 매달려야 할 문제라고 생각했기 때문입니다. 수넴 여인은 엘리사에게 직접 말씀드렸습니다. "제가 아이를 달라고 했습니까? 하나님의 종이 아들이 생기겠다고 했을 때 저는 속이지 말라고 말하지 않았습니까? 이 아이가 갑자기 죽었습니다." 이것이 이 여인의 대답이었습니다.

왜 하나님을 사랑하고 하나님의 말씀을 사랑하는 여인의 집에 아이가 죽는 비극이 생겼을까요? 이런 집은 사탄이 늘 노리고 있기 때문입니다. 하나님은 이것을 선지자에게도 말씀하지 않으시고 하나님을 사랑하는 여인에게 고통만 잔뜩 주셨습니다. 왜 이런 일이 생기는지 우리는 알지 못합니다. 그러나 사탄은 믿음 좋은 사람을 죽이고 그 마음에 고통과 의심을 가득 채우는 것이 그들의 목적입니다. 이때 하나님께서도 아무 말씀을 하시지 않는 것입니다.

그러면 하나님께서는 수넴 여인도 버리시고 엘리사도 버리신 것일까요? 우리가 흔히 하는 비유로 "유통기한이 끝났다"는 말을 합니다. 이제는 수넴 여인과 엘리사의 유통기한도 끝난 것일까요? 하나님의 말씀조차 없었습니다. 기도도 통하지 않습니다. 이럴 때는 어떻게 해야 할까요? 옛날 방식으로는 안 됩니다. 무엇인가 새로운 천국 구멍을 뚫어야 합니다. 우리가 느끼지 못하는 동안에 기도가 막히고 말씀이 막히고 응답이나 부흥이 막힐 때가 있습니다. 그때는 새로운 구멍을 뚫고 들어가야 합니다.

3. 엘리사의 실패한 영감

엘리사에게는 엘리야의 영감이 있었습니다. 그리고 이 엘리사의 영감은 늘 기적으로 연결되었습니다. 그러나 이번에는 그 영감이 통하지 않았습니다. 이것은 신앙의 대위기가 생긴 것입니다. 우선 엘리사는 자기에게 생각난 영감대로 자기 종에게 지시했습니다. "너는 지금 내 지팡이를 가지고 가거라. 그리고 길에서 아는 사람을 만나도 절대로 인사도 하지 말라. 그리고 아이에게 바로 가서 아이의 얼굴에 이 지팡이를 올려놓으라"고 했습니다.

이것은 이때 엘리사에게 떠오른 생각이었고 영감이었습니다. 엘리사는 자기를 대신하여 자기 종 게하시에게 가라고 했습니다. 왜 엘리사가 직접 가지 않았을까요? 그것은 우리가 알 수 없습니다. 그런데 보통 어머니 같았으면 게하시를 따라서 먼저 아이에게 갔을 것입니다. 왜냐하면 게하시에게 한 말도 영감 있는 엘리사가 한 말이고 하나님의 말씀이었기 때문입니다. 그러나 수넴 여인은 게하시가 떠난 후에도 엘리사의 다리를 붙잡고 놓아주지 않았습니다. 수넴 여인은 자기 아이가 죽은 문제는 보통 심각한 영적인 싸움이 아니므로 자기는 반드시 엘리사를 붙잡아야 한다고 생각했을 것입니다. 그래서 아이가 살든지 죽든지 이번 기회에 다시 한번 하나님의 말씀을 붙잡으려고 했는지 모릅니다.

엘리사는 게하시에게 중간에 아는 사람을 만나도 인사하지 말라고 했습니다. 중동 지방에서는 아는 사람끼리 만나면 부모나 아이나 강아지나 소나 모든 안부를 다 묻기 때문에 그 시간만 30분이 넘게 걸린다고 합니다. 게하시는 엘리사의 말대로 중간에 아무도 만나지 않고 달려가서 죽은 아이 얼굴에 지팡이를 얹었지만 아이는 살아나지 않았습니다. 엘리사는 이미 자신의 영감이 부족했다는 것을 안 것 같습니다. 그래서 엘리사는 게하시의 뒤를 이어서 수넴 여인의 집으로 달려갔습니다. 집에 가보니까 죽은 아이를 엘리사 자기 방의 침대에 눕혀 놓았습니다. 수넴 여인이 죽은 아이를 엘리사의 침대에 눕혀 놓은 것을 보면 이 여인은 이 아이를 엘리사가 죽은 것과 같다고 본 것 같습니다. 엘리사는 자신의 죽음을 보는 것 같았습니다. 그래서 엘리사는 죽은 아이를 자기 자신이라고 생각하고 아이의 눈에 자기 눈을 맞추고 아이의 입에 자기 입을 맞추고 아이 손을 자기 손으로 잡고 아이의 몸에 엎드렸습니다. 아마 이때 엘리사는 "하나님 제가 이렇게 죽어야 하겠습니까?"라고 기도했을지 모릅니다. 엘리사가 아이의 몸에 자기 몸을 맞추고 기도하니까 아이의 몸이 조금 따뜻해지기 시작했습니다. 계속해서 엘리사는 방을 왔다 갔다 하면서 다시 아이의 눈에 자기 눈을 맞추고 아이의 입에 자기 입을 맞추고 아이의 손을 잡고 아이의 몸에 엎드리고 기도했을 때 아이가 갑자기 재채기를 일곱 번 했습니다. 아마 기도를 막고 있던 불순물이 다 튀어 나간 것 같습니다. 그리고 아이가 눈을 뜨고 살아났습니다. 엘리사가 한 영감은 아주 강한 영감이었고 믿음의 사람의 집에는 더 강한 영감이 필요했던 것입니다.

수넴 여인은 하나님의 말씀을 사랑하고 말씀의 종을 선대했습니다. 그 결과 하나님은 이 여인을 존귀한 여인이 되게 하셨고, 포기했던 아들까지 주셨고, 죽은 아들까지 살려주셨습니다. 우리는 모두 귀한 하나님의 사람들입니다. 하나님의 말씀을 사랑하는 우리에게는 날마다 더 강한 영감의 말씀이 필요하다는 것을 기억하시고 믿음으로 승리하시기 바랍니다.

13 막다른 골목

감당할 수 없는 시험

왕하 4:1

선지자의 제자들의 아내 중의 한 여인이 엘리사에게 부르짖어 이르되 당신의 종 나의 남편이 이미 죽었는데 당신의 종이 여호와를 경외한 줄은 당신이 아시는 바니이다 이제 빚 준 사람이 와서 나의 두 아이를 데려가 그의 종을 삼고자 하나이다 하니

우리나라에 아주 유명한 외과의사가 있습니다. 이 사람은 수술을 기가 막히게 잘했지만 응급 환자를 위해서 띄우는 '응급헬기' 문제로 병원에서 윗사람과 많은 충돌을 빚었습니다. 헬기를 유지하거나 띄우는 데 비용이 많이 들기 때문입니다. 그는 어느 날 "이번 생에서 내 인생은 망쳤다"라고 말했습니다. 아마 그분은 이번 생이 있고 다음 생이 있다고 믿었는지 모르겠지만, 우리도 혹시 우리 자신에게 "이번 생은 망쳤다"고 말하고 있지는 않은가요?

멕시코에 유명한 '프리다 칼로'라는 국민 화가가 있습니다. 그 여성은 어느 날 버스를 타고 가다가 그녀가 탄 버스가 앞에 있는 전철과 심하게 충돌하는 바람에 그녀는 앞으로 튕겨 나갔는데, 그 사고로 옆구리에 쇠 철근이 뚫고 들어와 척추를 부수고 등으로 나가는 큰 부상을 당했습니다. 그녀는 35번의 수술을 했고 척추 수술만 7번 했다고 합니다. 그녀가 그린 자화상을 보면 가슴은 찢어져 있고 그 안에 그리스 신전의 부서진 기둥이 척추 대신 박혀 있는데, 온몸에는 못이 박혀 있는 모습을 볼 수 있습니다. 아마도 온몸에 철심을 박았던 것 같습니다. 그녀는 거의 온몸을 깁스했으므로 자신이 할 수 있는 것이라고는 손가락으로 그림을 그리는 것밖에 없었습니다. 그녀는 자기만의 특이한 그림을 많이 그렸습니다. 그녀는 세 번 낙태했는데 그때 경험을 바탕으로 자기는 침대에 피를 흘리면서 알몸으로 누워있고 심장이나 몸의 장기가 몸 밖의 공중에 떠서 핏줄로 연결된 그림을 그렸습니다. 그리고 남편이 자기를 칼로 찔러 죽이는 그림을 그리기도 했습니다. 거기에 보면, 자기는 알몸으로 피투성이가 되어서 침대에 누워있고 옆에는 남편이 피 묻은 칼을 들고 있는데, 그 그림의 제목이 〈몇 번만 찔렀을 뿐인데〉입니다. 남편이 자기를 칼로 몇 번만 찔렀을 뿐인데 자기는 피투성이가 되어서 죽어버렸다는 뜻입니다. 아마 이런 예를 들려고 하면 끝이 없을 것입니다.

젊은 여인에게 감당할 수 없는 매우 큰 역경은 아마도 남편이 자기보다 일찍 죽는 일일 것입니다. 예전에 남편이 죽는 것은 그날부터 그 가정에 경제력이 없어지는 것을 의미하며, 자녀들을 자신이 양육해야 하며 결혼도 시켜야 하고 아이들이 클 때까지는 생계도 책임져야 하는 것을 의미했습니다.

1. 남편이 갑자기 죽은 부인

엘리사 때도 그런 일이 있었습니다. 선지자의 제자 중에 한 사람이 결혼해서 아이도 둘이나 있고 부인도 있었는데, 어느 날 갑자기 하나님의 선지자를 하겠다고 농사를 때려치우고 말씀을 배우러 엘리사를 따라다니니까 집안 꼴이 말이 아니었습니다. 아마 이 사람은 무모하게 자신의 처지를 고려하지 않고 무조건 선지자를 따랐는지도 모르겠습니다. 그런데 이 사람은 원래 몸이 약했는지 아니면 잘 먹지 못해서 폐병에 걸렸는지 골골거리다가 죽어버렸습니다. 이 선지자의 제자는 돈을 벌지 못하니까 그동안 그 집 식구들은 빚으로 양식을 얻어서 겨우 생계를 유지해 나갔습니다. 그런데 남편이 갑자기 죽어버리니까 양식을 빌려준 사람들이 빚을 갚으라고 독촉하고 약값도 갚으라고 하며 두 아들을 데리고 가서 종으로 팔아버리겠다고 협박했습니다. 이 여인은 졸지에 남편은 죽고 빚은 갚아야 하고 아이들은 종으로 팔려가게 되었습니다. 이것은 이 여인으로서는 도저히 감당할 수 없는 역경이었습니다. 남편이 죽은 것만 해도 너무 슬픈데 아이들까지 뺏기게 되었고, 이 여인의 삶에는 아무것도 남지 않게 되었습니다. 이 여인은 더 이상 살아야 할 의미가 없게 되었습니다.

아마 이때 이 여인은 절망했을 것입니다. 그녀는 자포자기한 심정이 되어서 아무것도 할 의욕을 잃었을 것입니다. 이 여인이 할 수 있는 일은 빚쟁이를 찾아가서 빚 갚는 것을 좀 연기해달라고 사정하는 일뿐이었습니다. 대개 빚쟁이들은 눈물도 피도 없습니다. 남편도 없는 여자가 무슨 수로 빚을 갚겠습니까? 안된다고 거절할 것이 뻔합니다. 어쩌면 이 여인은 과거를 생각하면서 죽은 남편과 결혼한 것을 후회했을지 모릅니다. 거기에다가 그녀에게는 돈을 빌려줄 만한 친척도 없었습니다. 이 과부는 희망이라고는 전혀 없었고 살아남은 자만 불쌍하게 되었습니다.

사람은 오래 사느냐 짧게 사느냐 하는 것이 그리 중요한 문제가 아닙니다. 중요한 것은 자기 소신을 가지고 당당하게 사는 것입니다. 우리 예수 믿는 사람들에게는 아무리 감당할 수 없는 어려운 위기를 만나도 반드시 살 길이 있습니다. 그래서 어떤 사람은 하나님이 살아계시니까 '우째우째 되겠지' 라고 생각하고 살아갑니다. 그러면 진짜 우째우째 생각하지도 못한 길이 열리면서 살아갈 수 있게 됩니다. 이런 것을 '우째우째 신학' 이라고 합니다. 그리고 어떤 사람은 "하나님은 감당할 수 없는 시험은 우리에게 주시지 않는다. 또 시험당할 길에 피할 길을 주신다"는 말씀을 믿고 결사적으로 하나님을 믿고 견딥니다. 그러면 이상하게 그 어려움을 능히 감당하게 됩니다. 혹시 내 힘이 세어지는지 아니면 그 어려움이 작아지는지 몰라도 견디면서 살아갑니다. 그래서 상식적으로 교인들을 보면 분명히 작년에 굶어 죽었거나 얼어 죽었어야 하는데 올해도 건강하게 교회에 나오는 모습을 볼 수 있습니다. 이것이 바로 기적입니다. 오늘 이 세상에서 가장 큰 기적은 내가 살아있다는 것입니다.

그런데 이 여인에게는 소중한 보물이 있었습니다. 그것은 바로 하나님을 믿는 두 아들이었습니다. 대개 어머니가 이런 절망적인 일을 당하면 웃지도 않고 기운이 하나도 없게 됩니다. 그때 아이들이 어머니에게 이런 말을 합니다. "어머니, 이럴 때 기도해야지요!" 그런데 이럴 때 어머니에게는 자식이 기도하자고 말하는 것보다 더 정신 차리게 하는 말은 없습니다. 저희 어머니도 먹고 살길이 막막해서 기운없이 있으면, 형이 어머니에게 "어머니, 기도하면 됩니다!"라고 위로했을 때 마음에 용기가 생기더라고 했습니다. 그때 생각하지 못했던 것이 생각나기도 하고 보이지 않던 것이 보이기도 하는 것입니다.

임진왜란 때 이순신 장군은 수군절도사의 명을 받고 백의종군으로 수군이 있는 곳으로 가게 됩니다. 거기에 가보니까 배라는 배는 다 부서지거나 바다에 가라앉았고 수군들은 거의가 다 죽었으며 배 열두 척만 남아 있었습니다. 그때 이순신은 선조에게 "신에게는 아직 배가 열두 척이나 있나이다"라는 장계를 올립니다. 열두 척의 배로 어떻게 수백 척의 왜군 배를 이길 수 있겠습니까? 그러나 이순신에게는 이길 수 있는 전략이 있었습니다.

이 과부에게 두 아들이 있다는 것은 짐도 될 수 있지만 힘도 될 수 있었습니다. 이 아들들이 선지자를 따라다니면서 하나님의 말씀을 들었다면 틀림없이 지금은 기도할 때라는 것을 알았을 것입니다.

2. 하나님의 영감이 있는 시대

우리가 하나님의 말씀을 듣거나 배우면 단순히 새로운 말씀을 배우는 것으로 끝나는 것이 아니라 그것을 삶에 적용하기도 하고 또 말씀이 무슨 생각을 나게 하기도 합니다. 물론 우리 머리에 생각나는 모든 것을 다 하나님의 뜻으로 생각할 수는 없지만 그래도 맞을 때가 많습니다.

옛날에 저는 평신도 선교사로 나갈 생각을 가지고 있었습니다. 그런데 어느 날 큐티를 하는데 하나님은 저에게 "언어를 모르는 다른 민족에게 가지 말고 강퍅한 네 민족에게로 가라"는 감동을 주셨습니다. 그래서 저는 '그러면 선교사로 가지 말라는 말씀인가' 생각했습니다. 그리고 그다음 날 큐티를 하는데, 본문에서 하나님은 에스겔 선지자에게 이사 하라는 말씀을 묵상하게 하셨습니다. 그런데 그날 오전 주인에게서 전화가 왔는데 저희에게 이사를 가라는 것입니다. 저는 일단 큐티에서 두 가지가 맞아떨어지는 것을 보았습니다. 그래서 저는 외국 선교사로 나가는 것을 포기했고, 또 그 집에서는 이사를 했습니다. 만약 제가 제 고집대로 밀고 나갔더라면 그 일은 성공하지 못했을 것입니다.

아마 이 여인은 어린 아들 둘과 같이 손을 잡고 기도했던 것 같습니다. 그때 이 여인의 머리에 선지자 대장되는 엘리사에게 한번 가서 우리 사정을 이야기해 보자는 생각이 떠올랐던 것입니다. 물론 이 과부는 엘리사에게 가봐야 돈이 있는 것도 아니고, 또 하나님의 큰일을 생각하는 선지자에게 쓸데없는 부담을 드릴지도 모른다는 생각도 있었을 것입니다. 그래도 가만히 있는 것보다는 머릿속에 떠오른 영감을 한번 시험해보는 것도 의미가 있다고 생각했습니다.

그래서 이 여인은 엘리사를 찾아가서 자기의 사정을 이야기했습니다. 그랬더니 아니나 다를까 엘리사의 대답은 역시 부정적인 것이었습니다. 본문에는 "내가 너를 위하여 어떻게 하랴?" 고 했습니다. 이것은 '나도 너를 도울 방법이 없다' 는 뜻입니다.

그런데 엘리사가 이런 부정적인 대답을 한 직후에 새로운 영감이 그의 머리에 떠올랐습니다. 그것은 '이 여자의 집에 있는 것이 무엇인지 알아보자' 는 생각이었습니다. 하나님은 없는 것을 가지고 일하시기보다는 항상 있는 것을 가지고 일을 하십니다. 그래서 우리가 가지고 있는 작은 것을 무시해서는 안 됩니다. 엘리사는 과부에게 "너희 집에서 네가 가지고 있는 것이 무엇이냐?" 고 물었습니다. 그랬더니 과부는 "아무것도 없고 기름 한 병만 있습니다" 라고 대답했습니다. 그때 엘리사의 머리에는 또 다른 생각이 났습니다. '그 집에 있는 기름을 이용하자.' 그 집에 있는 기름을 어떻게 이용합니까? 엄청나게 많아지게 하면 될 것입니다. 기름이 엄청나게 생기려면 어떻게 해야 합니까? 그 기름을 담을 수 있는 빈 그릇들이 필요할 것입니다.

그래서 엘리사는 여인에게 말을 했습니다. "온 동네를 다니면서 빈 그릇을 빌리라. 그런데 적게 빌리지 말고 할 수 있는 대로 많이 빌리라." 이것이 엘리사가 말한 하나님의 말씀이었습니다.

여기서 우리에게 드는 의문이 무엇입니까? 빈 그릇만 '짜다리(잔뜩)' 많이 빌려서 어디에 쓰겠습니까? 공연히 온 동네의 웃음거리가 되는 것 아니겠습니까? 그러나 '하나님은 한없이 많은 기름을 주실 수 있다' 는 믿음이 있으면 '할 수 있는 대로 많은 그릇' 이 이해될 것입니다. 그러나 그 믿음이 없으면 아무것도 없으면서 빈 그릇을 많이 빌리는 것은 쓸데없는 짓이고 웃음거리밖에 되지 않을 것입니다.

여기서 우리는 몇 가지 사실을 알 수 있습니다. 하나는 이 세상은 물질 세상만 존재하는 것이 아니라 또 다른 세계 즉 하나님의 나라와 붙어있다는 사실입니다. 이 세상은 늘 부족하고 병들고 고통스럽지만, 하나님의 나라는 부족한 것이 없고 기쁨과 축복이 충만한 세상입니다. 우리는 이 두 세계를 보아야 합니다. 그래서 세상에서 비참하고 어려운 것만 보지 말고 하나님 나라의 풍성함을 볼 수 있어야 합니다.

그런데 엘리사가 빈 그릇을 할 수 있는 한 많이 빌려오라고 말한 것은 오늘 우리에게 주는 교훈이 있습니다. 적어도 하나님 나라는 기름 하나는 무진장하다는 사실입니다. 물론 그 기름은 참기름이나 올리브기름이 아니라, '성령의 기름' 입니다. 우리가 같은 예수를 믿지만, 어떤 사람은 믿음이 작은 '종자기' 만한 사람이 있는가 하면, 어떤 사람은 믿음이 커다란 '다라이' 만한 사람도 있습니다. 우리는 성경에서 "하나님께서 믿음의 분량대로 채워주신다"는 말씀을 자주 볼 수 있습니다. 우리가 하나님께 나아올 때 주리고 목마른 심령으로 하나님을 기대하고 빈 그릇을 잔뜩 가지고 오면 하나님은 그 빈 그릇마다 성령의 기름으로 가득 채워주실 것입니다. 우리에게는 그 무진장의 기름이 있습니다.

그러나 만일 이 과부가 엘리사에게 "기름 한 병밖에 없는데 쓸데없이 빈 그릇만 잔뜩 빌리라고 하면 무슨 소용이 있겠어요? 그런 쓸데없는 말씀 하시지 말고 구체적으로 눈에 보이는 돈이나 물건을 주세요"라고 하면서 싸웠더라면 어떤 결과가 일어났을까요? 그야말로 하나님의 기적은 날아가 버렸을 것입니다. 우리는 하나님과 싸우려고 하면 안 됩니다. 하나님의 종과 싸워서도 안 되고 하나님의 말씀과 싸워서도 안 됩니다. 아무리 하나님의 복이 많이 준비되어 있다 하더라도 믿지 않고 하나님의 말씀을 업신여기고 하나님과 대적하면 하나님의 복은 다른 사람에게로 넘어가 버립니다.

3. 끝없이 흐르는 기름

선지자 제자의 과부는 하나님의 말씀에 대한 믿음이 있었습니다. 그녀에게는 이해가 되지 않는 것이 많았습니다. '왜 하나님께서는 하나님을 위하여 헌신하려고 하는 자기 남편을 살려주시지 않았는지, 그리고 자신의 귀한 두 아들까지 종으로 팔려 가게 하시는지, 왜 하나님은 자기 운명을 이렇게 비참하게 하시는지?' 도무지 이해되지 않았습니다. 그러나 이 과부는 모든 것을 이해하려고 하지 않았습니다. 그녀는 엘리사에 대한 신뢰가 있었습니다. 그래서 엘리사가 하는 말에 무조건 순종해서 동네 집집마다 다니면서 빈 그릇이나 빈 병이 있으면 좀 빌려달라고 부탁했습니다. 그러니까 집마다 여인들이 빈 그릇을 어디에 쓰려는지 물었을 것입니다. 그녀가 할 수 있는 대답은 잘 모르겠다는 말뿐이었습니다. 이 과부는 말도 되지 않는 선지자의 말을 믿었습니다. 그리고 정말 아무 쓸데없는 빈 그릇을 빌릴 수 있는 만큼 잔뜩 빌렸습니다. 그리고 엘리사에게 가서 빈 그릇을 많이 빌렸다고 보고했습니다.

그때 엘리사는 그 과부에게 일단 방문을 잠그라고 했습니다. 그리고 너희 집에 있는 병에 있는 기름을 이 빈 그릇에 부으라고 했습니다. 하나님의 이 놀라운 기적은 믿음 없는 사람들은 볼 자격이 없습니다. 그래서 다른 사람들은 보지 못하도록 방문을 잠그라고 한 것입니다. 그리고는 빈 그릇을 가져다 놓고 집에 있던 병의 기름을 빈 그릇들에 부었습니다. 그때 놀라운 일이 일어났습니다. 그들이 가진 병에서 기름은 그치지 않고 계속 흘러나온 것입니다. 이제 이 집 두 아들도 아주 바쁘게 되었습니다. 그 아들들은 어머니가 한 그릇에 기름을 채우면 그 그릇은 치우고 또 빈 병을 갖다 드렸습니다. 그러면 기름은 또 흘러나왔습니다. 기름은 흘러나오고 또 흘러나왔습니다. 아마 이 과부의 집은 방바닥이 전부 그릇이나 병으로 꽉 차 있었을 것입니다.

그런데 이 과부의 집 방바닥 전체는 기름이 가득 든 그릇으로 빈틈이 없게 되었습니다. 결국 기름은 그 방바닥에 있는 모든 그릇에 다 가득 차기까지 계속 흘렀습니다. 아마 그 과부는 이 놀라운 하나님의 기적을 보고 계속 눈물을 흘렸을 것입니다. 아마 콧물을 훌쩍거리면서 그리고 눈물을 닦아 가면서 계속 기름을 부었을 것입니다. 이제 아들들은 그녀에게 "엄마, 이 그릇이 마지막이야"라고 했습니다. 그런데 그 마지막 그릇에 기름을 채운 후에 더 이상 기름은 흘러나오지 않았습니다.

이 선지자 제자의 과부는 엘리사에게 가서 병에서 기름이 계속 흘러나와서 방에 있는 모든 빌린 빈 그릇을 다 채웠다고 말했습니다. 그랬더니 엘리사는 그 기름을 팔아서 빚을 갚고 두 아들이 종으로 팔려가지 않게 하고 앞으로 생활비로 쓰라고 했습니다. 졸지에 이 과부는 기름 장사가 되었습니다. 그는 시장에 좋은 기름을 가지고 가서 사람들에게 팔았습니다. 이 기름은 날개 돋친 듯이 다 팔려버렸습니다. 이 과부는 기름 판 돈으로 빚을 다 갚고 또 그 돈을 가지고 기름을 사서 기름 장사를 계속 할 수 있었을 것입니다.

우리가 알 수 있는 것은 지금 우리는 가난하고 가진 것이 없지만 하나님의 나라는 무궁무진하다는 사실입니다. 그러므로 우리가 배고프고 목마른 심정으로 하나님 앞에 나오면 하나님은 우리의 빈 잔을 채워주실 것입니다. 이제 우리가 구해야 할 것은 다른 기름이 아니라 성령의 기름입니다. 성령의 기름만 우리에게 차고 넘치면 다른 것은 아무 문제가 없습니다. 성령님께서 전부 해결해 주실 것입니다. 그래서 우리는 빈 그릇을 가지고 와야 하고, 없으면 빌려서라도 가지고 와야 합니다.

자기 교회라는 프라이드만 가지고 있으면 아무것도 얻지 못합니다. 아무리 허름하고 보잘것없는 개척 교회라도 와야 합니다. 이것이 바로 그릇을 빌리는 것입니다. 우리가 이 세상에서 돈을 많이 가지고 있어 봐야 귀찮기만 할 때가 많습니다. 돈이 많으면 돈에 더 주리고 목마르게 되므로 돈의 종이 되고 맙니다. 그리고 모든 거짓말은 돈 때문에 생기는 것입니다. 돈이 없으면 거짓말할 이유가 없습니다. 그리고 믿음이라는 것은 모든 것을 내 머리로 이해되어야 하나님을 믿는 것이 아닙니다.

우리에게 일어나는 일을 아무것도 이해할 수 없습니다. 단지 우리는 우리에게 주어진 일을 연기하는 배우일 뿐입니다. 남편에게는 빨리 돌아가심으로 그가 해야 할 연기가 있고, 남겨진 여인은 어려운 가운데서 또 해야 할 연기가 있습니다. 우리가 이 세상에 살아있는 이유가 무엇일까요? 무엇인가 우리가 해야 할 연기가 있기 때문입니다. 믿음이라는 것은 말도 되지 않는 하나님의 말씀을 믿는 것입니다. 그것이 이해되지 않는다고 따지고 무시하면 기적의 기회는 사라지고 맙니다. 그런 사람은 결국 아무 의미 없는 인생을 살다가 죽게 됩니다. 오래 사는 것이 중요한 것이 아닙니다. 나에게 가치 있는 삶을 살아야 합니다. 그것이 바로 믿음의 연기입니다. 우리는 모든 것을 다 이해할 수 없습니다. 단지 나에게 주어진 형편에서 최선을 다해서 하나님과 대화하시고, 나의 삶을 최선을 다해서 연기하시기 바랍니다.

14 막다른 골목

버려진 인생

삿 11:1-2

길르앗 사람 입다는 큰 용사였으니 기생이 길르앗에게서 낳은 아들이었고 길르앗의 아내도 그의 아들들을 낳았더라 그 아내의 아들들이 자라매 입다를 쫓아내며 그에게 이르되 너는 다른 여인의 자식이니 우리 아버지의 집에서 기업을 잇지 못하리라 한지라

이 세상에서 가장 비참하고 불쌍한 사람이 있다면 어린 아기 때 부모로부터 버림당한 아이일 것입니다. 예전에 제가 처녀 세 명이 같이 자취하는 집에 심방을 간 적이 있습니다. 거기서 예배를 드리는데 그 세 자매 중에 한 사람이 그렇게 차가울 수 없었습니다. 그 자매는 제가 그때까지 본 청년 자매 중에서 가장 마음이 차가운 느낌을 주었습니다. 그런데 다행스럽게도 그 자매는 교회에 잘 나왔습니다. 그리고 어느 날 놀랍게도 그 자매가 저를 개인적으로 찾아와서 상담을 받고 싶다고 했습니다. 그래서 저는 그 자매의 이야기를 들었습니다. 그 자매의 인생은 소설에서나 나올만한 이야기였습니다.

그 자매는 태어나자마자 엄마가 포대기에 싸서 다른 사람 집 대문 앞에 버리고 간 사람이었습니다. 그 자매는 태어나자마자 부모로부터 버림받았습니다. 그런데 그 집 주인이 아기 우는 소리가 들려서 밖에 나와 보니까 아기가 포대기에 싸여 울고 있었던 것입니다. 그 집 주인은 아기가 불쌍해서 경찰에 신고하거나 보육원에 맡기지 않고 자기 자식이라 생각하고 키웠습니다. 그러니까 이 자매는 자기를 주워서 키운 그분들이 친부모인 줄 알고 자랐습니다. 그러나 이 아이를 키운 부부가 서로 사이가 좋지 못해 매일 싸우다가 이혼했는데 이 아이를 자기들이 아는 어떤 집에 맡겼습니다. 그러니까 이 아이는 어렸을 때부터 한 번도 사랑을 받아본 적이 없었습니다. 그러면서 이 아이는 중고등학교까지 그 집에서 살았는데, 어느 날 그 집에서 나가라고 하는 통에 그 집에서도 쫓겨났지만, 마침 친한 친구들과 같이 방을 하나 얻어서 아르바이트를 하면서 살게 되었습니다.

그런데 이 자매에게 좋은 점은 어렸을 때부터 교회를 다녔다는 것입니다. 이 자매는 교회에 나가서 하나님의 말씀을 들으면서 한 번도 타락의 길을 가지 않았습니다. 그리고 이 자매는 겉으로는 얼음같이 차가웠지만 속으로는 제 설교를 너무나도 좋아했고, 제 설교를 들으면 정신없이 설교에 빠져들곤 했습니다. 이 자매에게 꿈이 있었는데 교회 찬양팀의 싱어가 되는 것이었습니다. 어느 날 저에게 찾아와서 교회 찬양팀을 해도 되느냐고 물었습니다. 그래서 저는 얼마든지 할 수 있다고 대답했더니, 그 후에 찬양팀에서 수련을 거쳐 교회 앞에서 싱어로 노래를 불렀습니다. 그때 저의 감격은 말로 표현할 수 없었습니다.

이 자매가 저에게 온 목적은 이 자매를 좋아하는 남자가 생긴 것이었습니다. 이 자매는 자기가 부모 없이 자란 아이였다는 사실을 좋아하는 남자에게 말해야 하는지 아니면 끝까지 숨겨야 하는지 걱정되었던 것입니다. 그래서 저에게 물었습니다. 그 자매는 좋아하는 남자에게 자기 사실을 그대로 이야기하면 좋아하는 남자에게 또 버림받을 것이 두려웠습니다. 그렇다고 해서 끝까지 비밀로 숨기려고 하니까 마음이 불안했던 것입니다. 그래서 저는 그 자매에게 "조금 더 그 형제와 사귀라. 그리고 그 남자에 대하여 무슨 이야기를 해도 진지하게 받아들일 자신이 생기면 그때 이야기하고 결혼하라"고 이야기해 주었습니다.

그 자매는 제가 시킨 대로 했고, 사귀던 남자에게 자신의 비밀을 털어놓았습니다. 그때 이 남자가 실망해서 자기를 버리면 어쩔 수 없다는 심정이었다고 합니다. 그러나 그 남자 청년은 자기가 좋아하는 여자가 그렇게 고생하면서 컸다는 사실을 알고는 실망하기는커녕 손을 잡고 울면서 "우리 결혼하자. 이제부터는 내가 당신을 행복하게 해주겠다"고 했습니다. 그리고 이 두 사람은 행복하게 결혼했고, 결혼한 후 너무나도 아름답고 자신감 넘치는 신앙생활을 했습니다.

그런데 그 가정에 위기가 찾아왔습니다. 그 자매를 주워서 키워준 엄마가 결혼한 집에 찾아와서 엄마에게 효도하라고 요구한다는 것입니다. 그 엄마는 담배도 엄청 피우고 술도 많이 마신다고 했습니다. 그래서 저는 그 자매에게 정면으로 대결하라고 했습니다. 그것은 "당신이 옛날에 나를 키워준 것은 너무나도 감사하지만, 지금 새삼스레 나타나서 우리 가정의 행복을 깨트리는 것은 용납할 수 없습니다. 이 가정은 하나님이 나에게 주신 선물입니다"라고 하면서 집에서 나가라고 단호하게 말하라고 했습니다. 결국 그분도 이 자매의 단호한 태도에 겁을 집어먹고는 집을 나가는 바람에 그 가정의 행복이 지켜지게 되었습니다.

구약 사사기에 사생아이기 때문에 아버지나 형제나 동네 사람들로부터 버림받았던 입다라는 인물이 나옵니다. 이 사람은 창녀의 아들이었습니다. 그래서 이런 아이가 이스라엘에 있으면 풍속을 버린다고 해서 형제나 동네 어른들은 그를 집과 동네에서 쫓아내었습니다. 입다는 이 넓은 세상에서 갈 곳이 없었습니다. 결국 이방 지역에 가서 종살이하면서 입에 풀칠하는 수밖에 없었습니다. 그러나 입다에게는 한 가지 장점이 있었습니다. 그를 돌보아주는 사람도 없고 의지할 사람도 없고 창녀의 자식이었지만, 하나님 하나는 철저하게 믿었다는 사실입니다. 가족이나 동네로부터 버림받은 입다의 미래는 어떻게 되었을까요?

1. 버림받은 인생

사람으로부터 쓸모없다고 생각되어서 버림받는 것보다 더 비참한 일은 없을 것입니다. 그 대표적인 예가 유기견입니다. 유기견은 주인에게 쓸모 없어져서 주인이 어디 먼 곳에 놀러 갔을 때 버려지는 경우가 많습니다. 그러면 그 개는 먹이를 주는 사람도 없고 목줄도 없어서 혼자 돌아다니다가 누군가 보고 유기견 센터에 신고하면 와서 잡아갑니다. 그리고 일정 기간이 지나도 그 개를 입양해서 데려가지 않으면 주사를 놓아서 안락사 시켜버립니다. 그래서 개가 주인으로부터 버림받는 것은 바로 죽는 것을 의미합니다.

옛날 우리나라에 서자는 대개 버려진 자들이었습니다. 그래서 아무리 양반의 아들이라 하더라도 서자는 족보에 올라가지도 못하고 과거 시험도 치지 못하고 버려진 아들같이 취급되는 경우가 대부분이었습니다. 그중에 허준 같은 사람은 서자였지만 평안도에서 경상도까지 도망가서 거기서 스승으로부터 의술을 배워서 많은 사람의 병을 치료하고 나중에는 왕의 병까지 고치는 어의가 됩니다. 이런 사람은 정말 자신의 역경을 딛고 일어선 인물입니다.

성경에 보면 하나님이 아주 사랑하신 서자가 있습니다. 그는 이 세상 어느 누구에게도 사랑받지 못했습니다. 이 사람은 사랑만 받지 못한 것이 아니라 집안 식구들로부터 노골적으로 멸시와 천대를 받았고, 나중에 어느 정도 자라게 되었을 때는 아예 집에서도 쫓겨나고 동네에서도 쫓겨나고 고향에서도 쫓겨나서 이스라엘에 발을 디딜 수 없는 불쌍한 사람이 되었습니다.

옛날 이스라엘 길르앗(요단강 동쪽의 비옥한 땅) 땅에 길르앗이라는 부자가 살았습니다. 그 사람은 양이나 땅이 많은 부자였을 뿐 아니라 길르앗에서는 상당한 세력을 가진 사람이었습니다. 그런데 이 사람에게는 이중적인 삶이 있었습니다. 그것은 다른 사람들이 보는 앞에서는 아주 가정적이고 경건하고 모범적인 것 같았지만, 밤이 되면 변장하고 집에서 나가 이방 신전을 찾아가는 것이었습니다. 그런 이방 신전에는 굿도 할 뿐 아니라 육체적으로도 즐겁게 해주는 창녀들이 있었습니다. 그런 여자들을 '콰데샤'라고 불렀는데, 거룩한 여자라는 뜻이지만 실제로는 몸을 파는 이방 신전의 무녀였습니다. 아마도 이 길르앗이라는 부자는 한 무녀를 좋아했던 것 같은데, 그 무녀가 이 부자의 아이를 임신하게 되었습니다.

이 무녀가 길르앗에게 자기가 임신했다고 하니까 길르앗은 이 여자의 입을 다물게 하려고 애를 썼습니다. "너는 절대로 내 아이를 임신했다는 말을 아무에게도 하지 마라. 다른 사람들은 네가 누구 아이를 임신했는지 알지 못하니까 너만 입을 다물면 된다. 그러면 네가 어느 정도 아이를 키운 후에 내가 그 아이를 집에 데리고 가서 키우겠다. 그러나 만일 네가 입을 떠벌리면 나는 모든 관계를 딱 잡아뗄 것이고 네 아이는 버림받아서 죽을 것이다"라고 엄포를 놓았습니다. 그러나 사실 이것은 단순한 엄포가 아니라 사실이었습니다.

입다는 바로 그런 케이스였습니다. 입다는 길르앗이라는 부자가 몰래 이방 신전에 다니면서 거기에 있는 무녀와 관계해서 낳은 아들이었습니다. 요즘으로 치면 무당 아들이었던 것입니다. 길르앗이라는 부자는 무녀와 약속한 것을 지켰습니다. 그러나 소년 입다를 자기 아들로 집에 데리고 간 것이 아니라 종으로 데리고 갔습니다. 입다는 자기 아버지 집에서 종 취급을 받으면서 모든 일을 다 해야만 했습니다.

그러나 이 세상에서 속일 수 없는 것이 씨도둑입니다. 입다는 자라면서 너무나도 자기 아버지와 닮았습니다. 그리고 사람들은 입다를 보고 수군거리기 시작했고 결국 부인도 입다 일을 따지고 들면서 결국 입다는 길르앗이 이방 신전의 창녀와 관계해서 낳은 사생아라는 사실이 알려지게 되었습니다. 그리고 난 후 입다는 아들 취급을 받은 것이 아니라 이 세상에 태어나서는 안 될 개 같은 취급을 받아야 했고, 온갖 멸시와 천대를 다 받아야만 했습니다.

그런데 입다에게는 다른 아들이나 동네 청년도 따라올 수 없는 것이 하나 있었습니다. 그것은 바로 하나님의 말씀을 배우는 열심이었습니다. 입다는 죽자 살자 동네에 있는 제사장을 찾아가서 하나님의 율법을 배웠습니다. 자기가 살 수 있는 길이 그 길 밖에는 없었기 때문입니다. 그러나 놀라운 것은 길르앗의 친아들들은 하나님의 말씀에 비판적이었고 냉소적이었다는 사실입니다. 오히려 세상의 음란한 삶을 따라가는 것을 좋아했습니다. 그래서 사람들은 무엇인가 풍족하면 그 가치를 모르는 것 같습니다. 반대로 하나님의 말씀에 주리고 목마른 자들이 말씀의 가치를 알고 사생결단하여 하나님의 말씀을 찾는 것입니다.

저는 어렸을 때 정말 잘할 수 있는 것이 거의 없었습니다. 좋은 학교를 다니는 것도 아니고 집에 돈이 많은 것도 아니었습니다. 저는 학교 다닐 수 있는 형편이 되지 못해서 다니지 못했습니다. 그런데 아무도 따라올 수 없었던 것이 있었으니, 성경 말씀에 대한 열정이었습니다. 그러나 우리 사회에서 아무리 하나님의 말씀에 은혜를 받고 하나님의 말씀을 사랑해도 성적에 도움이 되거나 돈을 잘 벌 수 있는 것은 아닙니다. 그래서 저는 이 세상에서 철저하게 쓸모없는 사람, 버림받은 사람이 되었습니다. 그러나 저는 세상이 저를 버렸다고 해서 주저앉지 않았습니다. 더 열심히 공부했고 대학을 나온 후에도 성경을 읽고 청년들과 열심히 성경공부 하는 것에 저의 모든 삶을 걸었습니다.

그 당시 저는 극빈자였고 몇 년 동안 새 옷이라고는 입어 본 적이 없었습니다. 저의 꿈은 성경 전체를 설교하고 책으로 내는 것이었습니다. 하나님은 그 꿈을 이루어주셨습니다.

입다는 하나님의 율법을 사랑하고 하나님의 말씀대로 살려고 해도 아무도 그를 인정해 주지 않았습니다. 그 대신 길르앗 아버지는 부자요 재산이 많았기 때문에 아들들이나 본 부인은 입다가 단 한 푼도 상속받지 못하도록 집에서 쫓아내었습니다. 그리고 동네의 어른들도 입다 같은 창녀 아들이 있으면 청년들의 물을 버린다고 해서 동네에서도 쫓아내고 고향에서도 쫓아내었습니다. 결국 입다는 집에서 쫓겨난 자가 되어 어느 누구의 도움도 받지 못한 채 방황할 수밖에 없었습니다. 이 세상에서 입다를 환영하고 받아주는 곳은 단 한 군데도 없었습니다.

2. 돕 땅에서 일어난 부흥

누구든지 자기 집이나 동네에서 혹은 고향에서 불미스러운 일로 쫓겨나게 되면 먹고 살 수 없습니다. 결국 그런 사람은 타향살이라도 해야 하는데 타향살이라고 해 봐야 다른 곳에 가서 종살이하는 수밖에 없습니다. 그렇지 않으면 불량한 사람들을 모아서 강도짓이나 도둑질을 하든지 할 수밖에 없을 것입니다. 그러나 입다는 하나님의 말씀을 배웠기 때문에 나쁜 짓은 할 수 없었습니다. 결국 입다는 길르앗에서 조금 멀리 떨어진 이방 땅에서 종살이를 할 수밖에 없었습니다. 그러나 입다는 비록 종이었지만 보통의 종과는 다른 종이었습니다. 입다는 두 가지 점에서 다른 종과 달랐습니다. 하나는 그는 다른 종들에게 하나님의 말씀을 자꾸 가르치는 종이었다는 사실입니다. 그래서 입다는 자기에게 도움을 받으러 오는 종들을 쫓아내지 않고 하나님의 말씀으로 그들을 가르쳤습니다. 입다의 재산은 하나님의 말씀이었기 때문입니다. 그랬더니 종들 사이에 변화가 일어났습니다. 절망에 빠져서 죽으려고 하는 자들이 소망을 가지기도 하고 또 언제나 말썽만 일으키고 어떻게 할 수 없는 망나니 같은 사람들도 착한 사람으로 변했습니다. 그리고 두 번째 입다가 다른 종과 다른 점은 자기에게 도움을 바라고 오는 자들을 끝까지 책임져주었다는 것입니다. 어떤 종이 도망쳐서 입다에게로 오면 옛 주인이 부하들을 데리고 이 종을 잡으러 올 것입니다. 그러면 입다는 순순히 그 종을 내어주어서 두들겨 맞거나 주인에게 끌려가게 하지 않고 작전을 짜서 그들을 물리치곤 했습니다.

그래서 입다에게는 집이나 동네에서 쫓겨난 불량한 사람들이 자꾸 몰려들었습니다. 이들을 성경에서는 "잡류"라고 말하고 있습니다. 대개 이런 불량한 사람들이 몰려들면 사람들은 그들을 부하로 삼아서 부잣집을 털든지 길 가는 사람의 물건을 뺏든지 시킬 것입니다. 그러나 입다는 이런 불량한 사람들이 올수록 더 열심히 하나님의 말씀을 가르쳤는데, 이 버림받은 사람들 사이에 뜨거운 부흥이 일어나게 되었습니다. 즉 그들이 지금까지 게으르고 악하게 살았던 옛 습관을 버리고 입다의 가르침에 따라서 정직하게 살게 되었고, 또 입다는 하나님이 주신 군사적인 지혜가 있어서 자기에게 온 사람들을 다시 붙들려가지 않도록 철저하게 지켜주었던 것입니다.

그러니까 입다의 이런 선행이 더 많은 지역에 퍼지게 되어서 더 많은 불량한 사람들이 그 주위에 모여들게 되었습니다. 이제는 입다는 더 이상 종이 될 필요가 없었습니다. 그에게 충성된 사람들이 워낙 많이 모여들었기 때문입니다. 입다는 그들에게 하나님의 말씀을 가르치는데도 바빴고 또 모여든 불량한 사람들이 놀고먹는 것이 아니라 당시 안 쓰는 땅이 많았으므로 그 땅들을 나누어주어서 개간해서 농사를 짓게 했습니다.

사실 하나님에게는 놀라운 특징이 하나 있습니다. 그것은 하나님은 자기 백성에게 언제나 성령을 주시고 축복 주시기를 원하신다는 것입니다. 그러나 하나님의 정규 백성들이 하나님의 말씀을 좋아하지 않으면 하나님은 그 성령과 축복을 그들보다 못한 다른 사람들에게 주십니다. 이것을 신약 성경에서는 "촛대를 옮긴다"고 표현합니다. 길르앗 사람들이 말로는 이스라엘 백성이라고 하면서도 이방 신전에나 다니고 하나님의 말씀을 경멸했을 때 하나님의 성령과 축복은 이방 땅에 있는 입다와 그 불량한 사람들에게 일어나게 되었습니다. 그러나 이스라엘 백성이 하나님의 말씀을 경멸하고 세상을 사랑할 때 그것으로 끝나는 것이 아닙니다. 하나님은 그들에게 위기를 주셔서 그 모든 축복을 다 빼앗아가게 하십니다.

그래서 길르앗 사람들이 농사나 목축업을 통해서 잘 먹고 마실 때 그들을 호시탐탐 노리던 늑대 떼가 있었습니다. 그들은 바로 기회만 있으면 길르앗 땅을 빼앗으려는 암몬 왕과 그 백성이었습니다. 드디어 암몬 왕이 길르앗 땅을 차지하기 위하여 거의 모든 암몬 백성을 다 이끌고 길르앗 사람들을 정복하러 쳐들어왔습니다. 암몬 왕과 신하들이 원하는 것은 길르앗 사람들을 완전히 죽이든지 그곳에서 쫓아내어 길르앗 땅을 완전히 차지하는 것이었습니다.

길르앗 사람들은 이제 큰일이 났습니다. 그들이 그동안 먹고 마시고 잘 살았는데 암몬 족속이 쳐들어오면 그들은 다 죽게 되었습니다. 그러나 길르앗 장로들이 보기에는 길르앗 사람들은 모두 자기만 잘났다고 생각하기 때문에 그들을 지휘할 사람이 없었습니다. 길르앗 사람들은 모두 모래알처럼 흩어져서 어느 누구의 말도 들으려고 하지 않았습니다. 길르앗에는 하나님의 카리스마를 가지고 사람들의 마음을 하나로 뭉쳐서 그 땅을 지킬 리더가 없었습니다. 결국 길르앗 장로들은 백성들이 다른 사람의 말을 듣지 않으니까 이들을 이끌 수 있는 리더를 온 이스라엘에서 찾았습니다. 그러나 그 당시 이스라엘에는 길르앗 사람들을 이끌 수 있는 지도자가 단 한 사람도 없었습니다.

그런데 이스라엘 장로들이 소문으로 듣기에 딱 한 사람이 있는데, 그 사람은 바로 자기들이 창녀의 자식이라고 해서 자기 고향에서 쫓아내었던 입다였습니다. 입다는 카리스마가 있었습니다. 놀랍게도 그 불량하고 다른 사람의 말을 듣지 않던 떠돌이들이 입다에게 가기만 하면 꼼짝하지 못하고 그의 말에 순종했습니다. 그리고 입다는 사람을 다루는 기술만이 아니라 전쟁의 전략까지 수행하는 지혜가 있었습니다. 길르앗 장로들은 고민이 되었습니다. 이미 그들이 입다를 창녀 아들이라고 해서 쫓아내었기 때문에 입다는 길르앗에 대하여 깊은 트라우마가 있을 것입니다. 길르앗 장로들이 그냥 입다를 찾아가서 도와달라고 한다고 해서 입다는 그대로 올 사람이 아니었습니다. 그래서 길르앗 장로는 모든 자존심을 다 버리고 입다가 자기들을 도와서 싸우기만 하면 길르앗의 최고 우두머리로 삼겠다고 결정했습니다. 길르앗 장로들은 입다를 찾아가서 그에게 도움을 청했습니다. 아니나 다를까 입다는 길르앗에 대하여 깊은 원한을 가지고 있었습니다.

입다는 장로들에게 “너희가 전에는 내가 창녀 아들이라고 해서 쫓아내더니 이제는 너희가 어렵다고 해서 도로 돌아오라고 하느냐? 나는 그렇게 못한다”고 거절했습니다. 그랬더니 길르앗 장로들이 사정을 설명하면서 “당신이 와서 암몬 자손과 싸워주기만 하면 당신을 우리 최고 우두머리로 삼기로 결정했다”고 전했습니다. 그러자 입다는 다시 길르앗 장로들에게 이 결정을 확인했습니다. “내가 길르앗에 가서 암몬 자손과 싸우는데 하나님이 이기게 하시면 너희가 정말로 나를 너희 우두머리로 삼겠느냐?”고 하니까 길르앗 장로들은 우리는 더 이상 변덕을 부리지 않겠다고 하면서 하나님의 이름으로 맹세했습니다.

입다는 자기가 말씀으로 키운 떠돌이들을 데리고 수년 만에 다시 고향 땅을 밟았습니다. 거기에는 미스바라는 곳이 있었는데, 옛날 입다가 쫓겨날 때 거기서 하나님께 기도했던 장소 같습니다. 입다는 바로 그 미스바에서 하나님께 하나님의 도우심으로 자기가 고향에 돌아오게 되었다고 보고를 드렸습니다.

이렇게 입다는 창녀의 아들이었고 버림을 받은 사생아였기 때문에 살길이 없었지만 오직 하나님의 말씀 하나 붙들었기 때문에 버림받은 자에서 길르앗의 최고 사령관으로 올라가게 되었던 것입니다.

3. 입다의 전쟁

입다는 전쟁터에 나가서 먼저 암몬 왕과 이번 전쟁의 정당성을 두고 따졌습니다. 입다가 암몬 왕에게 왜 갑자기 길르앗에 쳐들어왔느냐고 물으니까 암몬 왕은 길르앗이 원래부터 암몬 땅이었다고 주장했습니다. 이때 입다는 성경의 내용을 잘 알고 있었습니다. 그는 민수기나 신명기의 내용을 가지고 암몬 왕에게 말합니다. 이스라엘 백성이 출애굽할 때 길르앗은 너희 땅이 아니라 아모리 족속 즉 거인족들이 살고 있었는데, 하나님께서 싸워서 이기게 하셨기 때문에 우리가 그 거인족들을 다 죽이고 그때부터 우리 땅으로 살아오고 있다고 대답했습니다. 그러나 욕심에 눈이 어두운 암몬 왕은 더 이상 말로는 설득되지 않았습니다. 결국은 실력으로 판가름내는 수밖에 없었습니다.

이때 입다가 하나님이 자기를 다시 보내셨다는 것을 믿고 바로 싸움에 뛰어들었다면 아무 어려움 없이 이겼을 것입니다. 그런데 입다가 갑자기 자신의 형편과 처지를 돌아보았습니다. 그랬더니 자신의 군대라고 해봐야 자기가 키운 오합지졸들뿐이고, 길르앗 사람들은 방관적이며, 자기는 이런 큰 전쟁을 한 번도 해 본 적이 없는 버림받은 자였다는 사실이 생각났습니다. 그래서 입다는 갑자기 전쟁에 이길 자신감이 없어져 버렸습니다. 우리가 하나님의 말씀을 가지고 진격할 때에는 자기를 보지 말아야 하는데 갑자기 자기 자신을 보게 되면 자신이 아무것도 아니라는 사실을 알게 되는 것입니다.

그래서 입다는 전혀 쓸데없는 서원을 하나님께 했습니다. 입다는 하나님께 "만의 하나 제가 암몬 족속을 쳐부수고 이기고 돌아온다면 집에서 가장 먼저 나오는 짐승이나 사람을 하나님께 죽여서 번제로 바치겠습니다"라는 서원을 해버렸습니다. 입다는 하나님이 지금까지 인도하셨고 함께 하신 것을 믿고 나가면 되는데 갑자기 이길 자신을 잃어버렸고, 이때 아마 입다는 모든 가족이 다 죽을 텐데 이기고 돌아온다면 그중의 한 명이 대표로 죽어도 어떻겠냐고 생각한 것 같습니다. 입다는 싸우기 전부터 부정적인 생각에 사로잡혔습니다. 그리고 입다는 아마 집에서 가장 먼저 양이나 개나 종이 나올 것이라고 생각한 것 같습니다.

입다는 이런 서원을 하니까 조금 자신감이 생기는 것 같았습니다. 그래서 입다는 오합지졸 같은 부하들을 거느리고 전쟁에 뛰어들었는데, 하나님이 함께하시니까 그의 군대는 엄청 강해지게 되었습니다. 그래서 입다의 군대는 암몬 왕과 군대만 박살을 낸 것이 아니라, 암몬 나라 전체를 완전히 초토화해 버렸습니다. 암몬 자손들은 입다에게 완전 항복을 하게 되었습니다.

하나님이 우리와 함께하시면 하나님의 바람이 불게 됩니다. 돛단배를 타고 갈 때 강한 바람이 불면 배가 엄청나게 빨리 나가는 것처럼, 하나님의 바람이 불면 우리에게 상상할 수 없는 힘이 생기게 됩니다. 입다는 자기가 기도했던 대로 암몬 자손을 쳐부수고 승리했습니다. 입다의 군대가 의기양양해서 길르앗으로 돌아오는데 이 엄청난 승리를 축하하기 위해 입다의 집에서는 외동딸이 작은 북을 치면서 춤을 추며 뛰어나왔습니다. 이것은 입다가 전혀 생각하지 못한 것이었습니다. 이 엄청난 승리의 순간에 입다는 자기 옷을 찢으면서 자기 딸에게 "너는 나를 비참하게 하는 자로다. 내가 하나님의 이름으로 맹세했기 때문에 물릴 수가 없노라"고 했습니다. 즉 입다는 공연히 하나님의 능력을 믿지 못하고 쓸데없는 서원을 하는 바람에 승리의 날에 애통하게 되었습니다.

그러나 입다의 딸은 믿음이 좋았습니다. "아버지, 하나님이 이기게 하셨기 때문에 나 하나 죽는 것으로 애통하지 마세요. 단지 내가 처녀로 죽는 것이 아까우니 친구들과 산에 올라가서 두 달 동안 울면서 기도하고 오게 해 주세요"라고 부탁했습니다. 입다의 딸은 친한 친구들을 데리고 산에 올라가서 울면서 기도했습니다. 입다의 딸이 죽기로 결심한 것은 길르앗의 문제가 나라를 지키는 것으로 끝나는 것이 아니기 때문입니다. 길르앗은 썩어 있었습니다. 이 썩은 길르앗을 살리려면 누군가가 눈물과 피를 흘려야 한다는 것을 입다의 딸은 알았던 것입니다. 두 달이면 입다의 딸이 산을 넘어서 도망칠 수도 있었을 것입니다. 그러나 입다나 그의 딸은 길르앗 사람같이 정신이 썩지 않았습니다. 그들은 깨끗하게 신사적으로 하나님과 한 서원을 지켰습니다. 딸은 두 달 울면서 기도하고 산에서 내려왔고 입다는 딸을 하나님께 번제로 바쳤습니다. 그러나 이것은 하나님이 원하시는 제사가 아니었습니다. 하나님은 인신 제사를 받지 아니하십니다. 이것은 하나님이 가장 싫어하시는 것이었습니다.

하나님은 오직 하나님의 독생자 예수 그리스도의 제사만 받으십니다. 우리는 은혜로 죄 사함받고 구원받는 것을 믿으면 되는 것입니다. 처음 믿었으면 끝까지 믿으시기 바랍니다. 사도 바울은 믿음에서 믿음으로 나아간다고 했습니다. 오늘 우리에게 하나님의 촛대가 옮겨져서 부흥의 불이 계속 일어나기를 바랍니다.

15 막다른 골목

하나님께 대한 실망

창 12:1-2

여호와께서 아브람에게 이르시되 너는 너의 고향과 친척과 아버지의 집을 떠나 내가 네게 보여 줄 땅으로 가라 내가 너로 큰 민족을 이루고 네게 복을 주어 네 이름을 창대하게 하리니 너는 복이 될지라

우리는 때때로 하나님께 대하여 실망할 때가 있습니다. 특히 하나님께 기대도 많이 하고 기도도 많이 했는데 결과가 너무나도 좋지 않게 나왔을 때입니다.

저에게는 귀한 친구가 있었습니다. 제가 전도사로 있을 때 그 친구로부터 연락이 왔는데 아버지가 위암 말기로 돌아가시려고 하는 데 와서 기도해 달라고 부탁했습니다. 그때 저는 신앙에 불이 붙어 있었기 때문에 "믿고 구하면 무엇이든지 다 이루어진다"는 예수님의 말씀을 굳게 믿고 있었습니다. 저는 그 친구의 집으로 달려갔더니 친구의 아버지는 이미 복수가 차서 옆으로 누워계셨습니다. 저는 그 친구와 특히 예수 믿지 않는 동생을 데리고 뒤에 있는 관악산에 기도하러 올라갔습니다. 그때 제 친구도 서울대 대학원에 다니고 있었고 그 동생은 서울 법대를 다니고 있었습니다. 우리 세 명은 산에 돗자리를 깔고 밤새도록 소리를 지르면서 기도했습니다. 한참 기도하다 보니까 어느덧 아침이 오고 있었습니다. 그런데 우리가 기도하는 바로 위에 절이 있었는데, 우리는 절이 있는 줄도 모르고 절 바로 밑에서 소리를 지르면서 기도를 했으니까 아마 그날 밤에 중들은 한숨도 자지 못했을 것입니다. 새벽이 되어서 우리는 기도를 마치고 돗자리를 걷어서 산에서 내려왔습니다. 그리고 저는 그 친구에게 "우리가 열심히 기도했으니까 너거 아버지 암 나았을 거다!" 라고 장담하고 집으로 돌아갔습니다. 그런데 이틀 뒤에 그 친구에게서 전화가 왔는데 아버지가 돌아가셨다는 것입니다. 그때 저는 정말 하나님께 실망했습니다. 우리가 밤새도록 절에 있는 스님들이 잠을 자지 못하도록 큰 소리로 기도했는데, 또 예수님이 "무엇이든지 믿고 구하면 그대로 이루리라" 는 말씀을 의심하지 않고 믿고 기도했는데, 왜 하나님은 우리의 기도를 들어주시지 않았을까 하면서 하나님께 대하여 실망했습니다.

필립 얀시가 쓴 책 중에《하나님 당신께 실망했습니다》라는 책이 있습니다. 그 책에는 한 청년이 처음 예수 믿고 너무 좋아서 그는 완전히 신학을 해서 하나님을 기쁘시게 하는 삶을 살기로 작정했습니다. 그런데 몇 달 후에 그 청년은 필립 얀시를 찾아와서 자기는 하나님께 너무 실망해서 하나님을 믿지 않기로 했다는 것입니다. 그는 주위에서 많은 사람이 예수를 믿음에도 불구하고 병으로 죽어가고 기도는 응답되지 않고 하나님이 살아계신 증거를 찾을 수 없으므로 자기는 예수를 믿지 않기로 작정했다고 했습니다.

어쩌면 우리는 지금도 하나님께 실망하고 있는지도 모릅니다. 어떤 분은 이젠 더 이상 뜨겁게 하나님께 기도하지 않기로 작정하고 있는지도 모릅니다. 왜 하나님은 믿는 자에게 좋은 것을 주시겠다고 약속하시고는 나쁜 것만 잔뜩 주실까요? 왜 하나님은 우리에게 복을 주시겠다고 약속하시고서는 재앙만 주시는 것일까요?

1. 하나님이 아브라함에게 약속하신 복

부모가 엄청난 재산을 가지고 있기 때문에 아버지가 돌아가시면 기업이나 많은 돈을 유산으로 물려받는 자녀들이 있습니다. 이런 자녀들을 금수저를 물고 태어났다고 말합니다. 아마 그런 자녀들은 엄마가 아기를 임신했을 때 밥 대신 금수저를 삼켰던 모양입니다. 그러니까 아기가 태어날 때 입에 금수저를 물고 태어났겠지요.

하나님은 이 세상 모든 사람에게 값없이 어마어마한 복을 주십니다. 일단 우리 모든 사람이나 생명체에게 육신을 주시고 호흡을 주셨습니다. 그리고 공기를 주시고 햇빛을 주셨습니다. 하나님은 땅을 주시고 산과 바다를 주셨습니다. 하나님은 이런 귀한 선물을 주시고도 돈을 한 푼도 받지 아니하셨습니다. 하나님은 우리 인간 중 어떤 사람에게 구체적으로 하나님의 재산을 물려주시기로 결정하셨습니다. 그리고 그 재산은 상속되는 것이었습니다. 하나님의 이 재산 안에는 하나님의 자녀라는 왕과 같은 지위와 어마어마한 땅과 구하는 것이 응답되는 것과 하나님의 성령을 받는 것들이 들어있습니다. 물론 이 세상에서 물질적인 복을 받거나 지혜를 가지고 사는 것은 당연히 포함되어 있습니다. 이 하나님의 복은 독점적이었습니다. 그래서 하나님의 택하신 자들만이 이 복을 받을 수 있었습니다.

예를 들어서 옛날 우리나라 부자 여인들이 샤넬이나 루이뷔통 같은 명품을 사려면 파리라든지 이태리에 비행기를 타고 가서 사거나 아니면 우리나라에 가지고 들어올 때 세관에 신고하고 관세를 내어야만 했습니다. 그러나 지금 우리나라 백화점에는 웬만한 유명 브랜드들이 다 들어와 있기 때문에 굳이 외국에 갈 필요 없이 백화점에서 세계적인 명품들을 살 수 있습니다. 단 지정된 점포에 가야 가짜를 사지 않을 수 있습니다. 그 명품 점포는 본사와 독점적인 계약이 맺어져 있기 때문입니다.

마찬가지로 예전에 우리가 하나님의 복을 받으려고 하면 죽어서 천국에 가야 받을 수 있었습니다. 그러나 하나님께서는 누구든지 하나님을 믿는 자는 이 세상에서도 하나님의 복을 받을 수 있게 하려고 결정하셨습니다. 드디어 이 세상에 하나님 나라의 명품이 들어오게 된 것입니다. 하나님은 그 하나님의 유산 상속인으로 아브라함을 택하셨습니다. 그 이유는 아브라함이 하나님의 말씀을 믿었기 때문입니다. 하나님은 아브라함에게 밖에 나가서 하늘의 별을 헤어보라고 말씀하셨습니다. 아브라함은 하늘의 별을 헤아리면서 하나님의 창조의 능력을 믿었습니다. 그리고 하나님이 무에서 유를 창조하셨다면 죽은 사람도 살리실 수 있다는 것을 믿었습니다. 하나님은 오직 아브라함의 이 믿음 하나만 보시고 그에게 하나님의 복을 독점적으로 주시기로 결정하셨습니다.

하나님은 아브라함에게 약속하셨습니다.

> 창 12:2-3, "내가 너로 큰 민족을 이루고 네게 복을 주어 네 이름을 창대하게 하리니 너는 복이 될지라 너를 축복하는 자에게는 내가 복을 내리고 너를 저주하는 자에게는 내가 저주하리니 땅의 모든 족속이 너로 말미암아 복을 얻을 것이라 하신지라"

하나님이 아브라함에게 주시는 복은 명품 가방이나 시계 정도가 아니었습니다. 하나님이 주시려는 것은 아브라함이 나라가 되는 것이었습니다. 당시 아브라함은 떠돌이 목자에 불과했습니다. 아브라함은 가나안 땅에는 시민권이 없고 영주권도 없어서 언제든지 쫓겨날 수 있는 처지였습니다. 말 그대로 아무 권리 없이 가나안 땅 여기저기를 떠돌아다니는 떠돌이에 불과했습니다. 그런데 하나님은 아브라함으로 하여금 강력한 나라가 되게 하시겠다고 말씀하셨습니다. 그러면 아브라함은 다시는 쫓겨나지 않는 나라가 됩니다. 더욱이 아브라함의 나라 사람들은 모두 아브라함과 같은 믿음을 가진 사람들로 이루어집니다. 아브라함 같은 믿음을 가진 사람이 그렇게 많아지는 것입니다.

저는 교인들을 만나 이야기를 나누다 보면 감격할 때가 있습니다. 그것은 "목사님으로부터 설교를 들은 사람은 절대로 그렇게 안 해요. 저희들이 목사님으로부터 설교를 몇 년을 들었는데요?"라는 말을 들을 때입니다. 정말 신실하고 용기 있고 두려운 것이 없는 분들입니다. 온 교회가 이런 분들로 가득 차 있다면 얼마나 영광스럽겠습니까? 하물며 나라 전체가 이런 사람들로 가득 차 있다면 두려울 것이 아무것도 없을 것입니다. 하나님의 복은 떠돌이가 나라가 되는 것입니다.

그뿐만 아니라 하나님의 복은 아주 역동적이었습니다. "너를 축복하는 자에게는 내가 복을 내리고 너를 저주하는 자에게는 내가 저주하리니"라고 했습니다. 하나님이 아브라함에게 주시는 복은 물건이나 돈 같은 것이 아니라 살아있고 활동력이 있는 복이었습니다. 그래서 어떤 사람이 아브라함을 축복하면 하나님을 축복한 것과 같습니다. 하나님은 그들에게 복을 주십니다. 그리고 아브라함을 저주하면 하나님을 저주한 것과 같기 때문에 하나님이 그들을 저주하실 것입니다. 그러면 그들은 절대로 복을 받을 수 없습니다. 그들이 하는 모든 욕과 모든 나쁜 말은 자기 머리로 돌아가게 될 것입니다. 하나님은 아브라함 자신이 "복"이 될 것이라고 하셨습니다. 아브라함 자신이 복덩어리이고 보석이 되는 것입니다. 예전 개역성경에는 "너는 복의 근원이 될지라"고 했습니다. 즉 이 세상의 모든 복은 아브라함으로부터 시작된다는 것입니다. 만약 우리가 말라버린다면 온 세상은 사막으로 변하게 됩니다.

하나님은 아브라함에게 명령하셨습니다. 그것은 아브라함이 고향과 친척과 아버지의 집을 떠나서 하나님이 지시하는 곳으로 가라는 것입니다.

창 12:1, "여호와께서 아브람에게 이르시되 너는 너의 고향과 친척과 아버지의 집을 떠나 내가 네게 보여 줄 땅으로 가라"

아브라함이 복의 근원이 되기 위해서는 자기가 사는 곳과 모든 사람을 떠나야 했습니다. 아브라함이 하나님의 진짜 복을 받으려면 세상의 모든 것을 버리고 떠나야 합니다. 아브라함이 살고 있던 하란은 제2 고향이 되었습니다. 하란은 아브라함에게는 아주 익숙한 땅이지만 다른 곳은 전혀 알지 못했고 가 본 적도 없었습니다. 이미 하란에는 아브라함의 친척이 살고 있었고 가족도 그곳에 있었습니다. 그러나 하나님은 아브라함에게 모든 익숙한 것을 포기하고 한 번도 살아보지 못한 곳으로 가라고 하셨습니다. 여기서 고향은 자기가 살던 집이나 도시를 말합니다. 그리고 친척은 우리로 치면 내가 친한 모든 사람을 말합니다. 지금 우리에게 가장 중요한 것은 집과 직장입니다. 심지어는 가족까지 다 버리라고 하셨습니다. 그 이유가 무엇일까요? 아브라함으로 하나님 한 분만을 붙들고 살아가도록 하기 위함입니다. 우리 그리스도인들의 삶은 언제나 모험적입니다. 그리스도인은 절대로 안정이라든지 정착이라는 말을 좋아하지 않습니다. 항상 새로운 미래를 향해서 떠나야 하는 것입니다.

저는 어렸을 때 고향을 떠났기 때문에 고향을 떠나는 것이 얼마나 서러운 것인지 잘 압니다. 서울에 오니까 친구가 없었습니다. 그리고 말이 통하지 않았습니다. 그리고 적응이 되지 않았습니다. 그래서 제 마음은 항상 찬바람이 부는 찬방이었습니다. 저는 그 후에 직장이나 공부를 버렸습니다. 먹을 것이 없을 때도 여러 차례 있었습니다. 좋은 옷은 더 없었습니다. 그리고 저는 나중에 형제까지 버려야 했습니다. 형제들은 제가 미쳤기 때문에 아무도 만나려고 하지 않았습니다. 그런데 이것이 하나님의 복이 되는 비결이었습니다.

2. 아브라함이 마주친 현실

아브라함은 하나님의 말씀에 순종해서 이 세상에서 의지하고 믿었던 모든 것을 버리고 한 번도 살아본 적이 없는 새로운 곳으로 이민을 갔습니다. 이 길은 결코 돌아올 수 없는 길이었습니다. 아브라함은 결국 가나안 땅까지 가게 되었는데, 바로 그곳이 하나님이 가라고 지시하신 땅이었습니다. 그러나 아브라함은 가나안 땅에서 실망하게 됩니다. 그 이유는 아무리 하나님이 약속한 땅이라고 하지만 그 땅에는 전부 다 임자들이 차지하고 있었기 때문입니다.

아브라함이 찾아간 가나안 땅은 가나안 일곱 족속이 성을 짓고 살고 있는 땅이었습니다. 이스라엘은 가 보신 분이면 아시겠지만 그냥 땅은 아무리 많아도 소용없습니다. 사람이 살고 농사짓고 목축할 수 있는 땅은 샘이 있고 냇물이 흐르는 땅이어야 했습니다. 그런 땅은 전부 가나안 원주민이 아주 튼튼한 성을 쌓고 살고 있었기 때문에 아브라함은 그곳에 함부로 들어갈 수 없었습니다. 아브라함은 주인이 없는 빈 땅이 있는가 해서 남쪽으로 내려가 보았지만 그런 곳은 단 한 군데도 없었습니다. 아브라함은 가나안 땅에도 적응할 수 없었습니다. 그러나 아브라함은 가는 데마다 제단을 쌓고 하나님께 예배를 드렸습니다. 몇 달은 여기서 예배를 드리고 또 몇 달은 다른 데서 예배를 드렸습니다. 결국 아브라함은 이동식 예배를 드렸습니다.

그런데 아브라함이 하나님에 대하여 결정적으로 실망하게 된 것은 하나님이 약속하신 그 땅에 심한 흉년이 들어서 사람도 살 수 없고 양들도 먹을 풀이 없게 되었기 때문입니다. 어느 책을 보는데 책 이름이 《약속의 땅에도 기근은 오는가?》였습니다. 저는 그 책 제목이 멋있다고 생각했습니다. 우리 생각에 적어도 하나님이 약속하신 곳에는 흉년은 오지 말아야 합니다. 적어도 하나님이 약속하신 곳이라면 먹고 살 수는 있어야 합니다. 그러나 아브라함이 모든 것을 다 버리고 하나님이 약속하신 땅에 왔는데 정착할 곳도 없었고 비까지 오지 않아서 도저히 살 수 없었습니다. 이런 경우에는 하나님의 약속이 뭔가 잘못된 것이 아닐까요? 하나님이 그런 뜻으로 말씀하신 것이 아닌데 아브라함이 너무 하나님의 뜻을 확대해석한 것은 아닐까요? 하나님이 정상적인 하나님이시라면 이런 약속 위반을 하실 수 있을까요? 이런 의심을 품게 됩니다. 여기에 어려움이 있습니다.

아브라함은 별 뾰족한 수가 없었습니다. 그는 가나안 땅에 흉년이 들어서 양식이 없으니까 양식이 있는 애굽으로 내려가기로 결심했습니다. 애굽은 비가 오지 않아도 나일강의 물로 농사를 짓기 때문에 양식이 있었습니다. 이때 아브라함의 머리에 무슨 생각이 들었을까요? '하나님의 복보다 애굽이 더 좋은 것 같다' 는 생각일 것입니다. 물론 아브라함은 잠시 흉년을 피해 애굽에 내려가서 살다가 흉년이 끝나면 다시 돌아올 생각이었습니다. 그러나 아브라함이 하나님께 실망한 것은 사실입니다.

3. 인생 밑바닥으로 떨어짐

우리가 인생을 살아가는데도 '때' 라는 것이 아주 중요합니다. 바다에서 물고기를 잡는 어부에게는 물때가 중요합니다. 물때를 놓치게 되면 아무리 그물을 던져도 물고기가 잘 잡히지 않습니다. 우리는 세상에서 남들이 진학할 때 진학해야 하고, 취직할 때 취직해야 하고, 승진할 때 승진해야 하는데, 그 때를 놓치면 계속 밀리게 됩니다. 그래서 사람들은 이 세상에서 처음에 밀리지 않으려고 그렇게 공부하고 과외도 하고 윗사람에게 잘 보이려고 애를 쓰는 것입니다. 그러나 우리 믿음의 사람들은 믿음의 때가 있고 성령의 때가 있습니다. 우리가 그 때를 놓치지 않으면 다른 것은 다 해결됩니다. 그래서 예수님께서는 "너희는 먼저 그의 나라와 그의 의를 구하라 그리하면 이 모든 것을 너희에게 더하시리라"(마 6:33)고 말씀하셨습니다. 우리는 결단코 믿음의 때를 놓치면 안 됩니다. 한번 부흥의 때를 놓치고 부흥의 촛대를 빼기게 되면 다시 부흥을 일으키기가 어렵습니다.

아브라함은 가나안 땅에서 하나님에게 실망을 한 것 같습니다. 하나님은 아브라함에게 모든 것을 버리라고 하고는 하나님은 약속을 하나도 지키지 않으셨기 때문입니다. 그래서 아브라함은 하나님에 대한 불만을 가지고 애굽으로 내려가게 됩니다. 그런데 아브라함이 일단 하나님의 말씀에서 한 발짝을 벗어나니까 그때부터 입에서 거짓말이 계속 나오게 되었습니다. 아마 아브라함은 한평생 하지 않았던 거짓말을 그때 다 했을 것입니다.

일단 아브라함은 자기 부인 사라를 데리고 양 떼와 소 떼를 끌고 여러 피난민과 함께 애굽으로 내려가고 있었습니다. 그때 아브라함은 같이 내려가는 일행을 통해 애굽의 사정을 듣게 되었습니다. 애굽 사람들은 독신으로 애굽에 오는 사람들은 정착해서 살 사람들이니까 받아주지만, 이미 결혼해서 내려오는 사람들은 언젠가 애굽을 떠날 사람들이기 때문에 환영하지 않는다는 것입니다. 그 말을 듣고 아브라함은 긴장했습니다. 아브라함은 사라와 결혼하여 가정을 이룬 사람이기 때문입니다. 그래서 아브라함은 애굽에 들어가지 못하든지 아니면 들어가서 산다고 하더라도 누군가가 자기를 죽이고 사라를 빼앗아갈 수 있다고 생각했습니다. 그래서 아브라함은 사라가 진실을 말하면 안 되기 때문에 사라에게 "이제부터 나를 오빠라고 해라. 그러면 내가 살 수 있다. 그런데 만일 우리가 결혼했다고 하면 나를 죽이고 당신을 빼앗아간단다"라고 했습니다. 여기부터가 아브라함의 거짓말의 시작입니다. 그리고 그때부터 모든 것이 빗나가기 시작했습니다. 아브라함은 주위 사람들에게 자기는 결혼하지 않은 독신이고 사라는 자기 여동생이라고 이야기했습니다. 그랬더니 애굽 사람들이 아브라함과 사라를 좋아하게 되었습니다. 그런데 애굽 사람들의 눈에 사라는 아주 아름답게 보였습니다. 사라의 피부가 아주 고왔고 나이는 들어도 잘 늙지 않는 피부를 가졌기 때문인 것 같습니다.

아브라함은 사라가 독신이라고 하고, 사라가 아름다운 미모를 가졌으니까 애굽 왕의 신하들은 바로에게 사라를 칭찬하기에 바빴습니다. 그러니까 은근히 애굽의 바로가 사라에게 관심을 가지게 되었습니다. 그래서 바로는 오라비라고 하는 아브라함을 불러서 음식 대접하며 자기에게 사라 같은 미인이 필요하다고 말한 것 같습니다. 그러다가 어느 날 아예 군대를 보내어 사라를 납치하다시피 해서 사라를 데려가 버리니까 아브라함은 바로에게 부인을 뺏기고 말았습니다. 아브라함은 피난을 온 주제에 바로와 싸워서 사라를 찾아올 수 없었습니다. 거기에다가 바로는 아브라함에게 신부지참금이라고 하면서 양과 나귀와 소와 종들을 많이 주었습니다. 이제 와서 아브라함은 바로에게 "사실은 사라가 내 부인"이라고 밝힐 수 없었습니다. 만약 그렇게 했다가는 왕을 속인 죄로 당장 처형당할 것입니다.

아브라함은 애굽에 내려왔다가 인생 밑바닥까지 추락하게 되었습니다. 아브라함이 애굽에서 바로를 상대할 수 있는 것은 아무것도 없었습니다. 아브라함이 할 수 있는 것은 왕궁 가까운 곳 어두운 데서 하나님께 기도하는 수밖에 없었습니다. 이제 아브라함의 인생은 끝장나고 말았습니다. 그런데 이 절망의 순간에 하나님이 일하기 시작하셨습니다. 그것은 바로가 사라를 데려간 그날부터 바로 왕궁의 모든 여성의 몸에 이상이 생겨서 임신되지 않는 것이었습니다. 거기에다가 바로 자신도 사라를 데리고 온 후부터 매일 악몽을 꾸는데 도저히 사라에게 갈 수 없었습니다. 그리고 바로는 그때부터 남성 호르몬을 잃어버리게 되었습니다. 그리고 몇 달이 지났습니다. 바로는 왕궁의 어떤 여자도 임신하지 못하고 아예 전부 성적으로 불임 되는 것을 보고는 예삿일이 아니라고 판단했습니다. 그래서 바로는 애굽의 모든 제사장과 점술가들을 불러서 그 원인이 무엇인지 알아보라고 했습니다. 그랬더니 그들은 원인을 당장 찾아내었는데 이 모든 원인은 바로가 데리고 온 여자에게 있는 것 같다고 했습니다. 그리고 이 여자는 우리를 속이고 왕궁에 들어온 것 같고 이상한 기운이 있는 것을 보면 마녀인지도 모르고 왕을 죽이려고 속이고 들어온 것 같은데 결코 처녀가 아닐 것이라고 했습니다.

이 말을 듣고 바로는 화들짝 놀라서 아브라함을 불렀습니다. 그리고 그에게 왜 부인을 누이라고 속였는지 물었습니다. 그랬더니 아브라함은 자신은 하나님을 믿는 사람인데 우리가 부부라고 말하면 나를 죽이고 아내를 빼앗아 갈 것 같아서 부득이하게 거짓말하게 되었다고 해명하고 그동안 어려움을 주어서 미안하다가 사과했습니다. 그랬더니 바로는 아브라함에게 너와 네 아내가 애굽에 있다는 자체가 두렵다고 하면서 하루라도 빨리 양이나 소나 종들을 다 챙기고 네 부인 사라를 데리고 애굽을 떠나라고 했습니다. 그렇게 바로는 사라를 내어주고 난 후부터 악몽으로부터 벗어날 수 있게 되었고 왕궁의 모든 여성은 다시 임신할 수 있게 되었습니다.

왜 하나님은 아브라함에게 하나님의 복을 독점적으로 준다고 약속하시고는 복은 안 주시고 어려움만 겪게 하셨을까요? 왜 하나님이 약속하신 땅에 기근이 찾아왔을까요? 왜 아브라함에게 부인까지 뺏기는 수치를 당하게 하셨을까요? 그것은 하나님의 복이 보통 사람이 생각하는 것과는 다르기 때문입니다. 하나님이 약속하신 가나안 땅은 하나님의 말씀이 임하는 무대였습니다. 연극에서 가장 중요한 곳은 무대입니다. 거기서 주인공은 대사를 읽고 연기하면서 드라마를 끌고 갑니다. 특히 하나님의 말씀이 임하는 곳은 무대에서 가장 중요한 스포트라이트가 비치는 곳입니다. 그래서 전 세계 역사가 캄캄할 때 오직 가나안 땅에서만 역사가 빛나고 있었습니다. 아브라함은 가나안 연극의 주인공이었습니다. 바로는 엑스트라에 불과했습니다.

우리는 이 세상에서 하나님의 말씀을 가지고 연기하는 주인공들입니다. 그 연극의 대사는 모두 성경 말씀입니다. 조연이나 엑스트라의 특징은 대사가 거의 없다는 것입니다. 우리 입에서 성경 말씀이 줄줄 나올 때 우리는 주연 연기를 하고 있는 것입니다. 아브라함의 연기는 불행하게도 거짓말하는 연기였습니다. 사라의 연기는 바로의 첩으로 잡혀가는 연기였습니다. 그런데 아브라함은 이런 위기에서 아주 중요한 사실을 하나 발견했습니다. 그것은 바로 하나님께서 아브라함을 도우신다는 사실이었습니다. 아브라함은 자신의 연기는 실패했지만 하나님이 자기를 위해서 움직이신다는 사실을 깨달을 수 있었습니다.

우리의 복은 하나님 말씀의 연기입니다. 우리는 때로 거짓말하는 연기를 할 때도 있고, 눈물 흘리는 연기를 할 때도 있고, 자기 것을 뺏기는 연기를 할 때도 있습니다. 그러나 하나님은 우리 편이시고 하나님의 강한 능력이 우리와 함께 있습니다. 하나님에게 실망하지 마시기 바랍니다. 지금도 우리는 알지 못하지만 하나님은 우리를 위해 일하고 계십니다.

16 막다른 골목

교활한 천재

삼하 17:1-2

아히도벨이 또 압살롬에게 이르되 이제 내가 사람 만 이천 명을 택하게 하소서 오늘 밤에 내가 일어나서 다윗의 뒤를 추적하여 그가 곤하고 힘이 빠졌을 때에 기습하여 그를 무섭게 하면 그와 함께 있는 모든 백성이 도망하리니 내가 다윗 왕만 쳐죽이고

우리는 "하나님을 경외하는 것이 지식의 근본이라"는 것을 알게 됩니다. 우리는 하나님으로부터 최고의 지혜를 배우는 사람들입니다. 그런데 우리에게 이해되지 않는 것은 우리가 아무리 성경을 배우고 하나님의 지혜를 배워도 세상사는 데는 큰 도움이 되지 않는 것 같습니다. 여전히 세상 사람들이 인정하는 것은 좋은 학교를 나온 세상 지식이나 학벌이며 장사해서 성공하는 사람이 되는 것입니다. 이것도 머리가 좋거나 혹은 세상이 돌아가는 것을 먼저 아는 사람들입니다. 그래서 오늘 많은 청년은 이 세상에서 성공하는데 하나님의 지식 즉 성경은 필요가 없다고 생각해서 신앙을 버리고 세상 지식이라도 하나 더 배우고 영어 단어라도 하나 더 외우려고 교회를 떠나고 있습니다.

미국의 천재 중에 존 내쉬라는 사람이 있었습니다. 이 사람은 수학으로 최고의 명문이었던 프린스턴대학을 무시험으로 진학할 정도로 실력이 좋았습니다. 그는 창문을 노트로 삼아서 수학 공식을 써놓고 당시 학자들이 풀지 못하던 공식을 증명하기도 했습니다. 내쉬는 다른 사람들보다 훨씬 빨리 박사가 되었고 바로 MIT 교수가 되었습니다. 그러나 그를 바보로 만든 것은 조현병(정신분열증)이었습니다. 그는 그 병 때문에 아무것도 할 수 없었었습니다. 연구도 못하고 교수도 못하고 폐인이 되고 말았습니다. 그러나 그는 열심히 약도 먹고 재활에 노력해서 교수로 복귀하고 결혼도 하고 노벨상까지 받았습니다. 그는 수학계에서 가장 인정해주는 아벨상의 수상자로 뽑혔습니다. 그러나 그는 그 상을 받아가지고 돌아오다가 교통사고로 죽게 됩니다. 내쉬는 아무리 머리가 좋고 천재라 해도 자신의 운명은 이길 수 없었습니다.

솔로몬은 하나님의 지혜를 얻기 위하여 일천번제를 드렸습니다. 솔로몬이 일천번제를 드린 열매는 하나님의 질문이었습니다. 하나님의 질문은 "너는 무엇을 원하느냐?"는 것이었습니다. 솔로몬은 자기 머리나 힘으로는 적대세력이 가득한 이스라엘을 도저히 다스릴 수 없다는 것을 알고는 하나님께 지혜를 달라고 했습니다. 그때 하나님께서는 솔로몬의 기도가 하나님의 뜻에 딱 맞았기 때문에 지혜만이 아니라 부귀와 영화와 모든 물질적인 복을 다 주셨습니다. 솔로몬은 "마음의 경영은 사람에게 있어도 말의 응답은 여호와께로부터 나오느니라"(잠 16:1)고 했습니다. 우리가 짧은 기간을 통해서 보면 머리가 좋은 사람이 틀림없이 성공할 것 같고 또 실제로 성공하는 것을 보게 되지만, 어느 정도 시간이 지나고 난 후에 보면 사람의 머리는 아무것도 아니고 오직 하나님의 지혜만 승리한다는 사실을 알게 됩니다.

다윗 왕의 부하 중에 천재가 한 명 있었습니다. 이 사람은 아히도벨이라는 사람인데, 그는 아주 뛰어난 전략가였고 천재였습니다. 아히도벨은 다윗 왕의 모든 전략이나 방법을 손바닥 위에 올려놓고 보는 사람이었습니다. 그런데 이 사람은 너무 머리가 좋다 보니까 다윗이 성경 말씀을 따라서 정치하는 것을 너무 답답하게 생각했습니다. 그러다가 아히도벨은 다윗의 아들 압살롬이 야망을 가지고 아버지에게 반역을 일으키니까 자기와 통할 것으로 생각해서 압살롬 쪽에 붙었습니다. 아히도벨이 압살롬의 부하가 되었다는 것은 다윗은 망한 것과 같았습니다. 아히도벨은 그만큼 머리가 뛰어난 천재였기 때문입니다. 그러나 아히도벨은 성공하지 못하고 결국 실패해서 자살하고 말았습니다. 하나님께서 아히도벨의 계획에 'OK'를 하지 않으셨기 때문입니다. 결국 우리가 이 세상에서 실패하지 않고 성공할 수 있는 비결은 사람의 인기나 방법에 의존하는 것이 아니라, 하나님으로부터 'OK' 허락을 받는 것입니다. 그러면 처음에는 고생을 많이 하지만 결국은 성공하게 됩니다.

1. 다윗에게 찾아온 경직성

빵이나 떡은 처음에는 아무리 맛있고 말랑말랑하더라도 이틀이나 사흘 정도 그냥 두면 상하든지 딱딱해져서 맛이 없어지게 됩니다. 특히 떡을 곰팡이가 피지 않게 하겠다고 냉장고에 넣어두면 더 딱딱해져서 먹을 수 없게 됩니다. 이와 마찬가지로 신앙이라는 것은 처음에는 아주 달콤하고 말랑하고 맛이 있지만, 그냥 오래 두면 딱딱해져서 먹을 수 없게 되든지 상해서 버려야 할 때가 많습니다.

우리 인간에게는 스스로 판단해서 좋고 나쁜 것을 분별할 능력이 있습니다. 그뿐만 아니라 모든 인간은 할 수 있으면 자기가 가지고 있는 능력이나 자원을 사용해서 가장 좋은 결과를 얻으려는 야망이나 욕망이 있습니다. 그래서 공부도 열심히 하고 일도 밤낮없이 부지런히 하는 것입니다.

그런데 하나님께서는 사람에게 율법이나 도덕을 주셨습니다. 이것이 바로 우리 인간이 달려야 하는 한계입니다. 인간은 이 길 안에서 달려야 사고를 당하지 않고 안전할 수 있습니다. 만약 이 길을 벗어나게 되면 차가 뒤집어지기도 하고 수렁에 빠지거나 바위에 부딪혀서 부서지고 사람들은 다치거나 죽기도 합니다.

하나님께서는 이스라엘에 머리 좋고 능력 있는 사람들을 많이 보셨지만 하나님의 마음에 맞지 않았습니다. 그런데 하나님이 다윗을 만났을 때는 하나님의 마음에 완전히 합하게 되었습니다. 그뿐만 아니라 하나님은 다윗을 너무 좋아하셔서 일개 목동밖에 되지 않는 사람을 이스라엘의 영웅으로 만드시고 왕으로 만드셨습니다. 그리고 이스라엘을 아주 크고 강한 나라로 만들어주셨습니다. 그 이유는 다윗이 하나님의 율법을 너무 사랑해서 그 법을 외우고 그 법으로 시를 쓰고 노래까지 만들어서 절대로 그 법을 넘어서지 않았기 때문입니다.

다윗은 처음부터 뛰어난 사람이 아니었습니다. 다윗은 형제만 여덟 명이 있는 가난한 집의 막내아들이었고 외모도 볼품이 없고 지식 같은 것은 없었습니다. 다윗은 형제 중에서 가장 가난하고 못난 사람이 되어야 정상이었습니다. 그런데 다윗은 이스라엘을 쳐들어온 적장 골리앗을 물맷돌로 이마를 때려서 죽이고 일약 이스라엘의 영웅이 되었습니다. 그 이유는 다윗은 율법을 사랑함으로 하나님의 능력을 가져오는 비결이 있었기 때문입니다.

우리 인간은 야생동물들의 본능을 가지고 죽도록 무엇인가를 할 때 성공할 수 있고 만족할 수 있습니다. 그러나 그 결과는 사고로 끝날 때가 많습니다. 그래서 위대한 영웅이 나타났다는 것은 어떻게 보면 성공이지만 하나님의 눈으로 보면 사고일 때가 많습니다.

다윗은 하나님의 마음에 합한 사람이었습니다. 그는 자기 야망이나 욕심을 따라가지 아니하고 하나님의 율법을 밤낮으로 사랑하고 그 말씀을 따라갔습니다. 그래서 다윗은 늘 안전했고 늘 복을 받았으며 유명한 사람이 되었습니다. 그런데 다윗에게는 두 가지 위험이 늘 있었습니다. 하나는 다윗 주위에 있는 머리 좋고 야망을 가진 사람들의 도전이었습니다. 이런 사람 중에는 다윗의 신하도 있었고 아들도 있었습니다. 이들이 보기에는 다윗이 좀 더 인간적인 방법을 쓴다면 수십 배 더 좋은 결과를 가져올 텐데 하나님의 율법 때문에 절대로 한계선을 넘으려고 하지 않았습니다. 다윗은 하나님의 말씀을 지키는 것으로 만족했던 것입니다. 그런 불만을 가진 자 중에 다윗의 아들 압살롬이 있었고, 신하 중에는 아히도벨 같은 천재가 있었습니다.

거기에다가 다윗은 물론 다윗의 신하들도 마음으로 경직되고 부패하려는 유혹이 항상 있었습니다. 사람이 같은 일을 오래 하다 보면 결국 권태가 오게 되는데 딱딱하게 되고 썩어서 부패해지게 됩니다. 다윗의 정권은 권태가 오게 되었습니다. 그래서 다윗의 신하들은 백성에게 친절하지도 않았고 백성의 어려움에 무관심해지게 되었습니다. 심지어 다윗은 다른 신하의 아내까지 유혹해서 관계하는 바람에 그 남편을 죽이기까지 했습니다.

그런데 드디어 사고가 터졌습니다. 그것은 바로 다윗이 가장 사랑하고 아꼈던 아들 압살롬이 왕이 되려고 아버지를 반역한 것입니다. 그때 얼마나 많은 신하들과 백성이 다윗을 버리고 압살롬을 지지했는지 모릅니다. 압살롬은 하나님 말씀의 제한을 받지 않으니까 자기들이 하고 싶은 것을 무엇이든지 할 수 있었고 또 하나님의 인정보다는 사람들의 지지를 받으려고 했기 때문입니다. 이때 압살롬을 지지한 사람 중에 이스라엘의 천재 아히도벨이 있었습니다. 이것을 보면 백성들이 얼마나 하나님의 말씀에 싫증을 내고 있었으며 얼마나 다윗의 통치에 답답해했는지 알 수 있습니다. 압살롬은 모든 것을 인간의 야망과 욕심에 맞추어서 정치를 했습니다. 그러니까 너무 발전도 빠르고 효과도 좋은 것 같았습니다.

압살롬은 단숨에 아버지를 왕의 자리에서 몰아내고 예루살렘을 차지해 버렸습니다. 특히 압살롬은 외모가 너무나도 배우 이상으로 멋있게 생겼고, 머리카락도 여자보다 더 길게 길렀는데 그 모습은 너무나도 카리스마가 있고 매력적이었습니다. 짧은 시기를 보면 다윗은 망했고 압살롬은 성공을 했습니다.

2. 천재의 전략

다윗은 왕의 자리에서 밀려나 도망치고 있었지만 아직 죽지는 않았습니다. 전왕이자 아버지였던 다윗은 도망쳤고 아들 압살롬이 예루살렘 도시와 왕궁을 차지했습니다. 이때 반 이상 되는 관리나 군대나 백성이 압살롬을 지지하고 있었습니다. 압살롬은 어떤 일부터 해야 할 것인지 잘 몰랐습니다. 즉 내실부터 다지고 난 후에 아버지의 잔당을 추격할 것인지, 아니면 아버지의 부하들을 먼저 추격해서 그 세력을 뿌리 뽑을 것인지 판단이 잘 서지 않았습니다. 이때 아주 강경론을 주장한 사람이 있었습니다. 그가 바로 천재인 아히도벨이었습니다. 대부분의 신하나 백성은 아무래도 아들이 젊으니까 더 정치를 잘할 것이고, 언젠가는 압살롬이 왕이 될 것 같은데 하루라도 빨리 다윗을 물러나게 하고 참신한 아들을 왕으로 삼는 것이 좋을 것이라고 생각했습니다.

그러나 아히도벨은 이 문제를 꿰뚫어 보고 있었습니다. 이 전쟁은 결코 세대 간의 싸움이 아니고, 길이 서로 다른 것이었습니다. 다윗은 죽자살자 하나님의 말씀의 길을 가려는 사람이고, 압살롬은 하나님의 말씀은 무시해 버리고 인간의 욕망대로 달려가자는 사람이었습니다. 아히도벨은 당연히 인간의 머리와 욕망이 이긴다고 생각하는 사람이었습니다. 아히도벨은 이 전쟁은 질질 끌면 결국 둘 다 망하게 되니까 속전속결로 끝내야 한다고 생각했습니다. 그래서 아히도벨은 지금 다윗이 도망치고 있을 때, 그리고 그가 전혀 전쟁할 힘이 없을 때, 기습해서 다윗만 죽으면 나라는 완전히 압살롬의 나라가 된다고 생각했습니다.

우선 아히도벨은 압살롬에게 두 가지 모략을 내었습니다. 첫째는 다윗이 도망을 치면서 왕궁을 지키라고 남겨놓고 간 후궁이 열 명이 있었는데, 그 처리 문제입니다. 다윗이 이 후궁들을 남겨놓고 간 것은 압살롬에게서 아버지에 대한 최소한도의 예의를 믿었기 때문입니다. 그런데 아히도벨은 백성이 보는 앞에서 이 열 명의 아버지의 후궁들을 강간해서 아버지와 나는 이제부터 원수이고 다시 협상이나 타협이 없다는 것을 보여 주라고 했습니다. 그래서 압살롬은 왕궁 위에 대낮에 텐트를 쳐서 아버지의 후궁 열 명을 남들이 보는 앞에서 강간했습니다. 아히도벨은 이런 행동을 통해서 나에게는 부모 자식의 의리 같은 중요하지 않고, 오로지 욕망과 야망만이 있다는 것을 온 백성 앞에 선언했던 것입니다.

그리고 둘째로 아히도벨은 압살롬에게 아버지 다윗을 빨리 죽이면 죽일수록 좋다고 했습니다. 그래서 오늘 자기에게 군사 만 이천 명만 주면 자기가 맹렬하게 추격해서 도망가느라 정신이 없는 다윗만 공격해서 죽이면 이스라엘은 확실히 압살롬의 나라가 된다고 장담했습니다. 확실하고 명확한 모략이었습니다.

그러나 이 모략을 실행하는 데 있어서 압살롬은 주저했습니다. 왜냐하면 하루만에 군대를 일으켜서 예루살렘을 차지하고 아버지 다윗을 몰아낸 것만 해도 엄청난 승리였으므로 아버지를 추격해서 죽이는 것은 별로 마음에 들지 않았기 때문입니다. 예루살렘 같은 큰 성을 자기 것으로 만들었고, 왕의 후궁들까지 자기 것으로 만들었으면 이것만 해도 성공이지, 또 먼지를 뒤집어쓰면서 아버지와 그 백성을 추격하고 싶지 않았습니다. 즉 압살롬은 예루살렘을 차지하고 승리에 도취되었던 것입니다. 압살롬은 이제 아버지의 궁에 있는 포도주를 다 꺼내어서 마시고 더 많은 사람에게 고기를 나누어주고 춤을 추면서 승리를 만끽하고 싶었던 것입니다.

그래서 압살롬은 천재였던 아히도벨의 말을 무조건 따르지 않고 또 다른 신하인 후새를 불렀습니다. 그런데 이 후새는 압살롬에게 항복하고 그의 신하가 되었지만 실상은 다윗이 압살롬에게 심어놓은 스파이였습니다. 압살롬은 후새에게 물었습니다. "지금 아히도벨은 이 기분 좋은 자리에 또 군사를 끌고 나가서 아버지 다윗을 죽이고 와야 한다는데 후새 당신의 생각은 어떻소?"

후새는 압살롬의 말을 듣고 등에 진땀이 흘렀습니다. 왜냐하면 아히도벨이 본 상황이 정확했기 때문입니다. 만약 압살롬이 아히도벨의 말을 듣고 그대로 한다면 오늘 밤에 틀림없이 다윗이 죽는다는 것을 알았습니다. 그래서 후새는 아히도벨의 그 정확한 전략이 이루어지지 못하도록 반대 의견을 제시했습니다. 그것은 온 백성의 마음이 압살롬에게 돌아온 지금 급하게 아버지를 추격해서 죽이려고 할 것이 아니라, 백성의 마음을 더 확실하게 다지고 난 후에 다윗과 전면전을 벌이는 것이 훨씬 왕에게 어울린다고 제안했습니다. 이것은 사실 후새가 다윗에게 시간을 벌어주기 위한 방안이었습니다. 후새는 다윗의 스파이답게 이런 제안을 멋있게 이야기했습니다. 압살롬에게, 왕이 완전히 나라를 자기 것으로 굳힌 후에 바다의 모래같이 많은 백성을 모아서 다윗과 전면전을 벌이라고 했습니다. 그리고 만약 다윗이 어느 성에 들어가서 나오지 않으면 그 많은 백성이 밧줄을 가지고 그 성을 통째로 끌어서 강에 처넣어버리자고 했습니다.

이런 감언이설에 압살롬은 금방 황홀경에 빠졌습니다. 아버지 다윗은 작은 성에 갇혀 있고 자기는 수많은 백성을 모아서 아예 아버지 성을 통째로 끌고 가서 강에 처넣어버리는 장면은 생각만 해도 속이 시원했습니다. 후새의 전략은 사실 다윗에게 시간을 벌어줄 속셈이었지만, 자기도취에 빠져 있는 압살롬이 듣기에는 너무나도 멋진 생각으로 들렸습니다. 그래서 드디어 압살롬은 결정했습니다. 즉 지금 다윗과 전면전을 또 벌일 것이 아니라, 백성을 더 모아서 자기 세력을 확실히 굳힌 후에 다윗을 추격하기로 확정했던 것입니다. 여기서 압살롬의 운명은 이미 정해졌습니다. 이렇게 압살롬은 다윗을 이길 수 있는 결정적인 찬스를 놓쳐버리고 다윗에게 도망갈 시간을 벌어주었습니다.

3. 인간 지혜의 멸망

아히도벨과 압살롬이 다윗에 대하여 어떻게 공격할 것인가를 의논하고 있는 동안에도 다윗은 아직 요단강을 건너가지 못하고 있었습니다. 그래서 만약 그때라도 압살롬이 변덕을 부려서 다윗을 추격하라고 했다면 얼마든지 다윗을 죽일 수 있었을 것입니다. 아히도벨은 이미 대세는 압살롬에게 기울었기 때문에 전면전이 필요 없고 다윗만 죽이면 자동적으로 이스라엘은 압살롬의 나라가 된다고 생각했습니다. 이때 아히도벨의 전략은 정확한 현실이었습니다. 그러나 아히도벨의 이 현실적인 전략은 다른 사람의 말 한마디에 기각되어 버리는 것을 보게 되었습니다. 이때 아히도벨은 압살롬이 어떤 사람인지 분명히 알게 되었습니다. 아히도벨은 압살롬이 아주 참신하고 도전적이라고 생각해서 늙고 케케묵은 다윗을 배반하고 아들 편에 붙었던 것입니다. 그러나 이제 보니까 압살롬은 겉모습만 중요하게 생각하는 허영덩어리였습니다. 게다가 압살롬은 조금만 잘되면 자기도취에 빠져서 만족하고 조금도 그 앞을 보지 못하는 멍청이였습니다.

이때야 비로소 아히도벨은 자기가 잘못 선택한 것을 알았습니다.

아주 머리가 좋고 미래 지향적인 사람을 택한 줄 알았는데 알고 보니까 돌머리 같은 사람을 택한 것이었습니다. 아히도벨은 자신의 미래가 눈에 선했습니다. 압살롬이 이 정도로 판단하지 못하고 남의 말에 넘어갈 사람이라면 앞으로 모든 일을 이런 식으로 처리할 것이고 결국 아히도벨에게는 미래가 없다는 사실도 깨달았습니다.

그동안 후새는 두 명의 제사장 사독과 아비아달에게 아히도벨의 전략을 이야기하고, 지금 빨리 다윗에게 달려가서 당신을 죽이려는 음모가 있으니 오늘 밤이라도 당장 요단강을 건너가라고 알려줍니다. 그 말을 듣고 강을 건너지 않고 요단강 이편에서 하룻밤을 자려고 했던 다윗은 혼비백산이 되어서 서둘러서 요단강을 건너가서 안전한 곳으로 피신했습니다.

아히도벨은 압살롬에게는 아무 비전이 없다고 생각했습니다. 머리가 너무 좋은 사람은 미리 자기 머리로 다 예견해서 판단까지 해버립니다. 아히도벨은 그 즉시 나귀에 안장을 지워서 자기 고향으로 돌아갑니다. 그리고 집안일을 정리한 후에 목을 매어 자살했습니다. 아히도벨은 머리는 뛰어난 천재였지만 인성이 나쁜 천재였습니다. 그래서 하나님은 아히도벨의 그 좋은 머리로 다윗을 해치지 못하도록 막으셨고, 그는 자존심이 상해서 자살하고 말았습니다.

다윗은 그동안 안전한 곳으로 도망칠 수 있었습니다. 얼마 후에 드디어 다윗과 압살롬은 전면전을 벌이게 되었습니다. 압살롬의 군대는 모두 정예부대였고 싸움을 잘하는 군인들이었습니다. 거기에 비해 다윗의 부대는 어중이떠중이 잡족들이었습니다. 그러나 다윗 부대의 특징이 하나 있었는데, 그것은 모두 다윗의 가치를 아는 사람들이었다는 것입니다. 자기들은 천 명이 죽어도 되지만 다윗은 끝까지 살아남아서 부흥의 등불을 밝혀야 한다는 것을 아는 사람들이었습니다. 그리고 다윗의 무리를 돕는 사람들은 전부 자기 집에서 자진해서 온 것이었습니다. 그들은 다윗에게 전쟁터에 나가지 말라고 부탁했습니다. 다윗이 죽어버리면 지금까지 그들이 고생한 것이 아무것도 아닌 것이 되기 때문이었습니다.

다윗의 부대는 자신들이 잘 싸우지 못하기 때문에 전쟁하는 장소를 에브라임 숲으로 정했습니다. 숲속에서는 정규부대의 전략이 통하지 않고 적들이나 아군의 수도 잘 보이지 않기 때문입니다.

셰익스피어의《맥베드》를 보면 마녀가 맥베드에게 버냄 숲이 이성까지 움직이기 전에는 맥베드를 이길 자가 없을 것이라고 예언합니다. 맥베드는 숲이 움직일 리가 없기 때문에 아무도 자기를 이기지 못한다고 생각했습니다. 그런데 어느 날 망을 보는 보초가 버냄 숲이 움직여서 이리로 오고 있다고 보고했습니다. 그것은 맥베드와 싸우는 왕자의 부대가 군대의 수를 보이지 않게 하기 위하여 숲의 가지를 잘라서 머리 위에 세우고 성으로 진격하고 있었기 때문입니다.

다윗의 부대는 숲에서 싸웠기 때문에 정규부대의 공격에 위축되지 않았습니다. 다윗의 군대는 그냥 믿음으로 열심히 싸우다 보니까 압살롬의 부대는 이만 명이나 죽었습니다. 그리고 압살롬은 이 전쟁에도 멋을 부린다고 자신의 긴 머리를 묶지 않고 풀어헤치고 나귀를 타고 달렸습니다. 그런데 나귀를 타고 나무숲을 지나가다가 압살롬의 그 긴 머리가 나뭇가지에 걸리게 되었습니다. 그리고 나귀는 가랑이 사이로 빠져나가 버리고 압살롬만 공중에 대롱대롱 달려있게 되었습니다. 압살롬이 아무리 머리를 나뭇가지에서 풀려고 해도 풀리지 않았습니다. 그때 다윗의 장군 요압은 압살롬이 나무에 달려있다는 말을 듣고 단창을 들고 가서 압살롬의 심장을 찌르니까 꼼짝 못 하고 죽어버렸습니다. 이것으로 압살롬의 반역은 실패하고 말았습니다.

우리는 천재가 될 필요가 없습니다. 나의 미래에 대하여 너무 미리 알려고 하지 마시기 바랍니다. 묵묵하게 하나님의 말씀을 사랑하고 남을 미워하지 말고 아무리 여건이 좋지 못해도 최선을 다해서 그 어려움을 이겨나가면 하나님이 좋은 길을 열어주실 것입니다.

17 막다른 골목

사람의 운명

누 16:19-21

한 부자가 있어 자색 옷과 고운 베옷을 입고 날마다 호화롭게 즐기더라 그런데 나사로라 이름하는 한 거지가 헌데 투성이로 그의 대문 앞에 버려진 채 그 부자의 상에서 떨어지는 것으로 배불리려 하매 심지어 개들이 와서 그 헌데를 핥더라

우리는 어떻게 보면 운이 아주 좋은 시대에 태어난 사람들이라고 말할 수 있습니다. 우리는 거의 한국 전쟁이 끝난 후에 태어난 세대입니다. 물론 우리는 어렸을 때 나라가 가난해서 헐벗고 굶주린 어린 시절을 보내긴 했지만, 반면에 우리나라 경제가 눈부시게 발전해서 지금은 더 이상 굶주리지 않고 따뜻한 집에서 사는 시대에 살고 있습니다. 그러나 우리와 같은 시대에 태어났다 하더라도 시리아라든지 북한 같은 데서 태어난 사람들은 비참한 운명에서 살아가게 됩니다.

우리 크리스천은 가족이 예수 믿지 않고 죽으면 틀림없이 지옥에 간다고 생각해서 전도하지 못한 것에 대하여 굉장히 마음 아프게 생각합니다. 그래서 많은 크리스천 가족은 부모님이 돌아가시기 전에 예수 믿게 하려고 애를 많이 씁니다.

우리가 죽어가는 사람들에게도 전도하려고 애쓰는 이유는 성경적인 근거가 있습니다. 예수님과 같이 십자가에 못 박혀서 죽어가던 한 강도가 예수님에게 "예수여 당신의 나라에 임하실 때에 나를 기억하소서"(눅 23:42)라고 고백하니까 예수님은 "오늘 네가 나와 함께 낙원에 있으리라"고 말씀하셨습니다. 즉 죽어가는 사람이 예수를 믿어도 예수님께서는 그 죽어가는 사람의 믿음을 보시고 그를 영접하셔서 영생을 얻게 하시는 것입니다.

우리 사회에 가장 안타까운 사실은 전혀 죽어야 할 이유가 없는 분들이 자살을 너무나도 많이 하고 있다는 사실입니다. 사실 옛날 사람들은 우울증은 병이라고 생각하지 않았습니다. 우울증은 괜히 먹고살만하니까 쓸데없이 생각만 많이 해서 죽는 사치 병으로 생각했습니다. 그러나 지금은 너무 많은 사람이 자살하니까 이제는 우울증이 중요한 사회 문제가 되고 있습니다.

세례 요한은 하나님의 아들의 오심을 준비하는 위대한 선지자였습니다. 그러나 세례 요한은 아주 정의로운 사람이었습니다. 그는 당시 분봉왕이던 헤롯이 자기 동생의 처와 결혼해서 사는 것을 보고 헤롯을 부도덕하다고 공개적으로 책망했습니다. 그 결과 헤롯의 분노를 사서 체포되어 감옥에 갇히게 되고 나중에 헤롯의 음란한 부인의 딸 살로메가 헤롯의 생일에 기가 막히게 춤을 추는 바람에 그 춤값으로 목이 베어져서 죽게 됩니다. 어떻게 이 위대한 선지자의 최후가 이렇게 비참할 수 있을까요? 그 대신에 위대한 선지자를 죽였던 헤롯이나 세례 요한의 목을 베어달라고 했던 살로메는 오래오래 살았습니다. 세상에 이것보다 더 불공평한 일이 어디 있을까요?

우리 인간의 운명은 무엇이라고 말할 수 있을까요? 우선 대부분 사람은 사람이 이 세상에 살아있을 때만 기준으로 생각합니다. 왜냐하면 죽은 후에는 어떻게 될지 아무도 모르기 때문입니다. 그래서 살아있는 동안 돈이 많고 건강하고 자손이 많이 생기고 큰 병 없이 오래 살다가 죽으면 운이 좋은 사람이라고 말을 합니다. 반대로 어떤 사람은 뇌성마비를 가지고 태어나거나 병이나 사고로 일찍 돌아가시거나 돈을 잘 벌지 못해서 노년에 폐지를 모으신다고 박스 상자를 주워서 힘들게 생계를 유지한다면 운이 별로 좋지 못한 사람이라고 말할 것입니다.

우리나라 소설 중에 현진건의 《운수 좋은 날》이라는 작품이 있습니다. 이 소설의 주인공은 인력거꾼인데, 그날따라 운이 좋아서 손님을 계속 태우게 되었습니다. 그래서 그 사람은 그날 돈을 많이 벌어서 '오늘은 정말 운이 좋은 날이다' 라고 생각하고 술을 한잔 걸치고 집으로 갑니다. 그런데 집에 가보니까 그동안 병으로 골골하던 마누라가 죽어 있는 것입니다. 그때 그 남편은 운수 좋은 날이 진짜 운수 좋은 것이 아니구나 하는 것을 깨닫게 됩니다. 아마 이 세상 사는 거의 모든 사람이 다 그럴 것입니다.

1. 운명에 대하여 말할 수 있는 분

사람의 '운명' 이라는 것은 도대체 무엇일까요? 이것은 크게 두 가지로 나눌 수 있습니다. 하나는 사람의 운명을 이 세상에 살아있는 동안 그 사람이 얼마나 성공하고 잘 살고 건강한가 하는 것으로 판정하는 것입니다. 그 이유는 사람이 죽은 후에는 어떻게 될지 아무도 모르기 때문입니다. 거기에 비해 또 다른 하나의 입장은 이 세상의 성공과 실패는 그 사람의 운명의 기준이 되지 못하고, 죽고 난 후에 하나님 앞에서 그 영혼이 구원받느냐 아니면 지옥으로 가느냐 하는 것으로 판정하는 것입니다.

다시 말해서 인간은 죽으면 그것으로 모든 것이 다 끝나버리느냐 아니면 인간은 죽고 난 후에 다른 인생이 있느냐 하는 것입니다. 대부분 사람은 살아있는 동안의 인생이 의미가 있는 것이지, 죽으면 모든 것이 다 없어진다고 생각해서, 어떻게 해서든지 살아있는 동안 돈을 많이 모으려고 하고 사람들에게 인정받으려고 하고 높은 자리까지 올라가려고 애를 씁니다.

결국 인간의 문제는 각자가 생각하기에 따라서 달라지는 것일까요? 즉 사람이 죽은 후에는 모든 것이 끝이라고 생각하면 끝이 나는 것이고, 그렇지 않고 죽은 후에 인생이 있다고 믿으면 과연 있는 것일까요? 그렇지 않습니다. 인간의 운명이라는 것은 무엇을 말할까요? 우선 좁은 의미에서는 이 세상의 어떤 위기에서 사느냐 죽느냐 하는 것이 그 사람의 운명일 것입니다. 우리나라 어떤 여객기가 충돌사고로 그 비행기에 타고 있던 179명의 승객과 승무원은 모두 죽었습니다. 그러나 맨 끝에 앉았던 남녀 승무원 두 명은 기적적으로 살았습니다. 사람들은 살아난 사람은 운이 좋다고 하고 죽은 사람들은 운이 나빴다고 말할 것입니다. 그러나 우리가 보는 것으로 모든 것을 판정할 수 없습니다. 왜냐하면 인간은 하나님의 피조물에 불과하고, 오직 하나님만이 이 세상과 미래 세상을 판단하시는 분이시기 때문입니다.

예를 들어서 박경리의 대하소설 《토지》에는 많은 인물이 등장합니다. 그러나 거기에 나오는 사람들은 모두 작가가 머리로 생각해서 만든 인물입니다. 제가 처음 하동에 있는 평사리를 찾아갔을 때는 거기에 최참판댁도 없었고 서희도 없었고 길상이도 없었고 월선 아지매도 없었고 그냥 넓은 들판만 있었습니다. 심지어 작가 박경리 씨는 평사리를 한 번도 가본 적이 없다고 합니다. 그런데 박경리 씨는 머리로 그 모든 사람을 생각해서 만들었고, 심지어는 어떤 사람은 언제 죽고, 어떤 사람은 언제 망하고, 어떤 사람은 언제 성공하는 것까지 다 생각해 두었던 것입니다.

마찬가지로 하나님은 이 세상을 만드시면서 이 세상에 어떤 사람들이 등장할 것인지 생각해 놓으시고 그들의 흥망성쇠에 대해서도 정해 놓으셨습니다. 이것이 바로 사람의 운명입니다.

그래서 예수님은 어떤 사람의 운명에 대하여 중요한 언급을 하셨습니다. 예수님은 자신을 배반하고 은 삼십을 받고 대제사장의 편이 된 가룟 유다를 보시고 "그 사람은 차라리 태어나지 않는 것이 더 나을 뻔 했다"고 하셨습니다. 그리고 예수님은 그 당시에 가장 성공하고 존경받는 어떤 사람들에 대하여 "저주를 받은 자들아 나를 떠나 마귀와 그 사자들을 위하여 예비된 영원한 불에 들어가라"(마 25:41)고 말씀하셨습니다.

결국 인간의 영원한 운명, 즉 살고 죽는 것과 행복과 불행을 결정하실 분은 오직 하나님과 그 아들 예수 그리스도밖에 없습니다. 즉 하나님의 머릿속에는 우리의 영원한 운명에 대한 그림이 이미 그려져 있는 것입니다. 중요한 것은 우리가 이 세상에 살아있는 동안 그 운명을 바꿀 수 있다는 사실입니다. 즉 지금 우리는 이 세상에 살면서 우리의 영원한 운명을 바꿀 수 있는 것입니다.

과연 사람이 죽은 후에 천국이 있고 지옥이 있을까요? 그리고 진짜 지옥에는 뜨거운 불이 있고, 천국은 행복한 곳일까요? 그리고 이 세상에서 성공하고 높은 자리에 오른 사람은 영원히 행복한 사람일까요?

예수님은 이것을 하나의 이야기로 분명히 표현하셨습니다. 즉 예수님이 지옥이 있다고 말씀하시면 지옥은 정말 있는 것입니다. 그리고 예수님이 천국이 있다고 하면 정말 천국은 있는 것입니다. 그리고 예수님이 이 세상의 성공으로 영원한 천국에 들어갈 수 없다고 말씀하셨으면 아무리 이 세상의 성공이 좋아도 그 사람은 운이 나쁜 사람인 것입니다.

예수님은 누가복음 16장에서 두 사람의 운명에 대하여 말씀하셨습니다. 한 사람은 이 세상에서 성공한 부자요, 다른 한 사람은 이 세상에서 실패한 거지 나사로였습니다.

어떤 사람이 운이 좋아서 이 세상에서 엄청나게 돈을 벌었습니다. 그 사람은 부자가 되었습니다. 그래서 그는 옷도 최고로 비싼 옷만 입고 집에는 없는 것이 없었습니다. 그리고 그가 매일 먹는 식사는 잔치였습니다. 그는 이 세상에서 부족한 것이 없었습니다. 집은 으리으리하고 돈은 셀 수 없을 정도로 많고 종들도 많고 세상 권세도 대단했습니다. 그는 보약이란 보약은 다 먹고 술도 최고급 포도주만 마셨습니다.

거기에 비해 이 부잣집 앞에 한 거지가 살고 있었는데, 그의 이름은 나사로였습니다. 부자는 이름이 없는데 거지의 이름이 적혀 있는 것을 보면 심상치 않습니다. 그러나 그는 돈을 벌지 못해서 부잣집에서 버리는 음식이 그의 음식이었습니다. 그 부자는 돈과 권세가 많아서 죽었을 때 수많은 조문객이 몰려와서 아주 화려한 장례식을 치렀습니다. 출입구에는 수많은 높은 사람들이 보낸 화환들이 수십 개 혹은 수백 개가 서 있었습니다. 그리고 대리석으로 장식된 아주 좋은 묘지에 안장되었습니다. 사람들은 그 부자에게 좋은 곳에 가서 오래오래 행복하게 살라고 말합니다. 거기에 비해 부잣집 앞에 있는 거지 나사로는 목욕을 잘하지 못하니까 몸에 피부병이 생겨서 늘 몸을 긁어야 했습니다. 그리고 긁은 자리에 곪아서 고름이 생기니까 개들이 와서 그 고름을 핥아주었습니다. 아마 이 거지 나사로는 상대하는 사람이 없고 유기견인 이 개 한 마리가 가족이고 친구였던 것 같습니다. 그런데 이 거지도 결국은 죽었습니다. 사람들은 이 거지의 시체도 치워야 하기 때문에 가마니에 둘둘 말아서 어느 공동묘지에 묻든지 아니면 쓰레기장에 버리든지 했을 것입니다. 그리고 사람들은 더럽고 귀찮은 거지가 죽어서 아주 시원하게 되었다고 좋아했을 것입니다.

그러나 그들의 운명은 죽고 난 후에 완전히 달라졌습니다. 부자는 자기가 죽어서 지옥에 떨어져 있는 것을 발견했습니다. 그는 아무리 생각해도 지옥에 올 이유가 없는 것 같은데, 지옥의 뜨거운 불 가운데 자신의 몸이 타고 있었습니다. 그런데 아무리 몸이 타도 죽지는 않고 목은 얼마나 마른지 견딜 수 없었습니다. 그에게 정말 필요한 것은 오직 시원한 물 한 방울이었습니다. 거기에 비해 나사로는 죽었을 때 이 세상에서는 아무도 알아주지 않았지만 천사가 와서 그의 손을 잡아서 이끌어주었습니다. 그는 천사의 손을 잡고 하늘로 자꾸 올라갔습니다. 그가 천국 문에 이르렀을 때 천사들은 나팔을 불었고 수많은 성도가 그를 반갑게 맞이했습니다. 그리고 믿음의 조상 아브라함이 직접 이 나사로에게 가서 "복 받은 아들아, 나와 함께 영원한 복을 누리자" 고 하면서 그를 안아주었습니다.

2. 죽음의 절벽

인간이 이 세상에 살면서 가장 두려운 것은 누구든지 한번은 죽음의 절벽으로 떨어져야 한다는 것입니다. 죽음은 우리를 이 세상과 영원히 분리합니다. 사람이 죽으면 아내를 만날 수 없고 자식도 만날 수 없고, 돈을 쓸 수도 없고, 읽던 책도 아무 소용이 없고, 집이나 차나 옷이나 아무것도 쓸모가 없습니다. 왜냐하면 내가 영원히 없어져 버리기 때문입니다. 그래서 사람에게 죽음은 가장 슬픈 사건입니다. 사람이 죽으면 나만 썩어서 없어지든지 화장해서 없어지고, 세상은 아무 일 없었다는 듯이 그대로 굴러갑니다. 장례식 때 와서 슬퍼하던 사람들도 그 시간만 지나면 아무 일이 없었다는 듯이 일상적인 자기 일을 합니다. 그래서 모든 사람에게 죽음의 절벽은 너무나도 무섭습니다. 사람들은 이 절벽에서 떨어지지 않으려고 몸부림치다가 결국 뒤에서 누군가가 밀면 어쩔 수 없이 수천 길, 수만 길 되는 절벽에서 떨어져 이 세상에서는 없어져 버리게 됩니다.

그래서 존 번연은 《천로역정》에서 죽음을 성도들이 마지막에 건너가야 할 강으로 표현하고 있습니다. 끝까지 달려갈 길을 달려간 크리스천과 그의 친구는 마지막으로 죽음의 요단강을 건너가야 합니다. 그때 크리스천은 강에 자꾸 빠져들어가 숨을 쉴 수 없게 되니까 절망하면서 친구에게 "나는 이 강을 건너가지 못할 것 같다"고 말합니다. 그러나 친구는 충분히 건너갈 수 있다고 격려합니다.

유다서를 보면, 모세가 죽었을 때 그 시체를 두고 사탄과 미가엘 천사가 다투는 내용이 나옵니다. 사탄은 모세가 옛날에 애굽 사람을 죽인 적이 있기 때문에 그 시체를 자기가 지옥으로 끌고 가겠다고 주장하고, 미가엘 천사는 모세는 하나님의 위대한 종이고 그의 모든 죄가 예수님의 피로 다 씻음받았기 때문에 내가 그 시체를 가져가야 한다고 하면서 서로 싸웁니다. 예수님이 십자가 위에서 죽으셨을 때도 하나님은 예수님의 시체가 음부에 던져지지 않도록 그리고 썩지 않도록 지켜주셨다고 말씀하고 있습니다.

죽음은 수천 길, 수만 길 되는 절벽입니다. 이 절벽을 피할 수 있는 사람은 아무도 없습니다. 그런데 절벽에서 떨어져 죽는 사람들을 보면 밑바닥까지 내려가서 박살 나고 사탄이 갈고리를 가지고 그 시체를 끌고 지옥으로 가는 사람이 있는가 하면, 떨어지다가 중간에 나비처럼 변해 다시 올라와서 절벽 건너편으로 가는 사람들이 있습니다. 그런데 이런 사람들은 많지 않습니다. 그러나 죽음의 절벽에서 떨어지다가 다시 날아오르는 이 사람들이 바로 복된 자들이고 축복된 운명입니다.

부자는 지옥으로 갔습니다. 그렇다고 해서 모든 부자가 다 지옥에 가는 것은 아닙니다. 단지 그 사람은 세상의 돈과 성공을 목표로 해서 살았습니다. 이 세상의 명예와 돈과 성공을 목표로 해서 산 사람들은 세상에서 많은 것을 누리면서 삽니다. 그들은 이 세상에서 부족한 것이 없습니다. 그러나 이런 사람은 이 죽음의 절벽에서 다시 올라올 힘이 없습니다. 이 세상에 있는 것들은 모두 수단이지 그 자체가 목적이 될 수 없습니다.

거기에 비해 거지는 이름이 있습니다. 그리고 죽음에서 날아오를 힘이 있습니다. 그것은 바로 믿음입니다. 그가 거지였던 것은 하나님의 말씀대로 살기 위해서 많은 것을 포기했기 때문입니다. 우리가 영생에 들어갈 수 있는 문은 너무나도 좁습니다. 그래서 예수님은 좁은 문으로 들어가라고 하셨습니다. 하나님의 나라에 들어가려고 하면 가진 것이 아무것도 없어야 합니다. 그 문이 너무 좁기 때문입니다. 우리가 하나님의 나라에 들어갈 방법은 오직 예수님 한 분만 믿어야 하는데, 말씀 외에는 아무것도 가진 것이 없어야 합니다. 그래서 거지가 된 것입니다. 그렇다고 거지라고 해서 다 천국 들어가는 것이 아닙니다. 거지는 예수님 때문에 모든 것을 다 손해 본 사람을 말합니다.

사람들은 이런 사람을 싫어합니다. 주인 없는 개만 이 사람의 친구가 되어주는 것입니다. 이런 사람은 친구가 없습니다. 그러나 하나님이 그의 친구가 되어주셨습니다. 그는 참으로 복된 운명의 사람이었습니다. 그래서 우리가 이 세상에서 많이 가지면 가질수록 천국에 들어가기 어렵습니다. 그러므로 우리는 할 수 있는 대로 가진 것을 버려야 영생을 얻을 수 있습니다.

3. 운명의 변화

부자는 지옥에 가서 고통을 받는데, 놀랍게도 자기가 누구인지 알았고, 자기 집 앞에 있던 나사로도 알아봤고, 육체의 감각 중에서 뜨거움과 갈증과 고통을 느낄 수 있었습니다. 그 부자가 눈을 들어서 멀리 절벽 건너편을 보니까 나사로가 아브라함의 품에 안겨 있었습니다. 이것은 나사로가 다시 아기가 되어서 아브라함의 품에 안겼다는 뜻이 아닙니다. 나사로는 하나님이 아브라함에게 약속하신 영원한 나라의 상속자가 되었다는 것입니다.

부자는 잠시라도 견딜 수 없는 그 지옥의 고통 가운데서 아브라함을 알아보고 소리를 질렀습니다. "아버지 아브라함이여, 나는 세상에서 성공도 했고 멋지게 살았고, 하나님도 믿었는데 왜 이 지옥에 와 있습니까?" 여기서 "아브라함"이라는 것은 무슨 뜻입니까? 이것은 그가 이스라엘의 자손이고 하나님을 잘 믿는 사람이라는 뜻입니다. 그는 스스로 자기는 지옥에 올 이유가 없다고 생각했습니다.

그때 아브라함은 대답했습니다. "얘야, 너는 살았을 때 좋은 것을 다 누렸고 나사로는 고난을 받았으니까 너는 지옥의 고통을 받고 나사로는 천국의 위로를 받는 거야."

여기서 우리가 알아야 할 중요한 원리는 천국에 갈 사람들은 절대로 이 세상에서 모든 것을 다 누리지 않는다는 것입니다. 즉 그는 돈도 있고 권력도 있고 학식도 있고 인물도 좋고 많은 사람에게 칭찬받지 않는다는 뜻입니다.

언젠가 기독교 안에서 '리얼 크리스천'이라는 말이 유행했습니다. 그 말은 그야말로 모든 것을 다 가진 크리스천을 말합니다. 즉 공부도 잘해서 S대를 나오고 외국에 유학 가서 박사 학위도 받고, 교수나 고위 관직에 있고, 교회에서도 인정받아서 장로 직분을 가진 사람들을 말하는 것이었습니다. 이런 사람이 부자입니다. 그러나 진정으로 천국에 가기를 원하는 자는 무엇인가는 가지지 말아야 합니다. 한 가지만 가지든지 아니면 그것도 빨리 포기하든지 해야 거지가 될 수 있는 것입니다. 그래서 우리는 늘 "나는 과연 무엇을 누리지 못하고 있는가?" 하는 것을 생각하고 감사해야 합니다. 우리가 천국 백성이 되려고 하면 무엇인가 모자라는 것이 있어야 합니다.

부자는 자기가 너무 뜨거워서 고통을 받으니까 나사로를 보내어서 물 한 방울만 찍어서 자기 혀에 묻혀 달라고 간청했습니다. 이것은 공평하게 뜨거운 데 있는 자기는 좀 시원하게 해주고, 또 서늘한 데 있는 나사로는 뜨거운 지옥에 와서 뜨거운 맛도 좀 보게 해 달라는 뜻이었습니다.

그런데 이에 대해 아브라함은 역시 절벽 이야기를 합니다. "네가 있는 지옥과 천국 사이에는 깊이를 알 수 없는 절벽이 있어서 한번 정해진 운명은 바꿀 수 없다"고 대답했습니다. 결국 이 세상은 우리의 영원한 운명을 바꾸는 곳입니다. 그리고 부자는 자기 형제들을 생각했습니다. 자기 형제들도 세상에서 잘 사는 것이 복인 줄 알고 있는데 전부 다 지옥에 오게 되었으니 나사로를 세상에 다시 보내어 자기 형제에게 그렇게 살지 말라고 이야기를 해달라고 부탁합니다.

그러나 아브라함은 그에게 정말 무서운 말을 합니다. "이 세상에 모세나 선지자의 말씀 즉 하나님의 말씀을 가르치는 자들이 있는데, 그 말씀을 듣지 않는 사람은 죽은 사람이 살아나서 말을 해도 듣지 않는다"고 대답했습니다. 우리의 영원한 운명을 바꾸는 것은 이 세상에서 하나님의 말씀을 듣는 것뿐입니다. 이것이 안 되는 사람은 아무리 기적이 일어나고 놀라운 일이 벌어져도 바뀌지 않습니다.

오늘 우리는 우리의 운명을 바꿀 수 있습니다. 지옥도 분명히 있습니다. 천국도 분명히 있습니다. 이 세상에서 하나님의 말씀을 듣고 무엇인가 포기하는 사람이 복된 사람입니다. 이 세상에서 모든 것을 다 챙기려 하지 마시고, 조금이라도 손해 보지 않으려고 몸부림치지 마시고, 모든 것을 다 버리고 영생을 얻으시기 바랍니다.

18 막다른 골목

사기에 넘어갔을 때

수 9:13

또 우리가 포도주를 담은 이 가죽 부대도 새 것이었으나 찢어지게 되었으며 우리의 이 옷과 신도 여행이 매우 길었으므로 낡아졌나이다 한지라

우리 사회에는 아주 친하고 가까웠던 사람으로부터 사기당하는 바람에 재산을 잃어버리고 인생까지 망치는 분들이 많이 있습니다. 제가 아는 어떤 분은 하나님을 사랑하고 교회에 충성된 직분자였는데 어떤 교인이 사업한다고 신원보증을 서달라고 해서 '교인끼리 그런 것까지 못하면 누구를 믿나?' 라고 생각하고 보증을 서주었습니다. 그러나 그 사람은 신실하지 못한 사람이었습니다. 그는 자기를 믿었던 사람에게 십수억 원의 부채를 넘기고도 책임지지 않았습니다. 이분들은 이 빚 때문에 오랜 세월 고통받았습니다. 그러다가 이분들이 접하게 된 것이 제 설교 테이프였습니다. 제 설교 테이프를 듣고 또 듣고 수십 번 들어서 테이프가 늘어질 때까지 들었습니다. 그리고 제 책이란 책은 다 사서 여러 번 읽고 주위 사람들에게도 나누어주었습니다. 이분들은 그 고난의 길을 어렵게 헤쳐 나오면서 지금은 하나님의 도우심 없이는 한순간도 살 수 없는 분들이 되었습니다. 그러면서 전에는 자기들이 '빚의 자녀' 였는데 오히려 그것 때문에 '빛의 자녀' 가 되었다고 고백했습니다. 그분들은 이 세상에서 제가 들은 말 중에서 가장 아름다운 말을 했습니다. 제가 "순천 갈대밭을 가봤느냐?" 고 물으니까 "그런 데를 왜 가여. 갈대밭은 갈 데가 없는 사람들이 가는 데여" 라고 대답했습니다.

어떤 사람은 누군가가 좋은 땅을 싸게 판다고 해서 가보니까 정말 좋은 땅인 것 같아 보였습니다. 그래서 그 땅을 샀는데 알고 보니까 어떤 건설업자가 땅속에 폐 건설자재 수천 톤을 버리고 그 위에 흙을 덮은 땅이어서 농사도 지을 수 없고 집도 지을 수 없는 쓸모없는 땅이었습니다. 그 폐자재를 다 치우려고 하면 땅 값의 몇 배의 돈이 든다고 했습니다. 결국 그 사람은 사기로 속아서 그 땅을 샀던 것입니다.

한때 우리나라는 나쁜 사람들이 다세대주택을 지어놓고는 전세금만 받아서 도망치는 바람에 나라가 난리 난 적이 있었습니다. 전세금융사기는 누구도 생각하지 못한 것이었습니다. 요즘은 또 보이스 피싱이라고 해서 검찰청 검사를 사칭해서 상대방의 통장에 문제가 있다고 하면서 송금을 하도록 유인하는 사기꾼들이 있습니다.

한때 우리나라 어느 교수는 자신이 줄기세포를 연구해서 난치병을 치료할 수 있다고 발표했습니다. 그 교수는 당장 세계적인 학자가 되었고 영웅이 되었습니다. 그 교수는 휠체어를 타고 있는 하반신 마비나 전신마비 환자를 보면 자기가 고쳐주겠다고 약속했습니다. 그 교수의 말을 믿고 한국의 여성들 천 명이 난자를 기증하겠다고 자원했습니다. 그러나 어떤 PD가 연구원에게 물어보니까 그런 줄기세포는 없다는 것이었습니다. 그때 분위기로는 그 교수를 욕하거나 비난하는 사람은 매국노 취급을 당할 정도로 그 교수는 국민의 신뢰를 받았습니다. 그러나 결국 그가 말한 줄기세포는 사기였던 것이 드러나게 되었습니다. 그 교수는 때려죽일 놈이 되었고 우리나라 모든 줄기세포 연구는 중단되었습니다. 이것은 대국민 혹은 전 세계를 향한 사기극이었던 것입니다.

우리 크리스천은 다른 사람을 잘 믿는 편입니다. 짐승으로 치면 양과 같습니다. 그래서 아무나 믿고 따라가다가는 어느 순간 속아서 양고기로 팔리고 마는 것입니다. 그렇다고 해서 다른 사람들을 모두 의심할 수도 없습니다. 그래서 저는 교회 안에서는 일체 돈을 빌려주거나 빌리는 일이나 금융거래를 하지 못하게 합니다. 왜냐하면 그것은 진정한 성도의 교제가 아니기 때문입니다.

하나님으로부터 가나안 땅을 정복하라는 명령을 받고 가나안의 성을 하나씩 정복해가던 여호수아는 가나안 족속들로부터 큰 사기를 당하게 됩니다. 이것은 비유를 들면, 여호수아가 가진 돈을 다 투자해서 어떤 공장을 샀는데 그 공장은 이미 부도가 났고 거기에 있는 기계들은 하나도 쓸모가 없는 것을 속아서 산 것과 같았습니다. 가나안 족속 중에서 기브온 족속은 여호수아와 이스라엘 백성을 속이기 위해 철저하게 준비하고 아예 연기를 했습니다. 거기에 여호수아가 걸려들게 된 것입니다. 여호수아가 기브온 족속에게 사기를 당함으로 가나안 땅 중앙에 있는 성을 정복할 수 없게 되었습니다. 그리고 그들이 공격당하면 무조건 여호수아와 이스라엘 백성이 그들을 보호해 주는 무한책임을 져야 했습니다.

1. 기브온 사람들의 속임수

여호수아와 이스라엘 백성은 하나님으로부터 가나안 땅의 모든 족속을 죽이든지 그 땅에서 쫓아내라고 명령하셨습니다. 그 이유는 가나안 땅의 모든 남자는 무당이나 폭력배들이었고 여자는 창녀들이었기 때문입니다.

제가 어렸을 때 서울에 올라와서 살았던 기억이 생생합니다. 그때 도서관은 서울에 남산도서관 하나밖에 없었기 때문에 공부하려면 남산에 올라가야만 했습니다. 남산에 올라가려고 퇴계로 육교를 지나가면 왼편에 있는 집들은 전부 점을 치는 집들이었습니다. 그리고 육교 밑에 있는 양동은 모두 창녀촌이었습니다. 서울역 건너편이었기 때문입니다. 남산은 서울의 심장이나 마찬가지인데, 그곳이 점치는 집과 무당집, 그리고 창녀촌으로 싸여 있었습니다. 세월이 많이 지나고 남산이 개발되면서 점치는 집이나 무당집들은 모두 헐려서 계룡산 쪽으로 쫓겨 가게 되었습니다. 그리고 창녀촌은 미아리 쪽으로 쫓겨나게 되었습니다. 그 후 계룡산은 모든 무속 종교의 본산이 되었습니다. 그런데 거기에 육해공군 본부가 들어서게 되었습니다. 군인들은 무전기를 들고 산 구석구석을 돌아다니면서 무당들을 그곳에서 다 쫓아내었습니다. 거기에는 결코 무당이나 점치는 사람들이 있어서는 안 되는 곳이었기 때문입니다. 가나안 땅도 마찬가지였습니다. 하나님은 가나안을 거룩한 땅으로 만들려고 하셨습니다. 이것은 군부대보다 더 중요한 곳이었습니다. 그러나 가나안 족속은 모두 무당이거나 폭력배이거나 창녀들이었습니다. 그래서 하나님은 가나안 족속은 하나도 살려두거나 남겨두지 말고 모두 다 쫓아내거나 죽이라고 명령하셨던 것입니다.

이스라엘 백성이 가나안에서 맨 먼저 정복한 도시는 여리고 성이었습니다. 여호수아는 여리고 성의 모든 사람이나 가축을 다 죽였습니다. 그다음은 아이 성이었습니다. 여호수아는 아이 성에서 한번 실패하기는 했지만 모든 아이 성 사람이나 왕을 다 죽였습니다. 그리고 세 번째 성이 기브온이었습니다. 기브온 사람들은 이스라엘 백성에게는 하나님의 능력이 있기 때문에 자기들이 결코 이길 수 없다는 것을 알았습니다. 그렇다고 해서 그들은 모두 다 죽기는 싫었습니다. 그래서 기브온 족속들은 이스라엘을 속이기로 작정했습니다. 자신들의 정체를 밝히지 않고 자기들은 먼 데서 평화조약을 맺으러 온 족속이라고 이스라엘을 속이자는 것입니다. 그러나 말로만 해서는 이스라엘 백성이 속지 않을 테니까 그들은 철저하게 준비했습니다. 즉 기브온 족속은 곰팡이 핀 오래된 떡을 준비하고, 다 떨어진 신발을 준비하고, 옷도 떨어진 것을 준비하고, 또 해어지려고 하는 부대에 오래된 포도주를 준비해서 가자는 것이었습니다. 이들은 이렇게 이스라엘 백성에게 거짓말하기로 작정했습니다. 즉 우리가 처음 출발할 때는 새 신을 신었고 새 옷을 입었고 김이 모락모락 나는 새 떡을 실었고 새 부대에 새 포도주를 넣었는데, 워낙 먼 데서 오다 보니까 전부 낡아서 다 떨어지고 준비한 떡도 곰팡이가 파게 되었다고 속이기로 한 것입니다.

여호수아는 다음 성을 공격할 준비를 하고 있는데 먼 데서 사신들이 왔다고 했습니다. 보니까 이 사람들은 전부 먼지를 뒤집어쓰고 있고 다 떨어진 옷을 입고 다 떨어진 신을 신고 있고 곰팡이가 핀 떡을 내놓았습니다. 그리고 자기들은 아주 먼 곳에서 이스라엘 백성의 소문을 듣고 이스라엘과 화친하러 왔다고 했습니다. 그런데 여호수아나 이스라엘 백성은 일단 가나안 족속들은 모두 쫓아내든지 진멸해야 하지만, 먼 데 있는 족속은 어떻게 하라는 하나님의 지시가 없었습니다. 하나님의 지시가 없는 경우에는 어떻게 하는 것이 옳을까요? 그냥 자기들 마음대로 약속을 해버리는 것이 좋을까요? 아니면 아직 잘 모르겠으니까 일단 급한 일부터 하고 하나님께 물어보자고 하는 것이 옳을까요? 하나님의 지시가 없다고 해서 여호수아나 이스라엘 백성이 마음대로 해서는 안 됩니다.

하나님의 백성은 차라리 실업자로 놀았으면 놀았지, 사람의 종이 되어서는 안 됩니다. 그래서 여호수아는 하나님이 지시하지 않은 것에 대해서는 모르겠다고 하면서 기다려보자고 했어야 하는데, 기브온 족속은 집요했습니다. 자기들은 먼 데서 온 족속이라고 하면서 여호수아가 어느 족속이냐 물어도 절대로 말하지 않고 너무 멀어서 이야기해도 잘 모를 것이라고 대답했습니다.

그런데 이때 기브온 족속은 여호수아나 이스라엘 백성들로 하여금 우쭐하게 만들었습니다. 그것은 평화조약을 맺자는 것이었습니다. 이스라엘은 아직 나라의 형태를 갖추지 못했습니다. 이것이 여호수아나 이스라엘 백성에게는 가장 큰 약점이었습니다. 그런데 이들은 여호수아와 이스라엘을 나라로 인정하고 조약을 맺자고 했던 것입니다. 아직 박사가 아닌 사람을 박사라고 부르고, 교수가 아닌 사람을 교수님이라고 부르면 기분이 얼마나 우쭐해지는지 모릅니다. 제가 신학대학원을 다닐 때 교수님이 한 분 계셨는데, 그분은 네덜란드에서 공부했지만 박사가 아니었습니다. 그분은 세미나나 심포지엄을 하면서 사회자가 자신을 박사님이라고 소개하면 그는 굳이 자기는 박사가 아니라고 해명하고 강의를 했습니다. 그분은 정말 하나님 앞에서 정직하게 살기를 원하는 분이었습니다. 그런데 그분은 정말 실력이 있었습니다.

그러나 여기에 여호수아나 이스라엘 백성은 넘어가 버립니다. 아마 여호수아는 속히 나라를 세우고 싶었는지 모릅니다. 그래서 이 기브온 족속이 거짓말하는 줄 모르고 그들과 조약을 맺으려고 했습니다. 그러나 이스라엘 백성 중에는 신중한 사람들이 있었습니다. 이들은 여호수아에게 아무래도 이들은 가까운 데서 온 사람들 같은데 조약을 맺지 않는 편이 좋을 것 같다고 조언했습니다. 그랬더니 기브온 족속은 얼른 자신의 자세를 낮추어서 우리는 대등한 조약을 맺으려고 하는 것이 아니라 당신의 종이 되겠다는 뜻이라고 했습니다. 먼 데서 온 사람들이 자진해서 종이 되겠다는 것은 아무래도 이상한데 여호수아는 별로 의심하지 않았습니다. 하여튼 이스라엘 안에서 바른 눈을 가지고 있었던 소수의 사람 때문에 여호수아는 완전히 속지는 않고 그들과 종으로 삼는 계약을 맺었습니다.

대개 교회에서 담임목사를 청빙하는 것은 언약을 맺는 것입니다.

이것은 마치 결혼하는 것과 같습니다. 그러나 요즘은 장로들이 대략 이력서를 보고 인물을 보고 설교를 듣고는 채용하듯이 청빙을 합니다. 특히 먼 외국에서 목회했거나 학위를 받은 사람에게는 더 높은 점수를 줍니다. 그러나 그 사람이 그 먼 외국에서 무슨 일을 하고 왔는지 누가 알겠습니까? 아무리 세상이 부패해도 자기 아내를 이력서만 보고 채용하는 사람은 없습니다. 그러나 사람들은 명문대 출신이고 인물이 좋고 돈이 많은 집이라고 하면 다른 것은 생각하지도 않고 덜컥 물어버리는 것입니다. 그가 어떤 신앙을 가졌는지, 그의 성격이나 인생관이 어떠한지 알아봐야 하는 것입니다.

제가 잘 알고 지내던 분이 있습니다. 이분은 정말 훌륭한 크리스천인데, 자유주의 신학을 가르치는 교회 출신이어서 예수님의 육체적인 부활을 믿지 않았습니다. 그는 예수님의 부활은 정신적인 부활이라고 생각했습니다. 한번은 제가 식당에서 예수님의 십자가와 부활에 대해서 설명하니까 눈물을 닭똥같이 흘렸습니다. 이분은 같은 교회의 자매와 결혼했습니다. 그런데 그 자매는 자유주의 신학의 최첨단인 기독교 대학의 우수한 학생이었습니다. 그 부인은 교수가 되었고 후에 세계기독교 연합회 캔버라 대회에서 굿을 해서 모든 참석자의 기립박수까지 받았습니다. 그런데 저의 친구인 그분은 신앙이 완전히 반대쪽으로 가서 또 베뢰아 귀신론을 추종하는 사람이 되었습니다. 그 부부는 신앙이 너무 달라서 결국 이혼했습니다. 그 여자 교수는 머리를 깎고 절에 가서 몇 달 동안 참선을 하고 왔다고 합니다. 그리고 미국에 있는 신학교에 교수로 초빙되어 갔는데 학생들에게 참선을 가르친다고 합니다. 그래서 신앙에는 뿌리라는 것이 아주 중요합니다.

2. 사기를 당한 결과

여호수아와 이스라엘 백성은 가나안 땅에서 세 번째 성을 공격하려고 행진하고 있었습니다. 그런데 세 번째 성은 얼마 전에 여호수아와 이스라엘 백성이 속아서 화친을 맺었던 바로 그 기브온 성이었습니다.

옛날에 평화조약을 맺을 때는 떡을 같이 떼어 먹으면서 조약을 맺었습니다. 그러나 이스라엘 백성은 자기들이 지시받은 것도 아닌 먼데서 왔다는 족속들과 화친을 맺는 바람에 스스로 올무에 걸려들게 되었습니다. 미래는 하나님의 영역이기 때문에 우리는 누가 물어도 모른다고 해야 합니다. 그것은 그때 가봐야 자세한 것을 알 수 있다고 하면서 유보해야 합니다. 그런데 여호수아나 이스라엘 백성은 미래에 속하는 일에 덜컥 조약을 맺어버린 것입니다. 그 결과 이스라엘은 두 가지 부담을 안게 되었습니다. 하나는 이스라엘이 기브온을 정복할 수 없게 되었다는 것입니다. 그래서 이스라엘 백성의 가나안 정복은 구멍이 뚫어진 정복이 되었습니다. 그리고 두 번째는 이스라엘은 기브온 족속이 다른 가나안 족속들에게 공격당하면 그들과 같이 싸워야 할 책임을 지게 되었다는 것입니다. 이것은 마치 부실기업을 떠안은 것과 같았습니다. 대기업이 망하는 것은 부실한 기업들을 자꾸 받아들여서 외형을 키우기 때문입니다. 이런 부실기업을 받아들이면 회사의 외형은 커지지만 실제로는 부채가 많아져서 경영이 어려워지게 됩니다. 그럴 바에야 부실한 기업은 빨리 팔아버리는 것이 회사가 튼튼해질 수 있습니다.

여호수아와 이스라엘 장로들은 기브온 족속에게 사기당하는 바람에 여러 가지 문제가 생기게 되었습니다. 우선 첫째는 이스라엘의 가나안 정복에 구멍이 생기게 되었습니다. 하나님은 이스라엘 백성에게 철저하게 가나안을 정복하라고 하셨는데, 이스라엘 백성은 속는 바람에 기브온을 멸망시킬 수 없게 되었습니다. 그래서 만약 기브온 족속이 우상 숭배하고 음란한 짓을 해도 그들을 죽이거나 쫓아낼 수 없게 된 것입니다.

그뿐만 아니라 이스라엘 백성 안에 분열이 생기게 되었습니다. 즉 이스라엘 백성 중에는 속아서 조약 맺은 것은 무효라고 주장하는 사람이 있었는가 하면, 비록 속아서 조약을 맺어도 조약은 조약이라고 주장하는 사람들도 있었습니다. 그리고 이스라엘 백성은 벌써 여호수아의 리더십에 대하여 의심을 품는 사람들도 생기게 되었습니다.

여호수아는 이 문제를 그냥 넘어갈 수 없었습니다. 이것을 그냥 넘어갔다가는 기브온 족속이 얼마만큼 이스라엘 백성에게 악영향을 줄지 몰랐습니다. 그래서 여호수아는 기브온의 지도자들을 불렀습니다. 그리고 그들에게 "너희들은 우리 가까이에 있는 이웃 족속인데 왜 먼 데서 왔다고 우리를 속였느냐?"고 따졌습니다. 그랬더니 기브온 족속은 "우리는 죽기 싫어서 거짓말을 했다"고 대답했습니다. 그래서 여호수아는 기브온 족속을 이스라엘 안에 풀어놓아서는 안 되겠다고 생각해서 "너희들은 종이 되어서 성전에서 제사를 드리는 것을 위해서 나무를 패고 물을 긷는 일을 해야 한다"고 명령을 내렸습니다. 하나님의 긍휼하심이 얼마나 놀라운지 이 가나안 이방인들을 하나님의 예배 돕는 자들로 삼으셨던 것입니다. 그래서 기브온 족속은 끝까지 타락하지 않고 성전 제사를 잘 돕는 자들이 되었습니다. 이들은 죽기 싫어서 거짓말을 했지만 하나님은 이 기브온 족속에게 자비를 베푸셨습니다. 그래서 기브온 족속은 한 사람도 죽지 않았고 오히려 예배를 돕는 자들이 되었습니다.

3. 여호수아의 전쟁

여호수아와 이스라엘 백성은 기브온 족속과 평화조약을 체결했기 때문에 기브온이 다른 부족의 공격을 받으면 무조건 도와야 할 책임이 있었습니다. 이것은 요즘 말로 표현하면 이스라엘이 기브온 족속의 담보가 된 것과 같습니다. 이때 가나안 중부지방에는 아주 강한 다섯 나라가 있었는데, 예루살렘, 헤브론, 야르뭇, 라기스, 에글론이었습니다. 이들의 입장에서 보면 기브온은 배신자였습니다.

사실 우리의 친척이나 친구들이 예수 믿는 사람들을 미워하는 이유는 옛날에는 우리와 같았는데 왜 우리를 배반하느냐 하는 것입니다. 우리도 예수 믿기 전에는 세상의 성공이 가장 중요했고 가족이나 친구들의 우정을 위해서는 목숨을 버리려고까지 했습니다. 그러나 예수 믿고 난 후 우리는 달라지게 된 것입니다. 왜냐하면 우리가 가족이나 친구들을 사랑하지 않는 것이 아니라, 더 중요한 것을 알게 되었기 때문입니다. 그분은 바로 하나님이십니다. 그러나 세상 입장에서 보면 기브온 족속은 가나안 족속의 배반자들이었습니다. 그래서 이 막강한 힘을 가진 다섯 나라의 왕과 군대가 먼저 기브온을 공격했습니다. 즉 배반자에게 먼저 본때를 보여야지 다른 가나안 족속들도 함부로 이스라엘에 항복하지 않는다는 뜻이었습니다.

이때 여호수아와 이스라엘 백성은 기브온 족속을 도와야 할까요, 말아야 할까요? 일단 이스라엘 백성은 속아서 평화조약을 맺었습니다. 그것도 얼마나 어리석었는가 하면 곰팡이 핀 떡을 받고 평화조약을 맺은 것입니다. 그래서 이스라엘 백성 가운데는 기브온을 내버려두어야 한다는 사람들과 그래도 우리는 약속한 것을 지켜야 한다는 쪽으로 나누어져서 맹렬히 논쟁했습니다. 이때 여호수아가 나와서 이야기했습니다. 물론 우리가 기브온 족속에게 속아서 화친을 맺었고 하나님께 기도하지 않아서 이런 일이 일어났지만 "하나님의 백성에게 약속은 약속이다"라고 결론을 내렸습니다. 즉 "하나님의 백성은 잘 모르고 약속했다 할지라도 한번 약속한 것은 반드시 지켜야 한다"는 뜻입니다. 이것이 바로 하나님의 백성의 정신이었습니다.

그래서 하나님의 백성에게 가장 중요한 것이 있는데, 그것은 바로 '인애' 입니다. 이것은 한번 약속했으면 끝까지 지키는 것을 말합니다.

저는 대구에 있을 때 어떤 원로 장로님의 부탁을 받고 중증 장애인과 한센 환자들과 북한 선교를 도왔습니다. 그런데 그 장로님이 돌아가시고 25년이 지난 후에도 그들을 계속 도왔습니다. 그 이유는 그것이 바로 하나님의 백성의 인애이기 때문입니다. 그때 어떤 분들은 그 기관에는 정부의 지원이 나오기 때문에 도울 필요가 없다고 했지만 저는 그 말을 듣지 않았습니다. 왜냐하면 하나님의 백성은 한번 약속했으면 지켜야 하기 때문입니다. 이것은 죽은 후에도 지켜야 하는 것입니다.

이스라엘 백성은 저녁에 길갈을 출발해서 밤새도록 한숨도 자지 않고 기브온으로 가서 새벽에 다섯 나라의 왕과 군대를 쳤습니다. 이스라엘 백성은 아주 피곤했습니다. 잠도 자지 못했고 먼 거리를 걸어왔습니다. 그러나 그들이 다섯 나라의 왕을 쳤을 때 하나님이 도우시기 시작하셨습니다. 그것은 하늘에서 큰 우박이 떨어지면서 가나안 족속들의 머리를 깨버린 것이었습니다. 가나안 족속들 중에는 이스라엘 백성의 칼에 맞아 죽은 자보다 우박에 맞아서 머리가 깨어져 죽은 자들이 더 많았습니다. 이스라엘 백성은 하루 종일 다섯 나라 군대와 싸웠습니다. 그러나 가나안 족속이 얼마나 많은지 하루 종일 싸워도 끝이 나지 않았습니다. 그런데 드디어 해가 서쪽 하늘로 지려고 했습니다. 해가 져버리면 날이 어두워져서 더 이상 그들을 추격할 수 없습니다. 그러면 남은 자들은 모두 성 안으로 들어가 버릴 것입니다. 그리고 달은 아직 떠오르지 않았습니다. 이제 가나안 족속들은 얼마든지 숨을 수 있게 되었고, 이스라엘 백성은 아직 힘은 남아 있는데 더 이상 싸울 수 없게 되었습니다.

그때 여호수아는 지금까지 어느 누구도 해 보지 못한 기도를 했습니다. 이것은 물론 하나님께서 여호수아의 마음속에 그런 감동을 주셨기 때문입니다. 여호수아는 자기가 가지고 있는 단창을 들고 하늘을 향해서 "태양아! 기브온 위에 머물고, 달아! 너도 아얄론 골짜기에 머물지어다!"라고 소리를 질렀습니다. 이것은 아무리 생각해도 정상적인 사람이 할 소리는 아니었습니다.

아니, 사람이 소리를 지른다고 해서 태양이 멈추어 서고, 없던 달이 빨리 떠서 어느 곳에 머물러 있겠습니까? 그러나 하나님의 종의 말은 위력이 있었습니다. 여호수아가 기도한 후 태양은 움직이지 않고 계속 그 자리에 머물러 있었습니다. 가나안 족속들은 태양이 야속했습니다. 아니, 벌써 태양은 져야 자기들이 숨을 수 있는데 태양은 도대체 지지를 않는 것입니다. 그리고 달은 아직 뜰 시간이 아니었습니다. 그런데 시계가 빨리 돌아갔는지 달은 이미 떠서 아얄론 골짜기를 비추고 있었습니다.

여호수아와 이스라엘 백성은 기브온 족속의 거짓말에 속을 정도로 어리숙한 자들이었습니다. 그러나 그들에게는 하나님의 말씀이 있었습니다. 하나님의 말씀을 가지고 하늘을 향하여 외쳤을 때 태양은 그 말에 복종했고, 달도 여호수아가 부르짖는 소리에 복종했습니다.

우리가 때때로 이 세상에서는 속기도 하고 손해 볼 때도 있습니다. 그러나 근본적으로 하나님은 우리 편입니다. 가장 어리석은 자에게 태양과 달을 복종시키는 능력이 있었습니다. 이것 때문에 하나님의 백성은 세상에서도 살아남는 것입니다. 우리는 사람의 계산법을 버리고 하나님의 계산법으로 계산하시기 바랍니다. 만군의 하나님 여호와께서 우리 기도를 들으신다는 것을 아시고 세상을 두려워하지 말고, 작은 것으로 따지지 말고 큰 승리를 거두는 성도들이 다 되시기 바랍니다.

19 막다른 골목

짧은 머리의 기도

삿 16:28

삼손이 여호와께 부르짖어 이르되 주 여호와여 구하옵나니 나를 생각하옵소서 하나님이여 구하옵나니 이번만 나를 강하게 하사 나의 두 눈을 뺀 블레셋 사람에게 원수를 단번에 갚게 하옵소서 하고

여성의 아름다움은 긴 머리에 있다고 볼 수 있습니다. 여성이 머리를 길게 기르고 또 거기에 부드럽게 웨이브하고 또 자기 머리 색깔이 아닌 갈색이나 은색이 섞은 색으로 염색하면 너무나도 아름답게 보일 것입니다. 여승이 되기 위해 절에서 그 긴 머리카락을 밀 때 여자는 대부분 '이제 나는 끝장이구나' 라고 생각하면서 운다고 합니다. 옛날 고등학생들은 머리를 조금이라도 더 길게 하려고 학생주임 선생님이나 담임선생님과 처절한 투쟁을 했습니다. 머리를 많이 길렀다가 학생주임 선생님에게 잡히면 바리캉으로 머리 한가운데를 밀어버립니다. 그러면 학생은 반항심에 차서 칼로 머리를 빡빡 밀어서 완전히 중머리가 되어서 학교에 옵니다. 또 여학생도 머리가 조금만 길면 너무나도 멋있을 텐데, 옛날에 학교에서는 귀밑에 머리를 짱뚱 자르게 해서 몽실이 머리로 만들어놓았습니다.

우리 크리스천의 헤어스타일은 어떤 것이 성경적일까요? 그것은 사회 통념에 따라서 혐오스럽지 않게 하면 될 것입니다. 그런데 사도 바울은 남자가 머리를 길게 기르거나 혹은 여자가 머리를 빡빡 미는 것은 좋지 않다고 했습니다(고전 11:14, 15). 여성의 머리 모양은 아주 중요한 의미가 있었기 때문입니다. 옛날에 우리나라 여인은 머리를 기르고 올린 후에 비녀를 꽂았습니다. 이것은 자기에게 임자가 있다는 뜻이었습니다. 또 조선시대 남자들은 신체 발부는 부모에게 물려받은 것이기 때문에 훼손해서는 안 된다는 공자의 가르침 때문에 머리카락을 자르지 않았습니다. 총각들은 여자처럼 머리카락을 뒤로 땋았고, 결혼한 어른은 상투를 올렸습니다. 이것은 우리나라에서는 남자도 머리 모양에 따라 총각이거나 결혼했거나 어떤 가문에 속해 있는 것을 의미했기 때문입니다. 그래서 옛날에 가장 무서운 말은 그 이름을 족보에서 파내어버린다는 말이었습니다.

성경에 보면, 이스라엘 남자들은 적당하게 머리카락을 잘랐던 것 같습니다. 그러나 이스라엘 남자 가운데 종교적인 이유로 머리카락을 한평생 자르지 않는 사람이 있었습니다. 그들은 바로 '나실인' 이었습니다. 이들이 머리카락을 기르는 이유는 자신의 한평생을 하나님께 바쳤다는 표시였기 때문입니다. 그렇다고 해서 나실인이 결혼하지 못하거나 전쟁하지 못하는 것은 아니었습니다. 단지 그들은 포도주를 마시지 못했고, 죽은 시신을 만지지 못했고, 머리카락에 칼을 대지 말고 길러야만 했습니다.

1. 하나님과의 특별한 약속

한때 우리나라에서는 돈이 없어서 공부하지 못하고 공장에 다니는 청소년들을 위해서 야학에서 공부를 가르치는 대학생들이 있었습니다. 거기서 봉사하는 학생들은 거의 무료로 가르칠 뿐 아니라 아까운 자신의 시간을 희생해가면서 열악한 환경에서 수고했습니다. 제 친구 중에는 장교생활을 하면서도 야학에 가서 가난한 청소년들에게 공부를 가르쳤던 친구도 있습니다. 미국의 하버드 같은 명문대생 중에도 자기 공부나 하고 놀러나 다니는 것이 아니라 평화봉사단 같은 데 가서 몇 년 동안 영어를 가르치고 나중에는 외교관이나 정치인으로 성공하는 사람들이 있습니다. 십수 년 전에 우리나라 미국 대사로 온 여자분도 아주 옛날에 국제협력단의 일원으로 한국에 와서 여학생들에게 영어를 가르쳤고, 자신은 그때 한국어를 배워서 대사 일을 잘하게 되었다고 했습니다. 의사 중에서도 할 수 있는 한 돈을 많이 벌 수 있는 쪽으로 전공을 택해서 실제로 돈을 많이 버는 의사가 있는가 하면, 국경 없는 의사회라든지 혹은 선교사로 아랍이나 아프리카 같은 곳에 가서 거의 돈도 받지 못하면서 봉사하는 의사도 있습니다.

저는 일찍부터 말씀의 가치를 알았기 때문에 군대 근무할 때는 바닷가에 있는 어촌에 가서 청년들을 모아서 성경 공부를 했습니다. 그 성경공부에 지원하는 대기 청년도 많이 있었습니다. 나중에 제가 본부로 발령 나서 그 어촌에 더 갈 수 없었습니다. 그래서 대신 제 친구를 소개해 주었는데, 그 친구도 아내와 같이 기꺼이 일 년 넘게 그 어촌에 가서 그 성경공부를 수행했습니다. 저는 군대를 마친 후에도 직장을 가지지 않고 7년 정도 청소년이나 대학생들을 위해서 성경 공부를 이끌었습니다. 그것은 저에 대한 하나님의 은혜가 너무 커서 다른 길로는 갈 길이 없었기 때문입니다.

이스라엘에도 하나님의 은혜가 너무 크다고 느낀 사람들은 자진해서 1년이나 2년, 길게는 5년씩 하나님을 위하여 봉사했습니다. 이들은 주로 성전에서 제사 지내는 것을 돕든지 아니면 마을에 가서 병자를 돌보거나 율법을 가르치는 일을 했는데 이들을 '나실인' 이라고 불렀습니다. 그런데 이들의 특징은 머리를 깎지 않는 것이었습니다. 그것은 자신을 온전히 하나님께 바쳤다는 뜻입니다. 나중에 예수님의 제자들도 지팡이 하나만 들고 온 나라를 돌아다니면서 복음을 전하다가 십자가에 못 박혀 죽거나 불에 타 죽거나 칼에 찔려죽기도 했습니다. 이들은 모두 예수님의 사랑에 감격하여 자신의 삶을 주님께 바친 사람들이었습니다.

나실인이 머리를 기르는 것은 하나님의 사람이라는 표시였습니다. 이들은 머리만 길게 기른 것이 아니라 포도주도 마시지 않았습니다. 또 포도주만 마시지 않은 것이 아니라 건포도나 포도 주스같이 포도에서 난 것은 일절 먹지 않았습니다. 포도주는 취하게 하는 성분이 있기 때문이고, 건포도 같은 것도 너무 맛이 있어서 먹기 시작하면 계속 먹게 되었기 때문입니다. 그래서 나실인은 절제가 중요했습니다. 그리고 죽은 시체를 만져서는 안 되었습니다. 나실인은 거룩하게 구별되어야 했기 때문입니다. 그런데 구약성경에 보면 한평생 나실인으로 하나님께 바치는 사람은 많지 않았습니다. 한평생 머리도 깎지 않고 포도주도 마시지 않고 시신도 만지지 않는다는 것은 그 자체가 너무나도 힘든 일이었기 때문입니다.

그러나 성경에 보면, 한평생을 하나님께 바친 두 사람이 나옵니다. 첫째는 사무엘입니다. 사무엘의 어머니 한나는 아이를 낳지 못하는 여자였습니다. 그래서 한나는 자기 자신과 앞으로 태어날 아이도 죽었다고 생각하고 하나님께 바쳤던 것입니다. 그래서 사무엘은 한평생을 하나님께 자신을 드렸는데, 어렸을 때 성전에서 심부름하다가 나중에는 말씀의 종으로 하나님께 헌신하게 됐습니다. 또 한 사람은 긴 머리로 유명한 삼손입니다. 삼손의 부모는 아이를 낳지 못했는데, 어렵게 구해 낳은 삼손은 하나님께서 이스라엘 백성을 블레셋의 손에서 구원하기 위해 나실인으로 만들라고 명령하심으로 나실인이 되었습니다.

아마도 삼손의 젊은 시절은 무척 외로웠던 것 같습니다. 삼손은 부모가 나이 많아서 낳은 아들이었습니다. 그래서 삼손은 부모와도 이야기가 잘되지 않았을 뿐 아니라 친구들과도 잘 어울리지 못했을 것입니다. 삼손은 나실인이었기 때문에 포도주도 마시지 않고 포도도 먹지 않았으며, 죽은 것은 만지지도 않고 혼자서만 머리를 길게 길렀기 때문입니다. 그래서 삼손은 주로 들판에서 혼자 돌아다니면서 생각을 많이 했을 것입니다. 삼손은 나실인이었지만 청년이 될 때까지 큰 체험은 없었습니다. 그러다가 어느 날 소라와 에스다올 사이에서 성령이 임하시는 체험을 하게 되었습니다.

가끔 교회의 역사를 보면, 특별한 성령의 체험을 하는 사람들이 있었습니다. 조지 휫필드 같은 사람은 옥스퍼드의 어느 탑 속에서 강한 성령의 체험을 했습니다. 그것을 '탑의 체험' 이라고 합니다. 성령이 강하게 임하시면 우리가 그 힘을 감당하지 못해서 울게 됩니다. 그러다가 심하면 정신을 잃고 기절하는 경우도 있습니다. 조나단 에드워즈도 어느 날 말을 타고 숲속 길을 가다가 성령의 강한 체험을 하고 말에서 내려서 몇 시간 동안 통곡하며 기도했다고 합니다. 대개 이런 성령의 강한 체험은 사람을 갑자기 도덕적으로 완전하게 하지는 않지만, '내가 하나님의 자녀' 라는 강한 확신을 가지게 만듭니다. 그리고 설교자들은 이런 강한 성령을 체험한 후부터 설교에 능력이 있게 되는 경우가 많습니다. 영국의 어떤 목사는 한평생 설교가 별 볼일이 없었는데, 어느 날 기도하다가 성령의 불을 받고 난 후부터 사자같이 설교하게 되었습니다.

삼손은 혼자 들판을 돌아다니면서 묵상하는 가운데 성령의 뜨거운 체험을 했습니다. 그러나 그의 마음은 뜨거워졌는지 몰라도 겉으로는 크게 변한 것이 없었습니다. 그 후에 삼손은 이 성령의 능력이 그 어떤 사람도 경험하지 못한 능력으로 나타나는 것을 체험했습니다. 그것은 바로 엄청난 육체적인 힘이었습니다. 삼손은 성령의 이 능력이 임하기만 하면 그 뜨거움을 견디지 못해서 소리 지르게 되고, 그 때부터는 자신도 생각하지 못했던 능력이 나타나게 되었습니다.

삼손은 여러 번에 걸쳐서 성령의 체험과 함께 나타나는 엄청난 힘을 경험했습니다. 그 첫 번째 체험은 블레셋 여인과 결혼하러 딤나로 내려가다가 사자를 만났을 때 소리를 지르면서 사자를 찢어서 죽여 버린 경험이었습니다. 그리고 삼손은 결혼식 때 자기가 낸 수수께끼 문제로 수많은 블레셋 사람들을 죽였습니다. 결정적으로는 '라맛레히' 라는 곳에서 블레셋 군사 천 명을 나귀 턱뼈 하나로 때려죽이는 경험을 했습니다. 삼손은 자신의 한평생을 나실인으로 살아야 했기 때문에 고독했고 정상적인 생활을 하지 못했습니다. 그러나 하나님은 삼손에게 무궁무진한 능력을 부어주셔서 혼자 힘으로 블레셋 사람들을 다 이기게 하셨습니다. 이것이 하나님과 삼손 사이의 언약이었습니다. 즉 삼손이 나실인의 계명을 지키면, 하나님은 삼손에게 성령의 강한 역사와 힘을 주신다는 것이었습니다.

2. 삼손에게 찾아온 유혹

삼손은 무식하게 힘만 센 것이 아니었습니다. 삼손은 지혜도 있었고 기도 응답도 여러 번 체험했습니다. 삼손은 블레셋 사람들이 자기 아내와 장인을 불에 태워 죽였을 때, 블레셋 사람의 밀을 다 불태우기 위해 여우 삼백 마리를 잡아서 꼬리에 불을 붙여서 블레셋 사람들의 밀밭과 곡식단을 모두 불태웠고, 블레셋 사람들이 싸우려 하니까 몽둥이로 정강이와 넓적다리를 때려 부수어서 죽였습니다. 더욱이 삼손에게 일어났던 매우 놀라운 일은 나귀 턱뼈 하나로 천 명의 블레셋 군인을 때려서 죽인 것이었습니다. 거기서 삼손도 인간인지라 너무 목이 말라서 쓰러져 죽게 되었을 때 하나님께 물을 달라고 기도합니다.

그때 삼손이 서 있는 곳이 터지면서 생수가 솟아나 그 물을 마시고 살게 됩니다.

하나님은 삼손을 특별히 사랑하셨습니다. 그러나 삼손도 오래 나실인으로서 긴장하며 살아야 했으므로 그에게 유혹이 찾아오게 되었습니다. 그것은 '나도 인간인데 굳이 한평생 이렇게 아무것도 하지 못하고 살아야 하는가?' 하는 반발심 같은 것이었을 것입니다. 사람이 같은 일을 오래 하면서 긴장하게 되면 어느 순간 그 긴장이 터져버리면서 참았던 유혹이 한꺼번에 쓰나미같이 몰려올 때가 있습니다. 이것을 하나님의 종은 자기 스스로 다스려야 하기 때문에 다른 사람이 도와줄 수 없습니다. 삼손에게 하나님과의 약속이 구멍 뚫리듯이 계속 터지는 일이 생겼습니다.

그 첫 번째 사건은 삼손이 블레셋 여자와 결혼하러 딤나에 내려가다가 어린 사자를 때려죽이고 난 후였습니다. 삼손은 사자를 처음 때려죽인 후에 자기가 죽인 사자를 보러 갔습니다. 그랬더니 벌들이 죽은 사자가 돌이나 나무인지 알고 거기에 꿀을 잔뜩 만들어놓았던 것입니다. 나실인은 시체를 결코 가까이해서는 안 되었습니다. 그러나 삼손은 그 약속을 별것 아닌 것으로 생각해서 사자의 시체를 만졌고 거기서 꿀을 꺼내어 먹고 부모님에게도 주었습니다. 그리고 삼손은 블레셋 여자와 결혼식을 할 때 당연히 그 잔치에 있는 것이 포도주였습니다. 삼손은 하나님과 세운 약속을 생각하고 포도주를 마시지 말았어야 합니다. 그렇게 하려면 삼손은 자기 가족들만 모여서 결혼식을 했어야 합니다. 그러나 블레셋 청년 삼십 명을 불러서 들러리로 세우니까 술을 마시지 않을 수 없었을 것입니다.

삼손에게 결정적인 약점은 외로움이었습니다. 같은 일을 혼자서 계속하게 되면 젊었을 때는 힘이 있어서 얼마든지 무리하게 할 수 있습니다. 그렇다고 해서 이스라엘 백성이 삼손에게 협조적이지도 않았습니다. 삼손은 거의 이십 년을 다른 사람의 도움을 받지 못한 채 미움과 시기를 받으면서 하나님의 일을 해 왔던 것입니다. 그러나 시간이 오래 가면 갈수록 계속 긴장하는 것이 나중에 병이 되어서 권태가 찾아오게 됩니다. 그때는 자기 의지로 스스로를 컨트롤할 수 없게 되고 그때 가장 집요하게 물고 늘어지는 것이 육체의 정욕입니다.

드디어 삼손이 이스라엘 사사가 된 지 이십 년 만에 삼손의 욕망은 폭발하게 되었습니다. 그것이 바로 삼손의 가사 사건입니다. 삼손은 너무 여자가 그립고 술을 마시고 싶고 이스라엘에 대한 분노가 폭발해서 자기 자신도 절제하지 못하고 가사의 어느 기생집으로 달려가게 되었습니다. 삼손도 자기 얼굴이 알려진 이스라엘 부근에는 가지 못하고 멀리 떨어진 가사의 기생집에 들어가서 실컷 술을 마시고 기생과 육체적인 관계를 가졌습니다. 그러나 삼손의 긴 머리나 특이한 용모는 가사 사람들도 모를 리가 없었습니다. 그래서 가사 사람들은 군대를 집합시켜서 삼손이 술에 취해 자고 있는 집을 완전히 포위했습니다.

그런데 블레셋 사람들은 너무 신중했습니다. 그들은 얼마 전에 삼손 한 사람에 의해 천 명이 죽은 적이 있었기 때문에 좀 더 기다렸다가 새벽에 그가 깊이 잠들 때 들이닥쳐서 창과 칼로 찔러 죽이자고 하면서 포위하고 기다렸습니다. 그러나 중간에 삼손은 잠에서 깨어 숨어서 두런거리는 블레셋 사람들의 소리를 듣고 자기가 완전히 포위되었다는 사실을 알았습니다. 삼손은 아무도 보는 사람이 없을 줄 알고 먼 데까지 죄지으러 왔지만 그의 정체를 들켰던 것입니다.

삼손은 일단 방에 들어와서 어떻게 이 죽음의 소굴에서 벗어날 수 있을까 고민하다가 먼저 하나님께 회개하는 기도를 했습니다. "하나님, 이번 한 번만 살려주시면 다시는 나실인의 언약을 깨트리지 않고 이런 곳에 오지 않겠습니다. 한 번만 도와주십시오. 제가 잘못했습니다." 삼손이 이 기도를 했더니 갑자기 근육이 꿈틀거리면서 힘이 생기는 것 같았습니다. 삼손은 그 길로 성문으로 가서 그 성문을 뜯었습니다. 아무리 무겁고 튼튼한 성문이라도 삼손의 놀라운 힘 앞에서는 종이에 불과했습니다. 삼손은 성문을 뜯고 그 위에 빗장을 올리고 문설주까지 들고 아주 먼 곳 헤브론 산까지 그것을 들고 갔습니다. 블레셋 사람들이 아무리 활을 쏘고 창을 던지고 칼로 찔러도 성 문짝으로 뒤를 막고 걸어가고 있었기 때문에 아무도 그를 해칠 수 없었습니다. 하나님은 위기일발의 순간에 삼손에게 힘을 주셔서 지켜주셨습니다. 그리고 삼손에게 아무 말도 하시지 않았습니다.

3. 여인에게 속은 삼손

삼손은 죄지으러 갔다가 죽을 뻔했던 일이 있은 후 상당한 기간 절제했던 것 같습니다. 그러나 사람은 위급한 일을 당했을 때는 울고불고하면서 하나님께 한 번만 용서해 달라고 매달리지만, 그 위기를 벗어나게 되면 그때 일은 잊어버리고 또 평소의 자세로 돌아가게 됩니다.

삼손은 하나님의 일만 하다보니까 또 지겨워지고 마음속에 눌러놓았던 욕망이 꿈틀거리기 시작했습니다. 이때 삼손에게 가장 좋은 방법은 다른 이스라엘 여자와 결혼하는 것이었습니다. 결혼만 했으면 덜 외롭고 마음대로 행동할 수도 없었을 것입니다. 그러나 이미 삼손은 그 엄청난 힘 때문에 상당히 신비스러운 사람이 되었고 아무나 함부로 어울릴 수 없는 사람이 되고 말았습니다.

삼손은 이번에는 얼굴이 알려진 블레셋 도시에 가지 않고 소렉 골짜기에 있는 '들릴라'라는 여인을 사랑하게 되었습니다. 아마 들릴라는 가나안 여자였던 것 같은데, 아름답고 매력적이며 삼손을 유혹하기에 딱 알맞은 여인이었던 것 같습니다. 아마도 삼손은 들릴라를 자신의 사랑으로 굳게 믿었던 것 같습니다. 그러나 이미 블레셋 지도

자들은 삼손을 미행해서 소렉 골짜기의 들릴라를 사랑한다는 사실을 알고는 들릴라를 찾아갔습니다. 블레셋 사람들이 들릴라에게 제시한 돈은 어마어마했습니다. 한 성마다 은 천백 개씩을 주겠다고 했습니다. 블레셋은 다섯 개 성이니까 합하면 은이 오천오백이었습니다. 이때 노예 한 명의 가격이 은 삼십이었으니까 노예 180명 정도를 살 수 있는 거금이었습니다. 가나안 여인들은 이스라엘 여자와 달랐습니다. 이스라엘 여인들 즉 하나님의 말씀을 먹은 여인들은 무슨 일이 있어도 배반하지 않았습니다. 그러나 가나안 여자들은 돈만 많이 주면 무슨 짓이든지 할 수 있는 여자들이었습니다. 블레셋 지도자들은 들릴라에게 한 가지만 요구했습니다. 그것은 "삼손의 놀라운 힘의 비밀만 알아내라"는 것이었습니다. 들릴라는 돈에 탐이 나서 삼손을 배신했습니다. 그리고 매일 저녁 삼손에게 술을 마시게 하고는 자기 무릎을 베게 하고는 그에게 힘의 비밀을 캐물었습니다. "삼손, 사랑하는 사람들끼리는 비밀이 있으면 안 돼요. 당신의 그 엄청난 힘의 비밀은 어디서 나는 거예요? 나에게만 알려주세요."

그런데 삼손의 힘의 비밀은 삼손과 하나님 사이의 마지막 약속의 끈이었습니다. 이 끈이 끊어지면 삼손은 더 이상 하나님의 사람이 아니었습니다. 그런데 삼손은 들릴라를 믿고 싶었고 믿었던 것 같습니다. 그러나 아무리 삼손이 사랑하는 여인이라 하더라도 하나님과의 비밀을 말해도 되는 것일까요? 이 문제를 두고 삼손은 엄청나게 고민했습니다. 그래서 삼손은 몇 번 거짓말을 했습니다. 그래도 삼손의 힘은 없어지지 않으니까 들릴라는 매일 울면서 삼손에게 매달렸습니다. 삼손은 들릴라와의 사랑과 하나님과의 약속 사이에서 엄청나게 번민하는 바람에 거의 미칠 지경이 되었다고 했습니다.

삿 16:16, "날마다 그 말로 그를 재촉하여 조르매 삼손의 마음이 번뇌하여 죽을 지경이라"

이때 삼손이 살 수 있는 길이 딱 하나 있었습니다. 그것은 삼손이 진짜 미쳐버리는 것입니다. 진짜 미칠 수는 없으니까 거의 미친 체하는 것입니다. 그러나 삼손은 들릴라의 어디가 좋았는지 모르겠지만 진심으로 사랑했습니다. 그리고 삼손은 조금씩 들릴라라면 자기 비밀을 끝까지 지켜줄지 모른다고 믿으려고 스스로 애를 썼던 것 같습니다. 서양 사람들은 서로 사귀기 전에 서로 비밀이 없기로 약속합니다. 그러고는 쓸데없을 뿐 아니라 서로에게도 아주 좋지 못한 과거 이야기들을 다 합니다. 이것이 그들은 사랑이라고 생각하는 것입니다. 그러나 한국 여자들은 어떤 비밀에 대해서는 무덤에 들어갈 때까지 절대로 말하지 않습니다.

드디어 삼손은 들릴라의 집요한 가짜 눈물에 넘어가서 자신의 가장 중요한 비밀을 토설하고 말았습니다. 삼손은 들릴라에게 "나는 태어날 때부터 하나님께 바쳐진 사람이라. 한 번도 내 머리에 칼을 댄 적이 없는데 만약 누군가가 내 머리를 자르면 나는 힘을 잃게 될 것이다"라고 고백했습니다. 들릴라는 드디어 삼손이 자기 힘의 비밀을 토설하는 것을 보고 즉시 블레셋 지도자들에게 알려서 돈을 가져오게 하고 삼손을 체포할 준비를 하게 했습니다. 저녁이 되어서 들릴라는 삼손에게 포도주를 실컷 먹였습니다. 그리고 삼손이 취해서 들릴라의 무릎을 베고 잠을 자고 있을 때 삼손의 머리털 일곱 가닥을 밀고 소리를 질렀습니다. "삼손! 정신 차려요! 블레셋 사람들이 쳐들어왔어요!" 그러니까 삼손이 자신만만하게 일어나서 소리를 지르며 싸우려 했지만, 이미 하나님은 삼손에게 실망해서 그를 떠나버린 후였습니다. 삼손에게서 하나님이 떠나니까 당연히 삼손의 힘도 없어져버렸습니다. 블레셋 사람들은 그 자리에서 삼손의 머리를 땅에 누르고 그의 머리털을 전부 다 빡빡 밀어버렸습니다. 그리고 칼로 삼손의 눈동자를 빼버렸습니다. 결국 삼손은 무거운 쇠사슬에 묶여서 블레셋까지 끌려간 후 거기에 있는 감옥에서 매일 매를 맞으면서 나귀가 돌리는 큰 연자 맷돌을 돌리게 되었습니다.

그런 삼손은 하나님께 기도할 자신이 없었습니다. 자기 같은 것이 무슨 자격이 있다고 감히 하나님께 기도하겠습니까? 그러나 블레셋 사람들은 삼손을 모욕한 것으로 만족하지 못했습니다. 블레셋 사람들은 전부 다 모여서 하나님을 모욕하는 제사를 드리기로 했습니다. 그래서 블레셋 사람들은 삼손의 옷을 다 벗기고 어릿광대로 만들어서 조롱하고 때리기도 하고 하나님을 모욕하기도 했습니다. 이때 삼손에게 가장 견디기 어려웠던 것은 자기 때문에 하나님의 이름까지 욕먹는 것이었습니다. 그러니까 삼손은 기도하게 됩니다.

어느 정도 세월이 지나니 그의 빡빡머리가 조금 자라게 되었습니다. 삼손이 이런 머리로 기도해도 하나님은 삼손의 기도를 들으실까요? 그러나 삼손에게는 더 이상 선택의 여지가 없었습니다. 삼손은 비록 짧은 머리를 가졌지만 하나님께 기도했습니다. "하나님, 제가 잘못해서 욕을 먹는 것은 당연합니다. 그러나 하나님의 이름이 저 때문에 욕먹는 것은 참을 수 없습니다. 하나님, 단 한 번만 제 기도를 들으시고 힘을 주셔서 내 눈알을 뽑은 원수를 갚게 해주십시오"라고 기도하고, 큰 건물의 두 기둥을 손으로 잡은 후 "내가 블레셋 사람들과 같이 죽기를 원하노라" 하고 힘을 썼습니다. 이때 하나님은 삼손의 기도를 들어주셔서 그에게 가장 강력한 힘을 주셨습니다. 그래서 건물을 받치고 있던 두 기둥이 무너지면서 그 안에 있던 블레셋 사람들 3천 명이 그 건물더미에 깔려 죽고 말았습니다.

비록 우리가 하나님의 말씀에 불순종해서 비참한 지경에 떨어졌다 하더라도 하나님은 머리카락이 짧은 죄수나 병자의 기도까지도 들어주십니다. 비록 우리가 잘못해서 절망에 빠졌다 하더라도 하나님은 여전히 우리를 사랑하시고 우리의 기도를 들어주십니다.

20 막다른 골목

세 번의 구렁텅이

창 39:20

이에 요셉의 주인이 그를 잡아 옥에 가두니 그 옥은 왕의 죄수를 가두는 곳이었더라 요셉이 옥에 갇혔으나

언젠가 한국 대학생이 미국의 그랜드캐니언을 갔는데, 안전한 곳에서 멋진 자연을 구경하면 될 텐데 절벽에 너무 가까이 가서 내려다보는 바람에 발을 헛디뎌서 절벽에서 떨어지게 되었습니다. 그 청년은 몸에 뼈란 뼈는 다 부서졌습니다. 그러나 그 청년은 살았습니다. 구조대는 그 청년을 일단 가까운 큰 병원으로 옮겼습니다. 원래 미국은 의료비가 비싸기로 소문이 나 있지만 의료보험이 안 되는 그 청년의 치료비는 몇십억이었습니다. 이 청년은 도저히 그 어마어마한 돈을 들여서 수술할 수 없었습니다. 이 청년의 첫 번째 구렁텅이는 절벽에서 떨어진 것이고, 두 번째 구렁텅이는 치료비였습니다. 가족은 중상 입은 그 청년을 한국에 데려가기로 결정했습니다. 그러나 이 청년이 온몸이 다 부서진 상태에서 한국까지 가려면 거의 비행기 몇 좌석을 세내어야만 했습니다. 하지만 결국 그 청년은 한국에 와서 그 어려운 수술을 다 받고 무사히 살아서 퇴원했다고 합니다.

우리도 이 세상을 살아가다 보면 여러 번의 구렁텅이에 빠져서 헤어 나오지 못할 때가 있습니다. 어떤 사람은 대학입시에서 재수, 삼수의 구렁텅이에 빠지기도 하고, 어떤 사람은 미국에 유학 갔지만 박사논문의 구렁텅이에 빠지는 바람에 본국에 돌아오지도 못하고 계속 그곳에 머물러 있는 사람도 있습니다. 어떤 분은 사업 실패의 구렁텅이에 빠져서 벗어나지 못하고, 또는 알코올 중독이나 헤로인 중독이나 도박의 구렁텅이에 빠져서 밑바닥 인생을 벗어나지 못하는 사람들도 있습니다.

야곱의 아들 요셉은 부자 아버지의 사랑받는 아들이었습니다. 요셉의 미래에 그렇게 무서운 구렁텅이가 있으리라고는 아무도 생각하지 못했습니다. 그러나 요셉은 그 구렁텅이에 빠져서 젊은 시절을 전부 노예나 죄수로 날려버리게 되었습니다. 그러나 요셉은 끝까지 하나님의 말씀을 믿었습니다. 하나님은 요셉을 살아서는 나올 수 없는 감옥에서 건져내셨습니다. 하나님은 팔 길이가 아주 기신 분이십니다. 하나님의 팔 길이는 수천 킬로미터까지 늘어날 수 있기 때문에 우리가 아무리 깊은 구렁텅이에 빠져 있어도 건져내실 수 있습니다.

1. 꿈의 사람

이 세상에는 꿈의 사람들이 있습니다. 이들은 돈 버는 것을 목적으로 살지 않고 자신의 이상과 꿈을 위해서 살아갑니다. 우리가 어렸을 때 자면서 꾸는 꿈은 현실과 반대일 때가 많습니다. 예를 들어서 낮에 아빠랑 너무나도 배를 타고 싶었는데, 돈이 없거나 시간이 없어서 배를 타지 못했을 때 꿈에 배타는 꿈을 꿀 수 있습니다. 그러나 자신의 이상을 위해서 끝까지 꿈을 버리지 않고 노력해서 성공한 사람들이 있습니다. 저는 병원에 갈 때마다 퀴리 부인을 생각하게 됩니다. 만약 퀴리 부인이 방사선으로 X-레이를 발견하지 않았더라면 환자들이 뼈가 부러진 것이나 몸 안에 이상이 있는지 일일이 수술해보아야 알 수 있었을 것입니다. 그러나 퀴리 부인은 방사선을 가지고 연구하다가 물질을 통과하지만 고통은 없고 사진에는 찍히는 X-선을 발견해서 세계 수십억의 사람들이 쓸데없는 고통을 받지 않고 치료받을 수 있게 되었습니다.

이스라엘에는 아주 특별한 꿈을 꾸는 사람들이 있었습니다. 이들은 하나님의 말씀을 꿈으로 받는 사람들이었습니다. 대개 이런 꿈들은 환상으로 주어지기도 하고 메시지가 같이 주어지기도 하는데, 그 꿈은 하나님의 말씀이었습니다. 이런 꿈은 아주 강력한 힘을 가지고 있어서 그 꿈을 받는 사람은 꿈을 꾸면서 거의 실신 상태에 빠지기도 합니다. 그리고 대개는 그 말씀을 받고 엄청난 기쁨이 속에서 솟아나기도 합니다. 그래서 다른 사람에게 그 꿈을 이야기하지 않고는 견딜 수 없게 됩니다.

요셉은 야곱의 열한 번째 아들이었는데 아버지의 사랑을 독차지하고 있었습니다. 요셉은 야곱이 사랑했던 여인 라헬이 낳은 아들이었습니다. 그러나 요셉이 아버지의 사랑을 독차지했던 것은 단순히 사랑했던 여인의 아들이기 때문만은 아니었습니다. 요셉은 나이는 어렸지만 그 안에 쉽게 무시할 수 없는 무엇인가가 있었습니다. 그것은 바로 요셉의 존귀함이었습니다. 요셉은 어려서부터 하나님을 늘 눈앞에 모시고 살았기 때문에 다른 형제들은 가지지 못했던 도덕적 우월성이 있었습니다. 요셉의 형들은 그야말로 세상 사람들과 다를 바가 없었고 너무 죄짓는 것을 아무렇지도 않게 생각하고 살았습니다. 요셉은 형들이 죄짓는 것을 보고는 아버지에게 일러서 바로 잡으려고 했습니다. 아버지 야곱이 보니까 자식은 열두 명이나 되지만 그중에서 정말 하나님의 축복을 받을 자격이 있는 사람은 요셉밖에 없었습니다. 그래서 아버지 야곱은 요셉이 존귀한 자이고 장차 하나님의 큰 복을 받을 자라는 뜻으로 요셉에게는 형들과 다른 채색옷을 입혔습니다.

하나님의 백성이 다른 사람들에게 아첨도 잘 하지 않고 끝까지 자기 신앙을 지키는 것이 다른 사람들의 눈에는 오만하게 보일 때가 많습니다. 뿐만 아니라 하나님의 자녀가 자기를 무시한다고 생각할 때도 많습니다. 요셉의 형들은 요셉이 너무 잘난 체하고 오만하며 형들을 무시한다고 생각해서 그를 몹시 싫어하고 시기했습니다.

우리 크리스천도 직장에서나 친구들 사이에서 그들이 가까이할 수 없는 존귀함이 있고 도덕적인 우월함이 있습니다. 이것을 직장 사람이나 친구들은 자기들을 무시하며 너무 잘난 체한다고 생각합니다. 그러다가 입바른 소리나 하고 윗사람들이 하는 것이 틀렸다고 말하면 너무나도 미움을 받게 됩니다. 그래서 말로 대적하기도 하고 어떤 때는 폭행하기도 하고 굴욕감을 주기도 합니다. 그런데 우리는 겸손하게 잘되지 않습니다. 왜냐하면 세상을 인정하면 그들과 똑같아진다고 생각하기 때문입니다.

구약 시대에는 하나님의 말씀을 받는 방법으로 꿈이 많았습니다. 어떤 사람이 하나님의 꿈을 꾸게 되면 그 꿈이 얼마나 강한지 한평생 그의 인격을 지배하게 되고, 그 꿈이 인생의 목표가 되고 그 꿈을 위해서 살게 됩니다.

꿈으로 하나님의 말씀을 받은 사람 중에 요셉의 아버지 야곱이 있었습니다. 야곱은 형 에서를 피해서 집에서 도망쳐서 밧단 아람 쪽으로 가다가 밤이 되자 들판에 돌을 베개하고 잠을 잤습니다. 그때 야곱은 꿈에서 하늘까지 사닥다리가 놓여 있고 그 위를 천사들이 오르락내리락하며 그 사닥다리 꼭대기에서 말씀하시는 하나님을 보게 됩니다. 하나님은 야곱에게 "나는 너의 하나님이라" 고 하시면서 "세상 모든 사람이 너를 통하여 복을 받고 네가 어디를 가든지 너와 함께 하면서 지켜주겠다" 고 약속하셨습니다. 야곱은 물론 하나님을 꿈과 환상속에서 만나고는 감당할 수 없을 정도로 기뻤지만 또한 두렵기도 했습니다. 그 꿈은 너무 진실하고 강렬한 꿈이었기 때문입니다. 그런데 야곱은 외삼촌 라반의 집에 가서 꿈이 없는 사람의 삶을 살고 맙니다. 왜냐하면 처음에는 그 집 딸 라헬이 예뻐서 사랑에 빠졌기 때문입니다. 그리고 결혼한 후에는 재산에 대한 욕심이 생겼기 때문입니다. 그러나 야곱은 다시 꿈의 사람으로 돌아오게 됩니다. 오늘 이 신약 시대에도 하나님의 말씀을 듣는 중에 그 말씀이 너무 강력해서 말씀에 사로잡히는 사람이 있습니다. 그래서 말씀이 인생의 목표가 되고 말씀을 위해서 한평생을 살게 됩니다.

요셉은 어느 날 강한 하나님의 꿈을 꾸게 되었습니다. 이 꿈은 요셉의 모든 생각과 감정과 인생을 삼키는 동력이 되었고, 이 꿈을 푸는 것이 요셉의 인생 목표가 되었습니다. 요셉의 꿈은 두 번이었습니다. 한 번은 요셉과 형제들이 곡식을 추수하고 있는데, 갑자기 요셉의 단이 일어서고 형들의 단들은 요셉의 단 주위에 둘러서서 엎드려 절을 하는 것이었습니다. 물론 요셉이 그 꿈의 의미를 알았던 것은 아닙니다. 그러나 그에게 하나님의 말씀이 임했다는 자체가 요셉에게는 너무 기쁘고 신기한 일이었습니다. 이것은 하나님께서 요셉과 형들에게 어떤 미래의 계획을 가지고 계신다는 의미였습니다. 요셉은 너무 기쁘고 그 꿈이 생생해서 형들에게도 나누고 싶어서 말했습니다. 그러나 형들은 요셉이 자기 꿈 이야기를 하는 것을 듣기 싫어했고 더욱이 자기들의 곡식 단이 요셉의 곡식 단에 절을 한다는 말을 듣고는 요셉이 너무 오만하게 되어서 그런 꿈을 꾼다고 생각해서 요셉을 더 미워했습니다.

그런데 요셉은 두 번째로 더 거창한 꿈을 꾸게 됩니다. 그것은 요셉이 하늘에 서 있는데 태양과 달과 열한 별이 자기에게 절을 하는 것이었습니다. 요셉은 이 꿈으로 하나님은 나에게 미래의 계획을 가지고 계시며 형들이나 집안 식구들에게도 좋은 계획을 가지고 계신다는 생각을 하게 되었습니다. 그래서 요셉이 형들에게 두 번째 꿈 이야기를 하니까 형들은 도저히 견딜 수 없을 정도로 요셉을 미워하게 되었고 죽이고 싶었습니다. 심지어 아버지 야곱마저도 요셉을 책망하면서 그 꿈을 받아들이지 않았습니다. 그러나 이 두 개의 꿈은 요셉의 평생 생각이나 삶을 지배하게 되었고, 그로 하여금 이 꿈의 뜻을 풀고야 말겠다는 인생 목표를 가지게 되었습니다. 하나님은 너무 현실과 맞지 않는 꿈을 요셉에게 꾸게 하셨습니다.

2. 요셉이 빠진 함정

사람들은 대개 남이 자기에게 한 잘못은 오래 기억하지만 자기가 다른 사람에게 무례하게 대하거나 피해를 준 것은 거의 기억하지 않습니다. 요셉의 열 형제들은 아버지의 양떼를 이끌고 세겜에서 양을 치고 있었는데, 야곱은 요셉을 불러서 형들이 무사한지 알아보고 오라고 요셉을 혼자 형들이 있는 곳으로 보내었습니다. 야곱이 위험한 들판에 사랑하는 아들 요셉을 혼자 보낸 것을 보면 야곱은 하나님이 요셉도 지키실 것이라는 믿음이 있었던 것 같습니다. 그러나 야곱의 이 믿음은 형편없이 깨어지고 맙니다. 그것도 자기 아들들의 배반으로 깨어져 버립니다.

요셉은 두려움 없이 형들이 있다는 세겜으로 갔습니다. 그러나 그곳에 형들은 없었습니다. 그러나 요셉은 충성된 사람이었기 때문에 만나는 사람들에게 물어서 형들이 도단으로 갔다는 것을 알게 되었습니다. 요셉은 거기서 돌아가도 충분한데 굳이 형들이 보고 싶어서 도단까지 걸어갔습니다. 형들이 멀리서 보니까 먼 곳에서 요셉이 오고 있었습니다. 형들은 요셉이 오는 것을 보고 이번 기회에 요셉을 죽이기로 합의를 보았습니다. 형들은 요셉이 오는 것을 보고 "저기 꿈꾸는 자가 오도다. 그를 죽여 구덩이에 던지고 아버지에게는 맹수에게 잡아먹혔다고 이야기를 하자. 그러면 그의 꿈이 실현되지 않지 않겠느냐" 고 말했습니다. 그러나 요셉은 형들이 자기를 죽이려는 음모를 짜둔 곳도 모르고 기쁜 마음으로 형들에게 갔습니다.

여기서부터 요셉의 인생은 천 길 낭떠러지 밑으로 추락하게 됩니다. 요셉이 형들에게 가니까 요셉의 목덜미를 잡더니 그의 화려한 옷부터 벗기고 물 없는 우물에 끌고 가서 거기에 던져버렸습니다. 그리고 요셉을 죽일 작정이었습니다. 요셉은 형들에게 두 손을 모아 빌면서 살려달라고 사정했습니다. 그러나 형들이 진정으로 자기를 미워하고 있고 자기를 웅덩이에 던진 것은 요셉을 더 두렵고 고통스럽게 하기 위해서라는 사실을 알았습니다.

요셉은 그 웅덩이 속에서 얼마나 오래 있었는지 모릅니다. 그러나 형들은 요셉에게 물도 주지 않았고 먹을 것도 주지 않았습니다. 요셉에게 이 물 없는 웅덩이는 그가 처음 경험하는 절망의 구렁텅이였습니다. 요셉이 물 없는 웅덩이에 빠져 있는 동안 시간은 너무나도 더디게 흘러갔습니다. 이때 요셉의 믿음이나 꿈이나 야곱의 부요함은 아무 의미가 없었습니다. 왜냐하면 요셉의 형들이 요셉을 배신했기 때문입니다. 요셉이 아주 긴 시간 물 없는 우물에 갇혀 있으면서 그의 입은 타들어 갔고 배는 고팠고 너무나도 무서웠습니다. 그런데 어디선가 딸랑딸랑하는 소리가 들렸습니다. 그것은 바로 황무지나 사막을 낙타를 타고 이동하면서 장사하는 대상들의 낙타 목에 매달려 있는 방울 소리였습니다. 그때 형들은 요셉을 애굽으로 가는 그 장사꾼들에게 은 이십 개를 받고 팔아버렸습니다.

요셉은 이제부터 자기 몸은 자기 몸이 아니었습니다. 지금까지의 요셉은 죽었습니다. 그리고 장사꾼은 요셉을 노예로 취급했습니다. 요셉은 다시는 살아서 돌아올 수 없는 길을 끌려가고 있었습니다. 이제 요셉은 언제 죽을지 모르는 개나 돼지이지 사람이 아니었습니다.

이것이 바로 요셉이 빠진 구렁텅이였습니다.

3. 요셉의 노예 생활

요셉은 가나안 땅에서부터 애굽까지 끌려갔습니다. 장사꾼들은 요셉이 죽어버리면 돈을 받지 못하기 때문에 최소한도로 마실 물도 주고 화상을 치료할 약도 발라주고 발에도 헝겊으로 붕대처럼 감아주었습니다. 그러나 단 한 사람의 장사꾼도 요셉을 불쌍히 여겨주는 사람이 없었습니다.

형들은 요셉을 판 돈을 전부 나누어가졌습니다. 그리고 형들은 아버지가 자기들을 의심하지 못하도록 완전 범죄를 꾸몄습니다. 즉 요셉이 아마도 자기들에게 오면서 사자나 맹수를 만나서 찢겨 죽은 것 같다고 서로 입을 맞추었습니다. 그래서 요셉에게서 빼앗은 채색옷에 양의 피를 잔뜩 바르고 요셉의 옷을 여러 군데 찢어서 마치 맹수에게 물려 죽은 것처럼 꾸몄습니다. 대상에게 한번 노예로 팔려 가면 절대로 돌아올 수 없다는 것을 형들은 잘 알았기 때문입니다. 형들은 양들을 끌고 즉시 집으로 돌아갔습니다. 그리고 아버지 야곱에게 가서 요셉의 피 묻은 옷을 펼쳐 놓았습니다. 그때부터 아버지 야곱은 통곡하기 시작했습니다. 야곱은 아무 음식도 먹지 않았습니다. 그리고 어느 누구와도 대화를 나누지 않았습니다. 왜냐하면 이 세상에서 진실하고 가장 착한 아들이 죽었기 때문입니다. 야곱은 처음에는 자기도 죽으려고 했습니다. 그런데 마음대로 죽지 못하는 것이 인생입니다. 야곱은 어쩔 수 없어서 못 죽는 것이지 더 이상 살아야 할 의욕을 잃어버렸습니다.

요셉이 노예로 끌려간 곳은 애굽의 큰 도시였습니다. 그리고 애굽의 높은 관리인 수비대장 보디발에게 팔려가게 되었습니다. 요셉은 보디발의 집에서 노예로서의 새 인생을 시작하게 되었습니다. 요셉은 아버지의 사랑받던 아들에서 졸지에 다른 나라의 비천한 노예로 전락하고 말았습니다. 요셉은 내가 이렇게 비참하게 되는 것이 하나님이 내게 주신 꿈의 결과인가 생각해보았습니다. 그러나 하나님의 꿈이 절대로 이런 식으로는 끝날 수 없었습니다. 지금 이 현실은 하나님이 주신 꿈이 아니었습니다. 요셉은 어디서부터 무엇이 잘못되었는가 생각해 보았지만, 도무지 알 수 없었습니다. 요셉은 밤마다 울었습니다. 아버지가 보고 싶어서 울었고, 동생이 보고 싶어서 울었습니다. 그리고 친구들이 보고 싶어서 울었습니다. 요셉은 너무 후회되는 것도 많았습니다. 그러나 아무리 후회해 봤자 이미 일어난 일을 돌이킬 수는 없었습니다. 이제 옛날 요셉은 죽었습니다. 요셉은 이제 남은 인생을 노예로 살아야만 했습니다. 요셉에게 주어진 하나님의 꿈은 실패한 것 같았습니다.

그런데 그다음 날부터 요셉은 밤에 이상한 일을 체험하게 되었습니다. 그것은 거의 밤마다 요셉이 꿈을 꾸는 것이었습니다. 그런데 요셉이 매일 밤 꾸는 꿈은 주위에 있는 모든 사람의 미래를 보는 꿈이었습니다. 요셉이 어느 날 누가 다칠 것이라고 하면 그 사람은 꼭 다쳤습니다. 어느 분이 돌아가신다고 하면 꼭 돌아가셨습니다. 어느 곳에 불이 날 것이라고 하면 꼭 불이 났습니다. 요셉이 주인 보디발에게 어느 곳에 투자하라고 하면 반드시 엄청나게 돈을 벌었습니다. 요셉은 비록 노예였지만 외로울 시간이 없었습니다. 왜냐하면 밤마다 요셉에게 꿈의 축제가 벌어지고 있었기 때문입니다. 요셉의 꿈과 요셉의 해석은 정확했습니다. 요셉 덕분에 주인 보디발은 더 바로의 신뢰를 얻게 되었고 재산도 많아지게 되었습니다. 주인 보디발이 요셉에게 잘해주면 잘해줄수록 복을 더 받았습니다. 그래서 보디발은 요셉을 노예 중에 가장 신임하여 집안 재정 일체를 다 맡겼습니다. 그랬더니 보디발은 더욱더 복을 받게 되었습니다. 요셉은 비록 형들의 배신으로 먼 나라에 노예로 팔려 왔지만, 그런대로 노예로서는 성공한 셈이었습니다.

요셉은 보디발 집안의 모든 가사 일을 책임지는 총무가 되었습니다. 요셉의 허락이 있어야만 창고에서 곡식을 꺼내어 갈 수 있고 물건을 살 수 있었습니다. 그런데 요셉은 아주 잘생긴 젊은이였습니다. 보디발의 집에서 감히 요셉을 넘겨볼 사람은 아무도 없었습니다. 그러나 생각하지도 못한 함정이 있었습니다. 그것은 바로 주인 보디발의 아내의 음욕이었습니다.

옛날에 노예를 둔 남자 주인들은 여자 노예를 자기 물건으로 생각했기 때문에 성의 대상으로 생각했습니다. 여자 노예가 되면 창녀촌으로 팔리든지 아니면 남자 주인이나 그 아들의 성 노리개가 되는 것은 당연시되었습니다. 그뿐만 아니라 남자 노예도 여자 주인의 성 장난의 대상이 되는 것은 예사였습니다. 당시 노예는 사람이 아니었기 때문입니다. 여주인 보디발의 부인이 보니까 새 총무 요셉이 신체도 건장하고 얼굴도 잘생겼고 다른 노예같이 천박해 보이지도 않았습니다. 결국 여주인은 요셉을 향해서 음탕한 욕심을 가지고 유혹했습니다. 그러나 요셉은 전혀 여주인의 유혹에 넘어가지 않았습니다. 요셉의 마음속에는 하나님의 꿈이 들어있고 하나님의 빛이 있으므로 그 여주인이 아무리 유혹한다고 해도 요셉에게는 혐오스러운 존재일 뿐이었습니다. 사람이 자신의 가치를 찾으면 절대로 유혹에 넘어가지 않습니다. 여주인은 요셉을 볼 때마다 유혹했지만 요셉은 아예 관심을 두지 않았습니다.

그러나 사탄은 어느 날 드디어 찬스를 잡았습니다. 집을 비우고 사람들이 모두 다른 데로 일을 하러 갔습니다. 그때 요셉이 무엇인가 확인할 것이 있어서 집 안에 들어갔는데 여주인만 있었습니다. 여주인은 지금이 기회라고 생각하고 요셉의 옷을 잡고 늘어지면서 죄를 짓자고 했습니다. 그때 요셉은 자기중심을 이야기합니다. "저는 언제나 하나님 앞에서 살아가고 있습니다. 그런데 어떻게 내가 하나님이 보는 앞에서 이 큰 죄를 짓겠습니까?" 요셉은 언제나 사람 앞에서 사는 것이 아니라 하나님 앞에서 살았습니다. 요셉은 항상 하나님이 자기를 보고 계시는 것을 느끼면서 살았습니다.

하나님의 백성에게 하나님이 언제나 보고 계신다는 것은 큰 스트레스입니다. 마음속으로는 죄짓고 싶은데 언제나 하나님이 보고 계시니까 죄를 마음대로 지을 수 없습니다. 그래서 대개 하나님의 백성이 죄를 지을 때는 나중에는 어떻게 될지라도 죄를 짓고 보자는 식입니다. 그러나 죄를 지으면 내면이 더러워집니다. 그 더러워진 내면을 다시 깨끗하게 하려고 하면 얼마나 많은 눈물을 흘려야 하는지 모릅니다. 그래도 우리는 또 죄를 짓습니다. 세상 사람들이 결사적으로 하려고 하는 것은 하나님을 인정하지 않는 것입니다. 즉 하나님은 없다고 만드는 것입니다. 그래야 마음대로 죄를 지을 수 있기 때문입니다.

요셉은 정욕에 눈이 어두워져서 결사적으로 덤벼드는 여주인의 정욕을 설득시킬 수 없었습니다. 요셉은 여주인의 손을 떼려고 하니까 여주인이 얼마나 세게 붙잡고 늘어지는지 손을 옷에서 뗄 수 없었습니다. 결국 요셉은 자기가 입고 있는 옷을 훌렁 벗어버리고 맨몸으로 도망쳐버렸습니다.

여주인이 체면이나 위신을 다 버리고 요셉에게 사정하고 매달렸는데 거부당했을 때 그 분노는 감당할 수 없는 것이었습니다. 요셉에 대한 이 여인의 연모의 정은 완전히 증오로 바뀌었습니다. 여주인은 요셉의 옷을 가지고 사람들이 집에 들어오기를 기다렸습니다. 그리고 사람들이 집에 들어왔을 때 연기를 했습니다. 통곡하면서 "다른 사람들이 없는 틈을 타고 저 건방진 히브리 노예가 나를 강간하려고 했다"고 소리를 질렀습니다. 여주인은 연기를 끝낸 후 남편이 돌아오기를 기다렸습니다. 그리고 저녁에 남편이 돌아왔을 때 다시 한번 뛰어난 연기를 했습니다. 여주인은 남편의 품에 매달려서 울면서 저 요셉이라는 노예로부터 이런 수치를 당했다고 하면서 통곡했습니다.

시위대장은 부인의 말을 듣고 분노했습니다. 노예가 여주인을 강간하려고 했다면 이것은 죽도록 맞아야 합니다. 요셉은 죽도록 채찍에 맞았습니다. 그리고 살아서 나올 수 없는 감옥 악명 높은 시위대 감옥에 들어가야 했습니다. 이곳은 요셉의 생애에 가장 깊은 골짜기였습니다. 요셉은 거기서 청춘을 다 썩혀야 했고 감옥의 죄수들의 뒷바라지를 죽을 때까지 해야만 했습니다.

요셉이 죄가 없다는 것을 하나님은 잘 아셨습니다. 그러나 그때도 하나님은 한마디도 하시지 않았습니다. 요셉은 하나님을 믿었기 때문에 인생의 밑바닥 중의 밑바닥으로 끌려 들어갔습니다. 그러나 요셉은 그 비참한 감옥에서도 매일 꿈을 꾸었습니다.

그리고 우리가 잘 아는 대로 하나님은 때가 되었을 때, 요셉을 감옥에서 끌어내셔서 애굽의 총리가 되게 하셨습니다. 왜냐하면 하나님의 손은 충분히 길기 때문입니다. 하나님은 우리가 어떤 구렁텅이에 빠져 있어도 충분히 끄집어내실 수 있습니다. 하나님께서 오늘도 우리에게 깨끗한 양심을 주시며 정직한 마음을 주시기를 바랍니다. 주의 성령을 우리에게서 거두지 마시며, 아이들은 예언하고 청년들은 환상을 보며 노인들은 꿈을 꾸는 말씀의 복을 주시기를 바랍니다.

21 막다른 골목

불가능한 말씀

왕하 7:1

엘리사가 이르되 여호와의 말씀을 들을지어다 여호와께서 이르시되 내일 이맘때에 사마리아 성문에서 고운 밀가루 한 스아를 한 세겔로 매매하고 보리 두 스아를 한 세겔로 매매하리라 하셨느니라

이 세상에는 남들이 모두 불가능하다고 생각할 때 그것을 가능하게 하는 사람이 있습니다. 그런 사람은 위대한 사람입니다. 몇 년 전에 어느 병원에서 갑자기 심정지를 일으킨 환자가 들어오게 되었습니다. 다른 의사들은 30분 정도 심폐소생술을 해보고 모두 죽었다고 포기했습니다. 그러나 한 의사는 그 사람을 다섯 시간 동안이나 매달려 심폐소생을 시켰는데 결국 그 환자는 살아나게 되었습니다. 그 환자를 포기하지 않고 끝까지 매달렸던 그 의사는 결국 불가능한 것을 가능하게 한 의사였던 것입니다.

제가 어렸을 때만 해도 다른 사람의 심장을 이식한다는 것은 불가능한 일이었습니다. 그러나 많은 의사가 심장 이식에 도전하고 또 많은 실패를 한 끝에 드디어 한두 사람이 심장 이식에 성공하게 되었고,

이제는 심장 이식이 심장만 있으면 얼마든지 할 수 있는 의술이 되었습니다. 제가 한번 만난 적이 있는 집사님은 심장 이식을 천 회 성공한 의사였습니다. 그런데 얼마 전 신문에 보니까 심장병 환자에게 돼지의 심장을 이식해 주었는데 그분은 며칠 살지 못하고 죽었습니다. 아마 아직 돼지의 심장은 사람에게 맞지 않는 모양입니다.

원시인들 중에서 우리 인간들은 불을 피울 수 없기 때문에 언제나 춥게만 지내야 한다고 생각하는 사람들에게 불을 피우는 것은 불가능한 일입니다. 그러나 그런 중에서 나무를 한 시간 이상 마찰을 해서 드디어 마른 가지에 불을 일으켜서 사람들을 따뜻하게 하는 사람은 불가능을 가능하게 하는 사람인 것입니다.

우리가 이 세상만 보면 인간이 할 수 있는 일을 제외하고는 모두 불가능한 일입니다. 그러나 이 세상에는 우리가 보지 못하는 세계가 있습니다. 그것은 바로 하나님의 세계입니다. 우리가 만약 기도로 하늘 문을 열 수만 있다면 경제문제라든지 직장문제라든지 다 해결할 수 있습니다. 만일 우리가 하늘의 불말과 불병거만 부를 수 있다면 어떤 전쟁도 이길 수 있습니다. 만일 우리가 하나님의 능력을 끌어올 수 있다면 우리는 모든 불가능한 것을 가능하게 할 수 있을 것입니다.

엘리사는 이 세상 나라와 하나님 나라를 함께 볼 수 있는 능력이 있었습니다. 그래서 아람 왕 벤하닷이 군대를 보내어서 엘리사가 살던 도단 성을 몇 겹으로 포위했을 때, 엘리사의 종은 이것을 보고 절망했지만 엘리사는 하나님께 기도해서 그 종의 눈을 뜨게 해 달라고 했습 니다. 종의 눈이 뜨여서 보니까 하늘에서 수많은 천사의 부대가 내려오는데 전부 불말과 불병거를 타고 있었습니다. 엘리사는 두려워 떠는 종에게 우리 편이 적보다 더 많다고 했습니다. 또 엘리사는 아람 군대의 눈을 다 멀게 해 달라고 해서 사마리아로 데리고 가서 포로가 되게 했는데 한 명도 죽이지 않고 전부 본국으로 돌려보내었습니다. 그래서 몇 년 동안은 감히 아람 군대가 이스라엘을 공격하지 못했는데, 시간이 지나니까 옛날의 그 은혜를 다 잊어버리고 더 많은 아람 군대가 몰려와서 이제는 수도인 사마리아를 에워쌌습니다.

그때 아람 군대가 사마리아를 포위한 기간이 길어지니까 이스라엘 백성은 양식이 떨어져서 모두 굶주리게 되었습니다. 이때 나귀 머리 하나만 80세겔 하고 비둘기 똥에 섞여 나온 콩이나 옥수수는 사분의 일갑이 다섯 세겔에 팔렸습니다. 그러나 이런 것조차도 살 돈이 없는 사람들은 이웃끼리 서로 아이를 삶아 먹을 정도로 굶주렸습니다. 이때 이스라엘 왕은 옛날 아람 군대가 포로로 잡혀 왔을 때 다 죽였어야 했는데, 엘리사가 잘난 체한다고 모두 살려서 보내는 바람에 이런 어려움을 당하게 되었다고 하면서 당장 엘리사를 죽이려고 했습니다. 이때 엘리사는 왕의 속셈까지 다 알아차리고 문을 잠그라고 하면서 왕에게 도저히 인간의 머리로는 상상할 수 없는 하나님의 말씀을 외쳤습니다.

1. 불가능해 보이는 하나님의 말씀

엘리사가 이스라엘 왕이나 백성에게 한 말은 인간의 머리로는 절대로 불가능한 일이었습니다. 그것은 단 하루 즉 24시간 안에 아람 군대에 포위된 사마리아 성의 양식 문제가 완전히 해결되고, 전쟁이 해결되고, 경제문제가 완전히 해결된다는 것이었습니다.

왕하 7:1, "엘리사가 이르되 여호와의 말씀을 들을지어다 여호와께서 이르시되 내일 이맘때에 사마리아 성문에서 고운 밀가루 한 스아를 한 세겔로 매매하고 보리 두 스아를 한 세겔로 매매하리라 하셨느니라"

하나님께서는 이스라엘이 가장 절망적일 때 선지자를 통해서 하나님의 말씀을 주셨습니다. 그런데 사람들이 하나님 말씀의 가치를 인정하지 않고 믿지 않아서 그렇지, 믿기만 하면 얼마나 놀라운 일이 일어나는지 모릅니다. 그러나 유감스럽게도 엘리사 선지가 한 말은 도저히 믿을 수 없었고 실현 불가능한 말씀이었습니다. 지금 예루살렘은 양식이 없어서 밀이나 보리는 구경조차 할 수 없고, 나귀 머리를 먹고 비둘기 똥에 섞여 나오는 콩이나 옥수수를 골라서 사 먹고 심지어는 옆집끼리 아기들을 삶아서 먹을 정도로 경제적인 파탄에 처해있었습니다. 그런데 아무리 하나님의 말씀이라고 하지만 어떻게 단 하루 만에 이런 심각한 양식 문제가 다 해결되어서, 고운 밀가루 한 스아(밀가루 한 스아는 제법 큰 통을 말합니다. 아마 한 말 정도 될지 모르겠습니다)가 한 세겔에 팔리고, 보리는 두 스아가 한 세겔에 팔린다는 것입니다. 아무리 우리 머리로 이해되지 않는 하나님의 말씀이라 하더라도 일단 하나님의 말씀에는 '아멘!' 할 수 있어야 합니다. 그러나 이스라엘 왕이나 이스라엘 백성은 모두 '아멘' 이라고 하기보다는 '이 선지자가 정말 미쳤나' 하는 생각이 들었는지 모두 침묵만 지키고 있었습니다.

왕하 7:2, "그 때에 왕이 그의 손에 의지하는 자 곧 한 장관이 하나님의 사람에게 대답하여 이르되 여호와께서 하늘에 창을 내신들 어찌 이런 일이 있으리요 하더라 엘리사가 이르되 네가 네 눈으로 보리라 그러나 그것을 먹지는 못하리라 하니라"

그때 이스라엘 왕이 가장 신임하는 장관이 있었습니다. 이 장관은 엘리사를 대적하면서 엘리사가 지금 한 말은 실현 불가능하다고 하며, 설사 하늘에 창문이 있어서 하나님이 양식을 부어주셔도 안 되는 일이라고 강조했습니다. 엘리사가 이런 허무맹랑한 말을 하는 것은 잠시라도 사람들에게 헛된 희망을 안겨다 주어서 인기를 끌려고 한다고 생각했습니다. 요즘 우리는 '희망 고문' 이라는 말을 씁니다. 이것은 실현 불가능한데도 아주 좋은 방법이 있다고 말을 퍼트려서 사람들이 희망을 가지고 기다리는데, 나중에 그 계획이 엉터리로 밝혀지게 되면 더 허탈감에 빠지게 되는 것입니다. 사실 현실적으로는 이 장관의 말이 맞습니다. 지금 이스라엘의 현실을 보면 모두 항복해서 노예로 팔려 가든지 아니면 굶어 죽든지 하는 수밖에 없는데, 이런 상황에서 "밀가루 한 스아에 한 세겔을 하고, 보릿가루 두 스아에 한 세겔 한다" 는 것은 정말 말도 되지 않는 것이었습니다.

이때 엘리사는 왕의 신하에게 너무나도 무서운 저주를 퍼부었습니다. 그것은 "네가 네 눈으로 이것을 보리라. 그러나 그것을 먹지는 못하리라" 는 경고의 말이었습니다. 그 신하가 이 모든 양식 문제나 전쟁 문제나 경제 문제가 해결되는 것을 보기는 하겠지만 그 양식을 먹지는 못한다는 말은 무슨 뜻입니까? 그는 이것을 보기만 하지 먹지 못하고 죽는다는 뜻입니다. 그가 하나님의 말씀을 믿지 않았고 하나님의 말씀을 대적했기 때문입니다.

믿음은 말도 되지 않는 하나님의 말씀을 믿는 것입니다. 우리에게 이런 하나님의 말씀이 있다는 것이 얼마나 다행스러운 일입니까? 그러나 우리에게 하나님의 말씀은 너무 현실과 맞지 않고, 우리의 이성으로 판단해 볼 때 실현 불가능하다고 생각하는 것입니다. 그래서 신앙은 수학이 아닙니다. 한때 한 침대 광고에서 "침대는 가구가 아닙니다. 침대는 과학입니다" 라는 말이 유행했습니다. 그래서 실제로 어떤 어린이가 학교에서 시험을 칠 때 "다음 중 가구가 아닌 것은?" 이라는 문제에 답을 '침대' 라고 했다가 틀렸다는 것입니다. 신앙은 수학도 아니고 통계도 아니고 과학도 아닙니다. 신앙은 내가 보고 믿을 수 있는 것만 믿고 믿을 수 없는 것은 안 믿는 것이 아닙니다. 신앙은 말도 되지 않는 하나님의 말씀을 믿는 것입니다.

그러나 우리에게는 문제가 있습니다. 그것은 우리가 가지고 있는 성경은 엘리사의 말과 같이 구체적이지 않다는 것입니다. 성경에는 “너는 어디에 원서를 내라”든지 아니면 “내일까지 너에게 돈 얼마가 생길 것이다”라고 되어 있지 않은 것입니다. 그리고 때로는 우리가 아무리 하나님의 뜻이라고 생각하고 믿어도 안 될 때가 많다는 것입니다. 나는 어느 회사에 될 것 같은 믿음을 가지고 있고, 또는 병에 걸린 가족이 틀림없이 살 것 같은 믿음을 가지고 있는데, 나중에 가보면 시험은 떨어지고 병에 걸린 가족은 돌아가시는 것입니다. 그래서 우리에게는 하나님의 말씀이 너무 모호하고 너무 광범위하기 때문에 어느 말씀을 믿어야 할지 모르는 것입니다.

그러나 구약 시대에도 엘리사의 이런 말씀은 아주 드물었습니다. 즉 엘리사도 평생 한 번 들을 수 없는 말씀이었습니다. 그런데 우리에게는 너무 하나님의 말씀이 많아서 어떤 말씀을 믿어야 할지 고민이 됩니다. 그러나 우리가 매일 하나님의 말씀을 붙들고 살아가면 하나님은 절대로 우리를 망하게 하시지는 않을 것입니다. 우리는 이것을 믿어야 합니다. 즉 지금 당장은 어려움이 있지만 언젠가는 이 모든 어려움을 다 극복하고 기적 같은 삶을 살게 될 것입니다.

2. 하나님의 방법

하나님께서는 사마리아 사람들을 굶주림에서 벗어나게 하기 위하여 하늘에서 양식을 부어주시거나 혹은 하늘의 불말과 불병거를 사용하시지 않으셨습니다. 하나님께서 사용하신 것은 하나님의 앰프였습니다. 즉 하나님께서는 캄캄한 밤에 아람 군대 앞에 하나님의 앰프를 크게 틀어 놓으셨습니다. 그것은 바로 수많은 말들이 달리는 소리와 군사들이 외치는 소리였습니다.

왕하 7:6-7, "이는 주께서 아람 군대로 병거 소리와 말 소리와 큰 군대의 소리를 듣게 하셨으므로 아람 사람이 서로 말하기를 이스라엘 왕이 우리를 치려 하여 헷 사람의 왕들과 애굽 왕들에게 값을 주고 그들을 우리에게 오게 하였다 하고 해질 무렵에 일어나서 도망하되 그 장막과 말과 나귀를 버리고 진영을 그대로 두고 목숨을 위하여 도망하였음이라"

우리 짧은 생각에는 이해가 되지 않습니다. 말도 없는데 어떻게 말발굽 소리를 낼 수 있습니까? 그리고 사람이 없는데 어떻게 큰 군대의 소리를 낼 수 있습니까? 그리고 병거가 없는데 어떻게 많은 병거가 굴러가는 소리를 낼 수 있습니까? 그것은 불가능한 일입니다. 그러나 하나님께서는 그렇게 하실 수 있습니다. 하나님은 거기에다가 아람 왕이나 신하들의 불안 심리를 이용하셨습니다. 아람 군대는 이제 사마리아는 양식이 다 떨어졌을 테니까 항복하는 것은 시간문제라고 생각하며 느긋하게 준비하고 있는데, 그들의 귀에 틀림없이 수많은 말들의 소리가 들렸던 것입니다. 그리고 엄청난 큰 군대의 외치는 소리도 들렸습니다. 그리고 많은 병거의 바퀴가 굴러가는 소리가 들렸습니다.

그때 아람 왕이나 신하들의 머리에 번쩍 떠오른 생각은 이스라엘 왕이 절대로 순순히 항복할 리가 없다는 의심이었습니다. 그들은 벌써 헷 족속과 애굽 왕에게 돈이나 보물을 보내어서 군대를 샀는데 자기들만 모르고 지금 성을 포위하고 있다는 것입니다. 만약 지금 우리가 애굽 군대나 헷 군대에 포위당하면 적이 양쪽에서 공격해오기 때문에 전멸할 수밖에 없다고 생각했습니다. 그래서 아람 군대는 자기들의 작전이 틀렸다는 것을 아는 순간, 패닉 상태에 빠지게 되었습니다. 그래서 지금 아직 기회가 있을 때 목숨이라도 건져야겠다고 생각해서 모든 양식이나 무기나 말이나 나귀를 다 버리고 맨몸으로 도망쳤습니다. 왕이나 장군이 도망치니까 일반 병사들은 말할 것도 없이 거추장스러운 것은 모두 다 내버리고 도망치기에 급급했습니다.

우리가 이것을 보면 하나님은 심리전의 명수인 것을 볼 수 있습니다. 하나님께서는 그 많은 아람 군대를 쫓아내는데 활 하나도 쏘지 않고 군대를 보내지도 않고 효과 음향만 틀어 놓으니까 아람 군대는 한 명도 남지 않고 무기나 식량이나 말이나 나귀를 다 버려두고 맨몸으로 도망쳤던 것입니다.

그래서 적이 아무리 핵무기를 가지고 있고 모든 권력을 다 가지고 있다 하더라도 우리가 겁만 집어먹지 않으면 얼마든지 적을 쫓아낼 수 있습니다. 대개 하나님의 백성이 실패하는 것을 보면 미리 너무 많은 것을 생각하거나 혹은 너무 겁을 집어먹어서 실패할 때가 많습니다. 우리가 겁만 집어먹지 않고 담대히 자기 자리를 지키고 있으면 하나님은 바람을 이용하시든지 아니면 효과 음향을 이용하시든지, 아니면 적의 심리를 이용해서 물리쳐주시는 것입니다. 대개 악한 자들은 힘이 있으면 교만하게 무리하다가 어느 한순간 겁을 집어먹으면서 몰락하는 경우가 많이 있습니다. 위기 때 악한 자는 겁을 집어먹게 되어 있습니다. 그러나 하나님의 백성은 담담하게 주님을 기다리면 되는 것입니다.

3. 가장 비참한 사람들

그 당시 이스라엘 사람 중에서 가장 비참한 사람은 한센병 환자들이었습니다. 이들은 이스라엘 백성이 음식을 문 앞에 갖다 놓으면 그것을 가져가서 먹고 사는 사람들이었습니다. 코로나가 처음에 퍼졌을 때 격리되었거나 확진된 분들이 생각납니다. 그때 음식을 문 앞에 갖다 놓으면 문을 조금 열고 방 안에 가지고 간 후에 먹고, 다 먹은 후에

밖에 내놓으면 다른 사람이 와서 그것을 버리든지 치우든지 했습니다. 그런데 사마리아 성 안에 있던 사람들은 아이를 잡아먹을 정도니까 한센병자들을 위해서 전혀 먹을 것을 내어주지 못했습니다. 결국 한센병 환자들은 굶어서 죽게 되었습니다. 그래서 이들은 용기를 내었습니다. "우리가 아람 군대에 가서 항복하자. 그래서 먹을 것을 주면 사는 것이고, 만약 우리를 다 죽이면 죽자. 우리는 어차피 성으로 가도 들여보내 주지 않을 것이고 여기에 있어도 굶어 죽을 것이니까 죽을 각오하고 아람 진영에 가보자"고 한 것입니다. 그런데 이 한센병 환자들이 아람 진영에 가니까 놀랍게도 조용했습니다. 말이나 소나 나귀나 양식들은 그대로 있는데 사람들이 아무도 없었습니다. 그들은 이 장막, 저 장막 다녀 봐도 일절 찾을 수 없었습니다. 그래서 이 한센병 환자들은 아람 군대의 떡과 고기와 포도주를 가지고 배가 터지도록 먹었습니다. 또 거기에 보니까 금과 은 같은 보석도 있고 좋은 의복이나 담요도 있었는데, 이들은 그것들을 가져가서 숨겼습니다.

그리고 그들은 드디어 성 안에서 굶주리고 있는 사람들이 생각났습니다. 왜냐하면 그들도 이스라엘 사람이었고 성 안에는 아들이나 아내나 가족이 있었기 때문입니다. 그래서 이들은 이렇게 먹을 것이 많고 보물이 널려 있는 날에 우리만 먹고 내일 아침까지 이 소식을 성 안에 있는 사람들에게 전하지 않고 굶어 죽게 한다면 하나님께서 우리에게 벌 주실 것이라고 생각했습니다. 그래서 이 한센병 환자들은 자기들을 쫓아낸 사마리아 성을 찾아가서 문지기에게 문을 두드리면서 우리가 배가 고파서 아람 군대를 찾아가니까 그 진영이 텅텅 비어 있고 모든 물건이나 양식은 그대로 있더라고 했습니다.

문지기는 한센병 환자들이 하는 말이 의심스러웠지만 워낙 중요한 문제이기 때문에 즉시 왕궁에 알렸습니다. 그래서 이 문제를 두고 밤에 왕이 신하들을 모아서 회의를 열었습니다. 즉 한센병 환자들이 말한 것처럼 아람 군대가 다 사라지고 양식이나 물건은 그대로 남아 있다는 말이 사실일까 하는 것이었습니다. 그때 왕이나 신하들의 대세는 이것이 아람 군대의 유인작전이라는 것입니다. 즉 아람 왕은 우리가 양식이 떨어져서 굶고 있는 줄 알고 양식이나 물건을 두고 철수한 것처럼 꾸미고 숨어 있다가 우리가 성문을 열어서 아람 진영에 가는 즉시 성안에 들어와서 우리를 다 죽이고 성을 차지할 것이라고 생각했습니다. 이것이 대세였고 이것이 바로 군대의 전법이었습니다. 이렇게 하나님이 주신 구원을 두고서 왕궁에서는 대논쟁이 벌어지고 있었습니다. 이것이 바로 우리 인간의 문제입니다. 즉 하나님을 의심하는 것입니다. 하나님이 복을 주셨으면 그것을 받아 누리면 되는데, 이것이 어떤 의미를 가지느냐 하면서 끊임없이 토론만 하고 있는 것입니다.

그때 한 지혜 있는 사람이 있었습니다. 그 사람은 우리가 다 나갈 것이 아니라 일단 시도를 해보자는 것이었습니다. 즉 성안에 남아 있는 말 다섯 마리를 택해서 병거 둘에 매어가지고 일단 정찰이나 해보자는 것이었습니다. 우리가 지금 이대로 있어도 굶어 죽고 나가도 죽는다면 이것이 하나님이 주신 기회인지 아닌지 시도나 해보자는 것이었습니다. 왕도 이것은 말이 된다고 생각해서 병거 둘에 말을 매어서 정찰을 보내었습니다. 그런데 아무리 둘러보아도 아람 군대는 보이지 않았습니다. 그 대신 이 아람 군대가 요단강 쪽으로 급하게 도망가면서 버린 옷가지와 무기가 널려 있고, 아람 진영 안에는 아직 엄청난 양식과 포도주와 밀가루와 보릿가루들이 남아 있었습니다. 왜 아람 군대가 이렇게 갑자기 사라졌는지 이들은 알지 못했습니다.

이 소식을 듣고는 그동안 굶주리고 있던 사마리아 사람들이 떼로 그곳으로 밀려 나가서 양식을 가지러 갔습니다. 그때 엘리사의 예언이 말도 안 된다고 반대하던 신하는 성문에 서서 백성에게 "질서! 질서!"라고 하면서 소리를 쳤습니다. 그러나 사람들은 너무 굶어서 아무 소리도 들리지 않았습니다. 사람들이 무작정 밀려 나가니까 이 신하는 백성에게 밀려서 넘어졌는데, 그 위에 사람들이 밟고 지나가면서 사람들의 발에 밟혀 죽고 말았습니다. 그리고 그날 저녁에 사람들이 아람 진영에서 가지고 온 밀가루와 보릿가루를 성문에서 파는데 고운 가루 한 스아에 한 세겔이었고, 보리는 두 스아에 한 세겔이었습니다. 하나님은 아무 자격 없는 이스라엘 백성에게 또 무조건적인 은혜를 주셨습니다. 그것은 그들이 잘 났거나 똑똑해서 그런 것이 아니라 그들로 하여금 하나님께 돌아서도록 긍휼을 베푸신 것이었습니다.

그런데 하나님의 말씀은 무섭게 성취되었습니다. 엘리사가 하는 말을 자기가 이성적으로 생각해 보고 "하늘이 창문을 열어서 양식을 쏟아부어도 그렇게는 안 된다"고 했던 신하는 사람들에게 밟혀서 죽었습니다. 선지자가 이 장관에게 "네가 보리라. 그러나 먹지는 못하리라"는 말 그대로 이루어지고 말았습니다.

우리는 여기서 하나님의 백성이 조금만 더 기다렸다면 얼마나 좋았겠는가 하는 아쉬운 생각이 듭니다. 아이를 삶아 먹은 여인들이 배가 고파도 하루만 기다렸더라면, 또 왕도 엘리사를 미워해서 오늘 죽이겠다고 할 것이 아니라 하루만 기다렸더라면, 또 이 신하는 자기 머리로는 이해되지 않아도 입을 다물고 가만히 있었더라면 그 시험을 이길 수 있었을 텐데, 모두 참지 못하고 있다가 큰 어려움을 겪었던 것입니다. 하나님은 사마리아 성에서 쫓겨난 한센병 환자들에게 가장 먼저 긍휼의 은혜를 주셨습니다. 그리고 자기 머리를 믿고 선지자를 대적했던 장관은 사람들에게 밟혀서 죽었습니다. 하나님은 상상할 수 없는 방법으로 우리를 구원하십니다. 이렇게 하나님의 말씀이 구체적이지 않다고 자기 멋대로 행동할 것이 아니라 하나님의 말씀을 내 앞에 두고 걸어가면 하나님의 구원이 나타날 것입니다.

22 막다른 골목

먹고 사는 걱정

요 21:11

시몬 베드로가 올라가서 그물을 육지에 끌어 올리니 가득히 찬 큰 물고기가 백쉰세 마리라 이같이 많으나 그물이 찢어지지 아니하였더라

몇 년 전 칠레의 광산이 무너져서 광부들이 매몰되었을 때, 사람들은 매몰된 광부들이 모두 다 죽었을 것으로 생각했습니다. 그런데 구조팀이 끈질기게 땅에 구멍을 뚫어서 연결을 시도했을 때 기적적으로 연결되어서 매몰된 33명이 모두 살아 있는 것으로 확인되었습니다. 그들을 실제로 구조하는데는 바위를 뚫고 내려가는 것이 생각보다 오랜 시간이 요구되었지만, 갇혀 있던 광부 중에서 한 명이 지도력을 발휘해서 절망하지 않고 서로 다투지 않고 끝까지 인내해서 한 명도 죽지 않고 결국 다 구조되었습니다. 그런데 광부들이 이 세상에 나가기만 하면 행복하게 살 줄 알았는데 그들은 보험금도 별로 받지 못하고 계속 환청에 시달리면서 불행하게 살고 있다고 합니다.

우리가 교회에서 하나님의 말씀을 들으면 모든 것이 잘될 것 같습니다. 그래서 열심히 하나님의 말씀을 듣고 아멘을 외쳤는데 실제로 현실에 부딪치면 우리의 아멘은 여지없이 무너져버리고, 역시 이 세상에서는 힘이 있고 돈이 있고 처세술이 있는 사람이 성공하는 것을 보게 됩니다. 결국 우리의 믿음과 이 세상의 현실 사이에는 너무나도 높은 벽이 있는 것입니다.

어떤 분은 기도원에서 가서 실컷 부르짖으면서 기도하고 왔는데 집에 와보니까 아픈 아내는 그대로 누워 있고 빚도 전혀 해결되어 있지 않은 상태로 있습니다. 또 어떤 청년은 기도원에서 얼마나 울면서 기도했는지 눈이 다 부었는데 집에 와서 이력서를 이십 군데, 삼십 군데 내도 취직이 되지 않을 때가 있습니다. 우리는 이 믿음과 현실의 벽을 어떻게 깰 수 있겠습니까? 우리 하나님의 백성은 복을 받고 잘되는 것이 당연한 것입니다. 그러나 그럼에도 불구하고 고난이 올 때는 하나님의 특별한 뜻이 있는 줄 아시기 바랍니다.

본문 말씀은 예수님이 십자가에 죽으시고 부활하신 후 제자들이 갈릴리 호수에서 예수님을 만난 내용입니다.

1. 갈릴리 호수의 일곱 제자

요 21:1, "그 후에 예수께서 디베랴 호수에서 또 제자들에게 자기를 나타내셨으니 나타내신 일은 이러하니라"

여기서 "그 후에"는 예수님께서 예루살렘에서 제자들에게 자신을 나타내신 이후를 말합니다. 우리가 여기서 알 수 있는 것은 예수님이 부활하신 후에는 예전처럼 제자들과 늘 함께 계셨던 것이 아니라 나타나신 후에는 어디론가 또 가셨던 것입니다. 그래서 결국은 제자들만 남게 되었습니다.

예수님은 제자들이 문을 닫고 있는데도 나타나셨다고 했습니다.

예수님은 제자들에게 나타나신 후에 그들과 만나 대화하시고 때로는 음식을 잡수시고 난 후에 다시 그들을 떠나서 어디론가 가셨던 것입니다. 아마 들어오실 때 문을 열지 않고 오셨으니까 가실 때도 문을 열지 않고 가셨을 것입니다. 여기서 중요한 것은 부활하신 후에 예수님은 늘 제자들과 같이 계셨던 것이 아니었다는 것입니다.

제자들은 이 의미를 예루살렘에 있을 때는 잘 몰랐던 것 같습니다. 왜냐하면 예수님의 나타나심에 너무 놀라고 너무 흥분해 있었기 때문입니다. 이제 예수님이 다시 살아나셨으니까 제자들은 더 이상 아무것도 걱정할 것이 없었습니다. 그런데 제자들이 갈릴리에 돌아온 후에는 이것이 현실적인 문제로 대두되기 시작했습니다. 결국 예수님이 안 계신 지금 제자들의 생계 문제를 어떻게 해결하느냐 하는 것이었습니다.

여기에 보면 갈릴리 호수를 '디베랴 호수' 라고 부르고 있습니다. '디베랴 호수' 는 갈릴리 호수의 또 다른 명칭입니다. 아마도 갈릴리의 분봉왕 헤롯 안티파스가 로마의 새로운 황제 티베리우스에게 잘 보이려고 갈릴리 호수의 이름을 디베랴 호수라고 새로 이름을 지었던 것 같습니다. 그 당시 시대는 새로운 황제의 시대로 접어들고 있었습니다. 전 세계는 로마를 중심으로 해서 격동하고 있었습니다. 그런데 지금 주님은 부활하셨지만, 제자들은 전혀 아무것도 변한 것이 없는 상태에 있었습니다. 제자들이 예루살렘에서 부활하신 주님을 만나고 갈릴리로 왔을 때 갈릴리에는 철저한 가난 외에는 아무것도 그들을 기다리고 있는 것이 없었습니다. 이미 그들은 처음 예수님을 따를 때 직업을 버렸습니다. 배도 버리고 그물도 버렸습니다. 이제 그들은 언제 또 예수님이 오실지 모르겠지만 자기들끼리 생계 문제나 모든 것을 해결해야 할 입장에 있었던 것입니다.

이것이 오늘 우리가 예수를 믿으면서 많이 경험하고 있는 어려움입니다. 성경에서 예수님께서 "무엇이든지 믿고 구하는 것은 다 받은 줄 믿으라"고 말씀하셨습니다. 우리는 그 말씀을 믿고 기도합니다. 그리고 우리는 믿습니다. 나의 병이 나으며 나의 어머니나 아들의 병이 나을 것을 믿습니다. 우리 집 문제나 사업의 어려움이 해결될 줄 믿습니다. 그러나 실제로 현실로 와서 직장이나 병원에 와 보면 아무것도 해결되어 있지 않은 것을 보게 되는 것입니다. 이럴 때 우리는 어떻게 해야 합니까? 기도한 것은 기도한 것이고, 또 현실적인 어려운 문제는 현실적인 문제로 이리 뛰고 저리 뛰면서 몸부림을 쳐야 하는 것입니다.

2-3절, "시몬 베드로와 디두모라 하는 도마와 갈릴리 가나 사람 나다나엘과 세베대의 아들들과 또 다른 제자 둘이 함께 있더니 시몬 베드로가 나는 물고기 잡으러 가노라 하니 그들이 우리도 함께 가겠다 하고 나가서 배에 올랐으나 그 날 밤에 아무 것도 잡지 못하였더니"

예수님의 제자 일곱 명이 갈릴리 호숫가 어느 집에 머물고 있었습니다. 여기에 보면 시몬 베드로가 가장 먼저 나오고, 그다음에 바로 도마의 이름이 나옵니다. 그리고 나다나엘이 나옵니다. 그리고 그 후에 세베대의 두 아들이 나옵니다. 여기에 가장 먼저 나오는 사람들이 바로 문제가 많은 사람들입니다. 베드로는 예수님이 붙잡히셨을 때 예수님을 모른다고 세 번이나 부인했었습니다. 도마는 예수님이 부활하시고 난 후에 믿지 못하겠다고 끝까지 버티었던 사람입니다. 나다나엘은 예수님이 부활하셨다는 소식을 듣고도 엠마오로 내려가던 두 제자 중의 한 사람이었다고 생각합니다. 그러니까 여기 앞에 나오는 세 사람은 예수님이 죽으시고 부활하시는 가장 중요한 순간에 믿음에 굳게 서지 못하고 불신앙에 빠졌던 사람들입니다. 그런데 이들의 이름이 가장 먼저 기록되어 있습니다. 그러니까 이 세 사람이 부활하신 예수님을 보고 얼마나 은혜를 받았으며, 얼마나 믿음으로 살려고 굳게 결심했는지 알 수 있습니다. 그리고 다른 제자 네 명은 아예 이름도 기록하지 않고 있습니다. 좌우간 한때는 믿음이 흔들렸던 자들이 부활하신 예수님을 만나고 난 후에는 다른 데 가지 않고 다른 제자들과 같이 자리를 지키고 있었습니다.

그런데 갑자기 베드로가 자기는 물고기를 잡으러 가겠다고 말합니다. 그러니까 다른 제자들도 선뜻 "우리도 물고기를 잡으러 가겠다"고 해서 제자들은 다 같이 옛날의 직업으로 돌아가게 되었습니다. 이때 중요한 것은 도대체 왜 갑자기 베드로가 물고기를 잡으러 가겠다고 했을까 하는 것입니다. 어떤 사람은 베드로가 너무 신앙적으로 침체되어서 예수님이 부활하신 후에도 옛날 직업으로 돌아가려고 했다고 생각합니다. 또 어떤 사람은 베드로가 그냥 무료하게 있는 것보다는 물고기나 잡으면서 유익하게 시간을 보내는 것이 더 낫다고 생각했다고 봅니다. 그러나 제 생각에는 베드로가 갑자기 고기를 잡으러 가겠다고 말한 것과 다른 제자들이 거기에 선뜻 동의한 것을 보면 그들의 사정이 고기를 잡으러 갈 수밖에 없는 사정이었다고 생각합니다. 즉 제자들이 갈릴리로 온 후에 경제적인 어려움이 있었던 것입니다.

예수님께서 살아계신 동안에는 예수님께서 제자들의 먹을 것을 다 책임져주셨습니다. 물고기 두 마리로 오천 명을 먹이는 능력을 행하기도 하시고, 또 예수님을 위해서 헌금을 바치는 사람들도 있었습니다. 그러나 예수님이 부활하시고 그들을 떠난 후에 누가 오병이어의 기적을 행하며 누가 예수님의 제자들에게 먹을 것을 갖다 주겠습니까? 그럼에도 불구하고 다른 제자들은 서로의 눈치만 보고 있는데 베드로는 무엇인가 해야 되겠다고 생각해서 결단을 내린 것입니다. 즉 이제는 우리가 먹을 것을 해결해야 하니까 우리가 할 수 있는 것은 옛날의 고기 잡는 기술을 살려서 고기를 잡아서 파는 수밖에 없다고 생각한 것입니다.

우리가 제자들의 입장이라면 어떻게 하시겠습니까? '예수님은 부활하셔서 어디론가 가셨지만 우리의 모든 것을 다 알고 계신다. 그래서 우리는 예수님이 뭐라고 하실 때까지 이대로 가만히 있어야 한다'라고 생각하겠습니까? 아니면, '아무리 예수님이 부활하셨지만 우리 문제는 우리가 해결해야 하니까 지금이라도 내가 할 수 있는 최선의 방법을 다 해봐야 한다' 고 생각하겠습니까? 그것이 사실이라면 제자들은 무슨 행동을 하기 전에 예수님께 물어보았어야 합니다. "예수님, 저희 눈에는 보이지 않지만, 저희를 보고 계시며 저희 말을 다 듣고 계시지요? 지금 저희들이 갈릴리로 와 보니까 아무것도 먹을 것이 없고 도저히 생활할 수 없는데 어떻게 할까요?"

그러나 제자들은 예수님의 부활을 두 번씩이나 보고 난 후에도 예수님이 안 계시면 자기들이 무엇인가를 해결해야 한다고 생각했습니다. 우리가 인간적으로 생각해 보면 베드로나 다른 제자들의 결단이 대단히 용기 있는 것 같습니다. 이들은 먹을 것이나 돈이 없다고 누군가가 해결해 주기를 기다린 것이 아니라, 스스로 할 수 있는 것은 최선을 다해서 하려고 했던 것입니다. 물론 우리에게 때로는 이런 적극적인 자세가 필요할 때도 있습니다. 그러나 예수님께서 부활하신 직후 제자들이 다시 갈릴리에서 모였을 때 그들이 가장 먼저 걱정해야 할 것이 과연 먹을 것을 해결하는 것이었을까요? 밤새 나가서 물고기를 잡아서 파는 것이었을까요? 그러나 제자들이 밤새도록 그물을 던졌지만, 물고기는 단 한 마리도 잡히지 않았습니다(3절).

지금 제자들은 예수님의 부활을 목격한 사람들입니다. 이들은 모두 예루살렘에서 온 천지의 주인이신 예수님을 만나고 은혜받고 온 사람들입니다. 이들은 이제 고기를 잡은 후에 또 예수님을 만나서 하나님의 일을 하려고 하는 사람들입니다. 그러나 물고기를 한 마리도 잡지 못했습니다.

이것이 바로 제자들이 갈릴리에서 경험한 것입니다. 우리가 아무리 하나님 앞에서 은혜를 받고 능력을 받고 귀한 체험을 했어도 세상 사람들은 아무도 우리를 알아주지 않습니다. 오히려 우리가 귀한 체험을 했다고 떠들면 떠들수록 더 우리에게 미쳤다고 할 것입니다. 이 세상은 예수님의 부활을 믿지도 않고 예수님이 부활하신 후에도 아무것도 변하지 않았습니다. 역시 이 세상은 세상의 법칙대로 돌아갈 뿐입니다.

여기서 우리가 할 수 있는 것이 무엇일까요? 우리의 신앙이 통하지 않는 이 세상에서 우리가 할 수 있는 것이 무엇이겠습니까? 우리가 할 수 있는 것은 아무것도 없습니다. 제자들은 이것을 빨리 인정했어야 합니다. 그들이 아무리 옛날 실력을 발휘해서 고기를 잡으려고 했지만 고기는 전혀 잡히지 않았습니다.

2. 예수님이 찾아오심

예수님은 갈릴리 호수에서 밤새 그물을 던졌지만, 물고기를 한 마리도 잡지 못하고 고생하고 있는 제자들을 찾아오셨습니다. 그러나 제자들은 예수님을 알아보지 못했습니다.

4절, "날이 새어갈 때에 예수께서 바닷가에 서셨으나 제자들이 예수이신 줄 알지 못하는지라"

아마 아직 날이 밝지 않고 어둑어둑했기 때문에 제자들이 예수님을 몰라볼 수도 있었을 것입니다. 그러나 더 중요한 것은 제자들은 그 시간에 예수님이 그 장소에 나타나실 줄 전혀 예상하지 못했다는 것입니다. 아마 제자들은 부활하신 예수님이라면 성전이라든지 아니면 왕궁 같은 곳을 찾아오시지, 제자들이 배를 빌리고 그물을 빌려서 고기를 잡는 그 시시한 시골구석에 오실 것이라고는 전혀 생각하지 못했던 것 같습니다. 그래서 예수님이 오셨지만, 제자들은 예수님인 줄 몰랐습니다.

예수님은 우리를 찾아오십니다. 예수님은 교회에만 찾아오시는 것이 아니라 공장에도 찾아오시고 장사하는 곳에도 찾아오시고 수술하는 곳에도 찾아오십니다. 그러나 우리는 예수님이 오신 줄을 모르고, 나의 힘으로, 우리의 힘으로 어려움을 해결하려고 애를 쓰고 있는 것입니다.

그때 예수님께서 제자들에게 물어보셨습니다.

5절, "예수께서 이르시되 얘들아 너희에게 고기가 있느냐 대답하되 없나이다"

여기서 이상한 것은 예수님은 왜 제자들을 '얘들' 이라고 불렀을까요? 여기서 예수님이 제자들을 부르신 '파이디아' 라는 호칭은 '작은 아이' 를 뜻합니다. 분명히 제자들은 아이들이 아니었습니다. 그들은 다 큰 어른이었고 자신들의 문제는 스스로 해결할 수 있는 나이에 있는 사람들이었습니다. 그러나 예수님에게는 제자들이 아무리 나이 많이 들고 경험이 많아도 '아이들' 에 불과했습니다. 그래서 제자들은 예수님이 자기들을 '얘들' 이라고 불렀을 때, 예수님을 주의해서 봤어야 합니다. 그러나 제자들은 그 말을 주의 깊이 생각하지 않고 고기만 많이 잡지 못한 것에 마음이 빼앗겨서 "잡은 것이 없나이다"라고만 대답했던 것입니다.

우리는 다른 사람들이 우리를 부르는 칭호에서 많은 것을 느낄 수 있습니다. 엄마가 아이들을 부르는 소리는 다양합니다. 아이들은 그 다양한 부름을 통해서 지금 엄마가 나에게 무엇을 요구하고 있으며 무엇을 시키려고 하는지 알 수 있습니다. 대개 아들의 이름을 정식으로 부를 때에는 야단을 치려고 하는 것입니다. 그리고 무엇인가 부드럽고 친절하게 부르실 때는 심부름을 시키려고 하는 것입니다. 그리고 무엇인가 좋은 것을 주려고 하실 때에는 애칭을 부를 때가 많을 것입니다.

예수님께서 제자들에게 '얘들아' 라고 불렀을 때 그 음성 속에는 "너희들은 내가 부활하고 난 후에 너희들을 떠났다고 생각하는데 결코 그렇지 않다. 너희들은 나의 도움 없이는 아무것도 할 수 없는 어린아이들과 같다. 이제 내가 너희의 고민과 어려움을 해결해 주겠다' 고 하는 깊은 뜻이 있는 것입니다. 그래서 우리는 주님이 우리를 어린아이 취급하실 때 기분 나빠하지 말아야 하겠습니다. 그러나 제자들은 지금 고기에 너무 정신이 팔려있었기 때문에 예수님의 이 부르시는 음성을 놓쳤던 것입니다. 우리는 이 시간 '얘야!' 라고 부르시는 주님의 음성을 들어야 하겠습니다.

예수님이 우리에게 '얘야!' 라고 부르실 때는 우리 힘으로는 아무것도 할 수 없다는 것을 아시고 하시는 것입니다. 우리는 이 세상에서 우리 힘으로 도저히 아무것도 할 수 없는 어린아이들입니다. 그러면 도대체 우리는 어떻게 해야 합니까? 부활하신 주님이 능력 있으시다는 것을 믿어야 합니다. 이제는 내가 살려고 이리 뛰고 저리 뛰는 것이 아니라, 주님이 나에게 하시는 말씀을 들을 수 있어야 합니다.

예수님은 베드로에게 무엇이라고 말씀하셨습니까?

6절, "이르시되 그물을 배 오른편에 던지라 그리하면 잡으리라 하시니 이에 던졌더니 물고기가 많아 그물을 들 수 없더라"

예수님은 베드로에게 배 오른편에 그물을 던지라고 하셨습니다. 베드로는 지금 누군지도 모르는 사람이 호숫가에 서서 여기 던지라, 저기 던지라고 훈수(?)를 두고 있는데 성질 같아서는 도저히 그 사람의 말을 들을 수 없을 것입니다. 그러나 베드로는 누군지도 모르는 사람의 말을 듣고 순종했는데 단 한 번의 말씀으로 그물이 찢어질 정도의 많은 고기가 잡혔습니다.

이것이 바로 부활하신 예수님의 능력이었습니다. 바로 이 체험이 제자들과 우리에게는 너무나도 중요한 것입니다. 어쩌면 예수님께서는 바로 이 깨달음을 주시기 위해서 일부러 제자들이 디베랴 호수에 고기를 잡으러 가는 것을 내버려두셨을 것입니다.

지금 제자들에게 중요한 것은 예수님의 음성을 듣는 것입니다. 왜냐하면 부활하신 예수님의 음성 한 마디, 한 마디가 바로 기적이요 능력이요 축복이기 때문입니다. 이제는 우리의 모든 생각과 우리의 모든 토론을 중단해야 합니다. 이제 우리가 해야 할 것은 열심히 주님의 음성을 듣는 것입니다. 오른쪽으로 던지라고 하시면 오른쪽으로 던지면 되는 것이고, 왼쪽으로 가라고 하면 왼쪽으로 가면 되는 것입니다. 여기에 다른 말은 일체 필요가 없는 것입니다. 베드로는 밤새 그물을 던졌지만 고기를 한 마리도 잡지 못했는데, 예수님의 말씀 단 한 마디로 그물이 찢어질 정도의 많은 고기를 잡았습니다.

3. 베드로와 예수님의 만남

7절, "예수께서 사랑하시는 그 제자가 베드로에게 이르되 주님이시라 하니 시몬 베드로가 벗고 있다가 주님이라 하는 말을 듣고 겉옷을 두른 후에 바다로 뛰어 내리더라"

많은 물고기가 잡혔을 때 예수님의 사랑하시던 제자 요한이 가장 먼저 영안이 떠진 것 같습니다. 요한은 예수님을 알아보고 베드로에게 "주님이시다!"라고 외쳤습니다. 그 말을 듣고 베드로는 그 자리에서 겉옷을 입고 물에 뛰어들어서 아마 헤엄을 쳐서 예수님께 왔을 것입니다. 헤엄 치려면 옷을 벗어야 할 것 같은데 베드로는 도로 옷을 입고 물로 뛰어들었습니다. 왜 그랬을까요? 갑자기 예수님 이야기를 들으니까 예의를 차리고 싶어졌을까요? 부활하신 예수님을 웃통을 벗고 만나서는 안 된다고 생각했을까요? 이것은 베드로가 처음 예수님을 만났을 때 그가 한 말이 있었기 때문입니다.

베드로가 예수님의 말씀을 듣고 물고기를 많이 잡은 것은 이번이 처음이 아니었습니다. 베드로는 3년 전에 예수님을 만날 때 이와 비슷한 체험을 한 적이 있습니다. 누가복음 5장에 보면 이 사건이 기록되어 있습니다. 그런데 본문의 사건과 누가복음 5장의 사건이 너무 비슷하기 때문에 동일한 사건이 두 번 기록되었을 것으로 추측하는 사람도 있습니다. 그러나 전체적으로는 비슷한 것 같은데 세부적으로는 차이가 있는 다른 사건인 것이 분명합니다.

누가복음 5장의 사건은 베드로가 처음 예수님의 부름을 받을 때였습니다. 베드로는 그때도 밤새 고기를 잡으려고 그물을 던졌는데 한 마리도 잡지 못했습니다. 그때 예수님은 베드로의 배를 빌려서 몰려온 사람들에게 하나님의 말씀을 전하셨습니다. 베드로는 그 바람에 계획에 차질이 생기게 되었습니다. 왜냐하면 낮에 그물을 씻어서 말려야 또 저녁에 고기를 잡으러 나갈 수 있는데 베드로는 예수님의 설교를 듣느라고 그물 씻을 시간을 다 놓쳐버렸기 때문입니다. 그러나 이제라도 다시 그물을 씻어서 밤에 고기를 잡을 준비를 하면 됩니다. 그때 예수님께서는 베드로에게 깊은 곳에 가서 그물을 던지라고 말씀하셨습니다. 이때 베드로가 한 말이 아주 의미심장한 말입니다.

"선생님, 우리들이 밤이 새도록 수고하였으되 잡은 것이 없지마는 말씀에 의지하여 내가 그물을 내리리이다" (눅 5:5)

이 말이 도대체 무슨 뜻입니까? 우리는 이미 밤새도록 이 부근에 그물을 던져보았다는 것입니다. 그래서 오늘 적어도 이 부근에는 깊은 곳이나 얕은 곳이나 고기가 없다는 뜻입니다. 그리고 적어도 베드로는 여기서 고기를 잡으면서 잔뼈가 굵은 사람입니다. 그는 고기 잡는 것에 있어서는 전문가인 것입니다. 지금 베드로는 예수님이 뭐라고 하시니까 기분이 조금 나빠지려고 하고 있습니다. 그러나 말씀을 듣고는 예수님에 대한 믿음이 조금 생겼기 때문에 억지로라도 순종을 하겠다는 뜻입니다. 그런데 그 결과 그물이 찢어질 정도의 많은 고기가 잡혔습니다. 베드로는 전문가인데 밤새 한 마리도 잡지 못했는데, 예수님은 단 한 마디로 엄청난 고기를 잡은 것입니다. 이것은 전문가가 아니면 절대로 이해하지 못하는 영역입니다. 우리는 이 세상에서 자신이 전문가라고 생각할 때가 많습니다. 그러나 예수님은 전문가 위의 전문가이십니다. 전문가가 아무리 머리를 싸매고 애를 써도 풀지 못하는 것을 예수님은 말씀 한마디로 다 풀 수 있으십니다.

베드로는 처음 예수님의 능력을 보고 예수님 앞에 무릎을 꿇고 "주여, 나를 떠나소서. 나는 죄인이로소이다"라고 고백했습니다. 왜 죄인이라고 고백을 합니까? 그리고 왜 자기를 떠나시라고 말합니까? 베드로는 자기가 예수님 앞에서 잘난 체하고 예수님을 무시하고 예수님을 인정하지 않았던 것이 부끄러웠던 것입니다. 예수님께서 깊은 곳에 그물을 던지라고 하실 때에도 마음 한구석에서는 예수님을 조롱하고 비웃으면서 억지로 순종했던 것입니다. 이제 모든 것을 다 아시는 예수님 앞에서 무엇을 하겠습니까? 베드로의 영역이 없어져버린 것입니다. 그때 예수님께서는 베드로에게 "내가 너로 사람을 낚는 어부가 되게 하겠다"고 약속하셨습니다. 베드로는 말씀 한마디로 자기는 상상할 수 없는 고기를 잡으시는 예수님을 무조건 믿고 따랐던 것입니다. 다시는 먹는 것이나 입는 것이나 다른 것은 일절 걱정하지 않고 오직 사람을 낚는 어부만 되겠다고 결심했던 것입니다.

그런데 지금 예수님께서 3년 전에 하셨던 것과 비슷한 경험을 하게 하시는 것입니다. 이것은 그냥 하신 것이 아니라 베드로에게 3년 전의 자신과 지금의 자신을 비교해 보라는 뜻입니다. 즉 예수님은 아무 말씀하시지 않고 3년 전에 하셨던 기적을 다시 행하심으로 베드로가 3년 전에 처음 주님을 만났을 때 가졌던 생각 그 열정과, 지금 자신이 염려하고 있는 것들을 비교해 보라는 뜻입니다.

3년 전에 베드로는 예수님의 능력을 보고 모든 염려를 버리고 예수님을 따랐습니다. 그동안 많은 기적을 보았습니다. 그리고 엄청난 말씀을 들었습니다. 그리고 예수님이 죽으셨다가 살아나신 모습을 직접 보았습니다. 두 번씩이나 보았습니다. 그러나 여전히 베드로는 지금 먹는 것을 걱정하고 있는 것입니다. 예수님은 아무 말 없이 베드로에게 "베드로야, 너는 그동안 얼마나 변했느냐?" 고 질문하고 계신 것입니다. "베드로야, 너는 왜 그렇게 변한 것이 없느냐? 너는 왜 오히려 그 뜨거운 첫사랑을 잃어버렸느냐? 왜 너는 지금 고기 잡는 일에만 빠져 있느냐?" 말씀하시는 것입니다.

베드로는 이 말씀의 깊은 뜻을 알았습니다. 그는 처음 은혜를 받았을 때 다시는 이 옷을 벗지 않고 다시는 고기 잡는데 빠지지 않고 오직 사람만 낚는 어부가 되겠다고 결심했는데 지금은 고기 낚는 어부가 되어 있는 것입니다. 그래서 베드로는 다시 예수님 앞에 겉옷을 입고 다시 사명을 감당하려고 겉옷을 두른 채 물에 뛰어 내렸던 것입니다.

우리는 3년 전의 자신과 지금의 자신을 비교해 보아야 합니다. 그때의 그 결심, 그때의 그 열정은 어디에 가고 돈 걱정만 하고 있는지 생각해 보아야 합니다. 그리고 벗어 놓은 겉옷을 도로 입고 주님 앞에 서야 할 것입니다.

우리는 예수님이 부활하신 후에 우리를 떠나셨다고 생각할 때가 많습니다. 예수님은 눈에 보이지 않고 내 문제는 내 힘으로 해결해야 한다고 생각해서 이리 뛰고 저리 뛸 때가 많습니다. 그러나 내 힘으로 아무리 뛰어도 고기는 잡히지 않습니다. 중요한 것은 부활하신 주님을 나의 중심에 모셔야 합니다. 그리고 주님이 나에게 말씀하시게 해야 합니다.

제자들이 잡았던 물고기 숫자를 헤아려보니까 153마리였습니다. 우리가 주님의 말씀을 듣고 순종할 때 엉뚱하게 보일지 몰라도 기적이 일어나게 됩니다. 그 기적의 숫자가 153인 것입니다. 또한 성경에는 그물이 찢어지지 않았다고 강조하고 있습니다. 이것은 다른 말로 표현하면 정상적으로는 찢어졌어야 한다는 뜻입니다. 그 그물은 몇십 마리 이상은 절대로 잡을 수 없는 그물이었던 것입니다. 그러나 예수님은 그물이 찢어지지 않게 하셔서 제자들의 수고가 헛되지 않게 하셨습니다. 주님이 허락하시지 않으면 우리가 아무리 돈을 벌어도 그물이 찢어질 것입니다. 주님이 우리의 그물을 지켜주셔야 합니다. 이제 우리는 모두 '얘들'이라는 것을 인정하십시다. 우리의 생각과 우리의 계획을 중단하고 주님의 음성을 들으시기 바랍니다. 그리고 우리에게 153의 기적이 나타나기를 바랍니다.

23 막다른 골목

나사렛 예수의 이름

행 3:6-8

베드로가 이르되 은과 금은 내게 없거니와 내게 있는 이것을 네게 주노니 나사렛 예수 그리스도의 이름으로 일어나 걸으라 하고 오른손을 잡아 일으키니 발과 발목이 곧 힘을 얻고 뛰어 서서 걸으며 그들과 함께 성전으로 들어가면서 걷기도 하고 뛰기도 하며 하나님을 찬송하니

몇 년 전에 동양계 여기자 두 명이 탈북자를 취재하는 도중에 두만강을 건너 30초 정도 북한 땅을 담았다고 해서 북한에 끌려가서 12년 형을 받았습니다. 그러나 북한이 그들을 그렇게 억류할 수 없었던 것은 그들이 미국 시민권을 가진 미국인이었기 때문입니다. 결국 우리에게 중요한 것은 우리 한 사람 한 사람이 얼마나 힘이 있고 똑똑한가 하는 것보다 내가 어느 나라에 속해 있고 내 뒤에 누가 있느냐 하는 것이 더 중요한 것입니다. 우리 예수 믿는 사람들 뒤에는 온 천지를 창조하신 하나님의 능력이 있습니다. 우리가 이 세상에서 능력 있는 삶을 살려고 하면 내 자신의 능력도 중요하지만, 하나님의 능력을 나의 삶 가운데 끌고 오는 것이 더 중요합니다.

저는 어렸을 때부터 교회를 다녔지만 기도의 능력을 잘 알지 못했습니다. 저는 우리나라에서 엘리트 코스만 걸으면 성공할 줄 알았습니다. 그런데 어느 날 주님은 저에게 "그의 나라와 그의 의를 구하라"고 말씀하셨습니다. 그래서 저는 직장에 사표 내고 청년들과 성경공부 하면서 하나님의 말씀만 붙들었습니다. 그때 저는 인생 밑바닥까지 내려가서 궁핍하게 되었습니다. 그러나 거기서 어마어마한 노다지를 발견하게 되었습니다. 그것은 바로 하나님 말씀의 능력이었습니다.

어린 다윗이 무기도 없이 골리앗과 싸울 때 골리앗을 향해서 "너는 칼과 창과 단창으로 내게 나아오지만 나는 만군의 하나님 여호와의 이름으로 네게 나아가노라" 하고 물맷돌을 던졌더니 그 돌이 골리앗의 이마에 박히면서 그는 쓰러졌습니다. 우리가 성공할 수 있는 비결은 나의 능력에 있는 것이 아니라, 어떻게 하면 하나님의 능력을 나의 능력으로 끌고 올 수 있느냐 하는 데 달려 있습니다.

우리나라에서 대개 성공하려고 하면 엘리트 코스를 밟아야 합니다. 그러나 사실 엘리트는 위기 때 아무 소용이 없습니다. 진짜 위기 때 능력을 나타내고 나라를 살리는 사람은 하나님의 말씀을 가지고 고난을 겪고 그 마음에 성령의 불이 있는 사람입니다. 우리 마음에 성령의 불이 있기를 바랍니다. 마음에 뜨거운 열정이 있는 사람이 무슨 일이든지 할 수 있습니다. 그런데 이것이 믿음의 불이어야 합니다.

1. 기도하는 사람들

오순절에 성령을 체험한 후 제자들에게 가장 두드러진 현상은 다른 어떤 일보다 기도하는 일에 열심을 다했다는 사실입니다. 제자들은 복음을 더 잘 전하기 위하여 전략을 세우거나 후원자를 모집하거나 사람을 만나지 않고 기도하는 일을 열심히 했습니다. 그래서 아예 시간을 정해 놓고 모여서 말씀을 듣고 기도했습니다.

행 3:1, "제 구 시 기도 시간에 베드로와 요한이 성전에 올라갈새"

여기서 제9시는 오후 3시를 말합니다. 베드로와 요한과 제자들은 성전에서 시간을 정해 놓고 기도하는 것을 아주 중요하게 생각했습니다. 오순절에 성령을 받고 난 후 믿는 자들에게 나타난 가장 놀라운 특징은 기도의 맛을 알게 되었다는 것입니다. 그래서 베드로와 요한은 기도하기 위해서 성전에 올라가게 되었습니다. 물론 이때의 기도 시간은 이스라엘 백성이 오랫동안 성전에서 해오던 기도 시간을 말합니다. 그러나 많은 유대인은 그때까지 하루에 몇 차례씩 시간을 정해 놓고 기도하면서도 기도의 맛을 알지 못했고 기도의 능력을 알지 못했습니다. 그러나 오순절의 성령을 받은 사람들은 정해 놓은 기도 시간만이 아니라 어떤 기도 시간도 하나님의 능력이 나타나는 시간인 줄 알고 있었습니다. 그래서 그들은 기도하는 일에 전념했습니다. 이것이 초대 교회 교인들과 오늘 신자들 사이에 나타나는 중요한 차이점 중의 하나입니다.

이들이 기도하는 일에 이렇게 열심을 내었던 이유가 어디에 있을까요? 그들은 기도의 능력을 체험하였기 때문입니다. 예수님의 제자들도 사실 예전에는 기도의 맛을 잘 몰랐습니다. 그래서 베드로나 요한도 변화산에 가서 졸기나 했고 심지어는 예수님이 피땀 흘리면서 기도하던 겟세마네 동산까지 가서도 졸기만 했습니다. 그런데 이제 그들은 기도의 맛을 알게 되었고 기도를 아주 좋아하게 되었습니다. 그래서 기도 시간이 되면 모두 약속이나 한 듯이 다른 일을 중단하고 성전의 지정된 장소에 모였습니다. 그 이유가 무엇입니까? 오순절의 성령이 임하신 후에 그들의 모든 것이 달라졌기 때문입니다. 주님이 하나님 보좌 우편에서 기도하는 그들에게 응답을 주시고 능력을 주시고 새 힘을 주시기 때문입니다.

오늘 사람들은 기름을 매우 중요하게 생각합니다. 그래서 우리나라를 이야기할 때 기름 한 방울 나지 않는 나라라고 합니다. 그런데 우리에게는 기름이 나고 있고 부어지고 있습니다. 그것은 검은 기름이 아니라 '성령의 기름' 인 것입니다. 우리나라는 우리 죄를 씻고 우리 인생을 치료하고 우리를 완전히 새 사람으로 만드는 성령의 기름이 넘치는 나라인 것입니다. 이것이 말씀을 붙들고 기도하면 부어집니다.

사실 제자들에게 이 부흥이 임하는데 엄청난 시간이 걸렸습니다. 우리는 부흥이 오는 것이 쉬운 일로 생각하지만 절대로 그렇지 않습니다. 우리가 목숨을 걸고 하나님의 말씀을 붙들어야 합니다. 그렇게 수년을 할 때 겨우 조금 감동이 오게 됩니다. 그런데 지속적으로 다른 것을 붙들지 않고 죽으라고 하나님의 말씀만 붙들면 이 생수가 점점 더 많아지게 됩니다. 이것이 결국 우리나라를 살리는 힘입니다.

제자들은 한번 오순절의 성령 충만을 받고 난 후에는 계속 더 많은 성령의 역사를 부어달라고 기도하게 되었습니다. 이들은 모든 사람에게도 믿음을 주시고 성령을 부어달라고 기도했습니다. 왜냐하면 부흥이 하나님이 주시는 최고의 복이기 때문입니다. 이것으로 사람의 인생이 뒤집어지게 됩니다.

그래서 다른 사람을 가장 사랑하는 사람은 기도를 하는 사람입니다. 우리가 알아야 할 것은 이 세상에 보이는 모든 좋은 것도 하나님의 은혜와 축복이 없으면 다 썩어질 쓰레기밖에 되지 않는다는 사실입니다. 그런데 하나님의 복이 이 땅에 폭포수같이 임하면 이 세상의 쓰레기들도 깨끗해지고 또 진정한 복으로 변하게 됩니다. 그러나 기도가 없어지고 성령이 오시지 않으면 우리 믿는 자들이 가진 것들도 더러운 욕심 더미가 될 수 있습니다.

지금 베드로와 요한은 오순절의 성령을 받은 후 기도의 능력과 맛을 알게 되었습니다. 성령을 받은 자의 특징은 더 풍성하고 지속적인 성령의 역사를 위해서 기도하게 되는 것입니다.

2. 도움을 청하는 사람

베드로와 요한은 또 성전에 올라가서 뜨겁게 기도하려고 하는데 그들에게 방해자가 한 사람 생겼습니다. 그 사람은 성전 문에서 지나가는 사람들에게 날마다 돈을 달라고 구걸하는 장애인 거지였습니다.

2절, "나면서 못 걷게 된 이를 사람들이 메고 오니 이는 성전에 들어가는 사람들에게 구걸하기 위하여 날마다 미문이라는 성전 문에 두는 자라"

이 장애인 거지는 나면서부터 못 걷게 된 사람이었고 매일 성전 문에서 지나가는 사람들에게 구걸하는 사람이었습니다. 우리가 좁은 마음으로 생각하면 이 장애인 거지는 두 사도에게 귀찮은 존재가 될 수도 있었습니다. 지금 이 두 사도는 성령의 충만함을 받아서 천국의 기쁨으로 충만한 상태에 있습니다. 지금 어떻게 하면 더 하늘의 은혜를 받고 또다시 한번 하나님의 성령으로 충만해질 수 있을까 하는 생각에 몰두했을 것입니다. 그런데 갑자기 눈앞에 웬 누추한 장애인 거지가 길을 막으면서 겨우 몇 푼 안 되는 돈을 달라고 했을 때, 우리 식으로 말하면, 기분을 잡쳤을 수도 있는 것입니다. 그러나 성령 충만은 결코 그렇게 이기적이거나 옹졸한 것이 아닙니다. 하나님이 우리에게 주시는 은혜는 우리 마음을 바다같이 넓게 만들고 하나님의 눈으로 다른 사람을 보게 만듭니다.

베드로와 요한이 하나님의 눈을 가지고 이 거지 장애인을 보니까 무슨 생각이 들었습니까? 주님이 무슨 일을 하실 것 같은 강한 생각이 드는 것입니다. 지금 하나님 앞에서는 엄청난 일이 벌어졌습니다. 지금 사람들이 알지 못하는 어마어마한 능력이 부어지고 있습니다. 그러나 사람들은 그것을 알지 못하고 여전히 자기 방식대로 살아가고 있습니다. 예루살렘 성전에 많은 사람이 와 있지만 그들도 역시 아무것도 모르고 있었습니다.

그런데 하나님께서는 이 시간 베드로와 요한에게 하나님이 무엇인가 엄청난 일을 행하실 것이라는 믿음을 주셨습니다. 이 거지는 두 사도에게 돈을 달라고 구걸했습니다. 그러나 미안하게도 두 사도는 가지고 있는 돈이 없었습니다. 그러나 돈이 없다고 해서 그냥 지나갈 수 없는 하나님의 강한 능력이 그들에게 임했습니다. 우리가 이 세상에서 무엇인가를 하려고 하면 돈이 있어야 합니다. 그러나 하나님의 일을 하는데 전혀 돈이 필요하지 않을 수 있습니다. 하나님께서는 오히려 우리가 돈을 가지고 하나님의 일을 하는 것을 좋아하시지 않습니다. 진정한 능력은 하늘 문을 열어서 하나님의 복이 이 세상에 임하게 하는 것입니다.

그러나 이 두 사도는 오순절의 성령을 받은 사람들이었습니다. 물론 그들은 성령의 능력만 받았지 돈이 없었습니다. 이것은 이 걸인이 요구하는 것과 너무나도 다른 것이었습니다. 그래도 차이가 크다는 것은 그만큼 큰 능력을 나타낼 수도 있는 것이었습니다.

일단 두 사도는 이 걸인을 못 본 체하지 않고 오히려 주목하여 보면서 이 사람에게 "우리를 똑바로 보라"고 했습니다.

4-5절, "베드로가 요한과 더불어 주목하여 이르되 우리를 보라 하니 그가 그들에게서 무엇을 얻을까 하여 바라보거늘"

그들은 더 이상 이 세상의 현실을 피하거나 어려운 현실에서 도망치는 사람이 아니었습니다. 그들은 구걸하는 걸인을 똑바로 보았습니다. 그리고 그 사람에게도 "우리를 보라"고 했습니다. 이것은 '우리를 기대하라'는 것입니다. 이 걸인에게 '딴 사람 쳐다보지 말고 오직 우리만 주목해서 보라'는 것입니다.

아마도 이 걸인은 지금까지 구걸하면서 사람들의 눈을 맞추지는 않았을 것입니다. 그런데 누군가가 자신에 차서 자기들을 보라고 하는데 아마 굉장한 부자가 대단한 돈을 주려고 하나 생각해서 이 사람들을 바라보았습니다. 그리고 무엇을 줄 것인지 기대에 부풀었습니다. 그런데 이 두 사람의 입에서는 너무나도 실망스러운 말이 나왔습니다. 그것은 "은과 금은 나에게 없다"는 것입니다. 즉 '우리에게는 돈이 없다'는 것입니다. 아마 이 말만 들으면 이 거지는 너무나도 실망했을 것입니다. 그러나 중요한 것은 그 뒤에 있는 것이었습니다.

"내게 있는 이것을 네게 주노니 나사렛 예수 그리스도의 이름으로 일어나 걸으라"

이 두 제자는 돈은 가지지 않았지만, 돈 대신에 가지고 있는 것이 있었습니다. 그것은 바로 "나사렛 예수 그리스도의 이름"이었습니다. 우리에게는 남에게 줄 수 있는 돈이 많이 있지 않습니다. 또 세상 사람들이 기대하는 것이 없습니다. 우리는 현실적으로 아무것도 할 수 없습니다. 그러나 이것은 우리의 생각이고 주님의 생각은 얼마든지 다를 수 있습니다. 주님은 우리를 통해서 어려움에 빠진 사람들에게 무엇을 주실지 우리는 알지 못하는 것입니다. 우리는 다른 사람들이 우리를 바라볼 때 "제발 우리를 바라보지 마세요. 우리는 아무것도 가진 것이 없습니다"라고 말해서는 안 됩니다. 성령 충만한 두 사도는 "우리를 바라보세요. 그리고 당신에게 어떤 것이 주어질 것인지 기대를 하세요"라고 말했던 것입니다.

3. 예수의 이름으로

베드로와 요한은 자기를 바라보는 장애인 거지에게 어마어마한 폭탄선언을 했습니다. 이것은 아마도 이 세상에서 외쳐진 어떤 말씀보다도 능력 있는 메가톤급의 원자폭탄과 같은 선언이었습니다.

6절, "베드로가 이르되 은과 금은 내게 없거니와 내게 있는 이것을 네게 주노니 나사렛 예수 그리스도의 이름으로 일어나 걸으라 하고"

이들에게는 돈 대신 가지고 있는 것이 있었습니다. 그것은 바로 "예수 그리스도의 이름"이었습니다. 아마도 이 걸인은 이 두 사람이 무슨 말을 하는지 잘 이해하지 못했을 것입니다. 이들은 자기들에게는 돈이 없고 오직 예수라는 사람의 이름만 가지고 있다는 것입니다. 그것도 자기 이름도 아니고 남의 이름이었습니다. 이 나사렛 예수가 누구입니까? 얼마 전에 십자가에 못 박혀 죽은 분의 이름입니다. 그런데 놀라운 것은 이 이름으로 명령하는데 한 번도 일어서 본 적이 없었던 다리에 힘이 생기면서 일어서게 되었다는 것입니다. "나사렛 예수의 이름으로 일어나 걸으라"는 말씀과 동시에 이 장애인 거지의 발목에 힘이 생기면서 그 자리에서 벌떡 일어섰고 걸어 다니기 시작했습니다. 이 사람은 어떻게 해서 이렇게 되었는지 모릅니다. 중요한 것은 능력이 나타났고 기적이 일어났다는 것입니다. 이 사람은 걷기도 했으며 뛰기도 했습니다. 이 걸인은 구걸하는 직업을 때려치우고 두 사도와 함께 성전에 들어가면서 큰 소리로 하나님을 찬송했습니다.

복음은 이론을 가지고 따지는 것이 아닙니다. 복음은 하나님의 능력이 우리를 통해서 직접 나타나는 것입니다. "하나님의 나라는 말에 있지 아니하고 오직 능력에 있음이라"(고전 4:20)고 했습니다. 기독교는 능력입니다.

지금 기독교는 너무나도 많은 것을 가지기 위해서 애를 쓰고 있습니다. 많은 학식과 많은 프로그램과 많은 계획과 많은 조직을 가지려고 애를 쓰고 있습니다. 그런데 여기에 빠진 것이 하나 있다면 바로 이 능력입니다. 능력이 없는 프로그램, 능력이 없는 사업, 능력이 없는 행사는 죽은 것입니다. 죽은 영혼을 살려내고 병든 인생을 고치는 능력이 있어야 하는 것입니다. 이것을 할 수 있게 하는 것은 오직 말씀과 기도밖에 없습니다. 우리는 다른 것으로는 열등감을 가질 필요가 없습니다. 그러나 능력이 나타나지 않는다면 우리의 부족을 인정해야 합니다.

예수님의 두 제자는 하나님께서 이 불쌍한 사람을 통하여 능력 행할 것을 믿었습니다. 왜냐하면 그들은 성령에 민감했기 때문입니다. 여기서 우리가 알아야 할 것은 주님께서 우리 모든 믿는 자들에게 능력을 주셨지만 그 능력의 정도가 다 다르다는 것입니다. 그리고 사도들에게 더 큰 능력을 주셨는데 그것은 복음을 전함과 동시에 병을 고치고 기적을 행할 수 있는 능력이었습니다. 이것은 우리 믿는 자들에게 전혀 없다고 말할 수는 없습니다. 그러나 사도들에게는 분명히 이 권세를 주셨습니다. 이 권세를 베드로와 요한이 인식하고 있었는지 모르겠지만 그들이 외쳤을 때 분명히 예수님의 능력이 그들을 통해서 나타났습니다.

여기서 놀라운 것은 그들이 하나님께 기도하지 않고 바로 장애인에게 명령을 내렸다는 사실입니다. 우리는 보통 병을 치료할 때 환자나 질병에게 바로 명령을 내리지 않습니다. 우리는 하나님께 형제나 자매의 병을 고쳐달라고 기도하면 하나님께서 우리의 기도를 들으시고 병든 자들을 놀랍게 고쳐주실 때가 많습니다.

유감스럽게도 우리 주위의 사람들이 필요로 하는 것이 우리에게 없을 때가 많습니다. 그러나 이것은 반드시 나쁜 것만은 아닙니다. 왜냐하면 우리에게는 더 큰 것이 있을 수 있기 때문입니다. 두 사도는 돈이 없었기 때문에 더 큰 것을 이 사람에게 줄 수 있었습니다. 그것은 바로 예수님의 능력을 체험하는 것이었고, 한평생 그를 붙들고 있던 장애에서 치료되는 것이었습니다. 그래서 우리는 때때로 우리에게 아무 돈이나 능력이 없는 것이 더 좋을 때가 많습니다. 돈이 없기 때문에 안타까워서 기도하게 되고 결국 더 좋은 결과가 나타날 때가 많은 것입니다.

오늘 우리 기도가 우리가 생각하는 것보다 훨씬 능가하는 복을 가져올 수 있다는 것을 믿어야 합니다. 우리에게는 그들이 미처 기대하지 못하는 하나님의 능력이 있는 것입니다.

베드로와 요한이 장애인을 고치는 기적을 나타낸 시간에 많은 사람이 성전에 모여 있었습니다. 이들은 지금까지 오랫동안 기도는 해오고 있었지만 진정한 기도의 능력을 체험해 보지 못한 사람들이었습니다. 그런데 이들은 성전에 들어올 때까지만 해도 앉아있던 이 사람이 소리를 지르면서 뛰어다니는 광경을 보게 되었습니다. 이 사람은 아주 큰 소리로 하나님을 찬양하고 있었습니다. 이것을 본 성전에 있는 사람들은 모두 놀랐습니다. 이들은 모두 경건한 사람들이었고 하나님의 능력을 사모하는 사람들이었기 때문입니다. 이들은 어떻게 해서 이 장애인이 일어서게 되었는지 굉장한 관심을 가지게 되었습니다. 결국 여기서 폭발적인 부흥이 나타나게 되었습니다.

이 장애인은 베드로와 요한을 잡으면서 이들이 자기를 낫게 했다고 했습니다. 그랬더니 사람들은 더 놀라게 되었습니다. 왜냐하면 이들은 오순절에 새 술에 취한 것처럼 이상하게 되었던 사람이었기 때문입니다. 이들은 갈릴리에서 온 무식한 어부들이었습니다.

이때 베드로는 바로 즉시 담대하게 말을 전했습니다.

12절, "베드로가 이것을 보고 백성에게 말하되 이스라엘 사람들아 이 일을 왜 놀랍게 여기느냐 우리 개인의 권능과 경건으로 이 사람을 걷게 한 것처럼 왜 우리를 주목하느냐"

베드로와 요한은 사람들이 전부 놀란 표정으로 자기들을 보고 있는 이 사람들에게 "왜 우리가 이 사람을 고친 것처럼 우리를 놀란 눈으로 쳐다보고 있느냐?"고 말했습니다. 즉 '왜 우리 개인의 경건과 능력으로 이 사람을 고친 것처럼 우리를 쳐다보느냐? 이 사람을 고친 것은 우리의 능력이 아니라'는 것입니다.

그러면 도대체 누가 이 사람을 고쳤습니까? "그것은 바로 너희가 십자가에 못 박아 죽게 한 예수"라는 것입니다. 즉 너희가 얼마나 악한 짓을 했는가 하면 빌라도는 살려주기로 했는데 너희가 거부하고 십자가에 죽게 했는데, 하나님이 그를 살리셨고 그 능력이 지금 우리를 통해서 나타나고 있다는 것입니다.

16절, "그 이름을 믿으므로 그 이름이 너희가 보고 아는 이 사람을 성하게 하였나니 예수로 말미암아 난 믿음이 너희 모든 사람 앞에서 이같이 완전히 낫게 하였느니라"

베드로와 요한이 증거한 것은 예수님은 살아계신다는 것입니다. 너희들은 예수를 믿지 않고 십자가에 못 박아 죽였지만 하나님은 예수님을 죽은 자 가운데서 살리셨고 그가 살아 계시다는 것입니다. 그리고 그가 살아계신 것만이 아니라 우리를 통해서 능력을 나타내고 있다고 강조했습니다. 복음은 바로 이것입니다. 십자가에 못 박혀 죽었던 예수가 살아계시며 우리에게 능력을 주어서 이 병자를 일어나게 했다는 것입니다. 죽은 예수는 그냥 살아난 것이 아니라 우리의 모든 것을 해결하는 구주로 살아계신 것입니다. 그는 우리의 사는 것이나 죽는 것을 다 책임지시며 지금까지 우리가 살아오면서 지었던 모든 죄를 다 가져가시고 새로운 능력을 주시는 분으로 살아계시는 것입니다.

오늘 우리에게 가장 큰 복은 예수 그리스도의 이름을 믿는 것입니다. 우리가 예수님의 이름을 믿으면 예수님과 우리는 하나로 연결되게 됩니다. 우리는 이 세상에 많은 병든 사람이나 어려움 당하는 사람도 걱정해야 하겠지만, 더 중요한 것은 내 자신이 주님의 은혜로 충만해지고 성령 충만함을 받는 것이 얼마나 중요한지 깨닫지 못하고 있는 것입니다.

이 시간 중요한 것은 예수님께서 살아계시며 나를 통해서 많은 사람을 복주시기를 원하고 계신다는 사실입니다. 우리가 성령 충만하지 않으면 자꾸 내 문제에 빠져버리기 때문에 다른 사람을 위해서 기도하지 않게 됩니다. 하나님께서는 우리 예수 믿는 자들에게 나사렛 예수의 이름을 마음껏 쓸 수 있는 특권을 주셨습니다. 우리는 모두 예수님의 이름으로 되어 있는 크레딧 카드를 한 장씩 다 받은 셈입니다. 우리는 이 카드를 사용해서 다른 사람을 축복해야 할 책임이 있습니다.

믿음은 하나님의 은혜와 축복이 흘러나는 통로입니다. 우리의 믿음이 능력이 있는 것은 우리의 능력이 아니고 하나님의 능력입니다. 하나님께서는 아직도 우리나라에 있는 많은 사람을 구원하시고 축복하시기를 원하십니다. 이때 우리가 바로 사용되기 위해서는 우리 자신은 없어져 버려야 합니다. 우리 자신이 완전히 없어질 때 우리와 주님은 완전히 하나가 되어서 우리는 자유자재로 주님의 능력과 기적을 사용할 수 있는 사람이 되는 것입니다.

오늘도 주님이 우리에게 성령의 충만함을 주시기를 기도드립시다. 또 우리가 이 세상에 많은 것을 가지지 못한 것이 부끄러움이 되지 않도록 오히려 더 귀한 하나님의 은혜를 주위 사람에게 줄 수 있는 기회가 될 수 있기를 바랍니다.

24 막다른 골목

믿음이 없는 시대

막 9:23-24

예수께서 이르시되 할 수 있거든이 무슨 말이냐 믿는 자에게는 능히 하지 못할 일이 없느니라 하시니 곧 그 아이의 아버지가 소리를 질러 이르되 내가 믿나이다 나의 믿음 없는 것을 도와 주소서 하더라

요즘 공원에 가면 어린아이를 데리고 오는 사람보다 강아지를 데리고 오는 사람이 훨씬 더 많은 것을 보게 됩니다. 그리고 강아지들이 옷을 입고 다니는 모습을 볼 수 있습니다. 어떤 처녀는 자전거를 타고 가는데 베로 만든 가방 같은 데 강아지를 넣어서 가고 있었습니다. 강아지가 많아지는 것은 상관없지만 중요한 것은 어린아이들이 줄어들고 있다는 사실입니다. 지금 우리나라는 어린아이들이 너무 줄어서 그 많던 유치원이 문을 닫고 그 자리에 노인들을 위한 복지시설이 들어서고, 병원에서는 산부인과나 소아과에 의사가 없어서 사라지고, 심지어 도시에 있는 초등학교 중에 신입생이 없어서 입학식을 하지 못하는 학교가 생기고 있다고 합니다.

그런데 어린아이들이 있기는 있는데 학교에서 선생님에게 폭언하고 폭력을 행사해서 주의를 주면 오히려 부모가 전화나 직접 방문해서 교실에서 선생님을 때리고 머리채를 잡아서 교사들이 자살하는 일까지 벌어지고 있습니다. 지방에는 대학생들이 있지만 대개 기회만 있으면 서울에 있는 대학으로 편입하려고 하고 있습니다. 그리고 학교마다 일진이라는 폭력 서클이 있어서 약한 아이들을 때리거나 괴롭히고 돈을 뺏기도 하는데 그것을 견디지 못한 학생들은 고층 옥상에 올라가서 떨어져 자살하는 경우도 있습니다.

저출산을 극복하기 위해서 나라에서는 아이를 낳기만 하면 학비를 면제해주고, 어떤 회사에서는 아기를 낳은 사원에게 일억 원의 격려금을 주기도 했습니다. 옛날 우리들이 태어났을 때 일억 원을 주었으면 그 돈으로 공부를 잘했을 텐데, 아마 저희 집은 아이들이 일곱이었기 때문에 칠억까지 받을 수 있었을 것입니다.

요즘 우리에게 생기는 중요한 질문은 과연 우리 사회가 이렇게 된 원인이 무엇이며 우리에게 희망이 있느냐는 것입니다.

1. 지독한 귀신이 들린 소년

예수님이 세 제자를 데리고 높은 산에 올라가서 기도하고 내려오셨을 때, 산 아래에서는 소동이 일어나고 있었습니다. 그것은 정말 지독한 정신 이상이 들린 어린아이 하나가 발작하는데, 주위에 여러 어른이 있었지만, 그 한 아이를 감당하지 못하고 있었습니다. 이 어린아이는 요즘으로 말하면 뇌전증 즉 간질병 증세를 가지고 있었는데, 그것만이 전부가 아니었습니다. 이 아이는 입에 거품을 흘리고 손발이 경직되고 쓰러지기를 반복할 뿐 아니라, 엄청난 괴성을 질렀습니다. 그런데 그 소리는 어린아이의 소리가 아니었습니다. 이 아이는 어른 소리를 내면서 말도 하고 소리를 지르고 있었습니다. 그리고 이 아이에게는 자살 충동이 있어서 불을 보든지 물을 보면 뛰어들어서 자살하려고 했습니다. 이 아이의 아버지는 예수님의 제자가 귀신을 쫓아내는 능력이 있다고 해서 예수님의 아홉 제자들에게 아이를 데리고 왔는데, 그 제자들은 귀신을 쫓아내지 못하는 것은 물론이고 이 아이의 발작을 제지하지 못하고 있었습니다.

그때 옆에서 구경하고 있던 유대 지도자들은 그 제자들에게 "너희들이 귀신 쫓아낸다는 말은 거짓말이다." "너희들은 모두 사기꾼들이다." "너희 선생 예수도 엉터리다"라고 하면서 공격했습니다. 예수님은 산에서 기도하고 내려오시는 길에 이 엉망진창이 된 모습을 똑똑히 보셨습니다. 악한 마귀는 어린아이 속에 들어가서 강력한 발작을 일으키고 있었고, 제자들은 그것을 이길 힘이 없었습니다. 그리고 주위 사람들은 예수님의 제자들을 조롱하고 있었습니다.

이런 모습은 너무나도 오늘 시대와 닮았습니다.

옛날에 마귀는 성인을 주로 타락시켰습니다. 그래서 그들이 술과 음행으로 죄를 많이 지었습니다. 그러나 지금 마귀는 어린아이나 청소년이나 성인이나 상대를 가리지 않고 죄를 짓게 합니다. 요즘 신문을 보면 나이가 너무 어려서 처벌이 안 되는 미성년자들이 있습니다. 이런 아이들이 살인을 저지릅니다. 청소년들 사이에는 이미 마약이 퍼져 있고 폭력이 상습화되고 있습니다. 청년들은 성추행이나 음주 운전이나 살인 등으로 죄를 많이 짓고 있습니다. 요즘은 길에서 갑자기 조현병 환자들이 칼로 지나가는 사람들을 찔러서 죽이기도 합니다. 사람들이 죄를 짓게 하는 술은 옛날부터 지금까지 개인이나 가정이나 사회를 파괴하는 독약입니다.

이제는 아예 어린아이들이 태어나지 않고 보기도 힘듭니다. 이미 많은 교회에서 주일학교가 없어지고 청년들이 사라진 것은 벌써 오래되었습니다. 교회는 아무 힘이 없고 세상은 교회를 조롱하고 욕을 하고 있습니다. 핵전쟁의 위험이 계속되고 있으며 전염병은 퍼지고 사회는 거짓말과 사기로 세워지고 있는데 우리는 아무 힘이 없습니다. 정치는 우리나라를 바로 세울 힘이 없습니다. 교회도 우리 사회를 바로 세울 힘이 없습니다. 학교는 붕괴되고 있습니다. 이런 상황에서 도대체 우리는 어디서 희망을 찾아야 하겠습니까?

예수님은 난장판이 된 이런 모습을 보시면서 "믿음이 없고 패역한 세대"라고 지적하셨습니다. '믿음이 없다' 는 것은 모든 사람의 마음속에 하나님이 없는 것을 말합니다. 그 대신 탐욕과 불신으로 가득 차 있습니다. 그리고 그들의 마음속에는 '분노' 가 차 있어서 모든 것을 떼를 써서 해결하려고 합니다.

또 예수님은 "내가 얼마나 너희와 함께 있으며 내가 얼마나 너희에게 참으리요"라고 하셨습니다. 예수님은 이 불신앙의 사람들을 참고 계셨지만, 어린아이가 발작하는 것을 통해서 예수님의 분노는 폭발하려고 했습니다. 예수님의 분노가 폭발하면 어떻게 되겠습니까? 거기에 있는 아이나 어른이나 제자나 모두 다 폭발로 죽어 없어지고 말 것입니다.

오늘 우리는 우리 세대를 어떻게 말할 수 있습니까? '악하고 음란한 세대' 입니까? 아니면 '평화롭고 미래가 있는 세대' 입니까? 아니면 '민주화의 시대이고 앞으로 희망이 있는 세대' 입니까?

2. 아이가 무슨 죄가 있나?

예수님께 데리고 온 아이에게는 아주 강한 귀신이 들어 있었습니다. 그래서 제자 아홉 명이 아이 하나의 발작을 감당하지 못해서 쩔쩔매고 있었던 것입니다. 정상적으로 아이는 귀신이 들리지 않습니다. 왜냐하면 하나님께서 아이들은 천사로 지켜주시기 때문입니다.

그러나 이 아이는 간질병과 귀신들림과 자살충동의 합병증 증세를 나타내고 있었습니다. 그런데 그 힘이 아주 강력했습니다. 그래서 웬만한 힘으로는 이 귀신을 이길 수 있는 사람이 없었습니다.

이 아이는 강한 귀신이 들려서 어른 소리를 내면서 소리를 지르고 있고 제자 아홉 명으로도 감당할 수 없었습니다. 불과 며칠 전만 해도 예수님의 제자들은 유다를 돌아다니면서 귀신을 쫓아내고 병자를 고쳤습니다. 그러나 이 아이 속에는 제자들의 힘으로는 어림도 없는 강한 귀신이 들어와서 아이를 지배하고 있었고 죽이려고 하고 있었습니다.

그런데 이 아이의 아버지는 예수님이나 하나님에 대한 믿음이 전혀 없었습니다. 그래서 이 아버지는 예수님에게 "귀신은 이 아이를 여러 차례 죽이려고 했습니다. 그러나 무엇인가 하실 수 있거든 좀 해 주십시오"라고 부탁했습니다. 이 말은 '당신도 당신 제자들같이 아이를 고치지 못하겠지만, 그래도 조금이라도 증세를 누그러트릴 수만 있다면 그렇게 해 주십시오' 라는 뜻이었습니다.

이때 예수님은 이 아버지를 심하게 책망하셨습니다.

막 9:23, "예수께서 이르시되 할 수 있거든이 무슨 말이냐 믿는 자에게는 능히 하지 못할 일이 없느니라"

예수님의 이 말씀은 마치 벼락이나 천둥 치는 소리와 같았습니다. 예수님의 이 한마디 말씀은 사탄의 세력에 결박당해서 꼼짝하지 못하는 아이와 어른과 제자들 모두에게 천둥 치는 소리였습니다. 이 한마디의 말씀에는 아이 속에 들어있던 그 악하고 강한 귀신도 큰 충격을 받고 '도대체 이것이 무슨 소리인가?' 하고 놀라게 되었습니다.

이때 이 아이의 아버지는 문제의 근원을 알았습니다. 그것은 아이의 병 문제도 아니고, 제자들이 능력 없는 문제도 아니고, 귀신의 문제도 아니라는 것을 알았습니다. 그의 문제는 하나님과 예수님에 대한 믿음이 전혀 없다는 것이었습니다. 하나님에 대한 믿음과 예수님에 대한 믿음과 성령님에 대한 믿음은 다 똑같은 믿음입니다. 이 귀신 들린 아이의 아버지는 하나님을 믿지 않고 예수님도 믿지 않고 자기 멋대로 하고 싶은 대로 하면서 살다가 아이 속에 악한 귀신이 들어왔던 것입니다.

"할 수 있거든이 무슨 말이냐 믿는 자에게는 능히 하지 못할 일이 없느니라"는 예수님의 말씀은 믿음의 초청입니다. '왜 망설이고 있느냐? 하나님은 이 아이를 사랑하고 계시고 나도 이 아이를 사랑하고 있다. 왜 믿음을 가지지 않느냐? 믿음을 가지라' 는 초청의 말씀입니다.

이 아버지는 이제야 무너지면서 "내가 믿습니다. 나의 믿음 없는 것을 도와주소서"(막 9:24)라고 울면서 소리를 질렀습니다.

이것이 이 아버지의 가장 진실하고 솔직한 모습이었습니다. 이 아버지는 예수님께 "나는 하나님의 능력을 믿고 싶습니다. 그러나 믿음이 무엇인지 모르겠습니다. 저에게 믿음이 생기게 해 주십시오"라고 고백하고 있는 것입니다. 하나님 앞에서 우리 마음이 정직하면 믿음이 생깁니다. 우리의 위선과 거짓의 껍질을 벗기면 믿음이 생깁니다.

이에 예수님은 제자들에게 "만일 너희에게 믿음이 겨자씨 한 알만큼만 있어도 이 산을 명하여 여기서 저기로 옮겨지라 하면 옮겨질 것이요"라고 하셨습니다. 우리에게 필요한 것은 큰 믿음이 아니라 좁쌀만 한 작은 믿음입니다. 즉 "하나님은 하실 수 있다. 예수님은 마귀를 이기실 수 있다. 무슨 일이 있든지 나는 망하지 않는다"는 것을 믿는 것이 믿음인 것입니다.

예수님은 귀신 들린 아이를 사랑하셨습니다. 예수님은 이 세상 죄인들을 사랑하셨습니다. 이 아이가 무슨 죄가 있습니까? 예수님은 거기서 원자폭탄을 터트리기로 결심하셨습니다.

3. 말씀으로 귀신을 쫓아내심

예수님은 아이 속에 들어가 있는 사악한 마귀에게 "당장 그 아이에게서 나오고 다시는 들어가지 말라"고 명령하셨습니다.

아이 속에 들어있는 마귀는 이상하게 자기 몸이 밖으로 빠져나가는 느낌이 들었습니다. 그러나 이 마귀는 나가지 않으려고 아이의 몸을 잡고 늘어졌습니다. 그래서 아이는 발작하다가 기절해 버렸습니다. 아이는 너무 강력하게 마귀가 잡고 늘어지는 바람에 정신을 잃어버렸습니다.

구경하던 사람들은 "예수가 아이를 고치기는커녕 죽였다"고 소리를 쳤습니다. 그러나 예수님이 아이의 손을 잡고 일으켜 세우시니까 그 아이가 살아서 일어났습니다. 이제 더 이상 발작하지 않고 소리를 지르지도 않고 정상적인 아이의 모습이 되었습니다.

이 세상의 모든 사람은 모두 무서운 병에 걸렸습니다. 그것은 나이가 들수록 저절로 미쳐가는 병입니다. 그러나 이제는 그 나이가 점점 더 낮아지고 있습니다. 사탄은 더 강해지고 있고 교회나 정부나 학교는 무력해지고 있습니다. 지금 우리 사회는 도덕이라는 것이 없습니다. 지금 청년 중에는 사람을 만나지 않는 이들이 육십만 명이 넘고 있다고 합니다. 그리고 자살, 불륜, 동성애, 성폭력 등이 엄청나게 많아지고 있고, 직장인들 사이에 '사실 말이야, 나는 게이야' 라고 커밍아웃하는 사람들이 많아지고 있습니다.

어떻게 하면 이 미쳐가는 현상을 막을 수 있고 아름다운 인생을 살게 할 수 있겠습니까? 그것은 믿음입니다. 우리는 우리 생각보다 하나님은 하실 수 있다는 것을 믿어야 합니다. 우리 자신보다 하나님을 더 앞세워야 합니다.

우리는 가난해도 범사에 감사하시기 바랍니다. 믿음에 부요할 수 있기 때문입니다. 장애인을 가진 부모님은 감사하시기 바랍니다. 이 아이를 더 사랑하라고 주셨기 때문입니다.

제자들은 예수님께 물었습니다. "예수님, 우리는 왜 그 귀신을 쫓아내지 못하였습니까?" 가장 큰 이유는 그 귀신이 더 강했기 때문입니다. 그들은 지금까지 한 대로 하면 잘 될 줄 알고 있었던 것입니다. 그러나 예수님은 지금까지 우리가 믿은 것으로는 새로운 시대를 이기지 못할 줄 알고 계셨습니다. 예수님은 이제 사람의 손에 넘겨져 죽을 것입니다. 그러나 예수님은 지옥에 원자폭탄을 터트릴 것입니다.

예수님은 제자들에게 기도 외에는 이런 것들이 나갈 수 없다고 강조하셨습니다. 믿음은 우리가 무엇을 하기 전에 기도하면서 하나님의 뜻을 구하는 것입니다. 성령님께 도움을 구하십시다. 우리에게 매일 매순간, 새 힘을 주시도록 예수님께 기도하고 모든 일을 시작하십시다. 이제는 암도 떠나고 우울증도 떠나고 불면증도 떠나고 의심도 없어지고 불륜도 없어지고 발작도 사라지고 멋진 새 사람들이 다 되시기 바랍니다.

25 막다른 골목

응급 환자의 발생

민 21:6

여호와께서 불뱀들을 백성 중에 보내어 백성을 물게 하시므로 이스라엘 백성 중에 죽은 자가 많은지라

우리는 하루에도 몇 번이나 응급차가 사이렌을 울리면서 거리를 질주하는 모습을 볼 때가 있습니다. 특히 전에 살던 곳에는 교회 가까운데 큰 병원이 있어서 하루에도 열 번 넘게 응급차가 달리는 광경을 보기도 했습니다. 그때는 속으로 '또 어떤 한 사람이 저 차 안에서 죽어가고 있구나' 라는 안타까운 마음이 들기도 했습니다. 어떤 사람은 산에 올라갔다가 높은 데서 떨어져서 부상하기도 하고, 어떤 사람은 독사에게 물려서 생명이 위급하여 빨리 병원에 가야 사는 사람도 있습니다. 응급 환자의 생명은 분초에 달려 있습니다. 단 몇 분이라도 빨리 병원 응급실에 도착한 환자는 살릴 수 있지만, 어떤 환자는 너무 늦게 병원에 도착하여 이미 심장이 정지된 사람도 많이 있습니다. 언젠가 교회 한 장로님이 다른 장로님들과 어울리다가 갑자기 넘어졌는데 심정지가 왔습니다. 그래서 그분을 얼른 승합차에 태워서 가까운 병원으로 가려고 하는데, 마침 소방서에 근무하는 분이 거기 계셔서 그분이 내비게이션 역할을 해주어 제때 병원에 도착해서 목숨을 건진 적도 있습니다.

요즘은 너무나도 많은 응급 환자가 생기고 있습니다. 교통사고를 당해서 거리에서 피를 흘리면서 쓰러져 있는 사람도 있고 자살을 기도해서 약을 먹거나 높은 데서 떨어져서 죽는 사람도 있습니다. 본인은 별로 아픈 데가 없는 줄 알았는데 갑자기 뇌출혈이 생겨 생명이 위급한 사람도 있습니다. 최근에 부모 산소에 벌초하러 갔다가 말벌에 쏘여서 응급환자가 되는 사람도 있습니다. 그러나 우리 사회에는 사람들이 가장 무서운 독사이고 늑대이고 말벌이기 때문에 가까운 사람에게 쏘여서 마음이 병드는 경우도 많이 있습니다. 우리는 심장이 병들거나 혹은 몸에 독이 들어와 있다면 아무것도 할 수 없을 것입니다.

그런데 환자를 이송하는 앰뷸런스를 보면 작대기 위에 뱀을 그려놓은 마크가 있는 것을 볼 수 있습니다. 이 마크는 이 앰뷸런스가 환자를 빨리 병원에 데리고 가서 환자의 병을 치료한다는 뜻입니다. 저는 옛날에 그 표시를 보고 '왜 빨간 십자가가 아니고 뱀 작대기일까?' 생각했는데 뱀이 달린 작대기는 십자가와 같은 뜻이었습니다.

우리는 지금이 어떤 때인지 바로 알아야 합니다. 지금은 무저갱 안에 있던 귀신들이 전부 밖으로 기어 나와서 특히 하나님의 백성을 물어서 독을 쏘아서 죽게 하거나 고통스럽게 하고 있습니다. 마치 미세 먼지가 온 하늘을 덮어서 사람들의 기관지를 공격하는 것처럼, 이제는 귀신들이 독을 쏘아서 모든 하나님의 백성을 병들게 하고 사업이 안 되게 하고 영적으로 침체시키고 살 의욕을 잃게 만들고 있습니다. 그래서 오늘 우리는 우리 몸에 들어와 있는 사탄의 독을 빼내어야만 새로운 미래를 살아갈 수 있습니다.

1. 텍사스 농장에서 있은 일

예수님은 메시야가 오시면 어린아이가 독사굴에 손을 넣어도 물리지 않는다고 말씀하셨습니다. 아무것도 모르는 어린아이가 구멍이 있어서 호기심으로 손가락을 넣었는데 그 굴은 독사의 굴이었습니다. 아마 그 굴 안에 있는 독사는 순식간에 아이의 손을 물어서 손가락이 퉁퉁 붓게 할 것입니다. 그러나 하나님의 나라가 임하면 어린아이가 독사 굴에 손가락을 넣어도 물리지 않는다고 했습니다. 왜냐하면 독사가 자기 이빨에 독이 있다는 것을 알므로 아이의 손을 피해버리기 때문입니다.

젊은 여성들은 남자들이 모두 늑대라고 말합니다. 젊은 여성들을 보면 사랑하지도 않으면서 사랑한다고 하거나 혹은 직장의 동료 여성에게 술을 마시러 가자고 해서 여자가 술에 취하면 호텔이나 모텔에 데리고 가서 순결을 빼앗아버립니다. 그런 남자들은 모두 늑대이고 광견병에 걸린 들개입니다.

텍사스에 양을 치는 목장이 많은데, 최근에 코요테 무리가 양 떼를 공격해서 피해가 막심했습니다. 목장마다 겨울 동안 양 20마리 혹은 50마리씩 코요테 무리에게 잡아먹혔습니다. 목장주들은 아무리 조심하고 연구해도 들판에서 키우는 수만 마리 양들을 코요테로부터 지킬 수 없었습니다. 그때 어떤 교수가 어느 목장주에게 한국 개 중에서 진돗개라는 개가 있는데 양을 보호하는 훈련하면 도움이 될 것이라고 했습니다. 이 목장주는 '개 한 마리가 어떻게 수십 마리씩 덤비는 코요테를 물리칠 수 있을까?' 믿어지지 않았습니다. 그러나 그 목장주는 그 교수의 말을 확신하고 6개월 된 진돗개 강아지를 한 마리 사서 키웠습니다. 진돗개는 주인의 말을 잘 따랐고 아주 충성심이 강했습니다.

드디어 겨울이 되어서 코요테들이 목장을 습격할 때가 되었습니다. 잘 훈련받은 진돗개는 아예 양들을 지휘해서 흩어지게 하기도 하고 모이게 하기도 했습니다. 한번은 폭설이 내려서 먹을 것이 없으니까 드디어 코요테 떼가 농장을 습격했습니다. 다른 농장에서는 개들이 코요테와 싸우려고 으르렁거리는 동안에 다른 코요테들이 양을 잡아먹기 시작했는데, 이 농장의 진돗개들은 개들을 지휘해서 한 곳으로 몰았습니다. 그리고 다른 개들을 다 모아서 코요테와 양 사이에 개들로 벽을 세웠습니다. 모든 개들이 일렬로 서서 코요테에게 으르렁거리니까 코요테들이 이 벽을 뚫을 수 없었습니다. 그다음 날 목장 주인들이 모여 점검했을 때 양이 20마리나 30마리씩 물려가지 않은 목장이 없었는데 진돗개가 지킨 목장은 단 한 마리의 양도 잃어버리지 않았다고 합니다. 그때야 목장 주인들은 진돗개가 충성심이나 싸우는 용기도 대단하지만 매우 전략적인 머리를 가지고 있다는 사실을 알게 되었다고 합니다.

오늘 우리에게는 수도 없이 많은 사탄이 살모사가 되어서 성도들을 물어서 몸을 퉁퉁 붓게 만들고 우울증에 걸리게 하고 사업에 어려움을 주어서 자포자기하게 만듭니다. 그러나 우리 성도들이 모인 곳에는 눈에 보이지 않는 하나님의 보호막이 쳐져 있다는 것을 모를 때가 많습니다. 하나님은 사탄의 불공격에 대비해서 불말과 불병거로 빈틈없이 우리를 지켜주십니다. 그러나 하나님의 이 보호막이 뚫릴 때가 있습니다. 그것은 바로 하나님의 백성이 현실이 너무 어렵고 힘드니까 하나님을 믿지 못하고 원망하고 불평할 때입니다. 이때는 우리 집 안에 사탄의 불화살이 방어막을 뚫고 들어와서 집이나 밭을 다 태워버리게 됩니다. 그래서 하나님의 백성이 하나님을 원망하고 불평하는 것은 자기 집에 자기가 불을 지르는 것과 같습니다. 그러면 결국 자기 집이 타고 잘못하면 자기도 불에 타 죽게 됩니다.

이스라엘 백성은 40년 동안 광야 길을 걸었습니다. 이 광야 길은 낮에는 숨을 쉴 수 없을 정도로 더운 바람이 불고, 밤이 되면 아무리 담요를 덮어도 추운 최고 악조건의 땅이었습니다. 그들에게는 씻을 물도 없고 맛있는 음식을 먹을 수도 없었습니다. 그들은 하나님의 계획도 모르는 채 걷고 또 걸어서 가나안 땅 남쪽까지 왔습니다. 이때 그들이 화가 났던 것은 40년 동안 죽으라고 걸었는데 원래 그 자리로 다시 돌아왔기 때문입니다. 그러나 세월은 흘러서 대제사장 아론은 호르산에서 죽었고, 아론의 제사장 옷은 그 아들 엘르아살이 입었습니다. 이스라엘 백성이 호르산 지역까지 오니까 그곳 왕이 이스라엘 백성을 포로로 잡았습니다. 그때 그들은 하나님께 서원 기도하고 호르 왕과 싸워서 처음으로 호르산을 정복했습니다.

그러나 이스라엘 백성의 마음은 급했습니다. 그들은 빨리 가나안 땅을 차지하고 싶었습니다. 그래서 에돔을 통과해서 빨리빨리 북쪽으로 올라가야 했는데, 에돔 왕은 그들이 자기 땅을 통과하지 못한다고 막았습니다. 에돔 왕은 이스라엘 백성을 시기하고 있었던 것입니다. 에돔 족속은 에돔 땅에 450년 동안 차지하고 있었는데 이스라엘 백성은 40년 동안 광야에 있다가 죽지도 않고 살아서 그곳으로 나왔던 것입니다. 에돔 족속이 보기에는 이스라엘 백성은 귀신 잡는 민족이었습니다. 이런 사람들을 자기 땅에 들여보내었다가는 틀림없이 자기 나라를 뺏길 것 같았습니다.

에돔 왕이 이스라엘 백성에게 너희들은 우리 땅을 통과하지 못한다고 하니까 그들은 다시 광야로 나가서 너무나도 먼 거리를 다시 둘러서 가야만 했습니다. 그때 이스라엘 백성은 모세를 향해 분노가 폭발했습니다. "우리가 네 말만 듣고 애굽에서 따라 나와서 얼마나 고생했는데 또다시 광야로 돌아가라는 말이냐? 우리가 이제 겨우 사람 사는 곳을 찾아왔는데 다시 물도 없고 양식도 없는 광야로 가라고 하니 이 형편없는 만나를 먹는 것도 질려버렸다"고 데모를 했습니다.

사람이 스트레스를 많이 받으면 꿈을 많이 꾸는 것 같습니다. 대개 자기에게 가장 힘들었던 것을 꿈으로 겪을 때가 많습니다. 저는 사관 훈련을 엄청나게 강하게 받았습니다. 그런데 대구 동부교회에서 목회할 때 다시 그 훈련을 받는 꿈을 꾸었습니다. 꿈에 그 교관에게 "저는 이 훈련을 다 받았고 여기 중위로 제대한 제대증까지 있습니다!"라고 항의하면 교관은 "귀관은 그때 훈련을 잘못 받았기 때문에 다시 받아야 해!"라고 대답합니다. 그러면 그 싫은 사관의 훈련을 또 받아야 했습니다. 그리고 어떤 때는 대학교 1학년 때의 꿈을 꿉니다. 꿈속에서 기말시험을 보는데 준비가 제대로 되지 않았습니다. 그래서 제가 시험을 치다가 손을 들고 "교수님, 저는 이미 졸업했습니다. 시험 치지 않아도 되는 것 아닙니까?"라고 항의하면 교수님은 "자네는 그때 과락이 있어서 다시 시험을 쳐야 해"라고 대답하는 것입니다. 또 저는 너무나도 자주 꿈에 서울대 대학원 수업에 들어갑니다. 그러나 하나도 알아듣지 못합니다. 이것이 꿈이기에 망정이지, 현실이라면 얼마나 기가 차겠습니까? "처음부터 고생했던 것을 다시 해라"고 한다면 얼마나 기가 막힌 일입니까?

그래서 이스라엘 백성은 모세에게 강하게 항의했습니다. "우리는 출애굽한 것을 후회한다. 우리는 이제 이 형편없는 만나도 못 먹겠다. 우리는 에돔을 뻥 둘러서 가지 못하겠다. 당신은 정말 무능한 지도자이다"라고 비난까지 했습니다. 이때 이스라엘 백성이 깨닫지 못한 것은 그들을 지키고 보호하고 있는 보호막이 없어지고 있다는 것이었습니다.

2. 독사의 공격

사막에는 좋지 않은 야생동물이 살고 있습니다. 그중에는 늑대도 있고 독사와 전갈도 있습니다. 그리고 절벽도 있고 낭떠러지도 있습니다. 그래서 지금도 이스라엘을 단독으로 여행하는 사람은 독사나 전갈을 조심해야 합니다.

이스라엘 백성이 하나님과 모세를 원망하는 순간, 그들을 보호해 주는 보호막이 사라져 버렸습니다. 물론 이 보호막은 사람의 눈에는 보이지 않는 것입니다. 그런데 거기에는 불뱀이 엄청나게 많았습니다. 이 독사를 불뱀이라고 하는 이유는 이 뱀에 쏘이면 불화살에 맞은 것처럼 살이 타들어가기 때문입니다. 그래서 누구든지 이 뱀에 한번 물리면 몸에 불이 붙은 것처럼 뜨거워져서 소리를 지르며 떼굴떼굴 뒹구는데 몸의 많은 부위가 타들어가면서 얼마 가지 않아서 죽게 됩니다. 그리고 이 뱀을 '날아다니는 뱀' 이라고도 하는데, 이 독사는 공중을 날아다니면서 사람이나 짐승을 물었습니다.

그런데 성경에 보면 불뱀이 그냥 공격한 것이 아니었습니다.

민 21:6, "여호와께서 불뱀들을 백성 중에 보내어 백성을 물게 하시므로 이스라엘 백성 중에 죽은 자가 많은지라"

하나님은 이스라엘 백성이 모세를 원망하는 순간 불뱀을 떼로 보내셨습니다. 이것은 다른 말로 하나님이 보호막을 없애셨다는 것입니다. 보호막이 없어지니까 자동적으로 이 불뱀 떼가 공격하게 된 것입니다. 독사에게 물리면 어떻게 해야 합니까? 독사에게 물린 곳을 칼로 찢어서 입으로 독을 빨아내어야 한다고 합니다. 그렇지 않으면 끈으로 팔이나 다리를 묶어서 독이 심장 쪽으로 가지 못하게 하고 빨리 병원으로 이송해야 합니다. 그러나 애굽이나 광야에 사는 코브라라든지 방울뱀은 얼마나 그 독이 강한지 물리면 몇 분 안에 죽고 맙니다. 그래서 불뱀에게 물린 이스라엘 백성은 우왕좌왕하는 바람에 많이 죽게 되었습니다.

그런데 놀랍게도 백성 중에는 믿음을 가진 자들이 있었습니다. 이들은 의사를 찾거나 약초를 바르지 않고 모세에게 뛰어갔습니다. 그래서 모세에게 사실을 털어놓았습니다. "사실은 우리가 다시 광야로 가야 한다는 말을 듣고 화가 나서 하나님과 모세를 원망했다가 독사의 공격을 받았는데, 하나님께 기도해서 불뱀이 모두 떠나게 해 달라"고 부탁했습니다.

사실 광야의 불뱀과 모세의 기도는 아무 상관이 없습니다. 우리가 아플 때 기도한다고 해서 저절로 병이 낫습니까? 그러나 이스라엘 백성은 애굽에서 분명히 보았습니다. 애굽에서 개구리나 파리 떼나 메뚜기 떼가 공격했을 때도 모세가 기도하니까 단 한 마리도 남지 않고 모두 다 떠났습니다. 모세가 애굽 사람들을 위하여 기도한 것이 응답된다면 하나님의 백성을 위해서 기도한 것은 하나님이 더 잘 들어주실 것입니다. 어려움이 왔을 때 하나님은 우리의 기도를 기다리고 계십니다. 이때 고집을 부리면 불뱀 떼는 더 많아지게 될 것입니다.

3. 나무에 단 뱀

모세는 하나님께 이스라엘 백성이 불뱀에게 물린 것을 고쳐달라고 기도했습니다. 그러니까 하나님은 그들이 잘했다 못했다 말씀은 하시지 않고 놋으로 불뱀 모양을 만들어 장대에 매달라고 하셨습니다. 그리고 누구든지 그 장대에 매달린 놋뱀을 보는 사람은 살 것이라고 말씀하셨습니다. 우리가 과학적으로 생각해보면 놋이 무슨 해독작용을 하는 것도 아니고, 주사나 약을 먹는 것도 아니고, 눈으로 보기만 한다고 해서 독사에게 물린 것이 나을 수 있겠습니까? 아마 모세가 믿음이 없었더라면 화부터 냈을지 모릅니다. 그러나 모세는 이미 하나님 앞에서 죽었던 사람입니다. 모세는 하나님 앞에서 자기 자신을 부인한 사람이었습니다.

모세는 이스라엘 백성에게 명령했습니다. "자, 지금 빨리 불을 피워서 놋을 녹여라. 그리고 모래 위에 놋뱀과 똑같은 모형을 만들어라. 이것은 사람이 사느냐 죽느냐 하는 문제이다. 그리고 장대를 구해 서로 연결해서 높은 장대를 만들어라. 이스라엘 진영 끝에서도 볼 수 있는 장대를 만들어라"고 했습니다.

왜 하나님께서는 이스라엘 백성이 하나님을 불순종해서 독사에게 물려 죽어 가는데 놋으로 뱀을 만들어 장대에 달라고 하셨을까요? 우리는 아무리 생각해도 이것을 이해할 수 없습니다. 그래서 신앙은 머리로 이해하려고 하면 절대로 믿을 수 없습니다. 우리는 이해되지 않아도 믿어버려야 합니다.

이스라엘 백성 중에는 "뱀에게 물려 죽어가는데 귀찮게 밖에 나가서 놋뱀을 보라고? 이런 미친 짓이 어디 있어?"라고 고집부리면서 텐트 안에 약초나 풀 같은 것 붙이고 누워있던 자들은 독이 퍼져 전부 다 죽었습니다. 그러나 이스라엘 백성 중에서 믿음이 있어서 모세의 그 말에 순종해서 밖에 나가 멀리 달려있는 놋뱀을 본 사람에게는 놀라운 일이 일어났습니다. 우선 살이 불에 타는 것 같은 뜨거운 것이 없어졌습니다. 그리고 불뱀에게 물렸던 이빨 자국에서 노란 물이 나오면서 독이 빠져나오기 시작하고 부은 것이 가라앉기 시작했습니다.

왜 하나님은 놋뱀을 만들어서 장대에 달라고 하셨을까요? 불뱀은 이스라엘 백성의 원수이고 그들을 죽이고 있습니다. 그러나 하나님의 말씀으로 다시 녹여서 만든 놋뱀은 죽이는 뱀이 아니라 치료하는 뱀이었습니다. 예수님은 십자가에 못 박히기 전이나 후에나 같은 인간이었습니다. 그러나 예수님은 불에 한 번 녹여짐으로 우리를 살리는 사람이 되셨습니다.

하나님의 말씀은 능히 우리를 살립니다. 그래서 저는 성경 말씀을 《동의보감》 이상으로 중요하게 생각합니다. 제 바로 위에 있는 형님은 서울 약대를 나오고 《동의보감》을 많이 연구하셔서 환자들을 많이 살리셨습니다. 그러나 제 심장병은 《동의보감》으로 치료되지 않고 성도들의 기도로 치료가 되었습니다. 우리는 오늘 믿음으로 사탄의 독을 다 빼야 살게 됩니다. 독사에게 물렸던 자리에서 노란 독이 빠지고 부었던 부분이 가라앉게 되기를 바랍니다. 혈루증 여인같이 그렇게 의사를 찾아가도 낫지 않던 병이 예수님의 옷자락을 잡음으로 다 낫게 되는 기적이 일어나기를 바랍니다. 열 명의 한센병 환자들이 "예수님, 우리를 불쌍히 여겨주십시오"라고 부르짖었을 때 예수님은 "제사장에게 가서 너희 몸을 보이라"고 하시며 고쳐주셨습니다. 그러나 감사한 사람은 사마리아 사람 한 명뿐이었습니다. 이 사람만 영생을 얻을 수 있었습니다.

예수님은 "모세가 광야에서 뱀을 든 것 같이 인자도 들려야 하리니"(요 3:14)라고 하셨습니다. 우리가 예수님을 바라보면 세상의 독이 다 빠지게 됩니다. 이때 어떻게 예수님을 바라볼 수 있습니까? 예수님께 부르짖는 것이 예수님을 바라보는 것입니다. 오늘 모두 믿음으로 독을 치료받고 믿음의 새사람 다 되시기 바랍니다.

26 막다른 골목

생명의 발원지

눅 2:14

지극히 높은 곳에서는 하나님께 영광이요 땅에서는 하나님이 기뻐하신 사람들 중에 평화로다 하니라

6.25 전쟁 때 중공군의 개입으로 흥남까지 피난 온 사람들은 남쪽에 있는 중공군에 막혀서 더 이상 피난 갈 수 없었습니다. 이때 피난민들은 꾸역꾸역 함흥으로 몰려들었습니다. 이때 미국 상선 빅토리아호는 피난민을 구조하기 위해 배에 있는 자동차나 무기를 바다에 다 버리고 그 배에 사람들이 탈 수 있을 만큼 최대한 다 태웠습니다. 얼마나 사람이 많이 탔던지 무려 14,000명이나 탔습니다. 그리고 임산부들도 탔는데 그중에서 다섯 명이 아기를 낳아서 배에서 내릴 때는 14,005명이 내렸다고 합니다. 아마 그 배를 타고 피난 온 사람들은 평생 그 배의 고마움을 잊지 못할 것입니다. 오래전에 개봉한 영화 〈국제시장〉은 그 배로 피난을 오고 그들이 국제시장에서 터를 잡고 어렵게 장사하는 내용입니다.

우리는 너무나도 아름답고 풍성한 세상에 살고 있습니다. 이것은 그냥 생긴 것이 아니라 하나님이 우리를 사랑하셔서 아름다운 나무들과 하늘과 풀과 새와 동물들을 만드셨기 때문입니다. 그중에 가장 귀한 것은 하나님이 우리를 이 세상에 태어나게 하신 것입니다. 그러나 우리는 하나님이 우리를 사랑하신 줄 잘 알지 못합니다.

슈바이처 박사가 쓴《물과 원시림 사이에서》라는 책을 보면, 아프리카에는 수면병이라는 것이 있습니다. 이 병은 자다가 죽는 병입니다. 주로 체체파리에 물리면 걸리는데, 처음에는 미친 짓을 하다가 나중에는 혼수상태에 빠져서 죽는다고 합니다. 그런데 이 수면병이 얼마나 전염성이 강한가 하면 이 병균이 있는 곳에는 인구의 3분의 1이 죽는다고 합니다. 그렇지만 초기에 아톡실이라는 주사를 여러 번 놓으면 이 병을 고칠 수 있다고 합니다. 또 아프리카 원주민들이 가장 신기하게 생각하는 것은 마취제라고 합니다. 슈바이처가 수술하기 위해서 마취 주사를 놓으면, 그들은 의사 선생님이 사람을 죽여서 수술하고 다시 살린다고 말했습니다. 흑인들은 슈바이처 박사를 존경했습니다. 그리고 전 세계는 그 사람을 존경해서 노벨 평화상을 수여했습니다. 그러나 슈바이처 박사는 닭장을 고쳐서 병원으로 만들었는데 그 더위 때문에 고생을 많이 했고, 일차대전 때는 스파이로 오해를 받아서 수용소에 갇히기도 했습니다.

하나님은 우리를 사랑하셨습니다. 그래서 하나님은 우리에게 이 아름다운 세상을 무료로 주셨습니다. 그러나 사람은 하나님이 없다고 말합니다. 그들은 하나님을 사랑하는 자들을 광신자라고 욕도 합니다. 그런데 불행히도 모든 인간은 수면병 같은 병에 걸려서 미쳤다가 죽어가고 있습니다. 이 수면병은 인간이 미쳐가는 것과 너무 비슷합니다. 처음에는 멀쩡하던 사람에게 갑자기 심한 두통이 오게 됩니다. 그리고 그다음에는 미치는데 욕도 하고 대소변도 가리지 못하고 나중에는 잠만 자다가 죽는 것입니다. 그때는 주사를 놓아도 살릴 수 없다고 합니다. 그리고 아톡실이라는 주사도 많이 놓아도 안 되고 적게 놓아도 안 되고 딱 정량을 놓아야 살릴 수 있다고 합니다.

하나님은 미쳐서 죽어가는 우리를 살리기 위해서 약을 보내셨습니다. 그 약이 바로 하나님의 말씀이고 복음입니다. 그런데 이 복음이 효력이 있으려면 하나님의 백신이 있어야 합니다. 하나님은 온 우주에도 없는 백신을 만들기 위해서 하나님의 아들을 이 세상에 사람으로 태어나게 하셨습니다. 우리가 죄에서 구원받고 영생을 얻으려면, 죄가 전혀 없는 사람이 피를 흘려서 죽어야 하고 그 사람 자신이 죽음을 이기고 살아나야 합니다. 그러나 이 세상에는 죄에 오염되지 않은 사람은 한 사람도 없습니다. 그래서 하나님의 아들이 사람으로 태어나셨습니다. 왜냐하면 아기에게는 피가 있기 때문입니다.

하나님은 가장 사랑하는 사람에게 예수님의 피가 있는 말씀을 주십니다. 이 말씀을 먹으면 누구든지 100퍼센트 영생을 얻습니다. 하나님은 유대인들에게 이 말씀을 주시면서 "내가 너희를 사랑하였다"고 하셨는데, 유대인들은 "언제 하나님이 우리를 사랑하셨습니까? 우리에게 돈을 주셨습니까, 집을 주셨습니까?" 하면서 반발했습니다.

우리가 하나님의 사랑을 믿으면 영생을 얻습니다. 그러나 우리가 하나님의 사랑을 믿지 못하면 아무리 예수 믿는다고 해도 결국은 죽습니다. 우리가 예수 믿는 것은 하나님의 사랑에 감격했기 때문입니다. 나 같은 죄인을 구하기 위하여 하나님의 아들이 이 세상에 오셔서 손과 발에 못이 박혀서 고통스럽게 나무에 달리신 것은 우리가 아무리 이해하려고 해도 이해할 수 없습니다. 하나님의 아들은 완전한 인간이 되셨습니다. 그래서 예수님의 손에도 못이 박히면 손바닥이 타들어 가듯이 아프고 발에 못이 박히면 발이 타들어 가듯이 아팠습니다. 그리고 그 전날부터 한숨도 못 자고 심문받고 따귀를 맞고 침 뱉음을 당하시고 머리털과 수염을 잡아당기는 모욕까지 당하셨습니다. 그리고 예수님은 로마 군병들에게 끌려가서 뼛조각과 쇳조각이 달린 채찍으로 온 등이 다 찢어질 정도로 맞았습니다.

외국의 어떤 여성 다이버는 돌고래와 접촉하기 위해서 차디찬 바닷물에 들어갔습니다. 그런데 돌고래는 사람이 입는 수영복이나 잠수복에 예민하게 반응하기 때문에 이 여성 다이버는 북극 바다에 알몸으로 들어가서 돌고래를 만났다고 합니다. 대개 사람들이 0℃쯤 되는 물에 들어가면 추워서 얼어 죽습니다. 그러나 이 여성 다이버는 돌고래를 만나기 위해서 찬물에 수도 없이 들어가서 수영하는 연습을 했다고 합니다. 이 여성이 알몸으로 북극의 찬물에 들어가서 수영하니까 돌고래들이 가까이 와서 이 여자를 만나서 입도 맞추고 같이 놀기도 했습니다. 하나님 아들의 가장 놀라운 점은 그가 어린 아기의 몸으로 이 세상에 태어났다는 사실입니다. 그 이유는 우리를 만나기 위해서입니다. 예수님은 알몸으로 이 세상에 태어나셨고 알몸으로 죽으셨습니다. 그런데 그는 너무나도 소중한 피를 흘리셨습니다.

그래서 아기 예수님의 탄생은 하나님 구원의 시작입니다. 만약 성탄절이 없었더라면 우리는 구원받을 수 없습니다. 큰 강도 처음에는 작게 시작됩니다. 낙동강의 발원지는 태백시의 황지못입니다. 이 황지못은 도시 옆에 있는 조금 큰 못인데 물 안에서 물방울이 계속 올라옵니다. 이스라엘 사람들은 90퍼센트의 물을 갈릴리 호수에서 끌어다가 먹는다고 합니다. 요단강의 발원지는 헬몬산 밑에 있는 텔단이라는 못인데 단 지파라는 뜻이라고 합니다. 거기서 나오는 물이 요단강을 따라 흘러서 갈릴리 호수를 채우는데, 이스라엘 사람들은 갈릴리 호수를 바다라고 부릅니다. 그러나 거기서 더 내려가는 곳에 모이는 호수는 사해인데 어떤 생물도 살 수 없습니다. 호숫물이 너무 짜기 때문입니다.

1. 아이의 탄생

예수님은 다른 아기들과 똑같이 세상에 태어나셨기 때문에 베들레헴의 마구간에서 태어난 이 아기가 하나님의 아들인지 아는 사람은 아무도 없었습니다. 사람들은 예수의 어머니 마리아가 배가 부른 것을 보면서도 여관에 어떤 방도 빌려주려고 하지 않았습니다. 그들은 모두 하나님의 사랑을 모르는 사람들이었습니다. 그들은 진짜 야생동물이었습니다. 그들은 하나님의 아들이 그 차가운 호숫물에 들어가서 자기들을 건져주는 것에 감사하지 않았습니다. 마치 산에 가던 사람이 늑대가 올무에 걸린 것을 보고 늑대를 풀어주면 자기를 물 수도 있지만, 그런 위험을 감수하고 늑대를 살려주는 것과 같습니다.

그런데 왜 하나님의 아들은 우리 인간을 살리기 위하여 아기로 태어나셔야 하셨을까요? 차라리 성인으로 오시는 것이 그 힘으로 많은 사람을 살릴 수 있지 않을까요?

그것은 우리 인간이 악해지고 병들고 죽는 것은 모두 피가 오염되었기 때문입니다. 우리 모든 인간은 피가 죄라는 바이러스에 오염되어서 발작하다가 다 죽게 됩니다. 그리고 그 시체는 영원히 유황불에 태워야 우주가 오염되지 않습니다. 하나님의 아들은 아기가 아니었습니다. 하나님의 아들은 무지무지하게 크신 분이셨습니다. 하나님의 아들은 온 우주보다 더 크신 하나님이셨습니다. 지구에서 북극성의 길이보다 더 큰 팔을 가지고 계신 분이셨습니다.

그런데 하나님의 아들은 두 가지 능력을 가지고 계셨습니다. 하나는 말씀을 할 수 있는 능력입니다. 우리 인간의 모든 말은 하나님의 아들이 만드셨습니다. 그래서 하나님의 아들이 가르치는 학원에 가면 세계 모든 말을 다 배울 수 있습니다. 그리고 두 번째로 하나님의 아들은 겸손해서 작아지실 수 있는 능력을 가지신 것이었습니다. 그래서 우주보다 더 크신 하나님의 아들이 성령의 도움으로 작아지고 작아지셔서 태양만 해지고 나중에는 지구만 해지고 나중에는 어린아이보다 더 작은 모양이 되셨습니다. 이것은 바로 피를 가지시기 위해서였습니다. 우리 인간의 죄는 피가 오염된 데 있기 때문입니다. 하나님은 우리를 살릴 수 있는 비결을 알고 계셨습니다. 그것은 예수님이 피를 가진 사람이 되는 것입니다.

아기는 작아도 피를 가지고 있습니다. 백혈병에 걸린 아기들은 무균실에 갇혀서 살아야 합니다. 그러나 그런 아기들이 백혈병을 이길 수 있는 항체를 가지면 살 수 있습니다. 예수님은 사람의 피를 가지시기 위해서 아기가 되셨습니다. 이것이 예수님에게는 너무 답답한 일이었습니다. 예수님은 무한히 커지시고 전 우주를 다스리셔야 하는데 아기 몸에 갇혀 있어야 했습니다. 그 이유는 우리를 살리기 위해서입니다. 그러나 예수님이 아기로 있다고 해서 저절로 우리가 구원받는 것은 아닙니다. 예수님도 죽음의 균이 들어와서 죽어야 합니다. 그리고 죽음을 이기고 부활하셨을 때, 예수님의 피는 우리를 살리는 백신을 가지게 됩니다. 집에서 병든 환자를 살리는 첫 단계는 구급차가 오는 것입니다. 그러면 가족은 일단 안심합니다. 하나님의 구급차는 아기 예수님이 태어나신 것입니다. 하나님의 아들이 아기 예수로 태어나신 것은 온 세상이 알아야 할 기쁜 소식이었습니다.

아기 예수님이 태어난 것을 통해서 하나님은 우리에게 말씀하고 계십니다. "내가 너희들을 사랑하였노라." 그때 우리는 두 손을 들고 "기쁘다 구주 오셨네!"라고 소리 질러야 합니다. 그러나 아주 불쾌한 표정으로 "하나님, 언제 우리를 사랑하셨습니까? 우리에게 돈을 주셨습니까? 집을 주셨습니까?"라고 한다면 늑대보다 못한 사람이 되는 것입니다.

2. 기뻐하는 사람들

하나님의 아들은 이 세상에 오셨지만 너무나도 평범한 아기로 태어나셨기 때문에 아무도 구주의 탄생을 아는 사람들이 없었습니다. 그런데 무엇보다 먼저 천사들이 이것을 알았습니다. 하늘에 있는 수천 수만의 천사들이 하늘에서 하나님 아들의 탄생을 축하했습니다.

"지극히 높은 곳에서는 하나님께 영광이요 땅에서는 기뻐하신 사람들 중에 평화로다"

왜 지극히 높은 곳에서는 하나님께 영광이 될까요? 그것은 우리 같은 죄인이 구원받아서 하나님을 찬양하는 것이 하나님께는 가장 큰 영광이기 때문입니다. 우리의 찬양은 천사들의 찬양보다 더 영광스러운 찬양입니다.

천사 중의 한 높은 천사가 베들레헴 들판에서 밤을 새우며 양을 치는 목자들을 찾아왔습니다. 이 목자들은 모두 메시야를 기다리고 있었습니다. 천사들이 갑자기 나타나니까 목자들은 너무 놀라서 얼굴을 땅에 파묻었습니다. 그때 이 높은 천사는 목자들에게 "내가 온 백성에게 미칠 큰 기쁨의 좋은 소식을 너희에게 전하노라"고 하면서 "오늘 다윗의 동네에 너희를 위하여 구주가 나셨다"고 알려주었습니다. 그리고 그 메시야는 강보에 싸여있다고 했습니다. 여기서 '강보'는 가난한 사람들이 쓰는 아주 싼 천을 말합니다. 목자들은 "우리가 그렇게 기다리고 기다리던 메시야가 오셨다"고 하면서 "우리가 빨리 다윗의 동네에 가 보자"고 했습니다. 목자들은 이 집, 저 집 다니면서 찾았지만 없었습니다. 그런데 어떤 집에 가보니까 마구간에 불이 켜져 있었습니다. 가까이 가보니까 기둥에 담요를 쳐서 사람이 들어오지 못하게 하고, 한 아기가 강보에 싸여서 말의 먹이통에 누워 있었습니다.

그리고 먼 동방에서 온 박사들이 있었습니다. 이들은 별을 보고 나라나 사람들의 운명을 알아내는 사람들이었습니다. 그런데 이 박사들은 아주 놀라운 한 별을 발견했는데, 그 별은 너무 환한 별이었습니다. 그 별은 달보다 더 밝았습니다. 그리고 그 별이 있는 곳은 땅까지 환했습니다. 그리고 더 놀라운 것은 이 별이 움직이는 별이었다는 사실입니다. 그래서 동방의 박사들은 이 별을 따라가니까 별이 그들을 안내하듯이 움직였습니다.

동방의 박사들은 아기 예수님을 위해서 예물을 준비했습니다. 그들은 황금과 유향과 몰약을 준비했습니다. '황금' 은 그 나라의 부요함을 나타냅니다. 예수님의 나라는 부요한 나라입니다. 그리고 '유향' 은 향기가 납니다. 이 세상 나라는 썩은 냄새가 납니다. 시체 썩는 냄새가 나기도 합니다. 그러나 예수님의 나라는 향기가 납니다. 우리가 웃는 미소는 향기입니다. 그리고 '몰약' 은 시체가 썩지 않게 하는 역할을 합니다. 메시야의 나라는 썩지 않습니다. 메시야의 나라는 날이 갈수록 신선해질 것입니다. 그런데 요즘 우리가 보는 교회는 진짜 부패한 모습을 보여주고 있습니다. 그것은 교회가 동맥경화증이나 당뇨병에 걸려서 혈관이 막혔기 때문입니다. 이럴 때 적게 먹는 것이 필수적입니다. 현대사회에는 비만한 사람들이 많은데 그들은 몸의 균형을 잘 잡지 못해서 자주 넘어져서 다칩니다.

3. 아들의 고통

예수님은 한 아기가 됨으로써 말할 수 없는 고통을 받으셨습니다. 우선 예수님은 온 우주의 왕이시지만 이 세상의 부모는 가난한 분들이었습니다. 더욱이 예수님의 어머니 마리아가 결혼식도 하지 않고 아기를 가졌다는 것은 가까운 사람들 사이에는 이미 소문이 나 있었습니다. 결국 예수님은 하나님의 아들이셨지만 이 세상에는 아버지가 없는 아들이 되고 말았습니다. 그래서 예수님의 탄생은 복음을 처음 전할 때는 알려지지도 않았습니다. 과연 누가 처녀가 낳은 아들을 하나님의 아들로 믿으려고 하겠습니까?

옛날에는 처녀가 아기를 배면 돌에 맞아 죽든지 아니면 동네에 끌려가서 몽둥이로 죽도록 두들겨 맞아야만 했습니다. 지금도 이슬람이나 힌두교 사회에 가면 여자가 계율을 어기면 집에서 끌어내어 채찍질하든지 돌을 던져 죽이기도 합니다. 그래서 예수님을 잘 아는 나사렛 사람들은 예수님이 말씀을 전하니까 절벽에서 떨어트려 죽이려고 했습니다. 예수님의 아버지 요셉은 때마침 아우구스투스가 "온 천하는 호적을 하라"고 명령하는 바람에 만삭이 된 마리아를 데리고 베들레헴으로 갔습니다. 마리아 혼자 두면 가까운 친척 중의 하나가 마리아를 끌어내어 채찍질할 수도 있었기 때문입니다.

예수님은 태어날 때도 돈이 없어서 여관에서 방을 빌리지 못했습니다. 돈만 있으면 여관이 아니라 아무 집이나 주인집을 빌려서 아기를 낳을 수 있었겠지만 예수님의 부모는 가난했습니다. 그래서 결국 예수님은 외양간에 담요 같은 것을 쳐서 태어나셨고, 말이나 양이나 소나 개나 고양이 같은 동물이 아기를 지켰던 것입니다.

그러나 더 큰 비극은 동방에서 찾아온 박사들 때문에 벌어졌습니다. 그들은 유대인의 왕이면 당연히 왕궁에서 태어났을 것으로 생각해서 왕궁을 찾아갔던 것입니다. 그러나 왕궁에는 아기가 없었습니다. 헤롯 왕은 동방박사들의 말을 듣고 메시야가 태어난 것을 알았습니다. 그래서 아기를 죽이려고 아기를 찾으면 자기에게 알려달라고 했습니다. 그러나 천사가 동방박사들에게 헤롯에게 가지 말라고 지시했습니다. 그리고 요셉에게 당장 짐을 싸서 아기와 마리아를 데리고 애굽으로 피난 가라고 했습니다. 아기 예수는 태어난 지 얼마 되지 않아서 그 뜨거운 광야를 나귀 타고 가야만 했습니다. 그리고 이 아기는 나중에 가장 고통스러운 죽음을 당함으로 그 피가 죄와 죽음을 이기게 만들었습니다.

우리에게는 죽음이 없습니다. 우리는 죽음을 두려워할 필요가 없습니다. 죽는 것은 잠깐 출장 왔다가 집에 돌아가는 것이고, 죽는 것은 이 세상 옷을 벗는 것입니다. 우리가 너무 오래 이 육신을 입었기 때문에 이 옷을 벗는 것이 며칠 시간 좀 걸립니다. 우리는 뼈까지 다 벗어야 하나님 나라로 날아갈 수 있습니다. 가끔 사람 중에 죽었다가 살아나는 사람들이 있습니다. 이것을 임사체험이라고 하는데 그들이 하는 말이 죽으면 너무 좋다고 합니다. 그리고 그 세계의 특징은 빛이라고 했습니다. 이 세상에 오고 싶지 않다고 합니다.

헤롯은 메시야가 세상에 오신 것을 시기해서 베들레헴과 그 인근 지역에서 두 살 아래의 모든 남자 아기를 다 죽였습니다. 메시야가 왔지만 무관심했던 베들레헴 사람들의 아기들은 다 죽어야만 했습니다. 미켈란젤로가 그린 〈성 모자와 성 안나〉 그림을 보면 마리아의 엄마인 안나와 세례 요한이 아기 예수께 와서 같이 지내는 모습을 볼 수 있습니다. 물론 그림이지만 세례 요한은 예수님보다 6개월 빨라서 잘못하면 죽을 수도 있었지만 예수님을 찾아가서 살 수 있었습니다.

우리 예수 믿는 사람들은 모두 고난받게 되어 있습니다. 그러나 우리는 모두 사망에서 구원받은 사람들입니다. 우리에게는 자유가 있습니다. 그리고 우리에게는 진리가 있습니다. 이제 형식적인 예배로는 구원받지 못할 것입니다. 사람들의 신앙은 시체 썩듯이 썩을 것이고, 헤롯 같은 악인에 의해 떼죽음을 당할 것입니다.

우리는 다시 시작해야 합니다. 우리 모두 성탄절을 기뻐합시다. 우리는 이 복음을《동의보감》이상으로 생각해야 합니다. 우리는 이미 사망을 이겼습니다. 더 이상 사는 것이나 죽는 것은 우리의 미래가 될 수 없습니다. 우리는 세상 욕심으로 근심 걱정하지 말고, 세상의 권력을 탐하거나 걱정하지 말고 예수님같이 행복하게 사람을 살리는 삶을 사시기 바랍니다.

27 막다른 골목

이리를 만난 양

마 10:16

보라 내가 너희를 보냄이 양을 이리 가운데로 보냄과 같도다 그러므로 너희는 뱀 같이 지혜롭고 비둘기 같이 순결하라

요즘 제주도의 한라산 중턱에는 사람들이 버린 유기견들이 들개가 되어서 돌아다니는 바람에 골치가 아프다고 합니다. 어떤 사람은 휴가 때 개를 맡길 수 없으니까 엄청나게 개를 버린다고 합니다. 육지에서 개를 버리면 몇 달이 걸려서도 개가 주인을 찾아오니까 다시 찾아오지 못하도록 제주도에 가서 개를 버린다고 합니다. 또 어떤 사람은 개인 주택에 살다가 아파트로 이사 하니까 기를 수 없어서 개를 버린다고 합니다. 그런 개들이 쓰레기통을 뒤지면서 먹이를 찾다가 사람들에게 쫓기게 되어 결국 한라산 중턱에까지 올라가서 들개가 된다고 합니다. 이 개들은 함께 모여 주로 한라산에 있는 노루나 염소들을 잡아먹는데, 껍데기만 남겨 놓고 뼈까지 다 뜯어 먹는다고 합니다. 제주도에서는 할 수 없어서 사냥하는 사람들을 보내어서 들개를 잡게 했는데 얼마나 빠른지 총을 쏘아도 잘 잡히지 않는다고 합니다. 보통 개는 순하지만 일단 피 맛을 보면 눈빛이 사나워지고 공격적이 된다고 합니다. 이런 피 맛을 본 개들은 다시는 집 개가 되지 않는다고 합니다. 몽골 북쪽에 가면 유목민들이 양을 치면서 살고 있는데, 그곳에 있는 늑대가 양들을 잡아먹는다고 합니다. 그런데 이 늑대들도 얼마나 식욕이 대단한지 소 한 마리를 삼일이면 다 뜯어 먹을 수 있다고 합니다.

아프리카의 초원에 사는 노루나 얼룩말이나 물소가 새끼를 낳으면 그 새끼가 제일 먼저 하는 짓이 귀를 터는 것입니다. 그리고 어미가 새끼 몸에 묻어 있는 양수라든지 태반 같은 것을 다 핥아서 깨끗하게 만들어주면 이 새끼들은 겨우 일어나는 연습을 합니다. 새끼들은 몇 번씩 넘어지면서 겨우겨우 일어나는데 이때 일어나지 못하면 죽게 됩니다. 어미가 누워서 젖을 주지 않으므로 새끼들이 서서 어미젖을 빨아야 하기 때문입니다. 그리고 이때 새끼들은 태어난 지 얼마 되지도 않았는데 놀라운 속도로 어미를 따라서 도망 다닙니다.

요즘 우리 남자 성도들은 사는 것이 도대체 무엇인지 회의가 들게 되었습니다. 우선 코로나 시기를 거치면서 자영업은 엄청나게 무너지고 말았습니다. 특히 지방은 큰 기업이 없는 이상 자영업을 주로 하는데, 일단 손님이 오지 않으니까 자영업이 거의 무너져버렸습니다. 그리고 소득주도성장이라든지 최저임금제도 등으로 인건비가 많이 오르니까 이제는 알바생을 쓰지 못하고 주인이 알바생 일을 하게 되었습니다. 지금 거리를 달리고 있는 것은 배달 오토바이밖에 없습니다. 그리고 정년퇴직은 해야 하는데 퇴직 후에 할 일이 없는 것입니다. 어떤 분은 경찰로 파출소 소장을 했는데 정년하고 나서는 할 일을 찾지 못해 집에서 그냥 놀고 있다고 했습니다. 그분은 옛날 파출소 소장을 했을 때가 가장 행복했다고 합니다. 어떤 분은 학교에서 초등학교 지킴이를 하고 있는데 알고 보니까 육군 대령 출신이었습니다. 어떤 분은 큰 회사 중역으로 있다가 퇴직했는데 일거리가 없으니까 빨간 모자를 쓰고 피자 배달하는 일을 하고 있었습니다.

그래서 젊은이들은 월급도 많고 정년이 없는 의사가 되려고 너도 나도 의대로 몰리고 있습니다. 그러나 의사가 되어도 70이 넘으면 몸이 늙기 때문에 환자를 보기가 쉽지 않습니다. 사람이 젊었을 때는 아이들이 크는 재미로 살았는데, 이제는 아이들이 결혼해서 서울이나 외국으로 다 떠나버렸습니다. 옛날에는 아내가 자기를 사랑해주고 의지하고 했는데 이제는 아내의 발언권이 더 강해지고 남편에게 명령하게 되었습니다. 남자는 직장 생활을 한다고 해서 엄청 스트레스를 받습니다. 교회에서도 젊었을 때는 주일학교도 섬기고 찬양대도 하고 청년회 임원을 하면서 기쁨이 있었는데, 이제는 하던 일도 늘 하던 일이고 교회에서도 직접 할 일이 별로 없으니까 '내가 과연 누구인지' 인생의 회의가 들게 됩니다.

예수님은 본문에서 우리를 세상에 보내는 것은 마치 양을 이리떼 가운데 보내는 것과 같다고 하셨습니다. 양을 이리떼 가운데 보낸다면 당장 이리들이 모여들어서 양을 뼈 하나도 남기지 않고 다 뜯어 먹을 텐데, 왜 예수님은 우리를 이 위험한 곳으로 보내시는 것일까요? 이것이 가장 큰 의문입니다.

예수 믿지 않는 사람들은 그래도 술이라도 마시고 사람을 만나서 골프라도 치고 세상의 더러운 소리나 욕이라도 해서 스트레스를 해소하지만, 예수 믿는 남자들은 무슨 맛으로 살까요? 우리는 재미있고 알차고 행복하게 살 수는 없을까요?

1. 양을 이리 가운데로 보내심

예수님은 이렇게 말씀하셨습니다.

16절, "보라 내가 너희를 보냄이 양을 이리 가운데로 보냄과 같도다 그러므로 너희는 뱀 같이 지혜롭고 비둘기 같이 순결하라"

예수님은 일단 우리를 이 세상에 보내는 것이 "양을 이리 가운데 보내는 것과 같다"고 말씀하셨습니다. 이리는 양을 잡아먹는 맹수입니다. 그래서 이리는 입에 늘 침을 흘리면서 사나운 눈을 번쩍이면서 먹이를 찾아다닙니다. 그러다가 주인 없이 돌아다니는 양을 보게 되면 전속력으로 달려와서 양의 목을 물고 늘어지면서 잡아먹을 것입니다. 그러면 결국 양은 죽고 맙니다. 그것도 그냥 죽는 것이 아니고 고통스럽고 비참하게 죽고 털만 조금 남기게 될 것입니다. 그래서 기왕 예수님이 우리를 이 세상에 보내시려면 사자를 하이에나나 들개 가운데 보내는 것과 같다고 하면서 "할 수 있으면 하이에나나 들개나 이리를 많이 잡아 먹으라"고 말씀하셔야 이치에 맞을 것 같습니다. 그러나 예수님은 우리에게 세상에 가서 죽으라고 말씀하시고, 이리 같은 못된 인간에게 잡아먹히라고 말씀하시는 것입니다. 이것은 너무나도 고통스럽고 비참하고 무의미한 인생이 되는 것입니다.

여기서 예수님께서 양을 이리 가운데로 보낸다고 말씀하신 것은, 만일 우리가 사자가 되어서 이리 가운데로 가면 이리들이 모두 도망가서 우리의 말을 한 마리도 듣지 않기 때문입니다. 만약 사자가 이리떼 가운데 들어가서 "하나님은 이리들을 사랑하셔"라고 한다면 이리들은 웃기는 소리 하지 말라고 하면서 온 힘을 다해서 도망칠 것입니다. 그러나 양이 이리떼 가운데 들어가면 이리들이 잡아먹기 위해 모여들기 시작합니다. 그리고 양이 이리에게 "하나님은 이리들을 사랑하셔"라고 한다면 이리들이 킬킬 웃으면서 비웃을 것입니다. 그러나 이리들은 일단 하나님의 말씀을 듣기는 들을 것입니다.

그뿐만 아니라 하나님께서 우리를 이리 가운데 보내시는 것은 옛날에는 우리도 이리였기 때문입니다. 그래서 이리 중에는 친구도 있고 가족도 있습니다. 우리는 이리 출신이었기 때문에 누구보다 이리의 습성을 잘 알고 있습니다. 그뿐만 아니라 우리에게는 이리를 양으로 변화시킬 수 있는 약이 있습니다. 그 약이 바로 복음의 약입니다. 만약 우리가 이리 중에서 한 마리라도 양으로 변화시킬 수 있다면 이것은 하나님 나라에 대성공입니다. 예전에 영국의 에딘버러 대학은 돌리라는 양을 만들어냈습니다. 이것이 유전공학의 엄청난 발전을 가져오게 되었습니다. 그러나 하나님의 말씀이 하는 일은 이리를 양으로 완전히 종을 바꾸는 것입니다. 그런데 복음이 아니면 이리를 양으로 바꿀 수 없습니다. 교회에서 만일 복음 외에 다른 것을 자꾸 가르치든지 행사를 한다면 변화되지 못한 이리들이 우글거리게 됩니다. 그래서 자기들끼리도 물고 목사도 심장을 물어서 죽게 만듭니다. 이런 것은 전부 이리들이 하는 짓입니다.

목사는 양들을 훈련 시킬 필요가 없습니다. 목사는 양들을 좋은 풀이 있고 깨끗한 물이 있는 곳으로 데리고 가서 잘 먹게 만들면 됩니다. 즉 목사는 좋은 말씀으로 교인들을 먹이면 교인들이 은혜받고 기도하기 시작하는데 그러면 부흥이 일어나게 됩니다. 만일 소들에게 동물 사료를 먹이면 광우병에 걸리게 됩니다. 소나 양들은 순수하게 풀을 먹여야 하는 것입니다. 그래서 예수님께서는 단 한 마리의 이리라도 양으로 바꿀 수 있다면 대성공이기 때문에 양들을 위험한 이리떼 가운데 보내시는 것입니다.

그러나 만일 양이 이리 가운데 가면 당장 잡아먹힐 텐데 어떻게 해야 합니까?

예수님은 "그러므로 너희는 뱀같이 지혜로워라" 고 말씀하셨습니다. 대개 양들은 순하기는 하지만 고집이 세어서 자기 멋대로 가려고 하고 또 자기들끼리 머리를 받으며 싸우기도 합니다. 또 양 새끼는 뾰족한데 올라가는 것을 좋아합니다. 만일 양이 그렇게 하면 당장 이리에게 들켜서 잡아먹힙니다. 양들은 이리에게 "하나님이 이리들을 사랑하서"라고 한 후에 재빨리 뱀으로 변해야 합니다. 뱀은 땅에 딱 붙어버리고 풀 사이를 도망치기 때문에 잘 보이지 않습니다. 즉 우리는 복음을 전할 때는 분명하게 전하지만, 전하고 난 후에는 빨리 바닥에 붙어서 겸손해져야 합니다. 그러면 아무 것도 보이지 않으니까 잡아먹지 못하는 것입니다. 특히 뱀은 보호색을 하고 있어서 자세히 보지 않으면 보이지 않습니다. 그리고 이리들은 뱀 고기를 좋아하지 않습니다. 우리는 말씀을 전하고 난 후에 다른 사람들과 싸우려 하거나 논쟁하려고 하지 말아야 합니다.

하나님의 백성은 예수 믿으면서 날카로운 이빨도 없어지고 발톱도 없어지고 발까지 없어졌기 때문에 힘으로 싸워서는 절대로 이리를 이기지 못합니다. 그래서 누군가가 싸우는 것을 좋아하는 사람이 있으면 굳이 싸워서 이기려고 하지 말고 피해버려야 합니다. 왜냐하면 이리를 잡는 분은 하나님이시기 때문입니다. 하나님께서 쇠몽둥이로 한번 때리시면 이리는 뻗어버리고 말 것입니다.

그리고 "비둘기같이 순결하라"고 했습니다. 즉 하나님의 양은 더러운 것을 먹지 않습니다. 육식하는 동물은 배설물에서 지독한 냄새가 납니다. 그러나 비둘기는 더러운 죽은 쥐라든지 벌레 같은 것을 먹지 않습니다. 그래서 사람들은 비둘기가 깨끗한 줄 알기 때문에 안으려고 합니다. 그러나 비둘기는 자전거가 오거나 차가 오면 날아서 피합니다. 우리는 위험에 처하면 날개를 가지고 날아갈 수 있어야 합니다.

그런데 하나님의 양들만 할 수 있는 위대한 일이 있습니다. 이것으로 우리는 세상을 이기고 마귀를 이길 수 있습니다. 그것은 바로 부흥의 불을 일으키는 것입니다. 우리가 세상을 이기는 비결은 오직 하나 바로 부흥입니다. 부흥이 일어나면 사탄이 하늘에서 떨어지게 되고 세상이 벌벌 떨게 됩니다. 말씀을 듣고 기도하면 부흥이 일어나게 됩니다. 우리는 이 세상에 성령의 불을 지르는 사람입니다. 불이 얼마나 무섭습니까? 호주의 불로 이십만 마리의 양이 죽었습니다. 캐나다의 산불로 우리나라 1.5배 면적의 산이 불에 탔습니다. 우리는 성령의 불을 일으킬 수 있는 사람들입니다. 성령의 불이 붙으면 마귀의 불은 꺼집니다.

미국의 소방관들은 산불이 너무 크게 붙으면 맞불을 일으킵니다. 즉 불이 오는 쪽에 다른 불을 만들어서 두 불이 합쳐지면서 더 큰불이 되어 폭발하면서 산소가 없어져서 불이 꺼지는 것입니다. 지금은 온 세상에 마귀의 불이 붙어있습니다. 성령의 불, 부흥의 불을 일으키면 마귀의 불은 꺼집니다.

2. 사람을 두려워하지 말라

사람에게 가장 두려운 것은 늙어가는 것이고, 그러고 난 후에는 죽는 것입니다. 그래서 나이 든 사람에게 치매가 오는데 자녀가 감당하지 못하니까 결국은 요양원이나 요양병원으로 모십니다. 요즘 우리나라에는 치매의 정도가 심하고 자녀들이 재산이 없으면 전액 무료로 요양원에서 있을 수 있게 한다고 합니다. 우리는 늙어갑니다. 남자들은 머리카락이 빠지는 것이나 머리가 하얘지는 것을 통해서 자기가 늙었다는 것을 깨닫게 될 것입니다. 그리고 나이 들면 기억력이 엄청나게 떨어지게 됩니다. 우선 쉬운 용어들이 기억이 잘 나지 않습니다. 사람 이름은 조금만 덜 만나면 기억에서 사라집니다. 또 늙어 가면 꿈도 없어집니다. 그리고 친구도 없어지게 됩니다. 옛날 친했던 친구들이 자꾸 죽어 없어지기 때문입니다.

그러나 사람은 늙기만 하는 것이 아니라 죽습니다. 사람이 죽으면 진짜 혼자 냉동실에 들어가 있다가 굳어진 육신을 끄집어내어 수의를 입히고 몸에 딱 맞는 관에 넣어서 조문객을 맞이하고는 화장터에 가든지 아니면 땅에 파묻히게 됩니다. 무덤에는 사람들이 거의 오지 않습니다. 비석을 세워놓아도 새들이나 와서 그 위에서 똥이나 싸고 날아갈 것입니다.

그러나 예수님은 말씀하셨습니다. "죽는 것을 두려워하지 말라"는 것입니다. 여기에는 늙는 것도 포함되어 있습니다. 우리 믿는 자들은 늙는 것이나 죽임당하는 것을 두려워할 필요가 없습니다. 왜냐하면 하나님이 계시기 때문입니다.

28절, "몸은 죽여도 영혼은 능히 죽이지 못하는 자들을 두려워하지 말고 오직 몸과 영혼을 능히 지옥에 멸하실 수 있는 이를 두려워하라"

이 세상은 우리를 죽여 봐야 몸밖에 죽이지 못합니다. 또 이 세상의 권력자들이 예수를 믿는다고 해서 죽여도 몸밖에 죽이지 못합니다. 이 세상이나 세상 사람들은 절대로 우리 영혼을 죽이지 못합니다. 그러면 몸은 죽여도 영혼을 건드리지 못한다는 것은 무슨 뜻입니까? 우리가 이 세상에서 늙거나 죽는 것은 뱀이 자라서 허물을 벗는 것과 같습니다. 뱀은 허물을 벗어야 새로운 멋진 몸으로 살아갈 수 있습니다.

이 세상에는 인간만 살고 짐승만 사는 것이 아니라, 우리를 창조하신 아버지가 살아계십니다. 하나님은 우리 아버지이십니다. 하나님은 우리를 이 세상에서 죽게 하십니다. 왜냐하면 새 옷을 입어야 하기 때문입니다. 아마 우리가 냄새나는 헌 옷 위에 새 옷을 입으면 헌 옷의 냄새 때문에 새 옷 입은 기분이 나지 않을 것입니다.

우리 예수 믿는 사람들은 이 세상에서 늙으면 늙을수록 더 멋있어집니다. 영국의 존 스토트 목사는 어렸을 때 그의 사진을 보면 그야말로 개구쟁이 그 자체입니다. 그러나 그의 늙은 모습은 젊었을 때보다 더 멋지고 인자해 보였습니다. 그는 85세에 은퇴했습니다. 그는 은퇴하기 전에 자신의 목회실에서 의자에 걸려서 넘어졌는데 그때 대퇴부가 골절되었다고 합니다. 그때 너무 아파서 울었다고 했습니다. 그때도 자기가 설교 준비한 것을 부목사에게 주어서 대신 설교하게 했습니다. 그는 새를 좋아해서 남극까지 가서 펭귄을 만나고 왔습니다. 그는 우리나라에 왔을 때도 비무장지대에 가서 희귀한 새를 구경했습니다. 그는 태풍이 오는데도 서해에 가서 제비갈매기를 보다가 죽을 뻔했다고 합니다.

예수 믿는 사람들은 나이가 들어갈수록 멋진 신사가 됩니다. 이 세상에서 예수 믿으면서 늙어가는 사람보다 멋있는 사람은 없을 것입니다. 못된 사람은 늙어서 치매가 와도 그렇게 욕을 잘하고 한 방에 있는 사람과 잘 싸운다고 합니다. 그것은 그가 평소에 욕을 잘하고 잘 싸웠기 때문입니다.

우리의 몸은 죽지만 영혼은 아무도 건드리지 못합니다. 즉 우리의 정신은 똑똑하게 살아 있습니다. 우리는 죽습니다. 그러나 우리의 육신만 옷을 벗는 것입니다. 마치 뱀이 허물을 벗듯이, 그리고 군인이 제대할 때 군복을 벗듯이 우리는 옷을 벗습니다. 그 이유는 새 옷을 입기 위해서입니다. 때로는 이 옷을 벗으면서 아플 수도 있습니다. 이 헌 옷이 우리 몸에 너무 들어붙어 있어서 잘 떨어지지 않기 때문입니다. 우리는 뼈까지 다 벗어야 합니다. 그리고 멋진 새 몸을 입습니다. 즉 우리는 천사의 몸을 입습니다.

그러나 하나님을 모르는 자들은 육신과 영혼이 같이 지옥 불에 던져지게 됩니다. 하나님을 믿지 않고 예수님을 반대했던 자들도 죽습니다. 그들은 죽음으로 모든 복이 끝납니다. 그들은 새 옷을 입기 위하여 죽는 것이 아닙니다. 그들은 다시 옛 옷을 입습니다. 즉 미라의 몸이고 구더기가 득실득실한 몸입니다. 지옥은 유황불이 꺼지지 않는 곳입니다. 인간이 가지고 있는 이 불순종의 바이러스는 그냥 없어지지 않습니다. 이 병은 마치 코로나나 구제역이나 조류독감처럼 유황불로 영원히 태워야 우주를 더럽히지 않게 됩니다.

저는 우리가 새 옷을 입고 천국은 물론이고 우리가 보는 우주 구석구석까지 구경을 갈 것으로 생각합니다. 명왕성이나 해왕성 정도가 아니라 더 멀리 우주 끝까지 날아가서 우주 전체를 볼 것입니다. 아무도 우리를 죽일 수 없습니다. 단지 조금 아프게 할 뿐입니다. 그런데 몽둥이로 맞거나 총에 맞아도 한순간만 아프지, 잠시 지나면 감각도 없어집니다. 고통은 우리를 이길 수 없습니다. 외로움도 우리를 이길 수 없습니다. 왜냐하면 천국이 내 안에 있기 때문입니다.

3. 참새 한 마리의 생명

이 세상에서 가장 작고 약한 새는 아마 참새일 것입니다. 사람은 참새의 생명을 중요하게 생각하지 않습니다. 그래서 옛날에는 그물이나 공기총으로 참새를 쏘아서 잡아 꼬치로 만들어서 술안주로 먹었습니다.

예수님 당시에는 참새를 잡아서 파는 사람들이 많이 있었는데 참새 두 마리가 한 앗사리온에 팔렸습니다.

> 29절, "참새 두 마리가 한 앗사리온에 팔리지 않느냐 그러나 너희 아버지께서 허락하지 아니하시면 그 하나도 땅에 떨어지지 아니하리라"

참새를 보면 붕어빵이 생각이 납니다. 겨울이 되면 길가에서 붕어빵을 파는 곳이 있습니다. 옛날에 붕어빵은 두 개에 100원 했는데, 이백 원어치 사면 한 개를 더 끼워주어서 다섯 개를 주었습니다. 마찬가지로 다른 복음서에 보면 참새 다섯 마리가 두 앗사리온에 팔린다고 했습니다(눅 12:6). 즉 두 앗사리온 어치 참새를 사면 참새 한 마리를 더 끼워주는 것입니다. 그 정도로 참새의 생명은 가치가 대수롭지 않았습니다.

미국에 가보니까 참새보다 더 작은 새가 있는데, 그것은 벌새(허밍버드)입니다. 벌새는 정말 말벌만큼 작은 새인데, 집 처마 밑에 꿀물을 달아놓으면 와서 긴 부리로 꿀물을 먹곤 합니다. 이 '허밍 버드'는 잠시도 쉬지 않고 날아다닙니다. 그래서 제 사위의 어머니는 제 집사람을 허밍 버드라고 했습니다. 왜냐하면 몸은 자그마한데 잠시도 쉬지 않고 움직이기 때문입니다. 처음에는 그 엄마가 우리 집 아이가 그 집에 놀러 갔을 때 이상하게 생각했다는 것입니다. 그 집 식구들은 잘 움직이지 않는데 우리 아이는 잠시도 쉬지 않고 설거지를 하거나 청소를 하거나 무엇이든지 하면서 몸을 움직였기 때문입니다. 그 집에서 나중에 보니까 우리 아이의 엄마가 그렇게 한다는 것을 알았습니다.

참새는 하나님이 우리에게 보내주신 특파원입니다. 즉 '하나님의 허락 없이는 절대로 우리는 그냥 죽지 않는다' 는 것을 알려주는 특파원인 것입니다. 참새는 하나님의 허락 없이는 한 마리도 그냥 땅에 떨어져 죽지 않는다고 했습니다. 참새는 심근경색이라는 것이 없고 돌연사라는 것이 없습니다. 마찬가지로 우리 성도들에게 죽음은 하나님이 데려가시는 것이지, 죽는 것이 아닙니다.

중국의 마오쩌둥은 '오적' 이라는 것을 발표했습니다. 즉 중국인에게 해로운 새나 곤충을 말합니다. 그중에 참새가 있었습니다. 모기도 있었고 파리도 있었고 쥐도 있었습니다. 마오쩌뚱은 중국의 경제를 발전시킨다고 하면서 참새를 다 잡게 했습니다. 중국 전체에서 얼마나 많은 참새가 죽었는지 모릅니다. 그러나 그다음 해 중국의 모든 나무와 벼에 벌레가 생겨서 대약진 운동에 삼천만 명 정도의 중국 사람이 굶어 죽게 되었다고 합니다.

그런데 하나님은 우리 머리털까지도 다 헤아렸다고 말씀하고 있습니다.

30-31절, "너희에게는 머리털까지 다 세신 바 되었나니 두려워하지 말라 너희는 많은 참새보다 귀하니라"

하나님은 그 수많은 참새도 굶어 죽지 않도록 지켜주십니다. 아프리카 어느 곳에는 하늘이 새카맣게 될 정도로 하루살이가 많이 생겼습니다. 하루살이는 마치 토네이도처럼 날아올랐습니다. 잠시 후에 수많은 참새가 날아와서 그 하루살이로 뷔페를 즐겼다고 합니다. 어떤 사람은 옛날에 중국에 갔더니 아침에 온 마당이 하얗게 되어 있어서 눈이 왔는가 보았더니 화장실에서 올라온 구더기들이었습니다. 그러나 집주인이 잠시 후에 닭장에서 닭들을 풀어서 그 많은 구더기를 한 마리도 남기지 않고 깨끗하게 청소했다고 합니다. 몇 년 전에 동아프리카에 수억만 마리의 메뚜기가 생겼습니다. 이 메뚜기 떼가 아라비아와 인도를 건너 중국을 넘어오려고 했을 때 중국에서 오리 십만 마리를 풀어놓았더니 오리가 메뚜기들을 다 처치해 버렸다고 합니다.

하물며 하나님은 우리의 머리털까지 다 헤아렸다고 하셨습니다. 지금 우리 머리털이 자꾸 빠지는데 어떻게 된 것일까요? 하나님은 그만큼 우리 머리털 숫자에서 빼고 계실 것입니다. 우리의 머리털이 중요하다면 우리의 인생과 목숨은 얼마나 중요하겠습니까? 다시 청년으로 돌아가시기 바랍니다. 다시 변화의 기술을 익히시기 바랍니다. 양에서 뱀으로, 뱀에서 비둘기로, 비둘기에서 보물 캐는 사람으로, 어른에서 청년으로. 그리고 사람을 무서워하지 말라고 하셨습니다. 사람은 우리에게 상처를 주고 고통은 줄 수 있지만 우리의 영혼과 정신까지는 건드릴 수 없습니다.

28 막다른 골목

물이 없는 곳

출 17:3

거기서 백성이 목이 말라 물을 찾으매 그들이 모세에게 대하여 원망하여 이르되 당신이 어찌하여 우리를 애굽에서 인도해 내어서 우리와 우리 자녀와 우리 가축이 목말라 죽게 하느냐

모세가 백만 명이 넘는 이스라엘 백성을 데리고 들어간 광야는 물이 거의 없는 곳이었습니다. 아주 드물게 오아시스에 물이 있을 수도 있었지만 그 물도 마실 수 없는 경우가 많았습니다. 그 더운 날씨에 단 하루도 물을 마시지 못하면 견디기 어려운데 이스라엘 백성은 3일이 넘게 물을 구하지 못했습니다. 물을 마시지 못하는 고통은 인간에게는 극한적인 고통이고 견딜 수 없게 하는 고문이나 마찬가지입니다. 그들은 견디다 못해서 모세를 향하여 분노가 폭발했습니다. 이스라엘 백성 중에서 성질이 급한 사람이 모세를 향하여 "모세야, 왜 우리를 이 물이 없는 곳으로 데리고 와서 전부 목말라 죽게 하느냐?" 고 하면서 소리를 질렀습니다. 모세는 이스라엘 백성이 뜨거운 태양 아래 목마른 상태에서 허덕거리며 걸어가는 것은 하나님의 뜻이 있다고 생각했습니다.

그러나 이스라엘 백성은 하나님을 의심했습니다. 즉 하나님이 우리를 미워하셔서 몽땅 광야로 데리고 와서 아이나 어른이나 짐승이나 모두 목말라 죽게 하려는 것 아니냐 하는 것입니다. 이스라엘 백성이 하나님을 의심하는 것을 모세는 하나님을 시험하는 것으로 생각했습니다. 이스라엘 백성은 하나님의 능력으로 홍해를 건넜기 때문에 믿음으로 목마름을 참고 가야 하는데 다시 하나님을 의심했던 것입니다.

우리가 서로 양보하고 화해하는 것이 잘되지 않는 이유가 어디에 있습니까? 그것은 우리 인간에게는 그럴만한 여유가 없기 때문입니다. 오히려 여기서 한 걸음만 뒤로 물러서면 낭떠러지로 떨어지고 만다는 절박한 마음이 있기 때문에 절대로 양보할 수 없는 것입니다. 그러나 우리가 이런 문제를 하나님께 가지고 가면 하나님은 얼마든지 해결해 주실 것입니다. 왜냐하면 하나님은 여유가 많으시기 때문입니다. 특히 우리의 그 많은 어려움을 하나님이 책임지실 때 우리의 다툼이 화해로 해결되는 것입니다.

1. 불신앙이 깔린 신앙

출 17:1-2, "이스라엘 자손의 온 회중이 여호와의 명령대로 신 광야에서 떠나 그 노정대로 행하여 르비딤에 장막을 쳤으나 백성이 마실 물이 없는지라 백성이 모세와 다투어 이르되 우리에게 물을 주어 마시게 하라 모세가 그들에게 이르되 너희가 어찌하여 나와 다투느냐 너희가 어찌하여 여호와를 시험하느냐"

광야를 지나는 이스라엘 백성은 언제나 생존에 절박한 문제를 안고 있었습니다. 그것은 지금 당장 죽는 것은 아니지만, 물이 떨어지고 물이 있는 곳이 나오지 않으면 죽을지도 모른다는 위기의식이었습니다. 그러나 하나님께서는 모세에게 그것을 요구하셨고 모세는 하나님의 말씀대로 이스라엘 백성을 몽땅 데리고 광야로 들어갔습니다. 그런데 아니나 다를까 얼마 가지 않아서 물이 다 떨어지게 되었습니다. 여기서 이스라엘 백성의 문제는 아주 심각한 것이었습니다. 이스라엘 백성은 하나님의 말씀에 순종해서 광야를 가는데 목은 목대로 마르고, 물은 물대로 없었습니다. 이때 이스라엘 백성은 모세와 다투기 시작했습니다.

2절상, "백성이 모세와 다투어 이르되 우리에게 물을 주어 마시게 하라"

이스라엘 백성이 르비딤에서 장막을 쳤다는 것은, 밤이 되었든지 아니면 지쳤든지, 그곳에서 쉬어야만 했던 것입니다. 그런데 쉬어야 하는 곳에 물이 전혀 없었습니다. 이때 그들은 모세에게 "우리가 혹시 어디서 물을 구하겠느냐?" 라고 물은 것이 아니었습니다. 그들은 모세와 싸웠다고 했습니다. 즉 모세에게 대들며 "우리에게 물을 내놓아라" 고 하면서 소리 질렀던 것입니다. 이것은 "당신 말만 믿고 여기까지 따라온 우리를 책임지라" 는 것입니다. 이런 경우 모세는 딱할 수밖에 없습니다. 모세도 무슨 대책이 있어서 이스라엘 백성을 데리고 이곳으로 온 것이 아니었습니다. 모세는 무조건 하나님의 말씀만 믿고 그 말씀에 순종한 것밖에 없습니다. 이때 모세에게는 하나님께서 우리를 이곳까지 인도하셨다면 무슨 일을 하실 것이라는 믿음이 있었습니다. 그러나 이스라엘 백성은 하나님의 인도하심 자체를 불신했습니다.

3절, "거기서 백성이 목이 말라 물을 찾으매 그들이 모세에게 대하여 원망하여 이르되 당신이 어찌하여 우리를 애굽에서 인도해 내어서 우리와 우리 자녀와 우리 가축이 목말라 죽게 하느냐"

이것은 이스라엘 백성의 문제만이 아닙니다. 우리가 이 세상에서 믿는 사람들과 믿지 않는 사람들의 인생길을 가만히 살펴보면 믿지 않는 사람들은 일단 예측할 수 있는 길을 갑니다. 그들의 길은 모든 사람이 가는 안전한 길이요, 넓은 길입니다. 그러나 믿는 사람은 어느 순간부터 예측할 수 없는 길로 접어들기 시작합니다. 그래서 남자 같은 경우에는 직장의 장래 문제가 아주 불투명하게 되거나 대책이 보이지 않고, 여자들의 경우에는 결혼 같은 것이 자기 뜻과는 다르게 꼬이게 되는 것입니다. 여기서 중요한 것은 우리가 믿음으로 살아가면 앞길이 훤하게 열려야 하는데 정반대로 도저히 빠져나올 수 없는 어려운 함정에 빠져버리게 된다는 것입니다.

그리스도인들은 대단히 미래 지향적인 사람들입니다. 지금 당장은 아무리 어려워도, 미래에 희망이 있거나 길이 보이면, 얼마든지 참고 견딜 수 있습니다. 그러나 하나님께서 우리를 얼마나 답답한 지경에 밀어 넣으시는가 하면 미래의 희망도 보이지 않고 길도 전혀 없는 그런 상황으로 밀어 넣으시는 것입니다. 이때 희망이 무엇입니까? 하나님 자신이 희망인 것입니다. 이 세상에는 살길이 보이지 않아도 내가 바른 하나님을 알았다는 것 자체가 희망인 것입니다.

이스라엘 백성은 르비딤에 와서 장막을 쳤는데 물이 없어서 물을 한번 찾아보자는 이야기가 아닙니다. 그들은 이런 식으로 대책 없이 하나님의 말씀만 의지하고 바보같이 따라가는 것 자체를 참을 수 없다는 것입니다. 이스라엘 백성이 생각하기에 모세의 신앙은 너무나도 무모하고 대책이 없으며 위험하고 독선적이라는 것입니다. 그래서 우리는 도저히 너의 방식대로 따라갈 수 없으니까 다른 무슨 대책을 세우라는 의미로 모세에게 대들었던 것입니다.

이것에 대하여 모세는 그들에게 "어찌하여 나와 다투느냐? 어찌하여 여호와를 시험하느냐?"라고 대답했습니다. 즉 이것은 하나님의 말씀만 붙들고 가는 나와 다투는 것은 하나님을 시험하는 것이라는 의미입니다. 우리가 여기서 상식적으로 생각해보면 이스라엘 백성의 태도가 얼마든지 일리 있고 이해됩니다. 우리가 인간적으로 생각해 보면 모세의 방식은 문제가 많습니다. 자칫 잘못하면 그 많은 사람이 광야에서 몰살할 수도 있는 방법으로 백성을 이끌어가고 있는 것입니다. 자기만 죽는 것이 아니라 다른 사람들도 다 죽게 하는 길이었던 것입니다. 그런데 하나님이 우리에게 요구하시는 길은 바로 이 죽음의 길입니다. 우리의 신앙은 미래에 살 길이 전혀 보이지 않아도 하나님의 말씀 하나만 붙들고 죽음의 사막을 매순간 매순간 걸어가는 것입니다.

그런데 이스라엘 백성이 모세와 싸웠던 것은 그들이 출애굽 자체를 믿으려고 하지 않았기 때문입니다. 그들의 마음속에 깔려 있는 의식은 애굽을 떠난 것 자체가 잘못이라는 것입니다. 그들은 하나님의 인도를 받아서 애굽을 떠났고 또한 계속 하나님의 손길을 경험하면서도 하나님께서 자기들의 삶을 인도하고 계신다는 사실을 믿으려고 하지 않았습니다. 그러니까 조금만 어려움이 생기면 모세를 원망했습니다. 이것이 그들의 부르짖음이었습니다.

4절, "모세가 여호와께 부르짖어 이르되 내가 이 백성에게 어떻게 하리이까 그들이 조금 있으면 내게 돌을 던지겠나이다"

얼마나 분위기가 험악하고 좋지 않았든지 얼마 있지 않으면 모세가 그들의 손에 죽임을 당할 정도였습니다. 우리는 성경을 보면서 '이스라엘 백성은 너무나도 완악하다. 왜 이들은 이처럼 하나님의 구원의 증거가 뚜렷한데도 하나님을 불신하고 계속 반복적으로 하나님을 거역하는가?' 라고 생각하기 쉽습니다. 그러나 우리도 마찬가지입니다. 하나님께서 우리를 인도하실 때 여러 가지 많은 증거를 보여주시면서 바른 길을 인도하시는데도 우리는 끝까지 의심합니다. 우리는 계속 죄악에 익숙한 자기 길로 가겠다고 고집을 부립니다.

존 뉴턴(John Newton)의 전기를 읽은 적이 있습니다. 그 전기를 읽으면서 느낀 것은 하나님께서 그렇게 존 뉴턴의 생애에 나타나셔서 간섭하셨지만 그는 그것을 믿으려고 하지 않았다는 것입니다. 하나님께서는 아무도 상대할 수 없을 정도로 거칠고 부랑아였던 이 청년을 특별하게 지켜주시고 보호해 주셨습니다. 그러나 그는 그 하나님을 믿지 않고 계속 하나님을 저주하고 하나님을 부인했습니다. 즉 하나님께서 살아계신다면 자기가 이처럼 심한 고생을 할 리가 없다는 것입니다. 그래서 그는 자살하려고 술을 마시고 바다로 뛰어들었는데 옷이 나무에 걸려서 살게 됩니다. 또 배에서 반란을 주도했던 자들이 하루 사이에 2명이나 죽어버림으로 뉴턴이 살게 됩니다. 결국 다른 사람들은 하나님이 뉴턴을 사랑하는 것을 인정하는데 정작 본인은 그것을 절대로 믿지 않았습니다. 다른 사람들은 이렇게 되는 일을 볼 때 하나님께서 이 패륜아를 살려 주시려고 하시며 그에 대한 하나님의 계획이 있다고 생각합니다. 그러나 뉴턴은 이런 일을 겪으면 겪을수록 더욱더 난폭하고 악해지려고 애썼습니다. 존 뉴턴은 회개하고 나서도 노예선을 타겠다고 아내와 싸웁니다. 아내는 계속 남편에게 하나님의 다른 뜻이 있을 것이라고 설득하는데도 그는 고집을 부리면서 노예선을 타야 한다고 주장했습니다. 결국 뉴턴은 갑자기 병이 나서 그 배를 놓쳐서 타지 못했는데 얼마 후 그 배는 폭풍으로 침몰해서 단 4명을 제외하고는 모두 다 바다에서 익사하게 되었습니다. 그는 그 소식을 듣고서야 '이 말할 수 없이 악한 자에 대한 하나님의 은혜가 얼마나 크신가?' 라는 것을 인정하게 되었습니다.

이것은 이스라엘 백성이나 존 뉴턴만 그런 것이 아닙니다. 우리 모두가 다 그렇습니다. 하나님은 우리를 사랑하시며 우리의 삶에 도저히 하나님의 사랑이 아니면 일어날 수 없는 일들을 일으키십니다. 그러나 우리는 하나님의 구원을 무시하고 자기 머리나 자기 생각을 고집하면서 살아갑니다. 결국 우리의 기본적인 생각은 세상을 떠나고 싶지 않은 것입니다. 우리는 죄짓고 죄스러운 방법으로 사는 것이 익숙합니다. 계속 그렇게 살고 싶은 것입니다. 그런데 하나님께서 우리를 계속 강권적으로 바른 길로 인도하시니까 우리는 어쩔 수 없이 끌려가기는 하면서도 자꾸 자기 생각을 따라 판단하면서 자신이 전보다 무엇이든지 조금 못해지기만 하면 불평을 하는 것입니다. 우리는 너무나도 믿음이 부족합니다. 우리는 아무것도 믿지 않습니다. 결국 우리는 자기 자신 외에는 아무것도 믿으려고 하지 않습니다.

2. 하나님과의 다툼

본문에 보면 "다투었다"는 말이 나옵니다. 이것은 히브리어로 '리브'라는 단어인데, 여기서 '므리바'라는 지명이 나오게 됩니다. 나중에 보면 이스라엘 백성이 하나님의 말씀에 불순종하여 다툴 때마다 이 '리브'라는 단어가 자주 나오는 것을 보게 됩니다. 이것은 법정에서 자기주장을 내세우면서 논쟁하는 것을 말합니다.

이스라엘 백성은 모세에게 당신의 신앙은 문제가 많고 틀렸으며 위험하다고 하면서 다른 대책을 세우라고 주장합니다. 즉 애굽으로 돌아가든지 아니면 하나님의 말씀만 따라가지 않는 덜 위험한 방법으로 인도하라는 것입니다. 그러나 여기서는 이것보다 더 위험한 것이 없습니다. 왜냐하면 여기서 하나님의 말씀을 포기하고 주저앉아버리면 그야말로 죽도 밥도 되지 않기 때문입니다. 그래서 모세는 이스라엘 백성에게 인간적으로는 미안하지만 하나님의 말씀을 가지고 주장할 수밖에 없었던 것입니다. 그래서 이스라엘 백성과 모세가 르비딤에서 크게 다투게 된 것입니다. 즉 모세는 "그래도 우리는 끝까지 하나님의 말씀을 따라가야 한다"는 것이고, 이스라엘 백성은 "우리는 더 이상 하나님의 말씀과 너를 신뢰하지 못하겠다"는 것의 다툼이었던 것입니다.

다툼 중에서도 가장 좋지 못한 다툼은 바로 이러한 불신앙에서 비롯된 다툼입니다. 이런 다툼은 결코 이해관계의 충돌이 아닙니다. 이것은 하나님께 대한 신앙과 불신앙 사이의 싸움입니다. 우리 생각에는 믿는 자들 사이에는 이런 다툼이 없을 것 같지만, 유감스럽게도 이런 싸움이 없는 곳은 없습니다. 우리 집안에도 있고 직장에도 있고 교회 안에도 있습니다. 우리가 생각하기에 이런 다툼이 있을 때 누가 피해자이겠습니까? 우선 모세는 이스라엘 백성으로부터 공격당하고 욕을 먹었으니까 피해자인 것은 사실입니다. 그러나 이스라엘 백성도 피해자입니다. 즉 지금까지 모세만 믿고 온갖 고생을 참으면서 따라왔는데 결과적으로 고생만 실컷 하고 아무것도 얻은 것이 없으니까 그들도 마음에 상처를 많이 입은 것은 부인할 수 없습니다. 그러나 이럴 때는 누가 피해자냐 하는 것을 따질 때가 아닙니다. 어떻게 해서든지 서로 마음을 합하여 믿음으로 어려움을 해결해야 하는데 인간의 힘으로는 도저히 하나가 되지 않는 것입니다. 이것을 하나님께서 해주셔야 합니다. 모세는 이것을 하나님께 부르짖으면서 호소했습니다.

오로지 하나님의 말씀만 의지하고 하나님의 말씀대로만 따라가는 자와 늘 애굽을 마음의 기준으로 삼고 자기 이성을 따라서 신앙 생활하는 자는 생각이 결코 같을 수 없습니다. 결국 이 둘 사이에는 다툼이 일어납니다. 싸움의 양상은 한쪽이 일방적으로 다른 한쪽을 공격하게 됩니다. 늘 인간적인 생각을 가지고 사는 편에서 하나님 중심으로 사는 편을 공격하고 핍박합니다.

왜 인간적으로 생각하는 사람들이 하나님 중심으로 사는 자를 핍박할까요? 그것은 그들의 눈에 하나님 중심으로 사는 자가 어리석어 보이기 때문입니다.

빌 1:28 "무슨 일에든지 대적하는 자들 때문에 두려워하지 아니하는 이 일을 듣고자 함이라 이것이 그들에게는 멸망의 증거요 너희에게는 구원의 증거니 이는 하나님께로부터 난 것이라"

바울 사도는 빌립보 교인들에게 하나님의 일을 대적하는 자들 때문에 두려워하지 말라고 했습니다. 왜냐하면 이것은 하나님으로부터 나온 것이기 때문입니다. 우리에게는 이런 일이 있어야 하는 것입니다. 우리가 믿지 않는 사람들이 보기에는 무모할 정도로 하나님의 말씀을 붙들고 살아가기 때문에 무지무지하게 욕을 얻어먹고 비웃음을 당하는 일이 있어야 제대로 믿는 것입니다. 사도 바울은 그래야 참으로 하나님을 믿는 자들과 그렇지 않는 자들 사이에 구분이 생긴다고 했습니다.

그러면 우리는 무조건 내 야망이나 욕심 때문에 현실을 무시하고 무모하게 일을 벌이는 것을 믿음이라고 할 수 있을까요? 그것은 믿음이 아니고 욕심입니다. 모세의 길은 하나님의 말씀을 붙들고 따라갈 때 나의 야망과 상관없이 이런 절망적인 지경에 빠지게 되는 것을 의미합니다.

모세의 이런 어려움을 모세 자신은 해결할 수 없었습니다. 모세는 하나님의 말씀에 순종했을 뿐이고 이런 절망적인 상황으로 이끄신 분은 하나님이시기 때문입니다. 이런 다툼의 경우에 사람은 아무도 그 진위(眞僞)를 분별해주지 못합니다. 왜냐하면 이것은 하나님께 속한 분쟁이기 때문입니다. 공격당하는 쪽이 자신의 진실함을 하나님의 이름으로 호소하고 있기 때문에 이것은 하나님께 속한 것입니다.

나에게 신앙적인 박해가 오고 내가 바른 신앙을 가지고 살려고 함에도 불구하고 대적하는 일들이 있을 때 이것을 인간적으로 방어하려고 하는 것은 실패하는 방법입니다. 이것은 하나님의 이름이 걸려있는 싸움이기 때문에 하나님께서 해결해 주시도록 호소해야 옳습니다. 모세처럼 하나님께 나아가서 자기가 겪고 있는 어려움과 자기 마음에 상처받은 것을 모두 다 그대로 호소하는 길밖에 없습니다.

3. 위대한 해결

하나님께 대한 패역은 죽음입니다. 이스라엘 백성이 끝까지 하나님의 인도하심을 불신하고 모세를 핍박한 결과는 저주와 죽음밖에 없습니다.

하나님께서는 드디어 모세와 이스라엘 백성 사이를 판단하기 시작하셨습니다.

5절, "여호와께서 모세에게 이르시되 백성 앞을 지나서 이스라엘 장로들을 데리고 나일 강을 치던 네 지팡이를 손에 잡고 가라"

참으로 의미심장한 순간입니다. 하나님께서는 모세로 하여금 이스라엘 백성 앞을 지나가라고 명하십니다. 그의 손에는 애굽에 재앙을 내리던 그 지팡이가 들려 있습니다. 이스라엘 장로들을 이끌고 가라고 하십니다. 이제 하나님께서는 모세와 이스라엘 백성 사이를 판단하실 것입니다. 하나님께서 나일강을 피로 변하게 하던 그 지팡이로 이스라엘 백성에 대하여 무엇인가를 선고하실 것입니다. 그러나 놀라운 일이 일어났습니다. 하나님께서는 그 지팡이로 이스라엘 백성을 향하여 내리치는 것이 아니라 한 바위를 치게 하셨습니다.

6절, "내가 호렙 산에 있는 그 반석 위 거기서 네 앞에 서리니 너는 그 반석을 치라 그것에서 물이 나오리니 백성이 마시리라 모세가 이스라엘 장로들의 목전에서 그대로 행하니라"

하나님께서는 죽을 수밖에 없는 이스라엘 백성을 치는 대신에 한 바위를 치게 하셨습니다. 그리고 이 바위에서 모두를 살리는 생수가 터져 나왔습니다. 그 물로 모든 이스라엘 백성과 그 가축들이 살 수 있었습니다.

고린도전서 10장 4절에서 사도 바울은 이 반석이 그리스도라고 말하고 있습니다. "다 같은 신령한 음료를 마셨으니 이는 그들을 따르는 신령한 반석으로부터 마셨으매 그 반석은 곧 그리스도시라"

하나님께서는 불신앙으로 저주받을 수밖에 없는 이스라엘 백성 대신에 한 바위를 저주하심으로 이들에게 저주를 돌리지 않고 대신 그 바위에서 물이 솟아남으로 모두 다 살게 하셨습니다. 이스라엘 백성이 하나님의 인도를 거부하고 끝까지 고집을 부리면 하나님께서 진노하실 수밖에 없었습니다. 그러나 하나님은 그들을 저주하는 대신에 오히려 그들을 구원하는 놀라운 진리를 준비해 두셨습니다. 그것은 그리스도께서 저주를 받으심으로 그로부터 성령이 나와서 우리를 살리는 것입니다. 그리스도의 십자가는 하나님 진노의 심판이었습니다. 그러나 거기서 생수의 강이 나와서 우리의 모든 죄를 깨끗케 하시고 우리를 영원히 살게 하십니다.

이것이 하나님의 법입니다. 하나님께서는 죄인들에게 죄를 돌리시지 않고 그것을 그리스도에게 전가시키셨습니다. 대신 하나님께서는 그들에게 성령을 선물로 주셨습니다. 얼마나 놀라운 은혜 중의 은혜입니까?

우리도 하나님의 법정에서 저주받을 죄인들입니다. 그러나 하나님은 우리를 치시는 대신에 그리스도를 치셨습니다. 우리로 하여금 그리스도께서 주신 성령으로 살게 하셨습니다. 성령님은 우리를 모든 죄로부터 자유케 하십니다. 이것이 하나님이 우리에게 주신 가장 큰 선물입니다.

우리는 하나님께서 거듭 거듭 기도에 응답하시고 사랑을 보여주심에도 불구하고 근본적으로 하나님의 인도를 불신하고 있지 않습니까? 이것보다 더 불행한 일이 없습니다. 광야를 걸어가면서도 그분을 신뢰하십시오. 내 생각에 이대로 가면 죽을 것이 분명하다는 판단이 든다고 해도 지금까지 하나님께서 보여주신 그 인자와 신실하심을 믿어야 합니다. 이스라엘 백성은 하나님께서 주신 은혜를 간수하지 않았기 때문에 비슷한 상황이 오면 계속 넘어지고 계속 자기들의 불신앙을 나타냈습니다. 하나님께서 작은 은혜를 베푸시면 그것으로 하나님께 큰 영광을 돌리고 계속 하나님께 나아가는 신앙이 되시기 바랍니다.

때로는 우리가 생각한 것처럼 빨리 심판하시지 않고 계속 죄인들에게 은혜를 주신다고 실망하지 마십시오. 지금은 은혜의 때이기 때문에 즉각적으로 심판하시지 않고 계속 십자가만을 나타내실 것입니다. 그러나 언젠가는 이 은혜의 때가 끝날 때가 있을 것입니다.

우리는 하나님의 엄청난 긍휼과 오래 참으심에 감사드립시다. 우리는 어려움이 생길 때마다 또 놀라운 진리로 우리를 가르치시는 하나님을 바라보고 그분을 온전히 신뢰하도록 합시다.

29 막다른 골목

이길 수 없는 싸움

삼상 17:45

다윗이 블레셋 사람에게 이르되 너는 칼과 창과 단창으로 내게 나아 오거니와 나는 만군의 여호와의 이름 곧 네가 모욕하는 이스라엘 군대의 하나님의 이름으로 네게 나아가노라

한 심리학자가 쓴 《죽음의 수용소에서》라는 책을 읽은 적이 있습니다. 이 분은 정신과 의사였는데, 유대인이라는 죄로 아우슈비츠에 잡혀가서 죽음의 고통을 수년 동안 받게 됩니다. 거기서는 독일 경비병의 마음에 들지 않으면 주먹이나 총 개머리판으로 두들겨 맞거나 총살당하고, 조금만 마음에 들지 않으면 가스실에 들어가야 했습니다. 그런데 독일 경비병보다 더 무서운 사람은 같은 유대인 반장이라고 했습니다. 이들은 같은 유대인이면서도 자신이 완장 하나 둘렀다고 같은 유대인을 두들겨 패고 못살게 굴었습니다. 그런데 이 사람은 여러 번 죽음의 고비를 넘으면서 마음의 평화를 얻게 되었습니다. 그것은 폭력보다 더 강한 것을 발견했기 때문입니다. 이것이 바로 자기가 이 세상에 사는 이유였습니다. 어떤 사람은 가스실에 들어가면서도 비겁하게 벌벌 떨면서 들어가지만, 기도하면서 당당하게 들어가는 사람도 있었습니다. 이 사람은 아우슈비츠에 와서 옷과 모든 것을 다 빼앗기고 알몸으로 자기 앞에 죽은 유대인의 옷을 입게 됩니다. 그는 그 옷을 입다가 무엇인가 주머니 안에 들은 것이 있는 것 같아서 바느질한 곳을 뜯어보니까 "마음과 뜻과 생명을 다하여 네 하나님 여호와를 사랑하라"는 신명기 말씀이 적힌 종잇조각이었습니다. 그에게는 이 말씀이 백만 대군보다 더 힘이 있었다고 고백합니다. 그는 결국 아우슈비츠 감옥에서 살아 나와서 심리학자로 여러 책을 썼습니다.

만약 우리가 아무 힘도 없고 나이도 어린데 조직 폭력배와 싸우게 되었다면 우리는 도저히 이길 수 없을 것입니다. 만약 우리나라가 북한 같은 나라와 전쟁하게 된다면 많은 사람은 두려움에 빠질 것입니다. 그러나 아무 힘이 없지만 거대한 적과 끝까지 싸워서 이기는 사람들이 있습니다. 이들의 정신력은 대단한 것입니다.

우리 하나님의 백성은 어려움이 와도 두려워하지 않고 하나님께로 피합니다. 우리가 하나님께 피한다는 것은 끝까지 하나님의 말씀을 믿는 것입니다. 그 하나님의 말씀 안에 악한 자를 이기고 어려움을 이길 수 있는 열쇠가 있습니다. 우리는 그 열쇠를 찾아서 돌리면 되는 것입니다.

가끔 미국 같은 곳에서 술집이나 학교에 정신이 이상한 사람들이 권총이나 기관총 같은 것을 잔뜩 들고 와서 무차별로 사람들을 쏘아 죽인 기사나 뉴스를 볼 수 있습니다. 그래서 많은 사람이 아무 이유도 없이 총에 맞아 죽게 됩니다. 그럴 때 사람들은 "그 사람은 잘못된 시간에 잘못된 장소에 있었다"(Wrong Time, Wrong Place)고 말합니다. 우리말로 번역하자면 '운이 나빴다'는 뜻입니다.

우리는 때때로 내 힘으로는 절대 감당할 수 없는 어려움을 만날 때가 있습니다. 그것이 공부의 문제일 수도 있고, 직장의 문제나 사업의 문제나 전쟁의 문제일 수도 있습니다. 그런데 우리가 하나님을 믿는다고 해서 나를 괴롭히는 상대를 때려눕히거나 전쟁을 막을 수 있을까요? 하나님을 믿는 믿음 하나만으로 우리의 미래를 헤쳐 나갈 수 있을까요?

한번은 아주 관심 있는 이야기를 듣게 되었습니다. 그것은 '알리바바' 라는 쇼핑몰로 성공한 아시아 최고 부자 '마윈' 의 이야기입니다. 그는 어려서부터 항상 실패만 했다고 했습니다. 그는 초등학교 1학년 과정을 3년 다녔고, 2학년 과정도, 3학년 과정도 몇 년을 다닐 정도로 낙제생이었습니다. 그는 학교를 졸업한 후 커피숍에 취직하려고 지원했는데 15명의 지원자 중에서 자기 혼자 떨어졌다고 합니다. 또 경찰이 되려고 지원했는데 5명의 지원자 중에 자기 혼자 떨어졌다고 합니다. 그는 하버드 대학에 10번을 지원했지만 전부 다 떨어졌다고 했습니다. 그는 잘 생기지도 못했고 대단한 능력도 없는 열등생이었습니다. 그러나 그에게는 끈질김이 있었던 것 같습니다. 아무리 떨어져도 또 도전하는 낙관적인 마음이 있었습니다. 결국 그는 '알리바바' 라는 쇼핑몰로 중국 최대의 기업가로 성공하게 되었습니다.

오늘 우리에게 중요한 것은 무엇입니까? 우리가 하나님을 믿는 믿음 하나로 이 어려운 현실 가운데서 전쟁을 막고 내 힘으로 도저히 극복할 수 없는 어려움을 이겨내고 성공할 수 있느냐는 것입니다. 즉 우리에게 과연 하나님은 어떤 존재이며 하나님의 이름은 어떤 힘을 가지고 있느냐 하는 것입니다.

이스라엘 백성은 막강한 힘을 가진 블레셋 군대와 싸우게 되었습니다. 거기에다가 블레셋 군대는 아직 남아있는 거인족을 내세워서 이스라엘을 위협했습니다. 그 거인 골리앗은 무려 40일 동안 매일 전쟁터 앞에 나와서 이스라엘 백성에게 "너희들이 나를 죽이지 못하면 모두 항복해야 하고 종이 되어야 한다" 고 위협했습니다. 이스라엘 백성 중에서 이 거인에게 반박할 수 있는 사람은 아무도 없었습니다. 그런데 마침 그때 다윗이 아버지의 심부름으로 형들에게 먹을 것을 가지고 그 전쟁터에 오게 되었습니다. 다윗은 이상하게도 골리앗이 하나도 무섭지 않았습니다. 그리고 다윗은 주위 사람들에게 자기는 골리앗과 싸워서 이길 수 있다고 장담했습니다. 그래서 드디어 다윗은 사울 왕을 만나게 되었고, 결국 골리앗과 싸우게 되었습니다. 객관적인 눈으로 볼 때 다윗은 절대로 골리앗과 싸워서 이길 상대가 되지 못했습니다. 골리앗은 마치 거인 로봇과 같았습니다. 그의 온몸은 놋으로 만든 투구와 갑옷으로 에워싸서 빈틈이 없었고, 단창과 긴 창과 칼과 방패로 무장하고 있었습니다. 그러나 다윗은 투구도 없었고 갑옷도 없었고 칼과 창도 없었습니다. 다윗은 골리앗을 향해 "오직 여호와의 이름으로 나아간다"고 소리를 질렀습니다.

1. 만군의 여호와의 이름

이스라엘 사람 중에 아무도 감히 거인 골리앗과 싸워서 상대할 수 있는 사람이 없는데, 시골에서 갓 올라온 소년 다윗이 겁도 없이 자기가 골리앗을 상대해서 싸울 수 있다고 하니까 큰형은 다윗을 야단치고, 다른 사람들도 귀담아들으려고 하지 않았습니다. 그러나 다윗이 자꾸 현상금에 관심을 보이고 진짜 골리앗과 싸워 이길 수 있다고 하니까 이 말이 곧 사울 왕의 귀에까지 들어가게 되었습니다. 왕은 다윗을 기특하게 생각해서 부하들에게 한번 데리고 오라고 했습니다. 그러나 다윗을 본 사울은 실망하고 말았습니다. 그는 전혀 골리앗의 적수가 되지 못했기 때문입니다. 그런데 이때 다윗의 자세는 달랐습니다. 다윗은 오히려 사울 왕을 위로하는 말을 했습니다.

삼상 17:32, "다윗이 사울에게 말하되 그로 말미암아 사람이 낙담하지 말 것이라 주의 종이 가서 저 블레셋 사람과 싸우리이다 하니"

정치를 해보면 모든 사람이 알게 되지만 보통은 할 수 있는 대로 위에 있는 사람의 눈치만 보든지 아니면 부정적인 이야기만 할 때가 많습니다. 그들은 "이것은 이것 때문에 안 되고, 저것은 저것 때문에 안 된다"고 하면서 모두 부정적인 이야기만 하고 책임을 지려고 하는 사람은 없을 때가 많습니다. 사람들은 왕이 얼마나 긴장하고 낙심하며 마음이 상해 있는지 모를 때가 많은 것입니다. 그래서 부하들은 자꾸 왕에게 무엇을 해 달라고만 하지, 왕이 정작 위로가 필요하다는 것은 깨닫지 못합니다.

그러나 다윗은 사울 왕을 만났을 때 이미 접근하는 자세가 달랐습니다. 다윗은 사울 왕이 저 거인을 상대로 해서 무려 40일 동안 얼마나 많이 정신적으로 고통을 받았고 시달렸는지 알 수 있었습니다. 그래서 다윗이 사울에게 가장 먼저 말한 것은 위로의 말이었습니다. "'왕'은 저 거인을 보고 이제는 낙심하지 마시라"고 했습니다. 왜냐하면 "이 다윗이 나가서 저 거인과 싸워서 왕의 모든 걱정을 다 씻어 버릴 테니까 왕은 아무것도 걱정하지 마시라"고 했습니다. 차가 고장나서 잘 나가지 않거나 이상한 소리를 낼 때 전문적인 기술이 있는 사람과 아무 것도 모르는 사람의 대하는 태도가 벌써 다릅니다. 아무 것도 모르는 사람은 이것도 만져보고 저것도 만져보고 하면서 큰 일이 났다고 하며 결국은 엉뚱한 부속을 갈아 끼울 때가 있습니다. 그래서 그러나 아주 실력이 뛰어난 기술자는 이것 때문에 그렇다고 하면서 아주 간단하게 수리를 하고 수리 비용도 얼마 들지 않을 때가 많은 것입니다.

그래서 우리 몸이나 자동차나 나라 일도 마찬가지입니다. 어떤 어려움이 생겼을 때는 그 일에 전문적인 지식이나 기술을 가진 사람을 찾거나 상담하는 것이 중요합니다. 우리 교회에는 교회 인테리어 문제에 천부적인 재능을 가진 분이 계십니다. 여자분이신데 그분과 의논하여 맡기면 모든 것을 우리 상상을 뛰어넘는 최고의 수준으로 만들어놓습니다. 이것은 목회도 마찬가지입니다. 목회에 있어서 진정으로 부흥의 노하우를 모르는 사람은 이런 프로그램을 도입하고, 안 되면 다른 프로그램을 도입하고, 교인들을 훈련한다고 해서 돈은 돈대로 들고 많은 고생을 시킵니다. 그러나 전문적인 지식을 가지고 있는 사람은 교인들을 고생시킬 필요 없이 말씀 하나만 가지고 모든 교인이 행복해지고 부흥이 일어나게 만드는 것입니다.

이것은 우리나라 핵 문제나 환경 문제도 마찬가지입니다. 아주 정통한 지식을 가진 사람에게 맡기면 얼마든지 핵무기를 개발할 수도 있고 강에 있는 수질이 나빠지지 않게 할 수도 있는데, 전문가가 아닌 사람들이 떠들어대면 시끄럽기만 하고 해결은 하나도 안 된 상태에서 엉망이 되는 것입니다. 하나님의 백성은 다른 사람들을 위로할 수 있어야 합니다. 우리가 다른 사람들의 장점을 보면 얼마든지 위로하거나 용기를 줄 수 있습니다.

하여튼 다윗은 정말 하나님의 이름을 자신의 능력으로 생각하고 있었다는 사실입니다. 다윗이 골리앗과 싸우게 되었을 때 골리앗은 그야말로 완전 무장이었고 빈틈이 없었습니다. 그의 투구는 놋으로 만든 투구여서 활로나 창으로 찔러도 구멍이 나지 않는 것이었고 갑옷도 모두 놋 비늘로 되어 있어서 빈틈이 없었습니다. 다리마저도 놋으로 된 각반을 차고 있어서 거기를 공격해도 소용이 없었습니다.

골리앗은 쩌렁쩌렁 울리는 소리로 다윗을 보고 업신여기는 말을 했습니다. "네가 나를 개로 여기고 막대기를 가지고 내게 나아왔느냐?" 하고 그의 신의 이름으로 다윗을 저주하고 또 다윗에게 "이리로 오라. 내가 네 살을 공중의 새들과 들짐승들에게 주리라"고 했습니다. 골리앗은 단창과 창의 명수였습니다. 던지기만 하면 상대방은 백발백중으로 창에 찔려 죽었습니다. 그가 창과 칼을 휘두르면 어떤 장수도 튕겨 나가지 않을 수 없었습니다. 그러나 다윗은 지팡이 하나만 가지고 있었습니다. 그는 갑옷도 없었고 투구도 없었고 창이나 단창이나 칼도 없었습니다. 단지 주머니 안에 물매와 물맷돌이 있었을 뿐입니다. 골리앗이 골짜기가 울릴 정도로 큰 소리를 지르는데, 이에 맞서는 다윗은 조금도 기가 죽지 않고 오히려 그를 향해 소리를 질렀습니다.

"너는 칼과 창과 단창으로 내게 나아 오거니와 나는 만군의 여호와의 이름 곧 네가 모욕하는 이스라엘 군대의 하나님의 이름으로 네게 나아가노라"

이때 다윗이 소리를 지른 것이 중요합니다. 하나님의 백성이 승리할 때 그들은 모두 기가 죽지 않고 자신의 믿음을 선포했습니다. 다윗은 골리앗에게 "네가 모욕하는 이스라엘 군대의 하나님의 이름으로 네게 나아간다" 고 했습니다. 소리를 지르지 못하는 백성은 이미 기가 죽은 것입니다. 하나님의 백성이 소리를 지를 때 하나님의 능력이 나타나게 됩니다.

골리앗은 다윗을 보고 무슨 생각을 했겠습니까? 그는 이미 싸움은 끝이 났다고 생각했습니다. 이스라엘은 어디 사람이 없어서 아이를 내보내었는데 그는 갑옷도 없고 투구도 없고 창이나 칼도 없었습니다. 그냥 지팡이만 하나 들고 나온 것입니다. 골리앗이 창으로 한 번만 내려치면 지팡이는 두 동강이 날 것이고 그리고는 이 아이의 머리를 쪼개어버릴 것으로 생각했습니다. 그러나 다윗은 만군의 하나님 여호와의 이름으로 싸우러 나갔습니다. 만일 하나님의 이름이 아무런 능력을 나타내지 않으면 어떻게 되는 것입니까? 다윗은 그 자리에서 이 무지막지한 사람에게 두 동강이 나고 말 것입니다.

이때 우리는 영의 눈이 열려야 합니다. 우리 영의 눈이 열리면 골리앗보다 수십 배나 크신 분이 골리앗을 내리치려고 주먹을 쥐고 계신 것을 보게 될 것입니다. 즉 엄청나게 크신 분이 우리와 함께 있는 것입니다. 골리앗은 이미 자신의 정체를 이야기했습니다. 골리앗은 다윗에게 "네가 나를 개로 알고 지팡이를 들고 나왔느냐?" 고 했습니다. 사실 다윗은 골리앗을 개로 알고 싸우려고 했는데 자기가 자기 입으로 "내가 개냐?"고 말하고 있는 것입니다. 이처럼 악한 사람들은 자신의 정체성을 자기 입으로 말할 때가 많습니다.

다윗은 또 골리앗을 향해 소리를 질렀습니다.

47절, "또 여호와의 구원하심이 칼과 창에 있지 아니함을 이 무리에게 알게 하리라 전쟁은 여호와께 속한 것인즉 그가 너희를 우리 손에 넘기시리라"

우리 생각으로는 전쟁은 무기와 군인들의 수에 달린 것 같습니다. 이것은 어느 정도 틀림없습니다. 그런데 하나님의 백성에게는 전쟁이 다릅니다. 그것은 오직 영의 힘에 달린 것입니다. 그래서 하나님이 힘을 주시면 아무리 강한 군대도 밀릴 수밖에 없는 것입니다.

그래서 하나님께서는 이스라엘 백성에게 마병이나 군사들의 수를 의지하지 말라고 하셨습니다. 실제로 전쟁하는데 마병의 수는 아주 중요한 것이었습니다. 그러나 하나님은 또 다른 능력이 있다고 말씀하셨습니다. 그것은 바로 하나님의 능력입니다.

2. 다윗의 전쟁준비

다윗은 전쟁하기 전에 먼저 전쟁 준비를 해야만 했습니다. 이때 사울 왕은 어떻게 해서든지 다윗에게 도움되게 하기 위해서 자기가 쓰는 투구를 씌우고 자기 갑옷을 입히고 자기 칼을 매게 했습니다. 그런데 다윗은 작은 아이여서 사울의 투구나 갑옷이나 칼이 전혀 맞지 않았습니다.

다윗은 맹수들과 싸우면서 맹수의 앞발이 얼마나 무서운지 잘 알고 있었습니다. 맹수들의 앞발에 한 번 걸리거나 찍히면 살이 다 찢어지게 되는 것입니다. 골리앗도 맹수이기 때문에 골리앗의 앞발은 그의 창이나 단창이었습니다. 이것을 피할 수 있는 길은 재빠른 행동밖에 없었습니다. 다윗이 가장 믿을 수 있는 무기는 지팡이지만 골리앗에게는 통하지 않을 것입니다. 그는 지팡이보다 훨씬 강한 창과 단창을 가지고 있었기 때문입니다. 다윗은 왕의 옷을 다 벗어버리고 평소의 자신의 모습으로 돌아왔습니다. 그리고 냇가로 가서 물맷돌 다섯 개를 골랐습니다. 지팡이가 도움되지 않는다면 이제는 물맷돌을 쓸 수밖에 없기 때문입니다.

다윗이 물맷돌을 고르면서 그가 한 일이 무엇이겠습니까? 그것은 바로 기도였습니다. 아마 이렇게 기도했을 것입니다. "하나님, 저는 하나님의 이름을 걸고 싸우겠습니다. 하나님이 살아계심을 나타내기를 원합니다. 제 목숨 하나 죽는 것은 상관없습니다. 단지 하나님의 이름이 욕되지 않게 해주시기 바랍니다. 저 짐승 같은 거인을 이길 수 있는 힘과 용기를 주시기 바랍니다."

다윗의 무기는 아무도 모르는 기도였습니다. 그리고 그가 기도한 힘으로 골리앗에게 소리쳤을 때 골리앗은 잠시 놀랐을 것입니다. 소년치고는 너무나도 담대했기 때문입니다. 골리앗은 약간 정신이 흐릿해진 것 같았습니다.

3. 틀림없으신 하나님

다윗은 거기에 서 있을 수만은 없었습니다. 다윗은 빨리 움직여야 골리앗의 발톱에 걸려들지 않을 것입니다. 골리앗은 이미 중무장하고 있었기 때문에 무거워서 천천히 다윗을 향해서 오고 있었습니다. 그런데 다윗은 골리앗을 향해서 아주 빨리 달렸습니다. 빨리 달리는 목표물은 단창이나 긴 창을 던져도 맞추기가 쉽지 않습니다. 아무리 골리앗이 싸움에 능한 사람이라 하더라도 빨리 달리는 대상은 맞추기가 쉽지 않았습니다. 아마 골리앗은 다윗을 창으로 맞추려고 자꾸 겨냥했던 것 같습니다. 그때 다윗은 달리면서 주머니에서 물맷돌을 꺼내어서 달리면서 물맷돌을 던졌습니다.

> 48-49절, "블레셋 사람이 일어나 다윗에게로 마주 가까이 올 때에 다윗이 블레셋 사람을 향하여 빨리 달리며 손을 주머니에 넣어 돌을 가지고 물매로 던져 블레셋 사람의 이마를 치매 돌이 그의 이마에 박히니 땅에 엎드러지니라"

보통 사람이 이마에 돌을 맞으면 피를 흘리며 쓰러질 것입니다. 사실 골리앗은 빈틈이 없었습니다. 그러나 그의 이마는 비어 있었습니다. 다윗은 달려가면서 물맷돌을 던졌기 때문에 정지 동작이 없었습니다. 다윗은 이번 전쟁에 죽을 각오를 하고 나왔기 때문에 돌을 던지면서 "여호와의 이름으로 맞으라!" 고 하면서 온 힘을 다해서 던졌을 것입니다. 그런데 이 작은 돌에 엄청난 힘이 있었습니다. 그 돌이 미사일처럼 골리앗의 이마 해골을 깨고 이마에 박혀 버린 것이었습니다. 골리앗이 '악!' 하는 소리를 내면서 쓰러지니까 그 옆에 방패든 부하들이 도망치기 시작했습니다. 다윗은 멈추지 않고 계속 달려가서 쓰러진 골리앗을 자기 발로 밟았습니다. 우리는 악한 사탄의 머리를 발로 밟아야 이기는 것입니다. 다윗은 칼이 없었기 때문에 골리앗의 칼을 빼서 그 머리를 잘랐습니다. 이런 용기는 소년의 담력으로는 상상할 수 없는 것이었습니다.

그리고 다윗은 골리앗의 머리를 들고 소리를 질렀습니다. 그것은 '나는 하나님의 능력으로 이겼다!' 는 것입니다. 이 모습을 본 블레셋 사람들은 떨리기 시작했습니다. 저런 조그만 소년이 거인을 이겼다면 이스라엘은 얼마나 강한 족속입니까? 더욱이 그날은 하나님이 일하시는 날이었습니다. 블레셋 사람들은 전부 살려고 도망치기 시작했습니다. 그러니까 이스라엘 백성은 전부 용기를 내어서 블레셋 군대를 추격했습니다. 그날 길에는 블레셋 사람들의 죽은 시체로 덮여 있었습니다. 역시 만군의 여호와의 이름은 살아 있었습니다. 하나님의 이름은 수천 발의 대포보다 더 위력이 있었습니다.

오늘 우리에게 중요한 것은 과연 오늘 우리에게도 하나님의 이름이 이런 능력이 되고 있느냐는 것입니다. 우리나라가 지금까지 망하지 않은 것은 하나님의 능력이 함께 하시기 때문입니다. 하나님은 우리에게 말을 많이 사지 말라고 하셨습니다. 군대의 수도 중요하지 않다고 하셨습니다.

오늘 우리에게 하나님이 영의 눈을 열어주셔서 엄청나게 크신 하나님을 볼 수 있기를 바랍니다. 앞으로도 우리는 기도하면서 하나님의 능력을 구해야겠습니다. 우리는 끝까지 부흥을 구하고 끝까지 기도해서 승리해야겠습니다.

30 막다른 골목

두려워하지 말라

막 5:36

예수께서 그 하는 말을 곁에서 들으시고 회당장에게 이르시되 두려워하지 말고 믿기만 하라 하시고

요즘 우리는 '내공' 이라는 말을 가끔 씁니다. 보통 '내공' 이라는 말은 중국무협소설에서 무술이나 도가 경지에 이른 사람이 다른 적들이 갑자기 공격해도 놀라거나 겁을 먹지 않고 당당하게 막아낼 때 사용합니다. 어떤 분은 이것을 '기' 라고 말하기도 합니다. 사람이 너무 힘든 일을 오래 겪어서 진이 다 빠져버리면 '기' 가 없어지게 됩니다. 이렇게 기가 빠진 분은 하던 일을 쉬어야 하고 오랫동안 요양을 받아야 합니다.

가끔 국회 청문회에서 의원들이 공무원이나 증인들을 불러서 심문할 때 거의 수치스러울 정도를 넘어서 사람을 죽일 듯이 공격하는 모습을 볼 때가 있습니다. 그러면 질문당하는 사람들은 심한 충격을 받기도 하고 어떤 때는 고스란히 그 욕을 먹고 자기가 임명받은 직책을 포기하기도 합니다. 특히 검찰 수사를 받으면서 너무 수치스럽고 모욕적인 일을 당하면 조사받고 나온 후에 목을 매거나 혹은 건물에서 떨어져 자살하는 사람도 있습니다. 그러나 어떤 사람들은 상대방이 어떤 공격을 해도 논리적으로 잘 대답하거나 오히려 상대방의 입을 다물게 하는 사람들이 있습니다. 우리는 그런 사람들을 보고 "저 사람은 내공이 대단하다"라는 말을 하기도 합니다.

지금 우리 시대를 살아가는 사람들은 너무 걱정거리가 많습니다. 특히 미래에 좋지 않은 일이 일어나지 않을까 하는 걱정입니다. 예를 들어서 '혹시 내 몸에 암이 생기지 않을까? 나나 배우자에게 중풍이나 치매가 오지는 않을까? 우리나라에 전쟁이 터지지는 않을까?' 하는 걱정들입니다. 일본 사람들은 늘 지진에 대한 공포와 두려움을 가지고 살아갑니다. 그래서 막상 일본 사람들은 지진이 일어났을 때도 두려워하지 않고 비상 매뉴얼대로 대피하는 모습을 볼 수 있습니다. 일본 사람들은 매뉴얼을 믿기 때문에 어느 정도 덜 두려워하는 것입니다.

우리나라의 한 시각장애인 청소년이 있었습니다. 이 청소년은 학교 운동장에서 집으로 오려고 운동장을 지나가는데 갑자기 어디서 축구공이 세게 날아와서 눈을 때리게 됩니다. 이 청소년 때 받은 충격으로 두 눈이 실명되었습니다. 이 청소년의 아버지는 아들의 눈을 낫게 하려고 수많은 병원을 찾아다녔지만 아들의 눈은 고쳐지지 않았습니다. 그리고 아버지는 화병을 얻어서 돌아가시고 어머니도 돌아가셨습니다. 그에게는 누나가 있고 동생이 둘 있었는데, 누나는 혼자서 동생을 먹여 살리고 공부시키느라고 공장에서 너무 일을 많이 하는 바람에 과로로 쓰러져 죽고 말았습니다. 그리고 동생들은 다른 보육원으로 흩어지게 되었습니다. 누군가가 잘못 찬 축구공이 한 가정을 박살내고 만 것입니다.

하지만 이 청소년은 낙망하지 않았습니다. 눈은 보이지 않지만 열심히 공부해서 대학에 들어가려고 했는데, 맹인은 어느 대학에서도 시험 칠 자격조차 주지 않았습니다. 그래도 그는 연대 총장을 직접 찾아가서 시험 칠 자격이라도 달라고 졸라서 마침내 시험을 치게 되었습니다. 결국 그는 시험에 합격하고 연대를 우수한 성적으로 졸업한 후에는 미국에 유학도 가게 되었습니다. 또 이 맹인의 도우미를 하던 여대생이 너무 착한 분이었는데, 끝까지 낙심하지 않고 인내하는 모습을 보고 이 청년을 사랑해서 결혼하게 되었습니다. 그는 미국에서 직장을 구한 후 보육원에 흩어져 있는 동생들을 미국으로 다 데리고 왔습니다. 그리고 그는 얼마나 성실하고 탁월했는지 미 대통령의 장애인 담당 비서가 되었습니다. 그분은 그때까지 한국 사람이 올라갈 수 있는 가장 높은 자리에 올라갔다고 합니다. 그분이 낙심했을 때는 한 사람의 장애인에 불과했지만, 끝까지 인내하고 노력했을 때 전 세계의 수천만 명 장애인들의 희망이 되었고 그들을 도울 수 있는 미국 대통령의 비서가 되었던 것입니다. 그런데 그 후에 어느 날 자기가 암에 걸린 사실을 알게 되었습니다. 그는 자기와 가까운 분들에게 "그동안 사랑해주셔서 너무 감사한 것밖에 없다"고 하는 감사의 이메일을 보냈습니다. 그리고 자기 아내에게는 "말할 수 없이 감사하다"고 하면서 고백했습니다. 그가 쓴 책을 읽어 보았는데 그 책 제목은《내 눈에는 희망만 보였다》였습니다. 왜 그에게 좋은 일만 있었겠습니까? 그는 맹인이 되었고 그것 때문에 부모님이 다 돌아가셨고 누나도 돌아가고 동생들도 보육원으로 가게 되었는데, 이 얼마나 불행한 일입니까? 그러나 그가 끝까지 인내했을 때 하나님이 요셉을 축복하셨듯이 이분도 축복하셔서 감사한 일만 넘치게 하셨던 것입니다.

마가복음 5장에 보면 이 세상에서 가장 불행한 세 사람이 나옵니다. 한 사람은 도저히 사람이라고 볼 수 없는 미친 사람이고, 다른 한 사람은 오랫동안 하혈로 극심한 빈혈과 노화로 고생하던 여인이고, 다른 한 사람은 요즘 코로나 같은 병에 걸려서 막 죽은 열두 살 아이의 아버지였습니다. 우리는 이 세 사람의 불행을 하나도 막거나 고칠 수 없습니다. 우리는 귀신 들려서 소리소리 지르고 사람을 공격해서 때리고 부수고 물어뜯는 미친 사람을 고칠 수 없습니다. 그리고 우리는 오랫동안 하혈을 하면서 비쩍 말라버리고 힘이 하나도 없는 혈루병 여인의 병을 고칠 수 없습니다. 더욱이 우리는 코로나 같은 병에 걸려서 고열로 금방 죽어버린 소녀를 살려낼 수 없습니다. 그러나 예수님께서는 이 세 사람을 다 고쳐주셨을 뿐 아니라 새로운 인생을 살게 하셨습니다.

1. 예수님이 없는 세상

빛이 없는 세상은 어둠밖에 없습니다. 마찬가지로 예수님이 없는 세상은 희망이 없습니다. 빛이 없는 세상 사람들은 우리 속에 갇혀서 도살당하기만 기다리고 있는 소나 돼지와 같습니다. 도살장에 가보면 우리 안에 소나 돼지들이 가득 들어있는데 재수가 없으면 먼저 뽑혀서 죽게 되는 것입니다. 오래전에 한 시골에 가게 되었습니다. 그때가 복날이 되어서 개장수가 그 동네에 왔습니다. 그랬더니 온 동네 개들이 다 짖었습니다. '지금 복날이다. 개장수가 왔으니까 팔려가지 않도록 조심하라' 는 뜻이었습니다. 그때 어떤 개가 개장수에 팔려서 밧줄에 묶여 끌려가고 있었는데 끌려가지 않으려고 발톱으로 땅을 긁고 있었습니다. 그런데 개장수는 여유만만하게 개 줄을 잡고 가고 있었는데 저는 그 개주인이 아주 야속했습니다. 그동안 그 개가 농장도 잘 지켜주었고 아침마다 머리를 쓰다듬어주더니 복날이 되니까 인정사정없이 개장수에게 팔아버린 것입니다.

예수님이 안 계신 곳에는 귀신들이 있었고 병이 있었고 죽음이 있었습니다. 우리는 여기서 세 종류의 사람을 보게 됩니다. 한 사람은 살 가치가 없는 사람이고, 또 한 사람은 살려고 몸부림치는데 고쳐지지 않는 심각한 병이 있는 사람이고, 또 다른 사람은 갑자기 병에 걸려서 이미 죽은 여자 아이였습니다. 우리는 이 사람들을 다 도울 수 없습니다. 왜냐하면 이들의 병이나 상태는 모두 우리 수준을 넘는 것이기 때문입니다.

첫 번째 사람은, 예수님이 갈릴리 호수 건너 이방인의 땅으로 가셨는데, 그곳에 있던 귀신 들려 미친 사람입니다. 이 사람은 소리소리 지르고 사람도 공격해서 물어뜯기도 하고 때리기도 하고 자기 몸도 돌로 쳐서 피가 나게 하고 멍투성이를 만들었습니다. 옛날에는 이런 미친 사람들이 많았는데 지금은 사탄이 전략을 바꾸어서 우울증이나 공황장애 같은 것으로 많은 사람을 고통받게 하고 자살까지 하게 만들고 있습니다. 제가 미국에 갔을 때 미국 교회 목사님은 저와 만나서 이야기도 잘 나누고 인격도 훌륭하신데 공황장애가 있어서 두 달 동안 외국에 가서 요양해야 한다고 하면서 떠났습니다. 이제 우울증이라든지 공황장애라든지 화병이나 스트레스는 목회자이건 의사이건 봐주지 않는 것 같습니다. 이 귀신들린 사람은 자살하고 싶어도 자기 정신이 없어서 자살하지 못하고 있었습니다. 그 안에 귀신이 수천 마리 들어있었기 때문입니다. 지금 우리가 사는 세상은 귀신들이 새카맣게 올라와서 사람들을 밀어서 자살하게 하고 범죄에 빠지게 만듭니다. 그러나 그 많은 귀신이 예수님을 보고는 땅에 딱 엎드렸습니다. 귀신들은 예수님이 얼마나 두려운 분인지 능히 들었기 때문입니다. 예수님은 귀신만 보면 쇠몽둥이를 휘둘러서 머리를 부수어버리는 분이시기 때문입니다. 예수님이 귀신들을 보고 그 사람에게서 나가라고 하니까 귀신들이 건방지게 사정했습니다. "제발 우리를 그냥 쫓아내지 마시고 돼지 이천 마리 안에 들어가게 해 주십시오"라고 하니까 예수님이 허락하시자 귀신들은 그 사람에게서 나와서 돼지에게 들어가니까 돼지들이 미쳐 날뛰면서 호수로 내리 달려서 빠져 모두 죽어버렸습니다. 그리고 그 사람은 완전히 정상적인 사람이 되어 예수님 앞에 얌전하게 앉아 있었습니다. 우리도 우울증이나 공황장애나 자살충동자나 동성애자를 얼마든지 고칠 수 있습니다. 우리는 그들에게 "나사렛 예수님의 이름으로 그들에게서 나가라!" 고 선포해야 합니다. 지금은 상담이라든지 약으로 얼마든지 치료할 수 있습니다.

두 번째 사람은, 오랫동안 하혈로 고통받던 여인입니다. 이 여인은 무려 12년 동안이나 하혈했는데 많은 의사들을 찾아다니면서 피를 뽑고 바늘로 찌르고 해서 고생은 고생대로 하고 돈은 돈대로 썼지만 낫지 않고 이제는 희망이 없게 되었습니다. 그러나 이 여인에게는 예수님의 옷자락을 잡으면 병이 나을 것이라는 믿음이 있었습니다. 그래서 이 여인은 예수님을 둘러싼 수많은 사람 사이를 결사적으로 파고 들어가서 예수님 곁에 가서 옷자락을 잡았습니다. 그러자 그 즉시 빈혈이 나으면서 기운이 생기면서 하혈이 멈추었습니다. 이것은 예수님도 모르는 사이에 저절로 능력이 나온 것이었습니다. 예수님은 은혜가 충만하시기 때문에 우리가 부르짖기만 하면 저절로 그분의 은혜가 흘러나옵니다. 우리는 지금 예수님의 옷자락을 잡을 수 없습니다. 그러나 예수님께 부르짖으면서 기도하는 것이 예수님의 옷자락을 잡는 것입니다. 그러면 치료가 됩니다. 예수님은 그 여인을 찾으셔서 "네 믿음이 너를 구원하였으니 평안히 가라" 고 하셨습니다.

그리고 세 번째 사람은, 세상에서 가장 불쌍한 아이였습니다. 이 아이는 열두 살이 된 여자 아이였는데, 요즘의 코로나 같은 병에 걸려서 열이 펄펄 끓더니 그만 죽어버렸습니다. 이 여자의 아버지는 아이가 죽기 직전에 예수님을 찾아가서 예수님에게 "제발 아이 머리에 손을 얹어 기도 한번 해 달라" 고 부탁했습니다. 그래서 예수님이 그 집에 가시는 도중에 그만 아이의 숨이 끊어지고 말았습니다. 그 집의 종은 주인에게 달려와서 "조금 전에 아이가 죽었습니다. 선생님을 집에 모시고 갈 필요가 없습니다" 라고 전했습니다. 그때 하나밖에 없는 외동딸이 죽은 아버지는 너무 슬퍼서 땅에 주저앉아서 통곡하려고 했습니다. 그때 예수님은 죽은 여자아이 아버지에게 "두려워하지 말고 믿기만 하라"고 하셨습니다. 이것은 '낙심하거나 절망하지 말고 예수님을 믿으라' 는 뜻이었습니다. 아이는 이미 죽어버렸는데 무슨 소망이 있겠습니까? 그리고 예수님이 그 아이의 집에 가니까 사람들은 벌써 곡을 하면서 장례를 준비하고 있었습니다. 그러나 예수님은 "아이가 죽은 것이 아니라 잔다"고 말씀하셨습니다. '대구제일교회' 옆에는 처음 대구에 와서 복음을 전하다가 젊은 나이로 죽은 선교사 부인의 묘가 있습니다. 그 비석에는 〈그녀는 죽은 것이 아니라 잔다〉라는 말이 영어로 적혀있습니다. 예수 믿는 모든 사람은 죽은 것이 아니라 이 세상에서 자고 있는 것입니다. 그래서 예수님이 이름만 부르면 언제든지 깨어날 수 있습니다. 밤이 되어서 아이들이 모두 잠을 자는데 아이가 죽었다고 우는 부모는 없을 것입니다.

예수님은 그 소녀에게 가서 "소녀야 일어나라"(달리다굼)고 하셨습니다. 그랬더니 여자아이는 열이 다 떨어진 정상적인 상태로 마치 자다가 일어난 것처럼 웃으면서 일어났습니다. 그때 그 아버지가 받은 쇼크는 말로 표현할 수 없었을 것입니다. 그 부모는 예수님에게 절을 하면서 "과연 하나님이라"고 고백했을 것입니다.

2. 예수님의 세계

예수님은 사람들에게 "회개하라 천국이 가까이 왔느니라"고 말씀하셨습니다. 예수님은 이 세상에 천국을 가지고 오셨습니다. 그런데 그 천국이 어디에 있습니까? 바로 예수님의 몸 안이 천국이었던 것입니다. 그러다가 예수님의 몸이 십자가 위에서 못에 찔려서 피가 나고 창에 찔려서 물과 피가 쏟아졌을 때, 이 세상에 천국이 흘러넘치게 된 것입니다.

마치 에스겔이 본 환상처럼(겔 47:1-12) 처음에는 문지방에서 조금씩 생수가 흘러나왔는데, 나중에는 그 물이 점점 깊어져서 발목까지 오고, 나중에는 무릎까지 오고, 나중에는 가슴까지 오고, 나중에는 목까지 오고, 그다음에는 강에 빠져 죽을 정도로 넘치게 된 것입니다. 생수가 발목까지 오면 자기 마음대로 돌아다닐 수 있습니다. 그러나 생수가 허리까지 오면 이제는 아무 데도 갈 수 없습니다. 그냥 꼼짝하지 못하고 교회에만 있어야 합니다. 그러다가 가슴까지 오면 이제는 가슴이 따뜻해지고 감동이 일어나고 기도하게 됩니다. 그러나 아직 입이 잠기지 않았기 때문에 말은 자기 멋대로 할 수 있습니다. 그러나 물이 가슴까지 잠기면 부흥이 왔다고 봅니다. 그다음에 물에 빠져버리면 떠내려가는데 그의 인생은 하나님이 마음대로 쓰시게 되는 것입니다.

예수님이 계신 곳에는 어떤 일이 일어납니다. 첫째로 하나님의 말씀이 있습니다. 우리가 듣는 이 하나님의 말씀은 하나님의 아들이 천국에서 직접 가지고 오신 말씀입니다. 그래서 이 하나님의 말씀은 보석보다 귀하고 많은 정금보다 귀합니다. 하나님의 말씀은 데살로니가 교회에 증거된 것처럼 증거되어야 합니다.

살전 1:5상, "이는 우리 복음이 너희에게 말로만 이른 것이 아니라 또한 능력과 성령과 큰 확신으로 된 것임이라"

그리고 데살로니가 교인들은 말씀을 사람의 말로 듣지 않았습니다.

살전 2:13 상, "이러므로 우리가 하나님께 끊임없이 감사함은 너희가 우리에게 들은 바 하나님의 말씀을 받을 때에 사람의 말로 받지 아니하고 하나님의 말씀으로 받음이니 진실로 그러하도다"

우리가 하나님의 말씀을 들을 때에 좋은 밭이 되어야 30배, 60배, 100배의 결실을 맺게 되는 것입니다. 올해부터는 삐딱하게 듣지 말고 좋은 밭으로 들으시기 바랍니다.

예수님이 계신 곳에는 자연에도 기적이 일어납니다. 예수님께서 제자들과 함께 갈릴리 호수를 건너가실 때 갑자기 광풍이 불었습니다. 원문에 보면 바다의 광풍이 아니라 바다에 지진이 일어났다고 말씀하고 있습니다. 바다 지진이라는 것은 땅이 갈라지고 흔들리듯이 호숫물이 제멋대로 갈라지고 쪼개어지는 것입니다. 그러니까 갈릴리에서 잔뼈가 굵었던 베드로나 다른 제자들도 자신들이 죽는 줄 알았던 것입니다. 그러나 예수님은 그 자리에서도 주무시고 계셨습니다. 이것이 제자들에게는 시험이었습니다. 그들은 예수님이 안 계시는 것이나 마찬가지라고 생각했습니다. 그러나 배에 물이 차서 배가 침몰하려고 하니까 예수님을 깨웠습니다. 예수님은 말씀으로 바람과 파도를 잔잔하게 하셨습니다. 예수님은 또 제자들이 호수에서 파도에 고전하는 것을 보고 물 위를 걸어오기도 하셨습니다. 하나님의 나라는 말씀의 능력입니다. 그리고 하나님의 나라는 중력의 제한을 받지 않습니다. 예수님은 굶주린 오천 명을 보리떡 다섯 개와 물고기 두 마리로 배불리 먹이시고 열두 광주리를 남기셨습니다. 이것이 예수님이 계신 나라의 일입니다. 예수님은 이미 죽은 지 나흘이 되어서 무덤에서 썩어가고 있는 나사로를 향해 "나사로야, 나오너라!" 부르니까 죽은 나사로가 살아서 나왔습니다. 예수님의 나라는 바로 이런 나라인 것입니다.

3. 두려워하지 말고 믿기만 하라

우리가 세상에 살면서 두려워하는 이유는 미래를 알 수 없기 때문입니다. 이 세상에는 암이라는 병이 있고 코로나라는 전염병이 있고, 또 사람이 늙으면 죽게 되어 있습니다. 사람이 죽으면 그 시체는 썩게 되어 있어서 땅에 파묻든지 아니면 화장을 해야 합니다. 이것이 바로 예수님이 없는 세상입니다.

예수님은 우리에게 어떤 말씀을 하십니까? 우리에게 무슨 일이 일어나더라도 "두려워하지 말고 믿기만 하라"고 하셨습니다.

이것은 두 가지 의미가 있습니다. 일단 우리 눈에는 예수님이 안 계신 세상이 그대로 있습니다. 그래서 사람들은 병에 걸리기도 하고 사고를 당하기도 하고 직장을 구하기 어렵기도 합니다. 즉 세상의 고통은 우리 눈앞에 그대로 남아있는 것입니다. 학생들은 공부한다고 고생합니다. 세상은 직장 구하기도 어렵습니다. 세상에는 암이라는 무서운 병이 있습니다. 암은 낫지 않으면 죽게 됩니다. 병원에서 큰 수술 받으면 너무나도 아프고 아무것도 할 수 없습니다. 또 아무리 좋은 직장이라 하더라도 정년퇴직을 하고 나면 다른 일을 하기가 쉽지 않습니다. 이것이 바로 예수님이 안 계신 세상입니다.

그러나 우리 뒤에 딱 붙어있는 큰 비닐막 같은 것이 있습니다. 그것은 바로 하나님의 나라입니다. 하나님의 나라는 우리와 붙어있습니다. 그리고 그 비닐이 찢어져서 또 하나님의 나라 생명수가 우리에게 쏟아지고 있습니다. 우리는 두려워할 필요가 없습니다. 왜냐하면 우리에게는 예수님이 계시기 때문입니다. 우리는 미래를 알지 못하기 때문에 자꾸 미래를 생각하게 됩니다. 그러나 우리가 그런 생각과 싸워서 이기는 것이 믿음입니다. 무슨 일이든지 두려워하지 마시기 바랍니다. 운동선수들이 시합을 두려워하고 학생들이 시험을 두려워하고 군인들이 전투를 두려워하면 안 됩니다. 저는 시험만 친다고 하면 정신이 말똥말똥해지고 기분이 좋았습니다. 운동선수들은 시합에 나가지 못하는 것이 가장 비참한 것입니다. 군인은 전쟁을 두려워하면 안 됩니다. 왜냐하면 우리의 무기는 사탄의 무기보다 월등하게 뛰어나기 때문입니다.

우리는 이 세상 사는 것을 두려워해서는 안 됩니다. 우리 뒤에는 하나님의 나라가 있어서 생명수가 우리에게 부어지고 있기 때문입니다. 우리는 기드온의 용사들같이 외쳐야 합니다. "하나님을 위하여! 복음을 위하여!" 우리는 여리고성을 돌고 있는 이스라엘 백성같이 소리쳐야 합니다. "예수님을 위하여! 하나님의 나라를 위하여!" 예수님은 "너희는 먼저 그의 나라와 그의 의를 구하라 그리하면 이 모든 것을 너희에게 더하시리라"(마 6:33)고 말씀하셨습니다. 한해를 신나게 살고 또 예수님 앞에 많은 것으로 결산하는 성도들이 다 되시기 바랍니다.

31 막다른 골목

가능성 제로의 인생

출 14:12-13

우리가 애굽에서 당신에게 이른 말이 이것이 아니냐 이르기를 우리를 내버려 두라 우리가 애굽 사람을 섬길 것이라 하지 아니하더냐 애굽 사람을 섬기는 것이 광야에서 죽는 것보다 낫겠노라 모세가 백성에게 이르되 너희는 두려워하지 말고 가만히 서서 여호와께서 오늘 너희를 위하여 행하시는 구원을 보라 너희가 오늘 본 애굽 사람을 영원히 다시 보지 아니하리라

우리나라에 어떤 여성 시나리오 작가가 있었습니다. 그녀는 일거리가 점점 줄어들더니 나중에는 완전히 없어서 굶게 되었습니다. 그러나 그녀는 굶으면서도 자존심이 있어서 다른 사람에게 자기가 굶고 있다는 말을 하지 못했습니다. 이 작가는 너무 배가 고프니까 어느 날 조그만 쪽지를 써서 앞집 대문에 붙여 놓았습니다. 그 쪽지에는 '배가 너무 고파요. 식은 밥이라도 좋으니까 좀 주세요.' 라는 내용이었습니다. 그러나 그 앞집에 사는 사람은 누가 장난을 치는가 해서 그 쪽지를 버렸습니다. 그리고 그 작가는 얼마 후에 굶어 죽은 시체로 발견되었습니다. 만약 그녀가 자존심을 다 버리고 조금 더 적극적으로 앞집의 초인종을 누르든지 문을 두들겨서 사람을 직접 만나서 사정을 설명하고 "내가 먹을 것이 없어서 배가 고픈데 혹시 먹다가 남은 밥이라도 있으면 좀 주시겠습니까?" 라고 했더라면 비록 자존심이 상하고, 욕은 얻어먹을지 몰라도 굶어죽지는 않았을 것입니다.

만일 내가 있는 건물에 큰불이 났다면 빠른 시간 안에 어디로 피해야 할 것인지 결정해야 합니다. 그러나 많은 경우 실제로 화재가 나면 사람들이 모두 이성을 잃어버리고 입구로만 몰려들거나, 당황해서 이리 뛰고 저리 뛰다가 시간을 놓쳐버려서 죽는 경우가 많다고 합니다.

사고가 났을 때 사람을 살릴 수 있는 시간을 '골든타임' 이라고 합니다. 지금 우리나라는 큰 위기에 빠져 있지만 겉으로 보기에는 평안합니다. 이것이 바로 우리에게는 골든타임입니다. 그러나 지금 우리가 할 수 있는 것은 아무것도 없습니다. 그렇다면 우리는 지금 무엇을 어떻게 해야 할까요?

우리는 이와 아주 비슷한 처지에 있었던 사람들을 성경에서 찾아볼 수 있습니다. 이스라엘 백성은 애굽에서 오랫동안 노예 생활을 하다가 하나님 말씀의 능력으로 애굽에 무려 열 가지 재앙이 내려지면서 애굽을 탈출할 수 있었습니다. 이스라엘 백성은 애굽에서 나올 때 엄청난 기대와 자부심을 가지고 그곳을 떠났습니다. 그러나 그들은 애굽을 떠나자마자 바로 엄청난 위기에 빠지게 되었습니다. 그것은 모세가 이스라엘 백성을 데리고 간 곳이 바로 빠져나올 수 없는 외통수 길이었기 때문입니다. 모세가 이스라엘 백성을 데리고 간 곳은 앞에는 홍해가 가로막혀 있고 양쪽에는 큰 산이 있어서 빠져나올 수 없는 외통수 길이었습니다. 이때 애굽의 바로는 모세의 미련하고 어리석은 지도력을 보고 이스라엘 백성을 멸망시키기 위해서 모든 애굽의 병거를 출동시켜서 그들을 홍해에서 몰살시키려고 했습니다. 이때 이스라엘 백성은 모두 절망했고 살아날 길이 보이지 않았습니다. 이때 그들은 모두 이 홍해 앞에서 가족과 함께 전부 몰살당할 것을 알고는 모세를 원망했습니다.

우리나라는 최근에 경제적으로도 엄청난 발전을 했고 종교적으로도 엄청난 부흥을 하게 되었습니다. 우리나라 교회 중에는 세계 최대의 교회가 여러 개 있을 정도로 기독교가 부흥하게 되었고, 경제적으로도 세계에서 손꼽을 수 있을 정도로 잘살게 되었습니다. 그러나 우리나라는 지금 빠져나올 수 없는 외통수에 걸려 있습니다. 북한은 핵무기로 무장하고 가장 예측할 수 없는 지도자가 정권을 잡고 있는데 무슨 짓을 저지를지 아무도 예측을 할 수 없습니다.

지금 우리는 한두 개인이 잘 되고 못 되고의 문제를 떠나서 나라 전체가 살 수 있느냐 아니면 끝없는 낭떠러지로 떨어지느냐 하는 갈림길에 서 있습니다. 이때 만일 지금의 위기를 잘 넘기고 국정과 경제가 안정될 수만 있다면 이것은 세계에서 유래를 찾아볼 수 없는 대성공이 될 것이고, 우리는 위대한 국민이 될 수 있을 것입니다. 과연 우리에게 그런 길이 있을까요? 만약 우리가 성경에서 그 답을 찾는다면 사람들은 우리를 미쳤다고 말할까요? 물론 상황은 그때와 지금은 천지 차이로 다르지만, 하나님은 같은 하나님이십니다. 우리는 성경에서 그 답을 찾을 수 있습니다.

1. 이스라엘 백성의 위기

이스라엘 역사에 있어서 가장 신이 나고 뿌듯했을 때는 애굽을 떠날 때였습니다. 이 당시 애굽은 세계에서 가장 군사력이 강하고 물질적으로 잘 사는 나라였습니다. 당시 애굽은 지금 이집트와는 달리 밀생산이 엄청났고 군사적으로나 종교적으로나 학문적으로 대단히 발달한 세계 최강국이었습니다. 그러나 하나님은 마치 애굽에 원자폭탄을 떨어뜨리시듯이 열 가지 재앙을 내리셨습니다. 이때 사람들은 이것이 모두 우연이라고 생각했습니다. 그러나 더 이상 이것은 우연이 아니었습니다. 애굽 땅에 불 우박이 내리고 가축 재앙이 내리면서 가축이라는 가축은 전염병으로 다 죽었습니다. 저는 우리나라에 구제역이라는 가축의 병이 돌아서 수백만 마리의 돼지나 소를 땅에 파묻고 또 조류독감으로 닭과 오리 수천만 마리를 땅에 파묻는 것을 보고서 출애굽의 가축 재앙이 이런 것이었구나 하는 것을 이해하게 되었습니다. 또 애굽에 태양도 캄캄해지고 나중에는 모든 장자도 죽게 되었습니다. 이때 애굽의 바로 왕과 신하들은 무조건 하나님에게 항복했습니다. 이때 이스라엘 백성의 권세가 얼마나 대단했는지 무조건 애굽 사람들 집에 가서 내놓으라고 말만 하기만 하면 애굽 사람들은 금은 패물이나 옷이나 모든 것을 다 주었습니다. 그래서 이스라엘 백성은 모두 엄청난 전리품을 챙겨서 애굽을 떠났습니다. 그러나 이스라엘 백성은 애굽에서 나오자마자 외통수 죽음의 길로 들어서게 되었습니다.

이때 복수할 기회만 노리고 있던 애굽의 바로는 모세와 이스라엘 백성이 너무나도 어리석게 외통수 길로 들어선 것을 알고는 애굽의 전력을 모아서 그들을 패망시키려고 맹추격을 했습니다. 이스라엘 백성은 지금까지는 잘 왔는데 한순간 길을 잘못 드는 바람에 모두 몰살당하게 되었습니다. 바로에게는 지금보다 더 모세나 이스라엘 백성에게 복수하기 좋은 기회가 없었습니다. 바로는 지금까지 당한 모든 수모를 이 홍해 바닷가 앞에서 분풀이해서 온 세상에 본때를 보여주려고 했습니다.

이때 이스라엘 백성은 모두 일제히 목소리를 높여서 모세를 원망하고 욕을 했습니다.

출 14:11, "그들이 또 모세에게 이르되 애굽에 매장지가 없어서 당신이 우리를 이끌어 내어 이 광야에서 죽게 하느냐 어찌하여 당신이 우리를 애굽에서 이끌어 내어 우리에게 이같이 하느냐"

사실 성경이니까 이렇게 점잖게 기록되어 있지, 실제로 이스라엘 백성의 입에서 나온 욕은 글로 옮길 수 없을 정도로 모세를 향해서 온갖 욕설을 다 퍼부었을 것입니다. 이스라엘 백성은 이제 모두 홍해에 빠져 죽든지 아니면 애굽 군대의 창이나 칼에 찔려 죽는 길밖에는 없었습니다. 지금 죽게 되었는데 가만히 있을 사람이 누가 있겠습니까? 모든 이스라엘 백성은 이런 상황에 절망하고 있었고 이것은 모세도 마찬가지였습니다.

지금 우리나라도 최후의 위기가 오지 않아서 그렇지, 지금에서 조금만 더 위험해진다면 사람들이 누군가를 엄청나게 원망하면서 욕이란 욕은 다 하면서도 또 살 길이 없어서 절망할 것입니다. 우리나라는 지형학적으로 반도로 되어 있지만 사실 삼면이 바다라서 도망칠 곳도 거의 없습니다. 그런데도 어떤 사람들은 미국을 막연하게 의지하고 있고, 막연하게 괜찮겠지 하고 생각하는 사람도 있는 것 같습니다.

그러나 우리는 우리의 모든 것이 하나님의 손에 달려있다는 것을 믿습니다. 전쟁은 하나님의 허락 없이는 일어날 수 없고 그 결과도 하나님의 손에 달려있으며, 하나님의 허락 없이는 참새 한 마리도 땅에 떨어지지 않는다고 하나님이 약속하셨기 때문입니다. 이때가 하나님을 잡아야 할 때이고 하나님의 능력을 오게 해야 합니다. 다윗은 자기보다 월등하게 힘이 센 골리앗과 싸울 때 "너는 칼과 창과 단창으로 내게 나아오지만 나는 만군의 여호와의 이름으로 네게 가노라" 하고 물맷돌을 던졌는데 골리앗이 쓰러졌던 것입니다. 다윗은 가장 원시적인 방법으로 가장 강한 군대를 무찌를 수 있었습니다. 그것은 하나님의 능력을 붙들었기 때문입니다.

2. 모세의 믿음

모세라고 해서 다른 사람과 다른 배짱을 가졌거나 하나님처럼 전지전능해서 하나님의 모든 계획을 다 알았던 것은 아니었습니다. 그러나 모세는 다른 사람들과 다른 체험을 가지고 있었고, 믿음이 있었습니다. 그것은 모세가 무려 40년 동안 정신적으로 방황하다가 하나님의 손에 붙들리는 체험을 했기 때문입니다. 이때 모세가 믿었던 것은 하나님의 말씀에는 능력이 있다는 것입니다. 하나님의 말씀에 어느 정도의 능력이 있을까요? 그것은 수십만 명의 군사를 능가하고 핵무기를 능가하는 능력이었습니다.

모세가 지금 하나님의 말씀대로 따라 나왔는데 그 결과는 최악의 결과였고, 이스라엘 백성이 다 죽을 수밖에 없는 외통수의 길에 빠진 것이었습니다. 그러나 모세는 하나님의 말씀에는 능력이 있다는 것을 믿었습니다. 모세에게 중요한 것은 '지금 하나님이 우리에게 또 말씀을 주시느냐, 안 주시느냐' 하는 것입니다. 그러나 이스라엘 백성이 소리 지르고 떠들면 하나님의 말씀을 들을 수 없습니다.

이때 모세는 이스라엘 백성에게 "두려워하지 말고 가만히 서서 오늘 하나님이 너희를 위하여 행하시는 구원을 보라"고 했습니다. 모세는 무엇보다 이스라엘 백성에게 "두려워하지 말라"고 했습니다. 어떻게 두려운데 두려워하지 않을 수 있습니까? 지금 이스라엘 백성에게는 죽음의 순간이 다가오고 있고, 이쪽에서 죽든지 저쪽에서 죽든지, 어느 쪽에서든지 한쪽에서는 죽어야 하는데 어떻게 두려워하지 않을 수 있겠습니까?

그러나 모세는 그들이 두려워하지 않는 방법을 가르쳐주었습니다. 그 첫 번째는 "떠들지 말고 가만히 있으라"는 것입니다. 사람들이 대개 소리를 지르거나 떠드는 것은 불안하고 두렵기 때문입니다. 그러나 하나님의 백성은 위기 때 떠드는 것이 가장 좋지 못합니다. 우리가 떠들면 하나님이 하시는 말씀을 들을 수 없기 때문입니다. 가장 불안하고 두려울 때 그 사람의 입에서 나오는 것이 그 사람의 신앙입니다. 그래서 하나님의 백성은 위기에 빠졌거나 큰 어려움이 찾아왔을 때 가장 먼저 해야 하는 것이 입부터 다무는 것입니다. 그때 입에서 나오는 말이 그 사람의 신앙이기 때문입니다. 그때 이스라엘 백성이 모세에게 "네가 우리를 죽이려고 데리고 나왔느냐?" 고 소리를 질렀는데, 그것이 바로 그들의 신앙이었던 것입니다. 그들의 신앙은 '우리는 하나님의 말씀도 필요 없고, 기적도 믿지 않고, 애굽에서 종노릇하면서 개같이 먹고 사는 것이 좋다' 는 것입니다. 그런데 하나님은 위기 때 우리가 하는 모든 말을 다 듣고 계시고, 교인들이 하는 말이나 장로나 집사들이 하는 말을 다 듣고 계십니다. 이것이 바로 자신들의 가치인 것입니다. 그래서 위기 때 누가 떠들고 뭐라고 충동질하더라도 입을 다무는 것이 신앙입니다.

모세는 두 번째로 이스라엘 백성에게 "하나님이 하시는 것을 조용히 지켜보라" 고 했습니다. 모세는 이스라엘 백성에게 지금 엉망진창이 되어 있는 우리의 상태를 하나님이 어떻게 수습하시며 어떻게 우리의 살길을 열어주실지 모든 주도권을 하나님께 맡기고 끝까지 지켜보자는 것입니다. 끝까지 절망하지 말고 하나님이 하시는 것을 지켜보고 기다리는 것입니다. 우리는 때때로 하나님의 뜻이라고 믿고 나름대로 사업을 시작하고 남자나 여자를 사귀고 직장 생활을 했는데 도무지 살 수 없게 되었을 때 이제는 주도권을 하나님께 넘겨드리고 하나님이 하시는 것을 지켜보아야 합니다. 이때 우리는 우리 자신을 설득해야 합니다. 즉 하나님은 하나님을 바라보는 자들을 절대로 버리지 아니하시고 지켜주실 것입니다. 특히 하나님은 하나님의 백성을 대적하는 자들을 마음대로 하도록 내버려두지 아니하시고 그들과 싸우실 것입니다. 그래서 모세는 이스라엘 백성에게 "여호와께서 너희들을 위하여 싸우실 것이라" 고 했습니다. 그리고 모세는 한 걸음 더 나아가서 "너희가 오늘 본 애굽 사람을 영원히 다시 보지 아니하리라"고 했습니다.

3. 하나님이 준비하신 길

모세의 말은 이스라엘 백성을 좀 진정시킬 수 있었던 것 같습니다. 이것이 바로 믿음입니다. 즉 우리가 하나님의 말씀을 듣고 도저히 불가능한 상황 가운데서도 조금 진정되고 덜 떠들고 조용히 하나님을 기다리는 것이 믿음입니다. 어떤 사람은 아무리 이야기해도 끝까지 자기주장을 하는 사람이 있습니다. 그 사람은 믿음이 없는 사람입니다. 마음속에 하나님이 없는 것입니다. 이스라엘 백성이 조금 잠잠해졌을 때 하나님은 드디어 모세에게 말씀하셨습니다.

하나님은 모세에게 이스라엘 백성이 가야 할 방향을 제시해 주셨습니다. 그것은 '앞으로 가는 것' 이었습니다. 하나님은 모세에게 "너는 어찌하여 내게 부르짖느냐?"고 하셨습니다. 모세도 다급하니까 하나님께 원망하듯이 부르짖었던 것 같습니다. 우리는 기도하더라도 태도가 아주 중요합니다. 어떤 사람은 기도하는데 따지듯이 하기도 하고 원망하듯이 하고 혹은 사람을 선동하는 듯한 자세로 하는데 아주 좋지 못한 자세입니다. 하나님은 언제나 우리에게 찬양받아야 할 분이시라는 사실을 잊어서는 안 됩니다. 기도하면서 하나님께 통계 자료를 제시하면서 기도하는 것은 좋지 못한 자세입니다. 그런 자료를 제시하지 않아도 하나님을 더 잘 알고 계십니다.

하나님은 모세에게 이스라엘 백성에게 명하여 "앞으로 나아가게 하라"고 하셨습니다. 하나님은 이스라엘 백성에게 뒤로 물러서게 하라거나 옆으로 도망치라고 하시지 아니하셨습니다. 그리고 모세에게 아주 특이한 행동을 하게 하셨습니다. 그것은 지팡이를 들고 손을 앞으로 향하게 한 것입니다.

16절 상, "지팡이를 들고 손을 바다 위로 내밀어 그것이 갈라지게 하라"

여기서 지팡이는 하나님의 약속을 의미합니다. 즉 하나님께서 모세와 함께하시며, 이스라엘 백성과 함께 하시겠다는 약속의 말씀입니다. 이것은 여호수아에게는 두루마리 말씀으로 나타나게 됩니다. 이것은 오늘 우리에게는 하나님의 말씀입니다. 그러나 집에 처박아 놓고 한 번도 보지 않는 말씀이 아니라, 언제나 우리가 들고 다니고 가슴에 새겨놓은 말씀이어야 합니다. 모세는 손에 든 것이 이 지팡이 외에는 아무것도 없었습니다. 모세에게는 하나님의 말씀이 전 재산이었던 것입니다. 이때 하나님의 말씀이 살아있는 말씀이 됩니다. 우리 성도들도 돈을 믿지 마세요. 돈은 여러분을 속일 것입니다. 자기가 가지고 있는 사회적인 직위도 믿지 마세요. 그것이 여러분을 언젠가는 속일 것입니다. 우리는 자기가 가진 것을 자꾸 부인하는 훈련을 해야 합니다.

그리고 손을 앞으로 향하는 것은 기도하는 자세입니다. 하나님은 모세로 하여금 지팡이를 잡고 계속 기도하게 했습니다. 이것이 바로 위기의 순간에 우리가 해야 할 일입니다. 우리는 더 이상 토론하거나 떠드는 것은 중단해야 합니다. 우리는 세상 사람처럼 어떤 주장에 따라가서는 안 됩니다. 우리는 한 손으로는 성경 말씀을 붙들고 손을 앞으로 향해서 계속 기도해야 합니다.

그때 전무후무한 일이 홍해에 일어나게 되었습니다. 정말 하나님이 말씀하신 대로 바다가 갈라지기 시작한 것입니다.

21절, "모세가 바다 위로 손을 내밀매 여호와께서 큰 동풍이 밤새도록 바닷물을 물러가게 하시니 물이 갈라져 바다가 마른 땅이 된지라"

모세가 하나님의 말씀에 순종해서 손을 내미는 순간 강한 동풍이 불면서 바다가 갈라지기 시작했습니다. 그러나 이것은 이 당시 사람들이 이해할 수 있는 방법으로 하나님께서 말씀하신 것입니다. 즉 바다에 아주 특이한 물벽이 생긴 것입니다. 이것은 인간의 이론으로는 도저히 설명할 수 없는 현상입니다. 어떤 이상한 인력이 작용해서 바다를 벽처럼 서게 했는데 양쪽에 벽이 생기면서 가운데는 길이 나게 된 것입니다. 대개 바다에 쓰나미가 생기는 이유는 바닷속에서 일어나는 지진 때문이라고 합니다. 쓰나미가 일어나게 되면 바닷물이 일제히 빠지기 시작하면서 뒤로 물러나다가 갑자기 10미터가 넘는 물벽이 쳐들어오게 되는 것입니다. 그러나 모세의 쓰나미는 양 쓰나미가 밤새도록 서 있는 쓰나미였습니다. 아마 이 정도 에너지가 모이려고 하면 히로시마 원자폭탄의 수억 만 배의 폭탄이 터져야 할 것입니다.

하나님은 도저히 갈 길이 없는 이스라엘 백성을 위하여 지금까지 애굽에 행하셨던 열 가지 재앙보다 더 강한 능력으로 바다가 갈라지게 하셔서 길이 생겨나게 하셨습니다. 하나님에게는 우리가 생각하지 못한 길이 있습니다. 우리는 우리의 모든 방법이 다 끝났을 때가 바로 하나님의 능력이 시작될 때라는 것을 인정해야 합니다. 그러나 하나님은 우리의 방법이 끝났다고 해서 당장 하나님의 길을 보여주시지 않습니다. 그러면 우리가 잘나서 그렇게 된 줄 알고 하나님을 너무 빨리 잊어버릴 것입니다. 그래서 하나님은 우리 방법이 끝나고 우리 길이 끝난 후에도 상당한 기간 기다리게 하십니다. 그때 우리는 그야말로 죽을 지경이고 거의 초주검이 됩니다. 그 후에 하나님은 움직이셔서 영광을 받으시는 것입니다.

그런데 유감스럽게도 이스라엘 백성은 홍해를 건너가는 것이 어렵게 되었습니다. 왜냐하면 애굽 군대는 병거로 달리니까 빨리 따라오는 데 비하여 이스라엘 백성은 어린아이도 있고 노인이나 여성도 많이 있어서 빨리 갈 수 없었습니다. 그래서 이스라엘 백성은 하나님께서 앞길을 열어주셨는데도 바다를 빨리 건너갈 수 없었습니다. 이때 하나님의 사자가 백성 뒤로 가셨습니다. 즉 지금까지 앞에서 인도하셨던 하나님의 사자가 이스라엘 백성 뒤로 가셔서 애굽 군대가 오는 것을 막으셨습니다. 하나님의 사자는 어떻게 막으셨을까요? 애굽 군대 앞을 어둡게 캄캄하게 하셨습니다. 그리고 하나님께서는 애굽 군대의 병거 바퀴가 빠지게 하셨습니다. 그래서 애굽 군대는 아무리 이스라엘 백성을 추격하려고 해도 바퀴가 자꾸 빠지고 길이 어두워서 빨리 따라잡을 수 없었습니다. 이것이 하나님께서 우리의 적들에게 행하시는 방법입니다. 그런데 애굽 왕과 군대는 집요했습니다. 그들은 바다 입구까지 와서는 멈추어야 하는데 바다 안에까지 따라서 추격하다가 이스라엘 백성이 다 건넌 후 하나님이 다시 모세에게 손을 내밀라고 하셔서 그대로 하니까 바다가 다시 합쳐지면서 바로의 군대 전원이 바다에 빠져서 몰살당하게 됩니다.

우리는 여기서 오늘 우리가 출애굽 때 이스라엘 백성과 같은가 하는 의문을 가질 수 있습니다. 물론 우리는 출애굽 때 이스라엘 백성은 아니지만 그때 바다를 가르시고 이스라엘 백성을 지켜주셨던 여호와의 사자가 우리 주님이십니다. 우리에게는 무엇인가 길이 준비되어 있습니다. 이제는 함부로 자기 생각대로 말하거나 떠들지 마시기 바랍니다. 조용히 서서 하나님이 하시는 일을 지켜보시기 바랍니다. 한 손에 성경을 들고 다른 한 손으로 끝까지 기도하는 성도들이 다 되시기 바랍니다.

32 막다른 골목

재앙의 도시

창 19:24-25

여호와께서 하늘 곧 여호와께로부터 유황과 불을 소돔과 고모라에 비같이 내리사 그 성들과 온 들과 성에 거주하는 모든 백성과 땅에 난 것을 다 엎어 멸하셨더라

최근에 우리나라 여러 곳에서 큰 화재가 발생해서 거기에 살던 사람이나 작업하던 근로자나 불을 끄러 현장에 들어갔던 소방관들이 생명을 잃는 바람에 가족이나 주위 사람들에게 큰 고통과 충격을 주었습니다.

아마 어느 나라나 사람들이 쉽게 입에 올리기 원치 않는 대형 사고들이 있을 것입니다. 중국 사람들은 쓰촨성에서 일어났던 대지진을 이야기하고 싶지 않을 것입니다. 또 일본 사람들은 도후크 지방에서 일어났던 쓰나미에 대해서 말하고 싶지 않을 것입니다. 우리나라 사람들은 세월호라든지 천안함에 대하여 말하는 것을 별로 좋아하지 않습니다. 왜냐하면 그 부분이 우리에게 가장 아픈 부분이고 아직도 아물지 않은 상처이기 때문입니다.

대구 사람들은 대구지하철 화재 사건을 말하기 싫어합니다. 그 화재는 정신 이상자가 휘발유를 넣은 소주병에 불을 붙여서 열차 안에 던지면서 발생했습니다. 처음에는 별 것 아닌 것 같아 보였지만 불은 바닥과 좌석을 태우면서 금방 큰 화재로 번졌습니다. 그런데 이상하게도 지하철은 문을 열지 않고 닫아놓는 바람에 거기에 타고 있던 사람들이 피하지 못하고 죽었습니다. 더 억울한 것은 반대편 열차가 불탄 열차 옆에 세워놓고 문을 닫고 정차하는 바람에 더 많은 사람이 억울하게 죽었다는 것입니다. 우리 교회의 한 자매는 불이 난 지하철에 타고 있다가 잠깐 문을 여는 순간 열차를 빠져나와서 코를 막고 지하철 밖으로 뛰어나오는 바람에 기적적으로 목숨을 건질 수 있었습니다. 그 자매도 연기를 마셨기 때문에 병원에 가서 치료를 받아야만 했습니다.

우리는 이 세상에서도 얼마든지 지옥을 경험할 수 있습니다. 사람들은 화재 현장을 빠져나오면서 "거기는 생지옥이었다"고 말을 합니다. 천재지변으로 많은 사람이 한꺼번에 죽는 것을 보면 거기가 바로 생지옥인 것을 알 수 있습니다.

이차대전 때는 일본 히로시마에 원자폭탄이 떨어졌습니다. 그때 일본 사람들은 "하늘에서 불이 떨어졌다"고 했습니다. 갑자기 무엇인가가 번쩍하는데 순식간에 7만 명 가량이 열기에 타서 죽고 이차적인 감염이나 병으로 결국 16만 명 이상이 죽었습니다.

그러나 이 모든 설명은 인간의 관점에서 기록된 것이고, 하나님의 관점에서 본 것이 아닙니다. 그런데 성경에는 이런 멸망을 하나님의 관점에서 보고 기록한 사건이 있습니다. 그것이 바로 소돔과 고모라의 유황불 멸망입니다.

오늘 성경에는 역사상 전무후무하게 하늘에서 유황과 불이 떨어져서 소돔과 인근에 있는 네 개의 성이 사람이나 짐승이나 벌레나 풀한 포기 남지 않고 완전히 멸망한 내용을 기록하고 있습니다.

1. 소돔의 멸망

어느 날 소돔 가까운 산지에서 텐트를 치고 유목 생활을 하고 있던 아브라함에게 한 번도 본 적이 없는 세 사람이 등장합니다. 아브라함은 그들을 정성껏 대접했는데, 아브라함은 그분들과 대화하는 가운데 하나님과 두 천사라는 사실을 알게 됩니다. 그런데 식사를 마치고 그분들이 떠날 때 두 분은 소돔 쪽으로 내려가고, 여호와라고 자신을 소개했던 분은 남아서 아브라함에게 "소돔과 고모라의 부르짖음이 하늘까지 상달되어서 멸망을 시키려고 한다"고 말씀하셨습니다.

우리는 이것을 어떻게 받아들여야 할까요? 지금 소돔과 고모라에는 멸망의 조짐이라고는 전혀 없습니다. 땅이 흔들리는 것도 아니었습니다. 그런데 여호와는 분명히 소돔과 고모라를 멸망시키려고 한다고 말씀하셨습니다. 아마 소돔 사람들이 그 이야기를 들었다면 어떻게 반응했을까요? 그들은 아마 모두 농담이나 그냥 해 보는 소리로 생각했을 것입니다.

그러나 아브라함은 하나님의 말씀을 믿었습니다. 아브라함은 곧 소돔과 고모라가 유황불로 멸망할 것이라고 믿었습니다. 만약 아브라함이 소돔과 고모라의 멸망을 알았더라면 그 즉시 자리를 박차고 소돔을 향해서 달려가서 사람들에게 대피하라고 하는 편이 낫지 않았을까요? 만약 우리가 어느 비행기가 추락할 것이라는 사실을 미리 알게 된다면 그 비행기가 이륙하기 전에 달려가서 이륙을 막아야 할 것입니다. 그러나 아브라함은 하나님과 협상했고 중보 기도를 했습니다. 그리고 의인의 T.O를 10명까지 낮추었지만 소돔과 고모라의 멸망은 막지 못하고 모조리 멸망하고 말았습니다. 그렇다면 아브라함은 실패한 것이 아닐까요? 그것은 우리가 알지 못합니다.

때로는 우리가 직접 달려가서 막아야 할 것은 막아야 하겠지만 하나님 앞에서는 기도하는 것이 최선일 수 있는 것입니다. 여기서 의인

10명이라고 하는 것은 사실 대가족에서 단 한 가정의 숫자를 말하는 것입니다. 하나님은 최소한도로 딱 한 가정만, 부모와 아들 부부와 손자, 손녀들이 아니면 종들까지 하나님 말씀에 바로 서면 모두 다 살려주시겠다고 약속하셨습니다. 그런데 소돔과 고모라에는 그런 믿음에 바로 선 가정이 단 한 가정도 없었던 것입니다.

우리가 소돔의 멸망에 관심을 가져야 하는 이유는 우리도 지금 굉장히 불안한 상황에 빠져 있기 때문입니다. 우선 북한은 핵무기를 가지는 데 성공했습니다. 물론 북한이 핵무기를 함부로 쓸 수야 없겠지만 이 무기를 가지고 무슨 짓을 할지는 아무도 모릅니다. 거기에다가 우리나라에서도 지진이 일어나고 있고 정치나 경제는 마비되어 있습니다. 우리나라 국민의 마음은 두 조각으로 나누어져 있습니다. 거기다 무서운 것이 자살이나 동성애의 바람이 엄청나다는 것입니다.

본문은 하나님의 관점에서 소돔과 고모라의 멸망을 자세하게 설명해주고 있습니다.

우선 하나님이 소돔과 고모라의 멸망에서 보여주고 있는 도덕적인 타락의 지표는 다른 것이 아니라 동성애자들의 야간 난동이었습니다. 아마 소돔과 고모라의 도덕적인 타락상을 보여주는 다른 지표들이 많이 있을 것입니다. 그중에 살인이나 자살, 성추행이나 매춘, 강탈이라든지 독재라든지 하는 것도 있을 텐데, 성경은 오직 딱 하나 동성애자들의 집단 난동을 보여주고 있습니다. 이것을 보면 동성애가 하나님 보시기에 얼마나 무서운 죄인지 알 수 있습니다.

우선 두 천사는 사람의 모습으로 걸어서 소돔 성에 들어갔습니다. 물론 소돔 성문을 드나드는 사람은 수백 명 이상이었을 것이고, 해지는 오후에 새로운 낯선 사람 2명이 들어왔다고 해서 관심 가질 사람은 없었을 것입니다. 그러나 성문에 앉아 있던 아브라함의 조카 롯은 이 낯선 사람들을 도와야겠다는 생각을 가지고 그들에게 가까이 가서 우리 집에 가서 씻고 음식도 먹고 잠도 주무시고 내일 여행을 떠나시는 것이 어떠냐고 친절하게 초대했습니다. 그러니까 이 두 사람은 일부러 가지 않겠다는 듯이 우리는 그냥 길에서 잠을 자면 되고 피해를 끼치고 싶지 않으니까 가지 않겠다고 했습니다. 이때 롯이 아주 간청해서 이 두 사람을 자기 집으로 모시고 왔습니다. 롯은 아브라함에게 다른 것은 배우지 못했지만 모르는 사람이나 어려운 사람에게 친절하게 대하는 것 하나만은 배웠습니다. 그런데 바로 이 친절이 그와 그 식구들을 살리게 되었습니다. 하나님의 백성에게 중요한 것은 알건 모르건 다른 사람에게 친절해야 한다는 사실입니다. 하나님의 백성이 너무 권위적이고 자기밖에 모르고 불친절하다면 하나님의 시험에 불합격되는 것입니다.

그런데 문제는 이제 드디어 터지게 되었습니다. 그것은 롯의 손님들이 롯의 집에 와서 저녁 식사를 하고 잠을 자기 전에 난동이 일어났기 때문입니다. 즉 소돔 성에 있는 동성애자들이 늙은 사람이나 젊은 사람 할 것 없이 롯의 집 앞에 몰려와서 롯에게 새로운 사람을 내놓으라고 하면서 자기들이 그들과 성관계 하겠다고 난동을 부렸습니다. 아마 소돔 사람들도 낮에는 정상적인 사람이었을 것입니다. 문제는 그들의 정체가 해가 떨어지고 난 후 드러나게 되었습니다. 그들은 동성애자의 정체를 드러내면서 롯의 집에 몰려와 새로온 사람을 내놓으라고 했습니다. 아마 이들도 그 성에 새로 온 두 사람을 눈여겨보았던 것 같습니다. 그러나 그들은 도와주려고 본 것이 아니라 성적인 눈으로, 욕망의 눈으로 눈여겨보았던 것입니다.

그때 롯은 밖으로 나가서 말로 그들을 설득하려고 했습니다. 그러나 소돔 사람들은 더 소리를 지르며 "네가 뭔데 우리에게 이래라저래라하면서 재판장 노릇을 하려고 하느냐? 오늘은 너부터 해치워야 하겠다"고 하면서 롯을 밀치기 시작했습니다. 그때 롯은 그 동성애자들과 타협하려고 했습니다. 즉 "나에게 두 딸이 있는데 딸을 줄 테니까 내 손님들을 건드리지 말라"고 했습니다. 이것을 보면 이 당시 사람들이 딸을 어떻게 생각했으며, 롯도 그의 윤리 개념이 얼마나 타락하고 오염되었는지 알 수 있습니다. 그때 두 천사는 문 밖으로 손을 내밀어서 롯을 집 안으로 끌어들이고 소돔 사람들의 눈을 멀게 만들어 버렸고 이들은 문을 찾느라고 소동이 벌어졌습니다.

우리나라도 이제 동성애자들이 집회를 하고 거리에 나서고 있습니다. 이것이 우리에게는 이미 우리나라도 안전하지 않다는 신호인 것입니다. 그래서 많은 크리스천이 거리로 나가서 동성애 반대하는 집회를 했습니다. 그것은 아주 잘한 일이라고 생각합니다. 하나님은 지금 성공하기를 원하고 안정된 삶을 살기를 원하는 우리나라가 결코 안전하지 않다는 것을 동성애자들을 통해서 알려주시는 것입니다. 그래서 우리는 이 세상에 너무 집착해서는 안 되겠습니다. 그래서 우리는 이 세상일을 최선을 다해서 해야 하지만 하나님의 말씀에 예민하게 귀를 기울여야 합니다. 왜냐하면 우리는 어차피 망하는 세상에서 하나님을 붙들고 사는 사람들이기 때문입니다.

2. 시간을 허비하다

두 천사는 롯을 집 안으로 끌어들인 후 자신의 정체와 자기들이 하려는 일을 설명해 주었습니다. 즉 이 두 사람은 하나님이 보내신 천사이고 소돔과 고모라와 인근의 성을 멸망시키기 위해서 왔다는 것입니다. 그러면서 두 천사는 이 소돔과 고모라의 부르짖음이 하나님 앞에 크다고 했습니다. 이것은 소돔과 고모라의 죄가 가득 찼다는 말입니다. 즉 소돔과 고모라는 운이 없어서 망하는 것이 아니라, 죄가 가득 차서 더 이상 그대로 둘 수 없어서 망한다는 것이었습니다.

그리고 두 천사는 롯에게 말했습니다. "지금 네 식구나 혹은 네 하인이나 종들 중에서 네가 데리고 갈 수 있는 사람들은 다 데리고 이

성을 당장 떠나라"고 했습니다. 그러면서 두 천사는 심판의 범위를 알려주었습니다. 즉 하나님의 심판의 범위는 평지이기 때문에 롯이 살려고 하면 무조건 산까지는 도망쳐야 한다는 것입니다. 이것은 마치 쓰나미와 같았습니다. 쓰나미가 높이 10미터보다 낮은 곳을 다 덮치는 것처럼 하나님의 유황불 심판의 범위는 평지 모든 곳이었던 것입니다. 그런데 소돔에서 산까지는 몇 시간이면 갈 수 있는 곳이었습니다. 즉 동성애자들이 난동을 부린 시간은 저녁때니까 저녁에 출발하면 아침 해뜨기 전까지는 산까지 갈 수 있었을 것입니다.

그런데 롯은 우물쭈물하다가 사람도 건지지 못하고 산에 가는 시간도 다 놓쳐버리게 됩니다. 우선 롯은 소돔에 친구가 있었고 종들도 있었고 더욱이 가장 가까운 딸 둘과 결혼할 사위들이 있었습니다. 롯이 평소에 사람에게 신뢰가 있었더라면 그중에서 많은 사람을 설득해서 함께 데리고 떠날 수 있었을 것입니다. 그러나 소돔 사람들이 워낙 세상을 사랑했고 하나님의 말씀을 믿지 않았고 롯 자신도 하나님의 말씀을 그렇게 신뢰하지 않았던 것입니다. 그래서 롯이 마지못해서 딸들과 결혼할 사위들을 만나서 "우리 성과 옆에 있는 성이 내일 망하니까 떠나자"라고 하니까 사위들이 모두 농담으로 여기고 들은 체도 하지 않고 자기 집으로 돌아가 버렸던 것입니다. 사실 롯 자신도 하나님의 말씀을 그렇게 믿는 사람이 아니었습니다.

우리가 하나님의 말씀을 늘 즐겨 듣고 순종해야 어떤 말씀을 들어도 이것이 하나님의 말씀인지 아니면 누군가가 충동적으로 하는 말인지 구별되는데, 평소에 전혀 하나님의 말씀을 듣지 않고 세상 이야기만 듣고 살던 사람은 하나님의 말씀을 들어도 잘 받아들여지지 않게 됩니다. 그리고 롯 자신이 소돔에 미련이 많았던 것 같습니다. 롯은 모든 것이 전부 소돔성에 다 있었기 때문에 소돔을 차마 떠날 수 없었습니다. 그래서 우왕좌왕하는 동안에 산까지 갈 시간을 다 놓치고 말았던 것입니다. 그렇게 멸망의 심판을 의심하며 이 방 저 방 왔다 갔다 하다가 드디어 새벽이 오고 있었습니다. 즉 롯은 그 아까운 골든타임을 다 허비하고 말았던 것입니다.

우리가 이런 것을 보면 아무리 위급한 경고를 듣는다고 하더라도 살길을 찾아서 빠르게 움직이는 것이 얼마나 어려운지 알 수 있습니다. 사람은 무엇을 해야 할지 몰라서 우왕좌왕하다가 살길을 놓쳐버리고 집단적으로 떼죽음을 당하는 경우가 많습니다. 그래서 우리는 가장 행복한 순간을 기준으로 삼아서는 안 되고, 위급한 상황을 기준으로 삼아서 대비하는 훈련을 늘 해야 합니다.

이제 아침이 되려고 하니까 두 천사는 롯의 식구들을 강제로 성 밖으로 끌어내었습니다. 두 천사는 한 손에는 롯과 그 처의 손을 잡고 다른 손에는 두 딸의 손을 잡아서 질질 끌듯이 그들을 성 밖으로 끌어내었습니다. 이때 롯과 그의 식구들은 아무것도 갖고 나오지 못했습니다. 천사의 힘이 얼마나 센지 롯의 식구 네 명은 강제로 끌려나오게 되었습니다. 그때 천사는 다시 산을 향해서 도망치되 뒤를 돌아보지 말라고 했습니다.

이때 롯은 천사에게 "우리는 지금 산까지 도저히 갈 수 없다"고 사정했습니다. 롯은 밤새 살 수 있는 시간을 다 허비해버려서 지금 떠난다고 해도 산까지 간다는 것은 불가능했기 때문입니다. 이것은 사실이었습니다. 그러면서 롯은 천사에게 산 대신에 가까이에 있는 소알이라는 성이면 도망칠 수 있으니까 그곳으로 가게 해 달라고 사정했습니다.

하나님의 계획에 의하면 평지에 있는 모든 성은 유황불로 멸망하게 되었는데 거기에는 소알도 포함되어 있었습니다. 그러나 롯은 시간을 다 허비했기 때문에 산까지 갈 수 없었습니다. 그것은 롯이 살 수 없다는 이야기였습니다. 그러나 하나님은 롯 한 사람을 위하여 유황불의 범위를 조정하셨습니다. 즉 하나님은 그 무서운 유황불 재앙에서 소알만 빼기로 계획을 수정하신 것입니다. 그래서 롯이 주저하고 망설이는 바람에 결국 소알 성의 수천 명의 사람이 유황불 재앙에서 목숨을 건지게 되었습니다. 그 사실을 아무도 몰랐습니다. 사람들은 하늘의 일을 알지 못하기 때문입니다.

3. 유황불 심판

하나님의 두 천사는 롯에게 빨리 도망쳐서 소알 성으로 달아나라고 했습니다. 그러면서 네가 안전하게 소알 성으로 들어가기 전까지는 아무 일도 할 수가 없다고 했습니다. 드디어 롯과 그의 가족이 달음질해서 소알 성으로 숨을 헐떡이면서 들어가는 순간 아침 해가 떠올랐습니다. 이제는 드디어 하나님 심판의 시간이 되었습니다.

그 날은 다른 날에 비하여 다른 것이 하나도 없는 것 같았습니다. 그런데 이상하게 하늘에서 비가 내리는데 굉장히 메케한 냄새와 함께 노란 물체가 비같이 내리기 시작했습니다. 비같이 내리는 이 노란 물체는 온 세상에 쌓이기 시작했습니다. 처음에 사람들은 그것이 무엇인지 알지 못했습니다. 그것은 바로 유황이었던 것입니다. 소돔과 고모라와 아드마와 스보임 네 성과 들판에 억수같이 많은 유황이 쏟아져서 쌓였습니다. 그리고 잠시 후 하늘에서 불이 떨어지기 시작했습니다. 이번에는 불비가 내리기 시작한 것입니다. 하늘에서 내린 불비와 또 계속 내리고 있던 유황은 엄청난 폭발력을 내면서 폭발하기 시작했습니다. 그래서 하나님의 천사가 말한 대로 소돔과 고모라의 모든 성과 들판은 사람 한 명, 짐승 한 마리, 벌레 하나, 풀 한 포기도 남지 않고 모두 유황불의 폭발에 다 타버리고 없어져 버렸습니다. 소돔과 고모라에는 산 것이라고는 남아 있지 않았습니다. 완전한 전멸이었습니다.

그런데 도피하던 롯의 아내가 문제였습니다. 롯의 아내도 천사의 손에 붙들려서 어쩔 수 없이 소돔 성 밖으로 끌려나오긴 했습니다. 그러나 롯의 아내는 아무리 생각해도 두고 온 패물이나 그릇이나 돈이 아까웠던 것입니다. 그래서 롯의 아내는 잠시 머리를 굴렸습니다. 즉 아직 하나님의 심판이 시작되기 전에 얼른 집에 가서 물건을 조금 챙겨온다고 해서 달라질 것은 없다고 생각했습니다. 그래서 한순간에 롯의 아내는 천사의 손을 뿌리치고 소돔 성을 향하여 달리기 시작했던 것입니다. 그러나 이때는 아직 폭발만 일어나지 않았지 이미 하나님의 심판이 시작되고 있었습니다. 그래서 성을 향해서 몸을 돌이켜 달려가려고 하던 롯의 처는 한순간 벼락을 맞았는지 갑자기 굳어지더니 소금으로 변하기 시작했습니다. 결국 롯의 아내는 소금 기둥으로 변하고 말았습니다. 하나님이 떠나라고 했으면 뒤를 돌아보지 말고 앞만 보고 달렸어야 하는데, 롯의 아내는 너무 세상에 미련이 많이 남아 있었던 것입니다. 즉 "내가 이 모든 패물과 재산을 어떻게 모았는데 이것을 두고 갈 수 있겠나 하나라도 더 건지자"고 하다가 그만 그 자리에서 즉사하고 말았던 것입니다.

오늘 우리는 그 옛날 멸망했던 소돔과 고모라와 관계가 있을까요? 우리도 관계가 있습니다. 갑자기 우리 도시에 동성애자들이 집단으로 시위하고 있고 지진이 자꾸 일어나고 있고 북한은 핵무기를 개발하고 미사일을 쏘고 있고 구제역이나 조류 독감이 수많은 닭이나 짐승들을 죽게 하고 있기 때문입니다. 그러나 하나님 앞에서 아브라함의 기도는 유효합니다. 하나님은 아브라함에게 의인 10명만 있으면 소돔을 살려주시겠다고 약속하셨습니다. 즉 하나님은 소돔과 고모라의 그 많은 죄에도 불구하고, 동성애자의 난동에도 불구하고 멸망시키지 않겠다고 약속하셨습니다. 10명은 대가족 한 가족의 숫자이고 개척교회 교인들의 숫자와 같습니다. 즉 한 교회만 믿음에 똑바로 서도 하나님은 유황불 재앙이나 핵 공격에서 지켜주시는 것입니다. 우리는 이 약속을 믿습니다.

그리고 하나님의 백성은 서로에 대하여 친절해야 합니다. 그러나 동성애자들에게 친절하게 딸을 주겠다고 해서는 안 됩니다. 집이 없는 사람, 갈 길을 모르는 사람, 낯선 사람에게 친절해야 하는 것입니다. 우리는 기도하는 사람은 망하지 않는다는 것을 믿어야 합니다.

어거스틴이 방탕하게 살고 정신적으로 많이 방황하여 세상 철학을 따르고 마니교를 신봉하고 사생아 아이까지 낳았을 때, 어거스틴의 어머니는 암부로스 목사님을 찾아가서 "우리 아들을 위하여 좀 권면을 해 달라"고 부탁했습니다. 그때 암부로스 목사님은 "지금 당신의 아들은 너무나도 마음이 교만해서 누가 말을 해도 듣지 않습니다. 그러나 눈물로 기도하는 사람의 아들은 망하지 않습니다"라고 대답했습니다. 그때부터 어거스틴의 어머니는 어거스틴을 위해서 눈물로 기도하기 시작했는데 결국 아들이 성경을 읽고 하나님께로 돌아와 신앙의 위인을 우뚝 서게 됩니다.

하나님은 우리를 너무 아끼시고 우리 민족을 너무나도 아끼십니다. 그러나 죄가 가득 차면 심판이 올 수밖에 없습니다. 우리의 기도와 영적 부흥이 죄의 수위를 내려가게 해서 심판이 오지 않게 합니다. 우리는 뒤를 돌아봐서는 안 됩니다. 물건을 잃어버리거나 큰 손해를 보더라도 뒤를 돌아보면 안 됩니다. 우리는 산으로 가야 합니다. 산에는 아브라함과 그의 사람들이 있었습니다. 그런데 롯은 끝까지 자존심 때문에 산으로 가지 않았습니다. 오히려 소알에 있다가 다른 산으로 가서 굴을 파고 딸과 살았습니다. 롯이 보기에는 소알이나 온 세상이 소돔과 같아 보였기 때문입니다.

우리 교회를 산으로 만드시기 바랍니다. 세상으로 가는 훈련하지 말고 산으로 가는 훈련하시기 바랍니다. 기도하는 백성은 망하지 않습니다. 눈물의 기도의 자식도 망하지 않습니다. 기도로 모든 사람을 살리는 성도들이 다 되시기 바랍니다.

33 막다른 골목

대인 공포

마 10:28-29

몸은 죽여도 영혼은 능히 죽이지 못하는 자들을 두려워하지 말고 오직 몸과 영혼을 능히 지옥에 멸하실 수 있는 이를 두려워하라 참새 두 마리가 한 앗사리온에 팔리지 않느냐 그러나 너희 아버지께서 허락하지 아니하시면 그 하나도 땅에 떨어지지 아니하리라

제가 새 중에서 가장 좋아하는 새는 참새입니다. 요즘은 참새를 구경하기 어렵지만, 강가를 걷다가 참새를 발견하고 사진 찍으려고 하면 너무 동작이 빨라서 찍기가 보통 어려운 것이 아닙니다. 제가 참새를 좋아하는 이유는 예수님께서 "참새 한 마리도 하나님의 허락 없이는 땅에 떨어져 죽지 아니한다"고 말씀하셨기 때문입니다. 그래서 참새는 흔하디흔한 새지만 우리의 생명을 보증하는 새입니다. 그다음으로 좋아하는 새는 까마귀입니다. 특히 까마귀 새끼를 더 좋아합니다. 그 이유는 못 생기고 음성도 나쁜 이 까마귀를 하나님께서 먹이신다고 말씀하셨기 때문입니다. 특히 까마귀는 옛날 이스라엘의 엘리야 선지를 먹여 살렸던 새입니다.

그런데 많은 사람이 사람에 대한 공포증을 가지고 있습니다. 특히 많은 사람 앞에 서서 공연하거나 연설하는 연예인이나 방송인은 물론이고 심지어는 목회자들 중에서도 공황장애를 겪고 있는 분들이 의외로 많이 있습니다. 이것은 일단 많은 사람 앞에 선다는 자체가 엄청난 스트레스를 가져오기 때문입니다.

우리는 간혹 사람이 너무 무서울 때가 있습니다. 그러나 예수님은 사람을 무서워하지 말라고 하셨습니다. 왜냐하면 하나님이 계시기 때문입니다. 하나님이 허락하시지 않으면 악한 자가 우리의 머리털 하나도 해치지 못할 것입니다. 하나님은 악한 자들을 영원한 지옥에 집어 던진다고 하셨습니다.

1. 이리떼 가운데 있는 양

아마 누군가가 우리나라의 구성원들의 가장 큰 문제가 무엇이냐고 묻는다면 아마 많은 사람이 좌파와 우파가 대립하여 싸우는 것이라고 대답할 것입니다. 사실 우리나라는 진보를 좋아하는 사람들, 대개 젊은 층이나 일부 지식인이나 종교인들과 보수 그룹에 속하는 기업인이나 나이 든 층이 대립해서 싸우고 있는 것은 사실입니다. 그래서 우리나라는 정치를 하더라도 이 대립 때문에 아무것도 할 수 없고 서로가 서로를 망하게 하기 위하여 모든 일에 반대하고 못하게 하는 것을 볼 수 있습니다.

그런데 본문을 보면 우리나라에는 옛날과는 다른 중요한 변화가 일어나고 있다고 말씀하고 있습니다. 그것은 바로 이리들 가운데 상당히 많은 양들이 생기고 있다는 것입니다.

마 10:16, "보라 내가 너희를 보냄이 양을 이리 가운데로 보냄과 같도다 그러므로 너희는 뱀 같이 지혜롭고 비둘기 같이 순결하라"

예수님께서는 하나님을 믿지 않는 사람들의 본성을 이리에 비유하셨습니다. 그것은 이리의 본성이 야생 동물의 본성을 가지고 있을 뿐 아니라, 때때로 떼를 지어서 공격하는 본성을 가지고 있기 때문입니다. 사람들은 하나님을 믿기 전에는 모두 야생 동물의 본성을 가지고 있었습니다. 야생 동물은 초원에서 스스로의 힘으로 살아남고 절대로 사람에게 의존적이지 않습니다. 그뿐만 아니라 야생동물은 자연상태에서 강한 자가 약한 자를 잡아먹으면서 살아가고 있습니다. 즉 육식동물은 초식동물을 사냥해서 잡아먹고, 초식동물은 풀을 뜯어먹으면서 살아가고 있는 것입니다.

그러나 이 세상에 일어나는 가장 놀라운 변화는 이런 야생동물의 세계 안에 하나님의 백성이 존재하게 된 것입니다. 이들은 양이기 때문에 공격적이지도 않을뿐더러 대단히 하나님에게 의존적인 사람인 것입니다. 사실 사람들의 눈에 보이지 않아서 그렇지, 우리나라는 옛날과는 달리 상당한 수의 새로운 하나님의 백성이 생겨나고 있습니다. 그것이 바로 이리떼 가운데 있는 양들입니다. 그래서 지금 우리나라는 겉으로 보기에는 보수와 진보가 대립되어 있고 좌파와 우파가 싸우고 있는 것 같지만, 사람들의 눈에 보이지 않는 눈으로 보면 우리나라는 많은 이리 가운데 양들이 존재하고 있는 것입니다.

예수님은 제자들을 세상에 보내시면서 "내가 너희를 보내는 것은 양을 이리 가운데로 보냄과 같다"고 말씀하셨습니다(마 10:16). 여기서 '양'은 모든 기독교인을 다 말하는 것이 아닙니다. 명목상으로는 기독교인이지만 실제로는 양이 아닌 사람들도 많이 있습니다. 우리는 구체적으로 누가 양인지, 누가 양이 아닌지는 알 수 없을지도 모릅니다. 그러나 우리나라는 이 엄청난 혼란과 어려움 가운데서도 상당한 수의 양들이 있는 것은 사실입니다.

오늘날 유전학자들의 가장 큰 업적 중 하나는 동물복제라고 말할 것입니다. 과학자들은 유전자를 통해서 양이나 개와 송아지 같은 동물들을 복제해내고 있습니다. 특히 우리나라 어느 학자의 개 복제기술은 세계적인 수준이어서 주문을 받아서 수출까지 해서 돈을 벌고 있다고 합니다. 그러나 인간은 아직 이리를 양으로 변형시키지는 못했습니다.

그런데 하나님께서 이 세상에 하신 가장 위대한 일은 이리에게 하나님의 말씀을 주시고 하나님의 영으로 양으로 변형시키는 데 성공하신 것입니다. 그래서 양으로 변한 이 이리들은 전혀 공격적이지 않고 하나님의 말씀을 아주 좋아하며 하나님을 예배하며 하나님을 찬송하며 음란과 우상 숭배를 멀리 하고 철저하게 하나님을 의지하는 삶을 산다는 것입니다. 이것이 하나님이 이 세상에서 하나님의 아들을 통해서 하신 가장 위대한 일입니다.

우리의 과거를 돌아보면 옛날에는 그렇게 하나님에게 의존적이지 않고 상당히 독립적이었습니다. 그래서 우리는 이 세상에서 얼마든지 우리 자신의 힘으로 살아갈 자신이 있었고 다른 사람과 말로 싸우든지 누군가가 나를 공격하면 절대로 지지 않고 맞붙어 싸우는데 자신이 있었습니다. 그러나 어느 날 우리가 하나님의 말씀을 듣고 은혜를 받게 되었습니다. 그리고 우리는 예수님의 십자가 보혈을 알게 되었고, 하나님의 사랑을 알게 되었습니다. 그리고 우리는 변하게 되었습니다. 우리는 전혀 공격적이지 않게 되었고, 하나님께 전적으로 의존적인 사람들이 되고 말았습니다. 즉 우리는 그동안 날카로웠던 이빨이나 발톱이 다 빠지게 되었고 무서운 광기가 없어지게 되었습니다. 누군가가 세상에서 우리를 공격하면 우리는 두려워하게 되었고 물리면서도 공격하지 못하게 되었습니다. 우리는 이 세상에서 하나님의 도움 없이는 혼자 힘으로는 전혀 살아갈 수 없는 약한 자가 되고 말았습니다. 그래서 우리는 개성이 강하고 공격적인 사람을 보면 무서워하게 되었고 상처를 입게 되었습니다. 이것이 하나님께서 이 세상에서 하신 가장 위대한 일입니다.

그런데 우리에게 이해가 되지 않는 것은 이런 양들을 이리 가운데 살게 하면 틀림없이 이리들이 양들을 다 해치고 잡아서 먹을 것입니다. 반대로 양들은 이 세상에서 너무나도 불안하게 되고 스트레스를 받게 될 것이며 여차하면 이리들에게 전부 다 잡혀서 먹히고 말 것입니다. 그런데 예수님께서는 왜 위험하게도 양들을 잘 보호하지 않으시고 이리들 가운데로 보내실까요? 물론 처음에는 이리도 우리가 양으로 변한 줄 잘 알지 못합니다. 그러나 조금 함께 지내보면 우리에게는 세상 사람들과 다른 냄새가 난다는 것을 깨닫기 시작합니다. 그것이 무슨 냄새인가요? 바로 우리에게 하나님의 냄새가 나기 시작하는 것입니다. 그리고 세상 사람들이 우리와 조금 지내다 보면 우리의 가치관이 자기들과는 완전히 다르다는 것을 깨닫게 됩니다. 이리들은 이 세상에서 잘 되는 것이 목적입니다. 그들은 이 세상이 더 발전하고 이상적인 사회가 되도록 노력합니다. 그러나 양들은 이 세상의 발전에 별 관심이 없습니다. 그들은 오직 영혼 구원에 더 관심을 가지고 있습니다.

그런데 왜 예수님은 이리 가운데 양들을 보내시는 것을 아주 중요하게 말씀하셨을까요? 바로 이 세상에 양들이 있다는 것이 이 세상에 하나님의 나라가 임한 증거이기 때문입니다. 즉 이 세상에 하나님을 알고 공격적이지 않으며 하나님을 예배하는 자들이 생기기 시작했다는 것은 이 세상에 하나님의 나라가 임하기 시작한 증거입니다. 물론 아직 하나님의 나라가 완전히 임한 것은 아닙니다. 그러나 지금 하나님의 나라는 이 세상에 상륙하기 시작하고 있는 것입니다.

물론 우리는 완전한 하나님의 양이 되지 못했습니다. 때로는 이기적이기도 하고 때로는 옛날 습성을 버리지 못해서 죄에 빠지기도 합니다. 그러나 적어도 우리는 변했습니다. 이런 양들이 있다는 것은 우리 뒤에 무한한 하나님의 나라가 연결되어 있고 하나님의 능력과 축복이 상륙하고 있다는 것을 의미하는 것입니다. 그래서 우리나라는 지난 75년간 전쟁이 없었습니다. 이것은 하나님의 불말과 불병거가 상륙해서 우리나라를 지켜주었기 때문이라고 믿습니다.

예수님께서 양을 이리 가운데로 보내신다는 말씀은 70명의 제자들을 전도하러 보내실 때도 하셨습니다. 그때 예수님은 "갈지어다 내가 너희를 보냄이 어린 양을 이리 가운데로 보냄과 같도다"(눅 10:3)라고 하셨습니다. 여기에 보면 그냥 '양'도 아니고 '어린 양'입니다. '어린 양'은 이리를 무서워하지 않는데 그 이유는 아무것도 모르기 때문입니다.

그리고 예수님은 또 이런 말씀을 하셨습니다. "예수께서 이르시되 사탄이 하늘로부터 번개 같이 떨어지는 것을 내가 보았노라"(눅 10:18). 즉 우리 하나님의 백성이 제대로 양 노릇을 하기만 하면 사탄이 하늘에서 떨어지게 되는 것입니다. 지금 우리가 보는 우리나라는 사탄이 지배하고 있는 나라의 모습입니다. 이것은 양들이 양 노릇을 제대로 하지 못해서 그런 것입니다. 왜냐하면 우리가 양으로 살면 불리하다는 것을 알고는 무늬만 양이고 실제로는 이리로 돌아가 버렸기 때문입니다.

여기에 보면 예수님께서 "너희는 뱀같이 지혜롭고 비둘기같이 순결하라"고 말씀하셨습니다. 우리가 양 노릇을 제대로 하는 비결은 이리를 흉내 내는 것이 아닙니다. 즉 우리가 세상과 같아지는 것이 아닙니다. 우리는 세상과 달라져야 하고 세상이 알지 못하는 지혜로 무장되어야 합니다. 우리는 양이기 때문에 당하는 고난을 두려워해서는 안 됩니다.

그래서 예수님께서는 "너희가 양으로 세상에 나가면 회당에서 채찍질 당할 것이고 총독이나 왕에게 끌려가서 재판도 받을 것이라"고 하셨습니다. 그러면서 또 "무슨 말을 할 것인지 염려하지 말라"고 하시면서 "하나님이 말씀을 주실 것"이라고 했습니다. 그런데 그 말씀을 주시는 분은 바로 하나님의 성령입니다.

오늘 우리 양들은 하나님의 말씀보다는 돈이나 세상의 지위로 무장되어 있어서 능력을 잃어버리게 되었습니다. 그러면 하나님의 권세도 공급이 중단되게 되는 것입니다. 하나님의 백성은 세상에서 성공하는 것이 좋은 일이기도 하지만 대단히 위험한 일이기도 합니다.

그러나 우리가 다시 양으로 하나님의 말씀과 성령으로 무장되면 성령의 바람이 불게 되는데, 그때 사탄은 다시 하늘에서 떨어지게 될 것입니다. 지금 양들은 양도 아니고 이리도 아닌 어중간한 상태에 있게 되었습니다. 이것이 다시 사탄이 활개를 치게 된 이유입니다. 우리는 지금 내가 살 것인지 아니면 하나님의 나라가 살 것인지를 생각해야 합니다. 예수님은 "살고자 하는 자는 죽을 것이고 죽고자 하는 자는 살 것이라"고 약속하셨습니다. 지금 내가 약한 꼴을 보이기 싫어서 계속 손해 보지 않고 강한 자로 살면 세상도 죽고 나도 죽을 것입니다.

옛날 페르시아의 지배하에 악한 하만이 유대인들을 모두 몰살시키려 했을 때 모르드개는 왕비인 자기 사촌 동생 에스더에게 "네가 지금 이때를 위해서 왕비가 되었는지 어찌 알겠느냐?"라고 하면서 "네가 살려고 하면 하나님은 다른 사람을 통해서 우리를 살리시겠지만, 너와 네 아비 집은 멸망할 것이라"고 경고했습니다. 이것은 우리에게도 동일하게 적용될 수 있습니다. 오늘 우리가 지금 우리나라에서 사는 것이 지금 이때를 위함인지 어떻게 알겠습니까? 절대로 이리가 되지 말고 양이 되고, 자기 지위나 자리를 가지고 갑질하지 말고, 잘난 체하지 말고, 바보 같은 양이 되면 가능성이 있습니다.

2. 하나님이 보고 계심

요즘 우리는 언론매체와 텔레비전 방송이 있어서 우리나라에서 일어나는 모든 중요한 일들은 모든 사람이 거의 다 알고 있습니다. 그래서 이제는 국민의 눈을 속일 수 없고 사람들 몰래 무슨 부정을 저지를 수 없습니다. 특히 어떤 중요한 스포츠 경기라든지 청문회 같은 것들은 텔레비전에서 아예 중계방송을 하기 때문에 모든 국민이 다 보게 됩니다. 마찬가지로 하나님의 백성이 하는 모든 말과 행동은 하나님 앞에서 천사들과 많은 성도들이 보는 앞에서 생중계가 됩니다.

26절, "그런즉 그들을 두려워하지 말라 감추인 것이 드러나지 않을 것이 없고 숨은 것이 알려지지 않을 것이 없느니라"

사람은 하나님이 모든 것을 다 보고 계시는 줄 알지 못하고 약간의 유익이나 자존심을 위하여 거짓말을 하고 위선적인 행동을 합니다. 그런데 그것들이 모두 하나님 앞에서는 이미 다 공개적으로 알려지게 되어 있다는 것입니다. 하나님 앞에서는 비밀이 없습니다. 하나님 앞에서 가장 천박하고 가치 없는 행동은 양심을 팔아먹는 행동입니다. 그러나 그것은 모두 실패하는 것입니다. 하나님의 백성은 자기 이론을 전개하고 다른 사람을 설득하려고 애쓸 필요가 없습니다. 우리가 믿는 성경이 있기 때문입니다. 우리가 성경을 이야기하고 특히 성경을 자신에게 적용할 때 하나님의 능력이 나타나게 됩니다.

예수님이 어두운 데서 이야기하고 귓속말로 말씀하신 것이 전부 지붕 위에서 전파되고 온 세상에 알려질 것이라고 하셨습니다. 예수님의 말씀에 능력이 있기 때문입니다. 하나님은 우리에게 이 세상에 하나님의 능력을 나타내고 하나님의 말씀을 나타내라고 우리를 이 세상에 보내신 것입니다.

예수님은 우리가 이 세상에서 좋은 대접받을 생각하지 말라고 하셨습니다. 사람들은 예수님을 바알세불이라고 불렀고 귀신들렸다고 욕을 했습니다. 또 "제자는 선생보다 나은 대접을 받을 수 없고 종이 주인보다 나은 대접을 받을 수 없다"고 하셨습니다. 우리는 주인이 아니고 종입니다. 절대로 내가 주인인 것처럼 행세하면 안 됩니다. 그러면 그리스도의 종이 아니고 하나님의 나라의 능력과도 상관이 없습니다. 단지 한 인간으로 똑똑하고 유능한 것밖에 되지 못합니다.

예수님은 "누구든지 사람 앞에서 나를 시인하면 나도 하늘에 계신 하나님 앞과 천사들 앞에서 그를 시인할 것이고 사람들 앞에서 나를 부인하면 나도 하나님과 천사들 앞에서 그를 모른다고 할 것이라"고 하셨습니다. 우리가 하나님의 말씀을 듣고 그대로 하기만 하면 능력이 나타나게 됩니다. 이것이 하나님과 천사들 앞에서 엄청난 능력으로 나타나게 되는 것입니다. 그래서 모든 것은 예수님에게 있습니다. 우리가 예수님 없이 모든 일을 하는 것은 의미가 없습니다. 그래서 우리는 선생보다 더 나은 대접을 받고 주인처럼 행세해서는 안 됩니다. 우리가 하나님의 말씀대로 하기만 하면 아무리 남들이 업신여기고 무시해도 하나님의 능력이 나타납니다.

3. 하나님의 허락

우리가 보기에 이 세상은 시한폭탄과 같아서 언제 터질지 모르는 세상인 것 같습니다. 사실 사람마다 분노를 품고 있는 데다가 우리나라는 가장 호전적인 테러 국가 북한의 위협을 머리에 이고 있습니다. 지금 나라가 마비상태에 있는 이때에 혹시 전쟁이라도 터지면 어떻게 하나 모두 걱정하고 불안해하고 있습니다. 그러나 하나님은 하나님의 백성을 철저하게 지키고 계시는 것을 기억하셔야 합니다. 우선 우리가 이 세상에서 가장 중요하게 생각할 것은 세상의 성공이나 안정된 삶이 아니라 우리의 영혼입니다.

> 28절, "몸은 죽여도 영혼은 능히 죽이지 못하는 자들을 두려워하지 말고 오직 몸과 영혼을 능히 지옥에 멸하실 수 있는 이를 두려워하라"

우리가 이 말씀을 들으면 예수님이 극단적인 말씀을 하시는 것 같습니다. "인간이 우리에게 할 수 있는 것이라고 해봐야 우리 육체를 고문하고 죽이는 것밖에 없지 않느냐? 그러나 하나님은 우리의 육체와 영혼을 모두 지옥에 다 던져 넣는 분이시니까 하나님을 더 두려워해야 한다"고 말씀하시는 것입니다. 그런데 우리에게 가장 두려운 것은 바로 우리의 육체가 고통받는 것이고 우리의 육체가 죽는 것입니다. 우리는 육체가 고통받는 것과 죽는 것을 가장 두려워하는데 예수님은 그것을 두려워하지 말라고 하시니까 우리가 이해되지 않는 것입니다. 그러나 예수님은 지금 우리에게 극단적인 예를 들고 계신 것이지 모두 다 이렇게 된다는 말은 아닙니다. 우리는 모두 육체의 고통을 두려워하고 죽는 것을 두려워합니다. 다른 말로 우리는 모두 편안한 것을 좋아하고 죽지 않는 것을 좋아합니다. 그래서 우리는 이 말씀을 액면 그대로 받아들일 자세가 되어 있지 못하기 때문에 나누어서 생각하면 좋을 것입니다.

그 첫째는 우리의 비중을 영혼과 육체 중에 영혼에 두라는 것입니다. 우리가 만일 육체의 행복에 비중을 더 두고 육체의 성공과 행복에 더 비중을 둔다면 우리는 하나님 앞에서 멋진 삶을 살지 못할 것입니다. 우리는 우리 영혼에 더 비중을 두어야 합니다. 우리 영혼을 하나님의 말씀으로 채우고 우리의 영혼이 하나님 앞에서 순결한 것에 비중을 두면 우리는 실패하지 않습니다. 더욱이 우리가 기억해야 할 것은 하나님은 우리에게 어려움과 고난을 당하게 하시더라도 감당할 수 없는 고난을 당하지 않게 하십니다. 그래서 우리가 고난을 당하더라도 반드시 감당할 수 있는 범위 안에서만 주시고 그 이상은 피할 길을 주시기 때문에 너무 두려워할 필요가 없습니다. 그리고 예수님은 사람을 두려워하지 말라고 하셨습니다. 사람은 모두 사탄의 손에서 놀아나는 꼭두각시에 불과하므로 사람은 자기 의사와 상관없이 못된 말을 하고 못된 행동을 하기 때문입니다. 그러나 사람들은 나중에 변하고 보면 다 좋은 사람들입니다. 단지 한순간 교만하고 제정신이 아니기 때문에 미쳐서 못된 짓을 하고 있는 것입니다.

그런데 예수님은 놀라운 말씀을 하셨습니다. 그것은 이 세상의 아무리 작은 생명이라도 하나님의 허락 없이는 죽게 할 수 없다는 것입니다. 즉 하나님은 이 세상일을 아주 꼼꼼하게 살피시는데 하나님의 허락 없이는 아주 값어치 없는 참새 한 마리도 죽게 할 수 없다고 말씀하셨습니다.

29절, "참새 두 마리가 한 앗사리온에 팔리지 않느냐 그러나 너희 아버지께서 허락하지 아니하시면 그 하나도 땅에 떨어지지 아니하리라"

옛날에는 참새를 파는 장사들이 있었던 것 같습니다. 그러나 참새는 너무 값이 싸서 두 마리가 한 앗사리온에 팔렸는데 이것은 아주 싼 값이었습니다. 참새 두 마리가 한 앗사리온이니까 한 마리는 반 앗사리온밖에 안 되는 것이었습니다. 그러나 하나님의 허락 없이는 참새 한 마리도 땅에 떨어져 죽지 않는다고 말씀하셨습니다. 하물며 하나님의 백성은 하나님의 허락 없이는 절대로 한 사람도 죽을 수 없습니다.

30-31절, "너희에게는 머리털까지 다 세신 바 되었나니 두려워하지 말라 너희는 많은 참새보다 귀하니라"

하나님은 "우리의 머리털까지 전부 다 헤아리셨다"고 말씀하셨습니다. 하물며 하나님은 우리의 건강이나 먹고 사는 문제나 몸이 아픈 것이나 모든 것을 다 헤아리고 계시고 알고 계십니다.

그 하나님께서 우리에게 원하시는 것이 무엇입니까? 절대로 이 세상에서 잘 살고 사람들에게 인정받는 것으로 만족하지 말라는 것입니다. 우리는 이 세상에 보냄을 받은 하나님의 종들이기 때문입니다. 우리가 힘써 하나님의 말씀을 지키고 기도로 부흥을 일으킬 때 사탄은 하늘에서 떨어지게 되고 이 세상에는 하나님의 놀라운 복이 부어지게 될 것입니다. 그러나 우리가 세상 것으로 만족하고 양도 아니면서 양인 체할 때 이 세상은 가치 없는 세상이 될 것이고 하나님으로부터 버림을 당하게 될 것입니다.

지금 우리가 두려워해야 할 것은 오늘 시대적인 상황이 아니라 어중간한 내 자신의 모습입니다. 오늘 우리는 양으로 살기로 결심하시기 바랍니다. 아무리 하나님 앞에 실수하고 부족한 것이 있었어도 다 회개하고 새로 결단하고 믿음으로 시작할 때 하나님은 우리를 지켜주실 것입니다.

34 막다른 골목

작은 결심

단 1:8-9

다니엘은 뜻을 정하여 왕의 음식과 그가 마시는 포도주로 자기를 더럽히지 아니하리라 하고 자기를 더럽히지 아니하도록 환관장에게 구하니 하나님이 다니엘로 하여금 환관장에게 은혜와 긍휼을 얻게 하신지라

때로 우리 인생에 작은 결심이 우리 인생이나 다른 사람의 인생을 완전히 바꾸는 경우가 있습니다.

마틴 로이드 존즈 목사는 원래 런던의 유명한 병원에서 왕실 주치의였던 토마스 호더경의 조수로 성공이 기약된 젊은 의사였습니다. 그러나 자신의 사명은 단순히 육체의 병을 고치는 의사가 아니라 사람의 영혼을 고치는 목사가 되어야 한다고 결심하고는 런던의 의사 길을 포기하고 웨일즈 시골의 작은 교회 전도사로 떠나게 됩니다. 그리고 그는 웨일즈에서 부흥을 경험하고, 런던의 웨스트민스터 교회의 담임 목사로 부임해서 20세기에 가장 탁월한 설교자로 쓰임받는 설교자가 되게 됩니다. 그가 14년 동안 설교한《로마서 강해》와《에베소서 강해》는 이 세상 어느 누구도 흉내 낼 수 없는 탁월한 신앙 유산으로 남아 있습니다.

마리안느 스퇴거 간호사와 마가렛 피사렉 간호사는 20대 처녀의 몸으로 오스트리아에서 간호학교를 졸업한 후 천주교 수녀로 이름도 듣지 못했던 한국의 소록도로 오게 됩니다. 이분들은 소록도에 와서 한센 환자들의 손을 잡아서 약을 발라주고 나이 70세가 되도록 봉사를 했습니다. 이 두 분은 한 살 차이인데 마가렛 간호사가 병이 들면서 자신이 짐이 된다고 생각하니까 아무 소리 없이 50년 전 한국에 올 때 가지고 왔던 가방 하나만 달랑 들고 편지 하나 써 놓고 오스트리아로 돌아갔습니다. 이 두 수녀는 소록도 사람들에게 그리스도의 위대한 정신을 보여주었습니다.

독일인 오스카 쉰들러는 유대인들이 아우슈비츠 가스실에서 죽어서 재가 되는 모습을 보고서 '인생은 돈이 최고가 아니구나' 하는 것을 깨닫게 됩니다. 그는 자기 군수 공장에서 일하는 유대인들은 가스실에 가지 않는다는 것을 알고는 한 명의 유대인이라도 더 고용하려고 독일 장교들에게 뇌물까지 써 가면서 유대인들을 고용합니다. 독일이 패망하고 전쟁이 끝난 후 도망쳐야 하는 쉰들러를 위해서 살아남은 유대인들은 금이빨을 뽑아서 다윗의 별이 새겨진 반지를 만들어 줍니다. 몇 년 전 신문을 보니까 쉰들러의 공장에서 일하던 마지막 유대인이 늙어서 죽었다는 보도가 나왔습니다.

영국인 니콜라스 윈턴 경은 원래 은행원이었는데 스키 타러 스위스에 간 후 체코슬로바키아 친구를 만나러 갔다가 수용소에 갇히는 유대인 어린이들을 보게 됩니다. 그리고 이 어린이들도 아우슈비츠로 가서 가스실에서 모두 다 죽는다는 것을 알았습니다. 그는 이 어린이들이라도 건져야 하겠다는 결심을 하고는 사비를 털어서 유대인 어린이 669명을 몰래 영국으로 빼돌려 입양을 시켰습니다. 그런데 마지막 열차에 탄 어린이 250명을 독일군 때문에 입양시키지 못했는데 이 아이들이 모두 없어져 버렸습니다. 나중에 알아보니까 그 250

명은 다 가스실에서 죽고 두 명만 살았다는 것을 알게 됩니다. 니콜라스 윈턴은 그 250명의 유대인 어린이들을 구하지 못했다는 죄책감으로 자기가 한 일을 50년 동안 아무에게도 말하지 않습니다. 그런데 어느 날 부인이 다락을 정리하다가 유대인 어린이들 사진과 입양 기록을 발견하고 방송국에 알려서 이 사람의 선행이 알려지게 되었습니다. 그때 이 사람을 통해서 입양된 유대인 어린이들은 모두 어른이 되어서 자기 자녀들 손자들과 함께 모여서 니콜라스 윈턴을 어느 강당으로 초청합니다. 그는 왜 이 사람들이 자기를 부르는지도 모르고 갔는데 모든 사람이 일어나서 그에게 박수를 보내었습니다. 니콜라스 윈턴이 살린 유대인 어린이 669명은 50년 후에 6,000명으로 불어나 있었습니다.

한 순간의 결심이 얼마나 많은 생명을 살리고 우리를 위대한 사람이 되게 하는지 알 수 있습니다.

1. 망한 나라의 소년들

나라가 망하면 그 백성보다 더 불쌍하고 비참한 사람들이 없을 것입니다. 시리아에 내전이 일어나니까 수많은 사람이 배를 타고 피난가는데 형편없는 배를 타고 가다가 배가 뒤집혀서 사람들이 바다에 빠져 죽는 경우가 수도 없이 많았습니다. 중일 전쟁에서 일본이 남경을 정복했을 때 일본군은 그곳 사람 20만 명에서 40만 명을 학살했고 모든 여성은 어린아이부터 할머니까지 강간하고 죽였습니다. 캄보디아가 공산당에게 나라를 뺏기니까 백만 명이나 크메르 루즈에 의해 총살당하게 됩니다.

우리나라는 6.25 전쟁으로 300만 명 이상의 군인과 민간인이 죽거나 실종되었습니다. 그러나 하나님은 우리나라를 망하지 않게 하시고 가장 아름다운 나라로 발전하게 하셨습니다. 아마 이것보다 더 귀한 축복은 없을 것입니다. 우리는 한민족의 역사에서 가장 복 받은 사람들입니다. 우리는 전쟁이 없고 경제적으로 가장 잘사는 이 때 이 나라에서 살고 있습니다. 우리는 평화의 세대이고 부흥의 세대에 이 땅에서 살고 있습니다.

다니엘은 그렇게 축복된 시대에 유다에서 산 것이 아니었습니다. 다니엘은 유다의 일차 멸망 시대에 예루살렘에서 살았는데, 유다가 바벨론의 느부갓네살에 항복하는 바람에 바벨론으로 포로되어 온 사람이었습니다. 그때 유다 왕은 여호야긴이었는데 바벨론 왕 느부갓네살이 예루살렘을 쳐들어와서 성을 포위하고 왕과 왕후와 대신들과 지도자들을 모두 바벨론으로 사로잡아갔습니다. 이때 용사들 만 명과 기술자들 그리고 똑똑한 소년을 싸그리 다 잡아갔습니다. 여호야긴이 석 달 왕 노릇하고 바벨론에 잡혀간 후에 그 뒤를 시드기야가 왕이 되어 11년을 다스립니다. 그 후에 유다는 다시 느부갓네살을 배반해서 바벨론의 공격을 받아 완전히 성이 무너지고 모든 사람이 포로로 붙들려가고 예루살렘 성전까지 불타게 됩니다. 그런데 유다 역사가들은 대부분 여호야긴 때 유다가 망한 것으로 기록하는 것을 보면, 시드기야는 왕으로 인정하지 않는 것을 볼 수 있습니다. 그 이유는 비록 여호야긴 때 성이 불타거나 무너진 것은 아니지만 실제적으로 예루살렘이 이때 멸망했다고 보기 때문입니다. 그때 똑똑하고 유능한 사람들은 싹 다 잡혀가고 남은 사람들은 질이 떨어지고 사악한 사람들이었습니다. 그래서 남은 자들은 예레미야가 그렇게 피 토하는 눈물의 설교를 해도 끝까지 듣지 않았던 것입니다.

다니엘은 나라가 거의 망하고 유다의 지도자나 용사나 똑똑한 청소년들이 모두 포로로 잡혀갈 때 같이 잡혀 온 소년이었습니다. 다니엘은 예루살렘에 남지 못하고 우상의 나라로 끌려왔습니다. 그런데 유다가 망한 원인은 우상 숭배였다고 말하고 있습니다. 우상 숭배하는 것이 왜 그렇게 큰 죄가 될까요? 그것은 하나님의 백성이 하나님을 사랑하지 않고 딴 것을 숭배할 때 그만큼 거짓되고 악해지게 되기 때문입니다.

바벨론으로 끌려간 포로에게 주어진 선택은 바벨론에서 다시 죽든지 아니면 바벨론의 운하를 파고 성벽을 건축하는 강제노동에 동원되는 수밖에 없었습니다. 아마 다니엘도 일차적으로는 운하를 파거나 성 쌓는데 끌려가서 힘든 일을 했을 것입니다. 다니엘에게는 더 이상 미래가 없었습니다. 하나님의 나라는 망한 것 같았습니다. 이때 다니엘에게는 더 이상 하나님의 말씀이 의미가 없는 것 같아 보였습니다. 하나님이 살아계신다면 어떻게 유다가 망할 수 있습니까? 그리고 어떻게 유다의 모든 왕족이나 용사들이나 똑똑한 아이들이 모두 바벨론으로 포로가 되어서 끌려올 수 있습니까? 그들이 할 수 있는 것은 오직 절망하고 자포자기하는 것밖에 없었습니다.

그런데 놀라운 것은 바로 이런 시련 가운데 하나님을 믿는 사람과 그렇지 않은 사람이 갈라진다는 것입니다. 평소에 하나님을 잘 믿는 것 같아 보였지만 그렇지 않은 사람은 어려운 시련이 오면 하나님을 버리고 더 멀리합니다. 그러나 마음속에 하나님에 대한 진정한 신앙이 있는 사람은 이런 시련을 통하여 하나님께 돌아오고 더 신앙이 간절해지게 됩니다. 왜냐하면 그동안 눈을 가리고 있었던 세상의 허상들이 모두 벗겨지기 때문입니다. 다니엘은 바벨론에 잡혀오는 것을 통해서 더 하나님을 가까이하게 되었습니다. 그리고 하나님을 결사적으로 붙들게 되었습니다. 그에게서 세상의 껍데기들이 다 벗겨졌기 때문입니다.

유다 백성은 바벨론 노예 생활을 하면서 70년을 회개하게 됩니다. 왜냐하면 하나님의 백성이 죄를 오래 지었으면 죄지은 만큼 오래 회개해야 할 것 같고 그래야 죄의 줄이 끊어지기 때문입니다. 죄의 줄은 생고무 줄보다 더 질겨서 아무리 끊으려고 해도 우리 의지로는 잘 끊어지지 않습니다. 이럴 때는 하나님이 강제로 끊어주셔야 합니다.

교인 중에 나이 많이 든 집사님이 계셨는데, 제가 오고 난 후 교회 생활을 열심히 하셨습니다. 그런데 그분이 젊었을 때는 바람도 피워서 배다른 딸도 하나 두고 백바지 입고 멋도 내시고 아내가 밉다고 얼마나 때렸는지 눈알이 튀어나올 정도였습니다. 그런데 그분이 돌아가시게 되었습니다. 이분은 곡기를 끊고 40일 동안 "내가 잘못했다. 너한테 미안하다"고 회개하면서 돌아가셨습니다. 그래서 저는 장례식을 치르면서 그분의 생전에 잘못된 행실을 장례식 예배 때 다 말했습니다. 그리고 젊었을 때 죄지은 사람은 적어도 40일은 회개해야 천국 가는 것 같다고 말씀드렸습니다. 하나님의 기억력은 너무나도 정확하시기 때문에 우리가 아무리 은혜로 구원받아도 함부로 죄지으면 안 되는 것 같습니다.

그런데 유다 백성이 대단한 것은 포로로 붙들려간 사람 중에서 이 70년 포로 생활을 견디고 예루살렘으로 돌아온 자들이 많았다는 것입니다. 그들이 예루살렘에 돌아와 보니까 예루살렘 성도 없고 성전도 없고 거대한 쓰레기 더미만 남아있었습니다. 그들은 70년의 인생을 날려버렸습니다. 오늘도 많은 사람이 돈 번다고 인생을 허비합니다. 결국 남는 것은 거대한 쓰레기 더미뿐입니다. 우리가 인생을 헛되게 살지 않으려면 하나님의 말씀을 따라서 살아야 합니다.

2. 소년들의 결심

다니엘이나 유다의 소년들은 예루살렘에서 열심히 공부하며 귀족 생활하다가 졸지에 왕이 포로로 잡혀오는 바람에 포로가 되어서 바벨론 공사장으로 끌려왔습니다. 그들에게는 희망이라고는 1퍼센트도 없었습니다. 바로 이때 다니엘이나 그의 친구들에게 전혀 생각하지도 못했던 기회가 주어지게 되었습니다. 그것은 각국의 포로 중에서 가장 똑똑한 소년 몇 명을 뽑아서 바벨론 왕의 학교에서 공부를 시키는 것이었습니다.

그것은 바벨론 왕 느부갓네살의 통치철학이 바뀌게 된 것을 의미합니다. 느부갓네살이 다른 나라를 공격하고 정복할 때는 무조건 사람을 죽이고 성이나 왕궁이나 건물을 두들겨 부수면 되었습니다. 그러나 이미 바벨론이 거대한 나라가 되었을 때는 죽이고 부수는 것으로는 되지 않았습니다. 이것은 마치 기업을 창업할 때와 이미 대기업이 된 회사를 지켜나가는 원리가 다른 것과 같습니다. 그래서 경영학에서는 "수성이 창업보다 어렵다"고 말합니다. 창업은 창업자가 자신의 아이디어를 가지고 성공하기만 하면 되지만, 다음 경영자는 이미 많은 수의 직원과 그 가족을 지켜내고 경쟁이나 정부의 간섭에서 회사를 지켜야 하는 문제가 있는 것입니다.

그래서 느부갓네살은 정복한 민족 중에서 출신이 좋고 머리가 우수한 청소년들을 뽑아서 철저하게 바벨론식으로 교육해서 관리로 임용하기로 정책을 바꾸었습니다. 그러면 그 소년들이 자라서 느부갓네살의 신하가 되었을 때 자기 민족의 특성을 잘 아니까 바벨론의 통치에 도움이 될 것으로 생각한 것입니다. 이것은 장차 바벨론에 써먹을 수 있는 인재들을 어렸을 때부터 키우는 전략이었습니다. 물론 그 교육은 철저한 바벨론식 교육이었습니다. 즉 뽑힌 학생들은 바벨론어를 배우고 바벨론 역사와 정신을 배우고 바벨론의 종교나 점성술을 배워야 했습니다. 그리고 먹는 것도 왕이 챙겨주니까 풍부했습니다. 여기에 뽑힌다는 것은 포로에게는 특혜 중의 특혜였습니다.

단 1:4, "곧 흠이 없고 용모가 아름다우며 모든 지혜를 통찰하며 지식에 통달하며 학문에 익숙하여 왕궁에 설 만한 소년을 데려오게 하였고 그들에게 갈대아 사람의 학문과 언어를 가르치게 하였고"

한마디로 이 교육은 소년들을 껍데기만 아니라 속까지 완전히 바벨론 사람으로 만드는 것이 목적이었습니다. 다니엘은 워낙 머리가 총명했기 때문에 그 어려운 시험에 친구들과 함께 합격했습니다. 이제 다니엘은 더 이상 노예로 욕을 먹으면서 성을 쌓거나 땅을 파지 않아도 되었고 더 이상 먹을 것이 없어서 굶주리지 않아도 되었습니다.

그러나 다니엘은 바벨론에 포로로 붙들려간 후에 철저하게 하나님의 말씀대로 살 것을 결심했습니다. 다니엘과 그 친구들에게는 왕의 학교가 노예에서 벗어날 둘도 없는 기회였습니다. 그러나 다니엘이 우상 숭배의 나라 바벨론에서 포로로서 하나님의 율법에 철저하게 복종한다는 것은 아예 처음부터 불가능한 일이었습니다.

다니엘과 그의 친구들이 왕의 학교에 입학하고 나서 보니까 왕이 이 포로들에게 잘해준다고 하는 것이 다니엘과 그 세 친구들에게는 도리어 걸림돌이 되었습니다. 이것은 우리에게도 마찬가지입니다. 인생의 무슨 찬스가 주어질 때는 반드시 거기에 따르는 마이너스도 있습니다. 이 세상에 불리한 점이 전혀 없는 찬스는 없습니다. 우리가 무엇인가 새로운 도전을 하려고 하면 반드시 거기에 따라오는 위험과 어려움이 있습니다. 이때 우리는 철저하게 하나님과 가까워지는 선택을 해야 합니다. 즉 내 신앙이 더 좋아지는 선택을 해야지, 인간적으로 돈을 많이 받고 편하게 지내는 것만 생각하고 선택하면 망하게 됩니다.

다니엘은 딱 한 가지를 빼고는 전부 다 극복할 수 있습니다. 다니엘의 걸림돌은 그 학교의 목적인 왕의 신하가 된다는 것도 아니었습니다. 거기서 배우는 과목 중에 점성술이나 마술이 들어있는 것도 아니었습니다. 다니엘과 그의 친구들에게 걸리는 것은 딱 한 가지, 음식이었습니다. 이것은 다른 아이들에게는 너무나도 좋은 것이었습니다. 이 학교의 학생들은 마음대로 고기 음식을 먹을 수 있었습니다. 단지 이 학교 학생들은 왕이 정해주는 음식만 먹어야 했습니다. 물론 그 음식은 전부 고칼로리 음식이었습니다. 그런데 다니엘과 그 친구들에게 걸리는 것은 산해진미가 모두 우상에게 먼저 바치고 물려낸 제물이었다는 사실입니다. 요즘으로 치면 제사음식과 같은 것이죠. 만약 크리스천에게 굿판에 올려놓았던 과일이나 술이나 음식을 준다면 먹겠습니까?

다니엘과 세 친구는 하나님의 말씀대로 살려고 결심했는데 이들이 결심하자마자 닥친 문제는 왕의 학교 기숙사의 음식을 먹어야 하느냐 말아야 하느냐 하는 것이었습니다. 만약 그들이 왕이 정해준 음식을 먹지 않고 단식한다면 이것은 정식으로 왕의 명령을 거역하는 것이기 때문에 당장 사형감이었습니다. 그러나 다니엘과 그의 친구들에게는 우상의 음식을 먹는 것은 자신들의 몸을 더럽히는 것이라고 생각했습니다. 큰 죄를 짓는 것도 아니고 포로의 신분이니까 '하나님, 제발 눈감아 주십시오' 라고 하면서 억지로 먹어야 합니까? 아니면 싸워서 부딪쳐야 합니까?

우리가 어쩔 수 없이 어떤 일 때문에 거짓말하게 되었을 때 '하나님 한번 이해해 주십시오' 라고 하면서 거짓말해야 합니까? 아니면 끝까지 진실을 밝혀서 회사나 자신에게 물의를 일으켜야 합니까? 아마 오늘 이 시대를 사는 사람은 누구든지 백 퍼센트 진실한 사람은 단 한 명도 없을 것입니다. 오늘 이 시대는 일단 산다는 것 자체가 모두 거짓말한다는 것을 전제로 하고 있습니다. 그래서 사람들은 다른 사람을 어느 누구도 믿지 않습니다.

다니엘과 세 친구는 아무도 모르게 만났습니다. 그리고 그들은 왕의 음식과 술을 먹지 않기로 결심했습니다. 학교에서 쫓겨나거나, 기대하고 있는 친척이나 부모님을 실망시키거나 혹은 자신들이 시범케이스로 처형당한다 하더라도 왕의 고기와 술은 마시지 않기로 결심했습니다. 즉 그들은 모두 우상의 음식으로 자기 몸을 더럽히지 않기로 결단했던 것입니다. 이들이 몸을 더럽히지 않기로 결심했다는 것이 중요합니다.

조나단 에드워즈의 일기를 보면 그가 코네티컷 대학(나중에 예일대로 바뀜) 20세에 결심한 결심문이 있습니다. 거기에 보면 "하루에 성경은 얼마나 읽으며, 기도는 얼마나 하고, 거짓말은 절대로 하지 않으며, 헛된 이야기도 하지 않고, 항상 진실할 것이며" 등등의 결심을 한 내용이 나옵니다. 에드워즈는 그 결심을 다 지켰는지 모르겠습니다. 저는 아무리 결심해도 돌아서면 금방 결심한 것을 지키지 못할 때가 많았습니다. 나이가 들어도 이렇게 어려운데 젊은 분들은 결심을 지키기가 얼마나 어렵겠습니까? 그러나 회개하고 또 결심하면 됩니다.

3. 영적인 승리

물론 다니엘과 그의 친구들이 자신의 결심을 지키는 것은 좋지만 이것은 왕의 명령을 정면으로 거역하는 반역 행위였습니다. 다니엘과 세 친구는 만약 왕의 귀에 그 사실이 들어간다면 왕의 배려에 감사할 줄 모르고 자기 생각만 고집하는 고약한 놈들이라고 해서 본보기로 처형될 뿐 아니라 왕의 학교 모든 학생에게도 어려움이 올 가능성이 있었습니다.

그래서 이것은 매우 지혜가 필요한 문제였습니다. 다니엘은 일단 학교의 책임자와 부딪쳐보기로 했습니다. 여기에 나오는 환관장은 기숙사 사감 정도 되는 것 같습니다. 아마 당연히 왕의 학교의 교장은 느부갓네살이었을 것입니다. 다니엘은 평소에 성실했기 때문에 기숙사 사감도 다니엘을 좋아했던 것 같습니다. 그래서 우리는 평소의 이미지가 아주 중요합니다. 평소에 인사도 잘하고 웃기도 잘하고 성적도 우수하고 품행도 단정한 사람이 이런 이야기를 하면 일단 이야기를 들을 것입니다. 그러나 평소에 그렇지 않아도 미워죽겠는데 감히 왕이 명령한 식사까지 못한다고 하면 그는 현실에서 살아남을 수 없을 것입니다.

다니엘은 아주 겸손하게 환관장을 찾아가서 "저희들은 신앙적인 이유로, 왕의 식사가 감사하기는 하지만, 먹을 수 없습니다. 우리가 우리 신앙을 지켜야 환관장님을 위해서 기도를 해 드리기도 하고 왕을 위해서도 기도할 수 있습니다. 꼭 허락해 주십시오"라고 말씀드렸습니다.

그때 하나님께서 환관장의 마음에 다니엘과 그 친구들을 이해하고 싶고 도와주고 싶은 마음을 주셨습니다. 그래서 환관장은 다니엘과 그의 친구들을 권위로 누르려고 하지 않고 솔직하게 자기 심정을 말했습니다. "나는 개인적으로 너희들의 사정을 이해하고 싶다. 그러나 이 왕의 식사는 왕이 직접 내린 명령이다. 내가 만약 너희 말을 듣고 왕의 식사 대신 딴 음식을 주어서 너희들이 야위어진다면 왕이 내 목부터 자를 것이다"고 걱정했습니다. 이렇게 서로 솔직하게 말할 수 있는 관계가 되면 일은 반 이상 해결된 것입니다.

이때 다니엘에게 기발한 생각이 떠올랐습니다. 그리고 이렇게 제안했습니다. "환관장님, 저희들이 무조건 저희 고집대로 하겠다는 것이 아닙니다. 저희에게 열흘의 테스트 기간을 주십시오. 그런데 만일 저희들의 얼굴이 다른 아이들보다 못하다거나 체중이 미달 된다면 무슨 처벌이든지 받겠습니다. 그래서 왕 몰래 열흘 동안만 저희에게 채소 음식을 주시고 술 대신에 물을 마시게 해주십시오. 그 뒤에는 무슨 명령이든지 따르겠습니다."

환관장은 평소에도 학생 중에서 가장 말 잘 듣고 좋아하는 다니엘이 테스트를 해 달라고 하니까 그 부탁을 들어주고 싶었습니다. 그러나 비밀이 지켜지는 것이 문제였습니다. 결국 환관장이 다니엘의 부탁을 들어주기로 했습니다. 감독자에게 '일단 이 아이들에게는 열흘 동안 왕의 고기와 술을 먹지 않도록 하고 자기들이 원하는 채소와 물을 마시게 하라' 고 지시했습니다.

열흘 뒤에 다니엘과 그 세 친구들이 환관장과 감독 앞에서 테스트를 받았습니다. 그런데 그들의 얼굴은 너무 윤기가 흐르고 활기도 있고 생기가 넘치는 모습이었습니다. 다니엘과 세 친구는 다른 아이들보다 훨씬 더 건강하게 보였던 것입니다. 그래서 드디어 환관장은 어려운 결정을 했습니다. 그것은 바로 'OK' 였습니다. 다니엘과 세 친구는 자신들의 첫 번째 관문인 왕의 음식을 먹지 않는 문제를 무사히 통과했습니다. 그래서 이들은 앞으로 삼년 내내 왕의 음식과 왕의 술을 마시지 않아도 되게 되었습니다. 비록 이것은 아주 작은 문제였지만 이미 느부갓네살은 다니엘에게 진 것이었습니다. 이 작은 결심에서 다니엘이 이겼다는 것은 앞으로 어떤 어려움이나 시험이 와도 그들은 이길 수 있다는 것을 하나님이 보여주신 것이었습니다.

하나님은 이 네 명에게 학교 공부도 잘할 수 있도록 지혜를 주셨습니다. 그래서 다니엘과 세 친구는 어느 누구보다 바벨론어를 먼저 익혔고 모든 서적에 통달했습니다. 그리고 하나님은 다니엘에게 특히 꿈과 환상을 깨닫는 능력을 주셨습니다. 다니엘은 성적이나 지혜에 있어서 다른 점술가나 도사들이나 학생들보다 열 배는 더 실력이 뛰어났습니다. 지금 유다 백성은 끝없이 추락하고 있는 상황이었습니다. 그런데 다니엘과 그의 세 친구는 더 이상 떨어지지 않고 다시 떠오르고 있었습니다. 이것은 하나님의 능력이 그들에게 임한 것이었습니다. 마찬가지 어려움에 빠져서 절망하고 두려워하고 있는 사람을 정신 차리게 하는 것은 하나님의 사랑입니다. 하나님의 사랑만이 절망 가운데 우리를 정신 차리게 합니다.

하나님의 백성에게 가장 중요한 것은 하나님의 말씀을 지키기로 결심하는 것입니다. 우리가 아무리 어렵고 절망적인 상황에 처해 있다 하더라도 나를 더럽히지 않고 하나님의 뜻에 순종하기로 결심하는 것이 필요합니다. 이것이 바로 절망을 이기고 정신을 차리는 길입니다.

요즘 우리는 자신을 깨끗하게 지키는 것이 너무나도 어렵습니다. 그때 우리 마음속에 마귀가 '우리도 인간인데 굳이 그렇게 믿을 필요가 있느냐?' 라고 속삭일 것입니다. 그러나 하나님 앞에 죄짓지 않기로 결심하는 것보다 더 중요한 것은 없습니다. 우리가 이런 결심을 함으로 우리 자신의 가치가 올라가게 됩니다. 다니엘은 말도 되지도 않은 결심을 실천해보기로 결심했습니다. 바로 이것이 믿음의 연습입니다. 다니엘이 이 작은 것에 하나님의 응답을 받을 수 있다면 다른 일에도 응답받게 되는 것입니다. 이것이 바로 비둘기같이 순결하지만 뱀같이 지혜로운 행동입니다. 하나님께서 오늘 우리에게 지혜와 용기와 결단력을 주시기를 바랍니다.

35 막다른 골목

파면 통보

눅 16:2-3

이냐 네가 보던 일을 셈하라 청지기 직무를 계속하지 못하리라 하니 청지기가 속으로 이르되 주인이 내 직분을 빼앗으니 내가 무엇을 할까 땅을 파자니 힘이 없고 빌어 먹자니 부끄럽구나

요즘 우리가 신문을 보면 그 어마어마한 대기업체의 경영을 잘못하는 바람에 회사가 망하게 되어서 수많은 직원이 직장을 잃고 최고 경영자 자신도 국회에 불려 나와서 수치를 당하거나 감옥에 들어가는 모습을 보게 됩니다. 우리가 이런 것을 보면 최고 경영자는 그 자리에 앉아서 권한만 누린다고 해서 되는 것이 아니라 미래를 내다보고 나름대로 최선을 다해서 노력해야 한다는 것을 알 수 있습니다. 그런데 최고 경영자에게 가장 중요한 것은 사랑입니다. 그가 사랑이 있으면 불법을 저지르는 유혹에 잘 빠지지 않을 것입니다. 또 최고 경영자에게 가장 빠지기 쉬운 유혹이 바로 교만입니다. 그 주위에는 모두 굽실굽실하는 사람들만 있어서 자기가 최고라는 착각에 빠지기 쉽기 때문입니다.

요즘 우리나라에서는 어른이나 청년이나 모두 직장을 가지는 것이 아주 중요한 문제가 되고 있습니다. 요즘 대학생은 이중의 압박을 받고 있는데 등록금은 엄청 비싼데 졸업 후에 취직은 안 되기 때문입니다. 그런데 대학은 나와야 사람 취급을 받으니까 어떻게 해서든지 돈을 벌어야 합니다. 그래서 편의점 같은 곳에서 아르바이트하든지 아니면 은행에서 장기 대출을 받아서 공부를 하고 있습니다. 그런데 대기업체의 중진으로 있던 분들도 퇴사를 앞두고는 직업 훈련을 받아서 중소기업의 낮은 직급으로 재취업하는 경우가 많이 있습니다. 한때 우리나라 교회는 놀라운 부흥을 이루어서 전 세계의 존경과 칭찬을 받았습니다. 그러나 어느 순간부터 이미지가 나빠지기 시작하더니 이제는 욕을 얻어먹는 교회로 변하게 되었습니다.

본문 말씀을 보면 한 청지기가 나옵니다. 그는 주인의 재산을 맡아서 관리했는데 경영을 잘못한 것 같습니다. 그래서 그는 주인의 재산에 많은 피해를 끼치게 되어서 주인에게 해고를 당합니다. 이렇게 해고당하면 우리는 당연한 것으로 생각할 수 있는데 이 청지기는 해고통지를 받고 경영 방식을 완전히 바꾸었던 것입니다. 이것을 주인은 아주 지혜롭다고 생각했습니다. 주인은 그 청지기가 머리를 기가 막히게 잘 굴린다고 본 것입니다. 그러나 그는 궁극적으로는 주인과는 경영마인드가 맞지 않았습니다. 예수님이 과연 이 비유를 통해서 말씀하시려는 깊은 뜻이 무엇일까요?

1. 주인의 파면 통보

눅 16:1-2, "또한 제자들에게 이르시되 어떤 부자에게 청지기가 있는데 그가 주인의 소유를 낭비한다는 말이 그 주인에게 들린지라 주인이 그를 불러 이르되 내가 네게 대하여 들은 이 말이 어찌 됨이냐 네가 보던 일을 셈하라 청지기 직무를 계속하지 못하리라 하니”

아주 많은 재산을 가진 부자가 있었는데, 그는 청지기를 고용해서 재산을 관리하고 있었습니다. 보통 청지기라고 하면 주인의 지시에 따라서 주인의 재산을 받아들이고 지출하는 책임을 맡은 사람입니다. 즉 대개의 청지기는 주인의 재산의 출입과 보관, 관리만 하는 사람입니다. 그래서 청지기가 자기 마음대로 재산을 지출해서 투자하거나 다른 사람에게 빌려준다든지 하는 일을 할 수 없습니다. 그러나 주인이 청지기를 아주 신임할 때는 재산의 경영까지 맡길 때가 있습니다. 이런 경우 청지기는 주인의 재산을 마치 자기 재산인 것처럼 어디에 투자할 수 있고 다른 사람에게 빌려주어서 이자를 받을 수도 있습니다.

본문에 나오는 이 주인은 청지기를 아주 신임해서 이 청지기에게 자신의 많은 돈을 맡겨서 경영하게 했습니다. 그런데 이 청지기는 경영을 잘하지 못해서 주인의 재산에 상당한 피해를 주게 되었습니다. 주인은 화가 나서 이 청지기에게 “더 이상 너에게 일을 맡기지 못하겠으니까 결산을 하자”고 하면서 해고 통보를 하게 된 것입니다.

여기서 청지기가 경영에 실패해서 주인의 재산에 상당한 손해를 끼친 원인이 어디에 있다고 생각합니까? 이것이 사실 이 비유의 핵심입니다. 우선 우리는 이 청지기가 주인에게 말을 아주 잘해서 유능하고 똑똑하다는 인상을 주고 신임을 받는 데 성공한 것을 알 수 있습니다. 주인은 이 정도의 청지기라면 재산의 전권을 맡겨도 되겠다고 생각했던 것입니다. 그러나 우리가 알다시피 돈만 많이 있다고 해서 어떤 사업이나 장사에 성공할 수 있는 것은 아닙니다. 그것보다 더 중요한 핵심은 기술이나 경영 노하우입니다. 즉 장사하더라도 물건을 보는 눈이 있어야 하고, 공급처라든지 고객을 알아야 합니다. 더욱이 공장을 경영하려고 하면 공장만 크게 짓는다고 해서 되는 것이 아니라 핵심 기술이 있어야 합니다. 이것이 없으면 결국 그 돈으로 먹고 마시는데 허비하든지 아니면 가장 쉬운 방식으로 돈을 벌려고 하게 됩니다. 이 청지기는 가장 쉬운 방식으로 돈을 벌려고 했던 것입니다. 바로 돈이나 곡물이나 기름을 빌려주고 이자를 받는 방식이었습니다.

그래서 나중에 이 청지기는 자기가 해고되니까 주인에게 빚을 진 자들을 일일이 불러서 빚을 깎아주는 모습을 보게 됩니다. 사실 다른 사람에게 돈이나 곡식을 빌려주고 이자를 받는 것은 가장 쉽게 돈을 벌 수 있는 방식입니다. 농사가 잘되고 경제가 발전할 때에는 돈을 빌려주는 즉시 이자로 돈이 불어서 돌아올 것입니다. 그러나 흉년이 들거나 불경기가 닥치게 되면 돈이나 곡식을 빌려주어서 이자를 받는 식으로는 원금도 받기가 어려워집니다.

그러나 이 청지기는 경기가 좋을 때만 생각해서 쉬운 방법으로 재산을 늘리려고 빚을 주는 방식으로 경영했는데 그만 흉년이 오고 불경기가 오니까 원금이나 이자를 모두 받지 못하게 되었고 결국 주인에게 큰 손실을 끼치게 되었던 것입니다. 그러니까 이 사람은 좁은 범위 안에서 빨리 재산을 증식하는 방법은 알았는지 몰라도 축복이 오게 하는 방법을 몰랐던 것입니다. 결국 전체적으로 축복이 오지 않으니까 아무리 돈이나 곡물을 빌려주어도 사람들이 먹고 살아야 하니까 결국 먹어서 없어지게 되었던 것입니다. 이 사람이 진정으로 주인의 재산을 늘려주려고 했다면 축복의 비밀을 알아야 했습니다.

결국 이 청지기는 일을 잘하지 못했습니다. 청지기의 생각은 주인의 생각과 많이 달랐고 결국 사업도 잘되지 않아서 주인의 재산에 많은 피해를 주게 되었습니다. 결국 이 청지기는 주인으로부터 해고당할 것이라는 통보를 받게 되었습니다. 그러자 이 청지기는 생각했습니다.

3절, "청지기가 속으로 이르되 주인이 내 직분을 빼앗으니 내가 무엇을

할까 땅을 파자니 힘이 없고 빌어 먹자니 부끄럽구나"

대개 직장에서 해고통지를 받으면 앞으로 무엇을 해서 먹고 살 것인지 걱정하게 됩니다. 그래서 우선 자기가 이 일을 그만두고 난 후에 할 수 있는 일이 무엇일까 많이 생각하게 됩니다. 아마 이 청지기는 자기가 왜 사업에 성공하지 못했는지는 생각하지 못했을 것입니다. 그것을 생각할 정도 같으면 그래도 이 사람은 무엇인가를 아는 사람이고, 주인과 말이 통할 수 있는 사람이기 때문입니다. 이 사람은 오직 앞으로 자기가 무엇을 해서 먹고 살 것만 생각했습니다.

이 사람은 자기가 땅을 파서 일할 정도의 힘이나 기술이 없다는 것을 알았습니다. 사실 이 사람이 땅을 파서 일할 정도의 기술이나 힘이 있었다면 망하지는 않았을 것입니다. 더 중요한 것은 이 사람은 너무 자존심이 강해서 남에게 돈을 빌릴 낯짝도 없었습니다. 이 사람은 지금까지 한 번도 남에게 고개를 숙여본 적이 없었기 때문에 남에게 부탁할 정도의 넉살도 없었던 것입니다. 그래서 이 사람이 내린 결론은 "내가 할 수 있는 것은 아무것도 없다"는 것이었습니다. 즉 "땅을 파자니 힘이 없고 빌어먹자니 부끄럽구나"입니다.

이 청지기는 다른 일을 할 수 없다는 것을 알았습니다. 그가 할 수 있는 일은 청지기 일밖에 없는데 그동안 너무 다른 사람들에게 고자세로 쥐어짜듯이 고리를 취해왔기 때문에 모두 이 사람을 싫어하고 있었던 것입니다. 그렇다고 해서 월급 받는 청지기 주제에 모아놓은 재산이 있는 것도 아니었습니다. 그는 청지기가 자기 수입이었고 자기 재산이었는데 경영에 실패하는 바람에 직장을 잃고 실업자가 되고 만 것입니다.

학생이나 사업가나 정치인이나 목회자나 사람에게 중요한 것은 자신의 능력과 인품을 철저하게 객관적으로 평가할 수 있어야 한다는 것입니다. 만일 사람이 이것이 된다면 절대로 욕을 얻어먹을 일을 하지 않고 끝까지 좋은 신뢰 관계에서 일할 수 있습니다.

2. 청지기의 바뀐 경영 전략

이 청지기는 자기 주인이 맡겨준 재산을 가지고 사실 너무 쉬운 방법으로 돈을 벌려고 했습니다. 바로 돈을 빌려주고 그것에 대한 이자를 받아서 부자가 되는 방식이었습니다. 사실 유대인들이 유럽에서 이미지가 나빠지게 된 것은 그들이 나라를 잃고 돌아다니면서 돈보다 더 중요한 것은 없다는 사실을 알게 되면서부터인 것 같습니다. 그래서 유대인들은 어느 곳에 가든지 고리대금업을 해서 돈을 벌었던 것입니다. 아마 모든 사람이 다 그렇게 한 것은 아니겠지만 그렇게 한 사람들이 많았던 것 같습니다. 그래서 셰익스피어의《베니스의 상인》을 보면 샤일록이라는 유대인이 돈을 빌려주고 갚지 못하면 가슴 부위의 살 한 파운드를 떼어가겠다고 하면서 사람을 죽이려고 했던 것입니다.

이 청지기는 주인의 재산을 마치 제 것인 양 여기저기에 빌려주고 이자를 받아왔지만 그는 너무 교만했고 인정이 없었기 때문에 사람들로부터 원망을 듣고 미움을 받았던 것 같습니다. 이 청지기는 안타깝게도 실력이 있는 것도 아니고 사랑이 많은 것도 아니었습니다. 그래서 이 청지기는 돈은 돈대로 벌지 못하면서 다른 사람들에게 많은 스트레스를 주었고, 이미지는 이미지대로 좋지 못했던 것입니다. 그래서 이 청지기와 주인 모두 이미지가 나빠졌고 사람들로부터 나쁜 사람들이라고 욕을 먹었습니다.

사실 주인이 그 많은 재산을 이 청지기에 맡길 정도라면 주인은 엄청난 부자입니다. 주인은 돈 몇 푼을 더 버는 것보다는 다른 사람들에게 도움을 주면서 자기 재산도 증식되는 것을 원했던 것입니다. 그러나 이 청지기는 실력도 없으면서 너무 이기적이고 교만해서 돈은 돈대로 못 벌고 주인이나 자신의 이미지를 아주 인색하고 이기적인 사람으로 보이게 만들었던 것입니다.

이 청지기는 해고당하여 자기에게 권한이 있는 기간이 얼마 남지 않았을 때 무엇을 해야 하는지 생각해 보았습니다. 이 청지기는 지금 이 순간에 와서 갑자기 수익을 올리거나 혹은 갑자기 실력을 가지기는 어렵다는 것을 알았습니다. 그 대신 그가 지금 당장 할 수 있는 것을 알았습니다. 그것은 지금이라도 주인의 돈으로 인심을 써서 자기 이미지를 바꾸어야 하겠다는 것이었습니다. 그래서 이 청지기는 아직 주인과 결산을 하기 전에 주인에게 빚진 사람들에게 인심을 쓰기 시작했습니다.

4-7절, "내가 할 일을 알았도다 이렇게 하면 직분을 빼앗긴 후에 사람들이 나를 자기 집으로 영접하리라 하고 주인에게 빚진 자를 일일이 불러다가 먼저 온 자에게 이르되 네가 내 주인에게 얼마나 빚졌느냐 말하되 기름 백 말이니이다 이르되 여기 네 증서를 가지고 빨리 앉아 오십이라 쓰라 하고 또 다른 이에게 이르되 너는 얼마나 빚졌느냐 이르되 밀 백 석이니이다 이르되 여기 네 증서를 가지고 팔십이라 쓰라 하였는지라"

이 청지기는 자기가 너무 이기적으로 경영하는 바람에 사람들이 자신에 대하여 아주 나쁜 인상을 가지게 되었고 자기를 아주 싫어하고 있다는 사실을 알았습니다. 그래서 직장을 잃게 되었을 때 아무도 이 청지기를 좋게 볼 사람이 없었습니다. 그래서 아직 청지기에서 해고당하기 전에 자신의 경영 방식을 바꾸어서 자기 이미지를 완전히 쇄신하기로 작정했던 것입니다.

이 사람은 주인의 돈으로 자기 인심을 쓰기 시작했습니다. 그는 주인에게 빚진 자들을 전부 한 명씩 다 불러 모았습니다. 그리고 그 사람에게만 사랑을 베푸는 것처럼 해서 "네가 내 주인에게 얼마나 빚을 졌느냐?" 물어보고 "기름 백석"이라고 대답하면 "빨리 여기 앉아서 팔십이라고 고쳐 쓰라"고 했습니다. "여기 앉아 빨리 쓰라"는 말이 무슨 뜻입니까? 주인이 오기 전에 빨리 고치라는 것입니다. 즉 '주인은 절대로 네 빚을 줄여줄 사람이 아닌데 내가 너를 특별히 좋아해서 주인 몰래 줄여주는 것이니까 그렇게 알아라'는 것입니다. 그리고 다른 사람이 "밀 백석"이라고 대답하면 "빨리 여기 앉아서 주인이 오기 전에 오십이라고 고쳐 쓰라"고 했습니다. 즉 '주인은 이렇게 해 줄 사람이 아닌데 내가 힘이 있고 이 자리에 있을 때 너를 도와주는 것이라'고 말한 것입니다. 이 사람은 처음에는 완전 고리대금 식으로 돈을 벌려고 하다가 안 되니까 나중에 완전히 자선 단체처럼 경영을 바꾸어서 주인의 돈으로 엄청난 인심을 써서 사람들의 마음을 구워삶았던 것입니다.

그런데 주인이 이것을 모르느냐 하면 다 알았던 것입니다. 주인은 와서 탄식을 했습니다.

8절, "주인이 이 옳지 않은 청지기가 일을 지혜 있게 하였으므로 칭찬하였으니 이 세대의 아들들이 자기 시대에 있어서는 빛의 아들들보다 더 지혜로움이니라"

이것은 쉽게 말해서 이 청지기가 자기 앞길 생각하는 데는 기가 막힐 정도로 머리가 잘 돌아간다는 것입니다. 정말 이 세상 사람들은 살아남기 위해서 머리가 팍팍 돌아가는데 왜 빛의 자녀들은 그렇게 머리가 안 돌아가고 미련하고 고집스러우냐 하는 것입니다.

그런데 만일 이 청지기가 주인 몰래 빚을 깎아주는 것처럼 하지 않고 주인이 사랑을 베풀어서 빚을 깎아주게 되었다는 말을 했다면 어떻게 되었을까요? 아니, 그가 처음부터 사람들에게 관대했더라면 어떻게 되었을까요? 아마 주인으로부터는 좀 더 나은 평가를 받았을지 모릅니다. 그러나 이 청지기는 대단히 자기중심적이었기 때문에 처음에는 그런 생각을 하지도 못했던 것입니다.

3. 진정으로 충성된 종

사실 이 불의한 청지기 비유는 그 해석이 아주 어려우면서도 중요한 비유입니다. 예수님은 이 비유를 통해서 유대인들이 사느냐 죽느냐, 그들이 망하게 된다면 무엇 때문에 망하는지를 분명하게 보여주시는 것입니다.

하나님은 유대인들 즉 이스라엘 백성에게 하나님의 말씀을 맡기셨습니다. 이 하나님의 말씀이야말로 이스라엘이 살고 세상에도 복을 줄 수 있는 비결이고 하나님의 경영 노하우입니다. 그런데 하나님은 하나님의 말씀에 추가하여 유대인들에게 물질적인 복도 주시고 상당한 수준의 정치적인 자유까지 주셨습니다. 이것은 하나님께서 이스라엘 백성을 믿고 그들에게 하나님 나라의 경영을 맡기신 것이었습니다. 즉 하나님은 유대인들을 대기업의 CEO로 세우신 것이나 마찬가지였습니다. 그러나 이스라엘 백성은 오직 자기들의 이익만 생각했습니다. 즉 그들이 하나님의 말씀대로 살려고 하니까 끊임없이 낮아져야 했고, 끊임없이 하나님의 은혜와 성령을 사모해야 했고, 세상 모든 자랑을 다 내려놓고 오직 하나님의 말씀만 붙들어야만 했습니다. 그렇게 하려고 하니까 너무 비참했고 결과가 느렸으며 사람들이 알아주지 않았습니다.

그래서 유대인들은 쉬운 방법을 택했습니다. 그것은 구약 성경을 하나의 이데올로기로 바꾸어서 신앙을 계량화시켰던 것입니다. 즉 그들은 "안식일을 몇 번 지켰느냐, 기도를 얼마나 했느냐, 십일조를 얼마나 드렸느냐?" 하는 것으로 자신의 신앙을 평가했고 종교를 가지고 장사했던 것입니다. 즉 성전을 완전히 돈 버는 엄청난 사업으로 만들었던 것입니다. 유대인들은 겉으로는 하나님을 믿는다고 하면서도 성공을 믿었고 돈을 믿었고 자신들의 사상을 믿었습니다. 그랬더니 그들은 하나님의 축복을 만들어내지 못했습니다. 그들은 더욱더 세상에서 욕을 먹게 되었고 미움을 받게 되었습니다. 그래서 하나님께서는 지금 유대인들과의 계약을 파기하시려고 하시는 것입니다. 그래서 이것은 하나님의 통보인 것입니다.

그런데 지금이라도 유대인들이 망하지 않는 방법은 있습니다. 그것은 자기들만 위하던 윤리를 바꾸는 것입니다. 예수님은 이들에게 시간이 얼마 남지 않았다는 것을 통보하셨습니다. 이 세상에서 유대인들을 좋아하는 사람들은 아무도 없었습니다. 아직 시간이 있을 때 유대인들이 살 수 있는 비결은 빨리 자세를 낮추는 것입니다. 그래서 자기들이 하나님의 백성이라는 선민의식을 버리고 로마에 복종하며 가이사에게 세금을 바치며 복종하는 것입니다. 그리고 주위에 있는 사람들에게 무조건 사랑을 베푸는 것입니다. 그러면 해고는 되겠지만, 멸망하지는 않을 수도 있었을 것입니다.

우리 한국 교회는 하나님으로부터 위대한 말씀을 맡았습니다. 교회가 해야 할 일은 오직 이 말씀 하나 가지고 부흥을 일으키는 것입니다. 그러면 우리나라가 살게 되어 있고 전쟁을 막을 수 있으며 젊은이들을 미치지 않게 할 수 있습니다. 그러나 교회는 오직 자신만 생각해서 엄청나게 몸집을 키웠습니다. 이것이 바로 불의한 청지기의 모습입니다. 다른 교회를 조금이라도 생각하고 하나님의 사랑을 생각한다면 이렇게 종교 장사를 하려고 해서는 안 되는 것입니다.

10-12절, " 지극히 작은 것에 충성된 자는 큰 것에도 충성되고 지극히

작은 것에 불의한 자는 큰 것에도 불의하니라 너희가 만일 불의한 재물에도 충성하지 아니하면 누가 참된 것으로 너희에게 맡기겠느냐 너희가 만일 남의 것에 충성하지 아니하면 누가 너희의 것을 너희에게 주겠느냐"

여기에 보면 "지극히 작은 것에 충성된 자가 큰 것에도 충성하다" 고 하셨습니다. 어떤 사람이 작은 일을 맡았는데 충성된 것을 보면 그에게 큰 것도 충성되게 하겠다고 생각하게 됩니다. 그러면 하나님께서 우리에게 맡기신 작은 것이 무엇입니까? 지금 현재 우리에게 주어진 모든 것을 말합니다. 지금 우리가 무엇을 맡았든지 그것은 하나님께서 맡기신 작은 것입니다. 그러나 많은 경우 지금 맡은 것은 시시해서 못하겠고 나중에 큰일을 맡으면 잘하겠다는 사람이 있습니다. 그 사람은 큰일을 맡겨도 잘하지 못할 것입니다.

우리가 알아야 할 것은 청지기가 빚진 자들의 빚을 깎아준 것을 보고 주인이 썩 좋아하지는 않았다는 사실입니다. 단지 주인은 이 청지기가 머리를 잘 굴리는 것을 보고 감탄했을 뿐입니다. 물론 교회가 세상에 물질을 나누어주고 봉사 활동을 많이 하고 복지 사업을 하는 것도 현명한 것이고 좋은 것입니다. 그런데 가장 중요한 것은 사람들이 가지는 인상입니다. 즉 교회가 자기 것을 다 챙긴 후에 뭔가 생색을 내는 것 같을 때 사람들은 그 진정성을 의심하게 되는 것입니다. 우리가 살 수 있는 길은 무엇보다 하나님께서 우리에게 맡겨주신 본질에 있습니다. 그것은 바로 하나님의 말씀으로 부흥을 일으키고 천국 문을 여는 것입니다. 그러면 얼마든지 우리는 하나님으로부터 청지기로 사용될 수 있고 자손 대대로 우리나라와 주위 나라에 복을 끼칠 수 있습니다.

13절, "집 하인이 두 주인을 섬길 수 없나니 혹 이를 미워하고 저를 사랑하거나 혹 이를 중히 여기고 저를 경히 여길 것임이니라 너희는 하나님과 재물을 겸하여 섬길 수 없느니라"

우리는 동시에 두 가지를 가질 수 없습니다. 우리가 하나님의 말씀을 중요하게 생각한다면 돈이나 세상은 무시해야 합니다. 우리가 천국의 복을 중요하게 생각한다면 다른 한 가지는 중요하지 않게 생각해야 합니다. 두 가지를 다 가지려고 하는 것이 쉽게 믿는 것이고 이것이 청지기가 불충성했던 원인이었습니다.

눅 12:42-44, "주께서 이르시되 지혜 있고 진실한 청지기가 되어 주인에게 그 집 종들을 맡아 때를 따라 양식을 나누어 줄 자가 누구냐 주인이 이를 때에 그 종이 그렇게 하는 것을 보면 그 종은 복이 있으리로다 내가 참으로 너희에게 이르노니 주인이 그 모든 소유를 그에게 맡기리라"

우리가 이 세상에서 주인으로 성공하면 하나님의 영광을 도둑질하는 것이 됩니다. 종은 어디까지나 종다워야 합니다. 종에게 내 인생이 어디 있으며 내 것이라는 것이 어디 있습니까? 주인이 시킨 대로 끝까지 충성할 때 살 수 있습니다. 그렇지 않고 자기 하고 싶은 대로 다하면서 종이 주인같이 행동한 사람은 많이 맞을 것이라고 했습니다. 우리는 내 직장, 내 인생, 내 성공이라는 것이 없습니다. 오직 하나님이 주신대로 충성할 때 하나님께서 충성된 종이라 인정하시고, 전쟁이나 지진이나 심판이나 모든 어려움에서 우리를 지켜주실 것입니다.

36 막다른 골목

해답을 찾는 방문

왕상 10:1-3

스바의 여왕이 여호와의 이름으로 말미암은 솔로몬의 명성을 듣고 와서 어려운 문제로 그를 시험하고자 하여 예루살렘에 이르니 수행하는 자가 심히 많고 향품과 심히 많은 금과 보석을 낙타에 실었더라 그가 솔로몬에게 나아와 자기 마음에 있는 것을 다 말하매 솔로몬이 그가 묻는 말에 다 대답하였으니 왕이 알지 못하여 대답하지 못한 것이 하나도 없었더라

모든 사람은 이 세상에 태어날 때 세상에 태어나는 목적이 다 있습니다. 우리는 공부도 중요하고 사업도 중요하고 성공도 중요하지만, 가장 먼저 내가 이 세상에 살아야 할 목적을 풀어야 합니다. 이것이 모든 인간이 풀어야 할 숙제입니다. 그러나 인간은 이 숙제를 풀지 않아도 살아가는 데는 일단 이상이 없으니까 숙제를 풀지 않고 살다가 죽습니다. 그러면 그의 인생은 조물주 앞에서는 실패한 인생이 됩니다.

이 세상에서 자기 나름대로 숙제를 잘한 사람들을 보면 존경스럽습니다. 오스트리아 빈에 '게오르크 니콜라우스 폰 니센' 이라는 사람이 있었습니다. 이 사람은 모차르트의 음악을 좋아했고 그의 음악이 천재적이라는 것을 알았습니다. 그러나 모차르트는 그 많은 음악을 작곡한 후 거의 발표도 하지 못하고 35세의 젊은 나이로 죽었습니다. 게오르크 니콜라우스는 자기가 모차르트의 음악을 다 찾고 그의 전기를 써야 하겠다고 생각했습니다. 이때 모차르트의 부인 콘스탄체는 30대 여성으로 남편이 아들 둘 남기고 돈 한 푼 남기지 않고 죽으니까 살 방법이 없었습니다. 그때 이 게오르크 니콜라우스가 콘스탄츠에게 접근하여 기꺼이 콘스탄츠와 결혼하고 두 아들을 기숙사가 있는 학교로 보내고 끝까지 콘스탄츠와 함께 살았습니다. 그러나 그의 목적은 모차르트의 음악을 다 찾아내기 위함이었습니다. 모차르트의 부인 콘스탄츠는 니콜라우스와 결혼한 후에 이 새 남편은 모든 면에서 모차르트와 달랐고 교양이 있었다고 했습니다. 여기서 교양이라는 것은 니콜라우스가 상스러운 말이나 욕설도 하지 않고 침도 뱉지 않고 트림도 하지 않았다는 것이라고 합니다. 다른 말로 표현하면 모차르트는 제멋대로였다는 뜻입니다.

모차르트의 악보는 온 집안에 널려 있었는데 피아노 밑에도 떨어져 있었고, 침대 밑이나 부엌에도 떨어져 있었고, 소파 사이에도 끼어 있었다고 합니다. 그리고 모차르트 부인은 남편의 악보가 전혀 가치 없다고 생각했습니다. 단지 청소하기 싫어서 악보를 치우지 않고 그대로 두었던 것입니다. 그런데 니콜라우스는 그 모든 악보를 다 모으고 연도별로 정리하고 또 곡별로 모아 한 출판사에서 전곡을 출판하게 됩니다. 니콜라우스는 그때부터 모차르트의 전기를 쓰기 시작했지만 결국 전기를 마치지 못하고 죽습니다. 니콜라우스가 마치지 못한 전기를 콘스탄츠가 완성하지만 내용 중에 틀린 부분도 있다고 하는데 그것은 모차르트가 바람을 피우고 경제적으로 무능한 것을 부풀려서 그렇다고 합니다. 모차르트가 이렇게 유명해지게 된 것은 바로 니콜라우스 때문이었습니다. 니콜라우스는 모차르트의 음악을 남겨야 하겠다는 숙제를 풀기 위해서 아예 모차르트의 부인과 결혼까지 하고 죽을 때까지 그 일에 헌신했습니다. 그래서 니콜라우스의 묘비에는 '모차르트의 미망인의 남편' 이라고 적혀 있다고 합니다.

또 한 사람은 '사라 다이크먼' 이라는 여성입니다. 이 사람은 생물학 박사도 아니고 교수도 아니었습니다. 그녀는 나비 중에서도 한 종류의 나비에 목숨을 걸었습니다. 그것은 바로 제왕나비인데 한 곳에만 사는 것이 아니라 멕시코 북부에서 캐나다 남부까지 16,000km를 이동하면서 살다가 죽습니다. 물론 한 마리가 계속 날아가는 것은 아니고, 가다가 알을 까고 죽으면 그 새끼가 자라서 날아가고 또 그 나비가 죽으면 또 알에서 태어난 나비가 날아갑니다. 멕시코 북부의 제왕나비 보호 지역에 가면 나무 하나에 제왕나비가 수만 마리씩 붙어 있다고 합니다. 그러다가 봄이 오면 나비들이 떼를 지어서 미국으로 날아갑니다. 이 여성은 제왕나비가 날아가는 루트를 정확하게 알고 그 나비의 생태를 알기 위해서 혼자 자전거를 타고 멕시코 북부에서 캐나다 남부까지 무려 16,000km를 284일에 왕복했다고 합니다.

이분들은 자신의 목표를 위해서 인생을 다 바쳤습니다. 저는 이분들을 흉내 낼 수 없는 이유가 모차르트 같은 음악가를 알지도 못하고 재혼할 과부도 없고 니콜라우스 같은 교양도 없기 때문입니다. 그리고 사라 다이크만 같이 나비를 좋아하는 것도 아니고 자전거를 타고 16,000km는 죽어도 못 가기 때문입니다. 이 세상 사람 중에도 자기 시대에 주어진 사명을 풀기 위해 평생을 바쳐서 답을 찾는 사람들이 있습니다. 그런 분들은 존경스럽습니다.

구약성경의 많은 사람 중에서 특별히 예수님의 관심을 끌었던 두 사람이 있습니다. 한 사람은 수리아의 한센병자 나아만이고, 다른 한 사람은 남방 스바의 여왕이었습니다. 이 두 사람은 자신의 인생 문제를 풀기 위해서 모든 체면이나 어려움을 다 무시하고 하나님의 말씀을 들으러 갔습니다. 이 두 사람은 마지막 심판 때에 자기 숙제를 하지 않은 모든 세상 사람들, 예수님의 말씀을 듣지 않는 유대인들, 말씀을 사랑하지 않는 오늘의 크리스천을 모두 고소할 것이라고 했습니다.

1. 인간의 숙제

우리 모든 인간은 일단 이 세상에 태어난 이상 살아가야 할 의무를 가집니다. 갓난아이든 노인이든 청년이든 누구든지 무엇을 하더라도 타의에 의해서 죽을 때까지는 살아야 할 책임이 있습니다. 여기서 타의라는 것은 암이나 심근경색 같은 병일 수도 있고, 교통사고 같은 불의의 사고일 수도 있고, 전쟁이나 천재지변으로 인한 사망일 수도 있습니다. 인간은 어떻게 해서든지 이런 불의의 죽음을 죽지 않기 위해서 모든 노력을 다하고 있습니다. 그중의 하나가 많은 병원과 의사들이 있는 것입니다. 의사들은 어떤 환자든지 환자가 있으면 최선을 다해서 살려야 할 의무가 있습니다. 오늘 사람들의 평균 수명이 놀라울 정도로 길어진 것은 모두 의술의 발달 때문입니다. 그래서 나이가 들면 약으로 산다는 말이 있습니다. 그러나 수명이 늘어난 것이 인간의 숙제를 해결한 것은 아닙니다.

또 전쟁을 막기 위해서 막대한 군대가 있고 무기가 있습니다. 교통사고를 줄이려고 점점 자동차 성능도 좋아지고 있습니다. 그런데 사람들은 자동차 성능이 좋아지니까 자동차 속력을 더 많이 내고 있습니다. 가스 배출을 너무 많이 하니까 기후 변화가 생겨서 천재지변은 더 많이 생기고 있습니다. 그런데 요즘은 옛날에는 생각하지도 못한 암초가 생겼습니다. 그것은 자살이 엄청나게 증가한 것입니다. 이것은 모두 살려고 몸부림치다가 스트레스를 너무 많이 받아서 분노가 폭발해서 스스로 죽어버리는 것입니다.

사람은 일단 태어났으면 숨이 끊어질 순간까지 살아야 합니다. 그러나 우리는 이 세상 살면서 내 힘으로 풀 수 없는 수많은 문제에 부딪히게 됩니다. 지금 우리나라는 자영업자들이 엄청나게 사업을 그만두고 있습니다. 어떤 분은 직장에서 인간관계나 심지어는 교회에서 만족을 얻지 못하고 더 큰 스트레스를 받아서 병이 들기도 합니다. 그러나 이 모든 것은 인생의 숙제의 본질이 아닙니다. 우리 인생의 답은 우리가 살아있을 때 하나님을 만나는 것입니다. 그러나 인간은 하나님을 믿으면 자기 자존심이 깎이는 줄 아는 교만 때문에, 혹은 말씀을 바로 가르쳐주는 사람이 없어서 이 인생 문제를 풀지 못하고 있습니다.

우리 주위에 풀리지 않는 어려운 문제들이 많이 있습니다. 그러나 요셉은 애굽의 경제 문제를 풀었습니다. 에스더 같은 경우에는 페르시아 제국 안에서 유대인 학살의 문제를 풀었습니다. 윈스턴 처칠 같은 경우에는 이차대전의 히틀러라는 괴물의 문제를 풀었습니다. 그러나 이렇게 하나님을 믿는 믿음을 가진 자를 만나지 못하면 이차대전 때 유대인 600만 명 학살 같은 일이 일어나게 됩니다. 예수님의 말씀을 믿지 않았기 때문에 유대인들은 로마와 전쟁을 해서 200만 명 이상이 죽임을 당했습니다.

물론 사람들은 "어떻게 예수만 하나님의 아들인 것을 믿을 수 있느냐, 또 성경의 하나님만 참 유일하신 하나님이라고 믿을 수 있느냐?"고 의심합니다. 그것은 맞습니다. 우리는 이 세상에서 믿을 수 있는 것이 아무것도 없습니다. 우리가 이 시간 허망한 생각을 할 때가 얼마나 많습니까? 이 세상에서 유일하게 믿을 수 있는 것은 예수 그리스도의 부활입니다. 예수님의 부활은 이 세상 어떤 사건보다 더 확실한 증거들이 있습니다. 예수님의 제자들도 예수님이 부활하신 것을 보고서야 예수님이 하나님의 아들이신 것을 믿었습니다. 예수님이 부활하신 것이 확실하다면 그가 하신 말씀은 진실합니다. 이 세상에서 유일하게 믿을 수 있는 것은 예수님의 말씀입니다. 예수님은 우리에게 영생이 있다고 말씀하셨습니다. 예수님은 우리에게 "무엇을 먹을지 무엇을 입을지 염려하지 말라"고 하셨습니다. 심지어 예수님은 "사람을 겁내지 말라"고 하셨습니다.

2. 스바 여왕이 솔로몬을 찾아옴

에티오피아는 아프리카에 있는 유일한 기독교 국가입니다. 에티오피아는 6.25전쟁 때 참전해서 우리와는 가까운 나라입니다. 세계에서 가장 먼저 커피를 발견한 나라도 에티오피아로 알려져 있습니다. 에티오피아는 놀랍게도 옛날의 기독교 문화를 가지고 있습니다. 그중의 하나가 라리벨라의 암굴교회입니다. 이 암굴교회는 지상에서 보면 그냥 평지인 것 같은데 에티오피아 사람들은 평지에 있는 거대한 바위를 위에서 아래로 파고 들어가서 엄청나게 큰 완전한 예배당을 건설했습니다. 땅에서 보면 십자가 모양으로 만들어진 옥상이 보이는데 밑으로 내려가려면 계단으로 한참 내려가야 합니다. 그리고 밑에 내려가서 보면 예배당이 수십 미터 높이인 것을 볼 수 있습니다. 에티오피아 라리벨라에는 이런 암굴교회가 11개쯤 있다고 합니다. 또 오래된 것으로는 북부 지방에 있는 어느 호수 안에 있는 수도원인데 천년이 넘도록 아직도 수도사가 있다고 합니다.

그런데 스바 여왕과 관계가 있는 것으로는 스바 여왕의 목욕탕이 있는데 돌로 만들어졌고 수영장만 한 목욕탕이 있습니다. 그리고 스바 여왕이 다른 나라나 다른 사람들 몰래 솔로몬을 만나러 가기 위하여 바위를 파서 만든 비밀통로가 있습니다. 그 통로는 마차가 달릴 만큼 넓다고 하는데 스바 여왕은 아마 그 통로를 통해서 아무도 모르게 에티오피아를 빠져나와서 솔로몬을 만나러 간 것 같습니다.

중요한 것은 그 스바 여왕이 무엇 때문에 그 뜨거운 사막과 강과 바다를 건너서 예루살렘에 있는 솔로몬을 만나러 갔을까 하는 것입니다. 구약성경에는 스바 여왕이 솔로몬의 지혜의 소문을 듣고 그 지혜의 교훈을 듣기 위해서 갔다고 했습니다. 그러나 예수님은 이것을 분명히 말씀하셨는데 "남방 여왕이 솔로몬이 전하는 하나님의 말씀을 듣기 위해서 그 먼 곳에서 솔로몬을 찾아왔다" 고 말씀하셨습니다. 스바 여왕이 솔로몬을 찾아온 것은 단순히 유명한 연예인 같은 BTS 오빠인 솔로몬을 만나러 온 것이 아니었습니다. 아마도 스바 여왕은 여왕이 된 후에 자기 목숨이 위태롭고 나라를 지킬 수 없는 어려운 숙제가 있었던 것 같습니다.

아마 스바 여왕은 신하나 학자들을 통해서 세상 지식이 아닌 하나님의 말씀을 전해주는 사람이 어디에 있는지 찾았습니다. 스바 여왕은 먼 나라 이스라엘에 있는 솔로몬 왕이 하나님의 말씀을 전해준다는 소문을 듣게 되었습니다. 스바 여왕은 갈등을 겪지 않을 수 없었습니다. 우선 에티오피아와 예루살렘은 거리적으로 너무나도 멀었습니다. 그뿐만 아니라 스바의 여왕은 왕으로서 자리를 비울 수 없는 처지였습니다. 그렇지 않아도 스바 여왕의 왕위를 빼앗으려는 자들이 우글우글한데 몇 달 동안이나 왕이 사라져버리면 다른 사람이 그 자리를 차지하려고 할 것은 눈에 보듯이 뻔한 일이었습니다. 그리고 만일 주위의 강대국들이 전쟁이라도 한다면 나라를 다른 나라에 빼앗기고 말 것입니다. 스바 여왕이 하나님의 말씀을 듣는 것은 좋지만 거리가 너무 멀었고 또 거기까지 가는 길이 너무 더웠습니다.

그리고 스바 여왕이 설사 모든 것을 희생할 것을 각오하고 예루살렘까지 가서 솔로몬을 만나서 이야기를 듣는다 하더라도 그것이 진정한 하나님의 말씀인 것을 보증할 길이 없었습니다. 그러나 스바 여왕은 일단 앉아서 뭉개는 것보다는 움직이는 것이 낫다고 생각했습니다. 자기가 에티오피아에서 머뭇거리고 있어 봐야 하나님의 말씀을 들을 기회는 점점 줄어들고 있으며 결국은 늦게 될 것이라는 사실을 깨달았습니다. 스바 여왕은 일단 트라이해 보기로 했습니다. 가만히 주저앉아 있는 것보다는 한번 솔로몬의 이야기를 듣고 보자는 것이었습니다.

어떤 사람은 복음을 듣기는 듣습니다. 그러나 너무 늦게 듣는 사람들이 있습니다. 이들은 한창 젊었을 때 하나님을 위하여 무엇인가 할 수 있을 때 고집과 자존심 때문에 하나님의 말씀을 듣지 않습니다. 그러다가 병이 들어서 거의 죽기 전에 하나님의 말씀을 듣는 분들이 있습니다. 물론 우리가 구원을 얻는데 너무 늦다는 것은 없지만, 그래도 그 아까운 인생을 쓸데없는데 다 허비하고 죽기 직전에 하나님을 믿는다는 것은 너무나도 아쉬운 일입니다. 우리가 기왕 하나님의 말씀을 듣고 하나님의 백성으로 살 바에야 할 수 있으면 어린아이 때부터 혹은 청소년이나 청년 때 믿고 헌신한다면 평생 그 좋은 머리와 그 뜨거운 열정을 모두 하나님을 위하여 사용할 수 있을 것입니다.

저는 우리의 인생이 젊은 시절부터 하나님을 위하여 사용되는 것이 너무나도 귀하다고 생각합니다. 우리는 정말 많은 사람의 영혼을 구원할 수 있고 다른 사람들의 많은 어려움을 해결해줄 수 있습니다. 우리가 복음을 가지고 있다는 것은 마치 병을 치료하는 의술을 가지고 있는 것과 같습니다. 우리는 하나님의 축복을 독점적으로 가지게 됩니다. 우리가 전해주는 말씀을 받는 사람은 복을 받고 그것을 거부하는 사람은 저주를 받습니다.

우리 인생에 하나님을 모셔 들이는 방법이 무엇일까요? 아무리 어려운 대가를 지불하더라도 먼 곳까지 가서 소자가 전해주는 하나님의 말씀을 듣는 것입니다. 그는 박사가 아닐 수 있습니다. 그는 유명한 학자가 아닐 수 있습니다. 그러나 그는 오직 성경만 가지고 이야기를 할 때 그의 말을 듣는 것은 하나님을 내 인생에 주인으로 모시는 것입니다.

스바 여왕은 하나님의 말씀을 듣기 위해서라면 아무리 거리가 멀고 아무리 길이 덥고 아무리 힘들어도 가야 한다고 생각했습니다. 그만큼 스바 여왕의 마음속에는 하나님의 말씀에 대한 갈급함이 있었기 때문입니다.

3. 솔로몬의 설교를 들음

일단 스바 여왕은 어마어마한 선물을 준비했습니다. 스바 여왕이 준비한 선물은 금 일백이십 달란트와 심히 많은 향품과 보석이었는데, 이렇게 많은 귀중품을 솔로몬에게 준 사람은 없었다고 했습니다(왕상 10:10). 스바 여왕이 가지고 온 향품은 조공이겠습니까? 아니면 뇌물입니까? 아니면 선물입니까? 이것은 바로 자기 영혼의 가치였습니다. 우리가 하나님께 헌금을 바치고 예물을 바치는 것은 자기 영혼의 가치를 바치는 것입니다. 그러나 많은 경우 이것을 그냥 돈이라고 생각해서 인색해하거나 아까워하는 사람들이 있습니다. 어떤 경우에는 복음 전도자가 도움을 요청하는데 거절해버리는 사람들도 있습니다. 이들은 아직 자기 영혼의 가치를 모르는 사람들입니다. 예수님은 그런 사람들에게 발에서 먼지를 털어버리라고 말씀하셨습니다. 그들은 하나님 앞에서 자기 영혼의 가치를 모르는 사람입니다.

이 당시 금 120달란트는 현재 우리의 무게 단위로 환산하면 금 8톤입니다. 즉 스바 여왕은 요즘으로 치면 8톤 트럭에 금을 꽉 실어서 온 것입니다. 그리고 그 황금만큼이나 많은 향품을 준비했습니다. 그리고 또 진귀한 보석들을 많이 준비했습니다. 전에 어떤 그림을 보니까 여성이 눈물을 흘리는데 금방울을 흘리고 있는 그림이었습니다. 이것은 우리가 늘 강조하는 것입니다. 우리 여성이 은혜 받고 흘리는 눈물은 다이아몬드 눈물이고 우리의 입에서 나오는 말이나 간증은 세계 최고의 향품입니다. 이 모든 것이 내 자신의 가치입니다. 우리가 우리의 젊음과 인생을 나 자신의 이익을 위해서 살지 않고 하나님을 위해 살면 우리의 가치는 금 8톤의 가치 이상인 것입니다.

스바 여왕은 우선 솔로몬을 만나서 무조건 그의 하는 말을 믿지 않고 조심스럽게 접근했습니다. 그래서 스바 여왕은 자신의 어려운 문제부터 이야기하지 않고 일반 사람들이 겪는 어려운 문제나 자연 현상의 이해가 안 되는 것을 솔로몬에게 물어보았습니다. 그랬더니 솔로몬의 대답에는 한 치의 망설임 없이 모든 대답이 술술 나왔습니다.

> 왕상 10:1-3, "스바의 여왕이 여호와의 이름으로 말미암은 솔로몬의 명성을 듣고 와서 어려운 문제로 그를 시험하고자 하여 예루살렘에 이르니 수행하는 자가 심히 많고 향품과 심히 많은 금과 보석을 낙타에 실었더라 그가 솔로몬에게 나아와 자기 마음에 있는 것을 다 말하매 솔로몬이 그가 묻는 말에 다 대답하였으니 왕이 알지 못하여 대답하지 못한 것이 하나도 없었더라"

스바 여왕은 하나님의 말씀을 듣기 전에 먼저 솔로몬을 시험했습니다. 그런데 솔로몬은 식물이나 동물이나 곤충이나 새들 중에서 모르는 것이 없었습니다. 아마 스바 여왕은 왜 인간은 태어나는지 물어보았을 것입니다. 그것은 하나님이 생명을 주시기 때문입니다. 이 세상의 권력이나 성공은 어떤 의미가 있는지? 그것이야말로 솔로몬이 가장 정통한 부분이었습니다. "헛되고, 헛되고, 헛되도다. 모든 성공이 해 아래서 바람을 잡으려는 것과 같다"고 이야기했을 것입니다. 스바 여왕은 또 "사랑은 무엇이냐?"고 물었을 것입니다. 솔로몬은 시골에 살면서 술람미 여인과 진정한 사랑에 빠진 적이 있었습니다. 아마 솔로몬은 사랑은 가장 순수한 열정이고 서로를 완성시켜주는 것이라고 대답했을 것입니다.

그때 스바 여왕은 가장 중요한 자신의 문제를 이야기했을 것입니다. 그것은 첫째 자신의 미래를 알 수 없다는 것입니다. 자기가 여왕이지만 왕궁에는 자기를 죽이고 왕위를 빼앗으려고 하는 자들이 수두룩하고, 나라 밖에서도 야만적인 민족들이 호시탐탐 노리고 있는데 어떻게 하면 좋으냐고 물었을 것입니다. 이것이야말로 솔로몬이 너무 생생하게 체험한 것이었습니다. 솔로몬은 왕이 될 수 없는 어린아이였고 형들은 모두 어른이었습니다. 아버지 다윗 때문에 솔로몬이 살았지, 아버지가 일찍 죽었으면 솔로몬은 오래 살지도 못하고 왕위를 빼앗겼을 것입니다. 솔로몬은 일천번제의 기도 체험이 있었습니다. 그리고 하나님이 솔로몬에게 모든 적을 이길 수 있는 지혜를 주셨습니다. 솔로몬은 이 이야기를 스바 여왕에게 해주었을 것입니다. 스바 여왕은 여왕인 자신이 결혼해야 하는지를 누구와 해야 하는지를 물었을 것입니다. 이것은 솔로몬에게 가장 찔리는 질문이었을 것입니다. 솔로몬은 물론 결혼은 하나님이 인도해주신다고 대답했겠지만, 솔로몬은 유독 이 부분에 믿음이 없어서 너무나도 많은 결혼을 했기 때문입니다.

스바 여왕은 그 먼 거리를 무릅쓰고 솔로몬을 만나러 온 것이 정말 잘한 일이라는 것을 알게 되었습니다. 스바 여왕은 솔로몬이 전해준 하나님의 말씀에 대만족을 했습니다. 그래서 가지고 간 선물을 하나도 빼놓지 않고 전부 솔로몬에게 다 주었습니다. 그리고 스바 여왕은 솔로몬 왕궁과 성전의 모든 부분에 솔로몬의 지혜가 스며들어 있는 것을 보고 감탄했습니다. 스바 여왕에게 가장 부러웠던 것은 솔로몬의 신하들이었습니다. 자기 자신은 단 한 번만 솔로몬의 설교를 듣고도 이렇게 인생이 변했는데, 솔로몬의 신하들은 매일 솔로몬의 지혜와 설교를 듣기 때문이었습니다.

왕상 10:8, "복되도다 당신의 사람들이여 복되도다 당신의 이 신하들이여 항상 당신 앞에 서서 당신의 지혜를 들음이로다"

스바 여왕은 예수님에게 칭찬을 받게 됩니다. 즉 스바 여왕은 솔로몬의 설교를 들으려고 그 남쪽 먼 곳에서 왔는데 이스라엘 백성은 하나님의 아들이 오셔서 하는 말씀을 듣지 않았기 때문입니다. 그들은 스스로 똑똑하다고 생각했지만, 사실은 가장 미련한 사람들이었습니다.

우리 인생의 질문은 인간이 내지만 그 답은 하나님께 있습니다. 특히 예수 그리스도는 우리 모든 문제의 해답이 되십니다. 사도 요한은 예수님을 태초부터 있었던 말씀이라고 했는데 그 말씀이 바로 우리 인생의 해답을 의미하는 것입니다. 우리는 하나님의 말씀을 듣기 위해서 스바 여왕 같은 마음을 가져야 하겠습니다. 거리를 멀다 하지 말고 돈 쓰는 것 아까워하지 말고 하나님의 말씀으로 찾고 구하면 우리 인생이 달라질 줄 믿습니다.

37 막다른 골목

삶과 죽음의 사이

행 12:5

이에 베드로는 옥에 갇혔고 교회는 그를 위하여 간절히 하나님께 기도하더라

사람은 모두 죽는 것을 두려워합니다. 사람이 죽지 않을 수만 있다면 얼마나 좋겠습니까? 인간의 모든 복잡한 문제는 결국 우리가 언젠가는 죽어야 한다는 사실에서 비롯된 것입니다. 사람은 죽으면서 이 세상과 사랑하는 모든 사람과 자기가 가지고 있는 모든 것과 영원히 이별할 뿐 아니라 자기가 없어져 버리게 됩니다. 자기가 이 세상에서 없어지는데 겁을 내지 않을 사람은 아무도 없습니다. 그런데 사람 중에서는 이 삶과 죽음 사이에 붙잡혀서 산 것도 아니고 죽은 것도 아닌 상태에 있는 사람들이 있습니다.

우리가 살면서 가까운 사람이 죽게 되면 너무나도 마음이 고통스럽고 슬픕니다. 제가 대구에 내려왔을 때 제 고종사촌 누이가 교회의 집사로 계셨습니다. 그 집에는 예수 믿는 사람이 하나도 없었는데, 누이가 예수를 믿고 있었습니다. 그런데 그 누이가 암에 걸렸다고 해서 심방을 가니까 동생이 목사로 왔는데 도움이 되지 못해서 정말 미안하다고 했습니다. 나중에 돌아가실 때 병원에서 뵈었는데 머리털이 하나도 없고 너무 마르셔서 알아볼 수 없었습니다. 저는 그 누님에게 그동안 고생 많이 하셨다고 하고 편히 쉬시라고 했습니다. 그리고 누이는 돌아가셨습니다. 제 위에 형이 세 분이 계시는데 벌써 두 분이 돌아가셨습니다. 바로 위에 형은 서울 약대 출신인데 아픈 사람을 많이 고쳤습니다. 그 형은 결혼하기 전까지는 저와 단짝 친구였습니다. 형이 의식 없이 눈을 감고 있으니까 형수가 손으로 형의 눈을 벌려서 마지막으로 나를 한 번 보고 가야 할 것이 아니냐고 하면서 애통했습니다. 저는 한 교회에서 오래 목회하면서 가장 고통스러웠던 것이 그 친했던 분들이 다 돌아가시는 것이었습니다. 그분들에 대한 기억이 너무 생생한데 더 이상 교회에서 그분들을 볼 수 없습니다.

어떤 분은 교수였는데 혼자 병원에서 투석받다가 코마 상태에 빠져서 의식 없이 일 년 정도 계셨던 것 같습니다. 그분은 그야말로 산 것도 아니고 죽은 것도 아니었습니다. 교회는 그분을 위해서 지속적으로 기도했습니다. 왜냐하면 그분은 의식이 없지만 사탄과 하나님 사이에는 치열한 싸움이 벌어지고 있기 때문입니다. 유다서에 보면 모세가 죽었을 때 과연 그 시체를 누가 차지하느냐 하는 것을 두고 사탄과 미가엘 천사 사이에 치열한 싸움이 있었습니다. 사탄은 "모세가 죄인이기 때문에 그 시체를 지옥으로 끌고 가야 한다"고 하고, 천사는 "모세는 하나님을 믿고 죄 씻음을 받았기 때문에 사탄은 그를 끌고 갈 수 없다"고 했습니다. 그런데 그분은 결국 일 년 정도 의식없이 식물인간으로 계시다가 돌아가셨습니다.

사도 바울은 로마 감옥에 갇혀서 자기가 죽을지 살지 모르는 상태에서 계속 시간만 지연되고 있었습니다. 그때 사도 바울은 사는 것과 죽는 것 사이에 꽉 끼어서 어떻게 될지 모르겠다고 했습니다(빌 1:23). 그러나 사도 바울은 "내게 사는 것이 그리스도니 죽는 것도 유익함이라"(빌 1:21)고 했습니다.

우리 모든 사람은 삶과 사망 사이에 끼어 있는 존재들입니다. 그래서 사람들 중에서 운이 좋은 사람은 좀 더 오래 살고, 운이 나쁜 사람은 나쁜 일을 만났을 때 살지 못하고 죽는 것입니다.

초대교회 때 베드로는 악한 정치 지도자에게 체포되어서 사형 집행을 하루 앞두고 있었습니다. 베드로는 감옥에 갇혔는데 네 명이 네 개조로 베드로를 지켰고, 잘 때도 그를 구출하지 못하도록 두 군인에게 쇠사슬을 같이 묶고 그 사이에서 자야만 했습니다. 이때 감옥에서 베드로를 구해 줄 수 있는 사람은 아무도 없었습니다. 그리고 교회는 베드로가 살아서 돌아올 수 없다는 것을 알면서도 그를 위해서 기도하고 있었습니다. 그러나 사람들은 교회가 합심해서 기도하는 것이 엄청난 힘을 가지고 있다는 것을 알지 못합니다. 교회는 크든지 작든지 말씀이 있고 합심해서 기도하면 핵무기 같은 힘이 생기게 됩니다. 그러나 그런 것을 알지 못하기 때문에 교회는 자꾸 이벤트를 해서 사람들의 관심을 끌려고 합니다.

1. 헤롯의 포퓰리즘

정치인에게 가장 중요한 것은 국민의 지지율입니다. 지지율이 높은 정치인은 아무도 건드리지 못하므로 자기가 하고 싶은 것을 다 할 수 있습니다. 왜냐하면 국민이 그 사람의 뒤를 받치고 있기 때문입니다. 그래서 정치인에게는 국민의 인기와 지지율이 생명수같이 중요합니다.

오순절이 되고 성령이 온 후에 제자들과 교회는 능력을 얻게 되었습니다. 이들은 기쁨과 영적인 흥분을 이기지 못해서 집 밖으로 뛰쳐나가서 예수가 부활했다고 증언하고 성령이 오셨다고 소리쳤습니다.

그리고 베드로와 요한이 성전 미문에서 날 때부터 걷지 못했던 구걸하던 사람을 일으키니까 난리가 났습니다. 그 무식한 사람들이 설교하는데 하루에 삼천 명씩 예수를 믿었습니다. 그때 유대 지도자들이 놀랐던 것은 그 예수 믿는 자들이 가졌던 파워였습니다. 이 예수의 제자들은 자기들이 가지지 못한 영적인 힘을 가지고 있었습니다. 특히 유대 지도자들의 심기를 불편하게 했던 것은 그들이 죄인으로 정죄해서 십자가에 처형한 예수가 하나님의 아들이었다는 것입니다. 그리고 그 예수가 죽은 자 가운데서 사흘 만에 다시 살아났다는 것입니다. 예수가 만일 하나님의 아들이고 죽은 자 가운데서 살아났다면 유대 지도자들은 살인자 집단이 되는 것입니다.

그래서 유대 지도자들은 일차적으로 제자들을 붙잡아서 예수에 대해서 설교하지 말라고 경고했습니다. 그러나 그들의 불은 끌 수 없었습니다. 그러니까 유대 지도자들은 다시 제자들을 잡아 가두어서 채찍으로 때렸습니다. 그런데 그 제자들은 예수 때문에 채찍에 맞는 것을 좋아하는 것 같았습니다.

결국 유대 지도자들은 성전 앞에서 더 이상 유대인의 성전 제사는 소용없고 예수만 믿으면 된다고 소리 지르는 스데반 집사를 잡아서 돌로 때려 죽였습니다. 그런데 놀라운 것은 그 사람이 돌에 맞아 죽어가면서 얼굴이 천사같이 변했다는 것입니다. 그리고 하늘을 쳐다보면서 "하나님의 보좌와 예수가 보인다"고 소리 질렀습니다. 유대 지도자들은 단 한 번도 하나님의 보좌를 본 적이 없었습니다. 결국 유대 지도자들은 가가호호 방문해서 예수 믿는 자들을 잡아 가두었습니다. 그래서 예수 믿는 사람들은 모두 예루살렘을 떠나서 유대와 사마리아와 이방 나라에 흩어지게 되었습니다.

유대 지도자들이 종교적으로 기독교인들을 심하게 탄압한 후에 등장한 것이 헤롯의 정치적인 탄압이었습니다. 이때 헤롯은 헤롯 왕의 손자인 헤롯 아그립바였습니다. 그는 사람들의 인기와 아부를 아주 좋아했습니다. 헤롯은 유대인들이 예수 믿는 것을 좋아하지 않는다는 것을 알고는 예수님의 제자들 중에서 중요한 사람 둘을 잡아 가두었습니다. 일단 아그립바가 예수의 제자 야고보를 잡아 가두니까 지지율이 올라갔습니다. 아그립바는 지지율이 올라가는 것을 보고 눈이 뒤집혀버렸습니다. 그는 평소에 인기도 없었고 순전히 자기 할아버지와 아버지 배경과 로마에 대한 아첨으로 왕이 된 사람이었기 때문입니다. 대개 실력도 없고 평소 평판이 나쁜 사람들이 사람들의 관심을 끌려고 인기 정책을 쓰게 됩니다. 헤롯 아그립바는 예수의 제자들을 구속하니까 인기가 올라가는 것을 보고 아예 예수님의 중요한 제자 중의 한 명인 야고보를 목을 쳐서 죽여 버렸습니다. 그랬더니 헤롯 아그립바에 대한 인기가 급상승하게 되었습니다. 이것을 보고 헤롯 아그립바는 드디어 백성의 지지율을 올리는 비결을 알게 되었습니다. 그것은 바로 기독교인들을 무조건 박해하고 죽이는 것이었습니다.

야고보의 죽음은 우리에게 많은 의문점을 가지게 합니다. 그것은 "왜 예수님의 중요한 제자 중 한 명인 야고보가 이렇게 일찍이 헤롯의 인기 정책에 의해서 죽어야 하나?" 하는 것입니다. 그리고 또 왜 하나님은 야고보는 죽게 하시고, 베드로는 살리셨을까 하는 것입니다. 우리는 그 모든 것을 알 수 없습니다.

야고보의 죽음은 세례 요한의 죽음과 비슷한 점이 많습니다. 세례 요한은 여자가 낳은 자 중에서 가장 큰 자라고 예수님이 말씀하셨습니다. 그는 예수님 당시에 가장 위대한 선지자였습니다. 세례 요한은 아주 금욕적인 생활을 살았고 결코 타협이 없는 신앙을 살았습니다. 그는 당시 갈릴리 왕 헤롯 안티파스가 동생의 부인을 데리고 사는 것을 보고 죄라고 직접 책망했습니다. 그러나 세례 요한은 헤롯의 미움을 받아서 감옥에 갇혔고 헤롯이 인기를 위해서 자기 생일에 춤을 춘 살로메의 춤값으로 목이 베이게 됩니다. 그 위대한 선지자가 한낱 헤롯이라는 왕의 인기정책 때문에 여자아이의 춤값으로 죽는다는 것은 너무나도 이해되지 않는 일입니다.

우리 인간은 이 세상 살면서 하나님의 무대 위에서 자기 인생을 연기하는 배우와 같습니다. 우리는 자기 순서를 마치면 언제든지 무대에서 내려와야 합니다. 우리는 언제까지나 무대를 차지하고 오래 있을 수 없습니다. 그래서 우리는 기회가 주어졌을 때 멋진 믿음의 연기를 하고 무대에서 내려올 생각을 해야 합니다.

헤롯 아그립바는 야고보를 죽임으로 자기의 지지율이 껑충 올라가는 것을 보고 이번에는 예수의 수제자인 베드로를 죽이기 위해서 체포했습니다. 그리고 누구도 베드로를 구출하지 못하도록 군인 네 명씩 네 파트로 나누어서 베드로를 지키게 했고, 밤에 잘 때도 군인들이 베드로 양쪽에서 쇠사슬을 묶어서 같이 자게 했습니다. 그리고 드디어 베드로를 처형하기로 한 전 날이 되었습니다. 이때 교회는 절대 베드로를 구출할 수 없었습니다. 교인들은 베드로에게 소망이 없다는 것을 알지만 그래도 아직 살아 있으니까 그를 위해서 기도했습니다. 그러나 그들의 기도는 왕의 권세에 비하면 너무나 무기력했습니다.

우리는 이미 이런 일을 겪은 적이 있습니다. 하나는 기독 청년들이 아프가니스탄에 단기 선교를 갔다가 탈레반에게 몽땅 인질로 잡혔을 때입니다. 탈레반은 두 명의 남자를 총으로 쏴 죽였습니다. 그래도 우리는 무기력하게 기도할 수밖에 없었습니다. 그러나 드디어 40일이 되었을 때 무슨 일이 일어날 것 같았습니다. 드디어 나머지 청년들은 모두 살아서 돌아왔습니다. 그들은 사랑의 동기로 갔지만 그 사랑은 정치적인 이유로 받아들여지지 않았습니다. 우리는 기도할 수밖에 없었습니다. 그 인질로 붙들린 사람 중에는 우리 교회 청년의 누나도 있었습니다. 우리나라에 무슨 일이 터졌다고 하면 한 다리만 건너면 반드시 우리 교인 가족이 있었습니다. 뒤에 그 청년을 만나서 누나가 어떻게 되었느냐고 물으니까 같이 인질로 붙들렸다가 풀려나온 형제와 결혼했다고 했습니다.

그리고 다른 하나는 캐나다에서 목회하던 목사가 북한에서 억류된 사건입니다. 그분은 북한을 도우려고 수십 번 들어가서 양로원도 세우고 빵 공장도 만들고 많은 도움을 주었는데, 어느 날 갑자기 공화국을 배반하는 간첩 행위를 했다는 혐의로 체포되어 종신 강제노동형을 받았습니다. 그때 우리가 할 수 있는 일은 아무것도 없었습니다. 우리가 할 수 있는 것은 기도밖에 없었습니다. 그런데 꽤 세월이 많이 지난 어느 날 놀랍게도 그 목사가 풀려나서 한국에 왔습니다. 그러나 그 목사와 같이 풀려났던 웜비어라는 미국 청년은 제대로 걷지 못했고 며칠 뒤에 죽었습니다. 저는 신문 기사에서 그 목사가 고령에 강제노동을 견딜 수 있을지 걱정된다는 것을 보고 제가 고령이라는 것을 알았습니다. 그 목사와 저는 어렸을 때 같이 중고등부를 다녔던 친구 사이였습니다. 그가 기도의 힘으로 풀려났다고 생각합니다.

베드로는 감옥에 갇혀서 죽을 예정이고 교회는 베드로가 풀려나도록 기도했습니다. 교회는 힘이 없었고 베드로가 풀려나리라는 것을 기대할 수 없었습니다. 단지 베드로가 아직 살아있기 때문에 그를 위하여 기도한 것뿐입니다. 그런데 교회의 기도는 능력이 있었습니다.

2. 하나님의 구출 작전

베드로가 그 삼엄한 감시를 뚫고 탈출한다거나 혹은 베드로를 누군가가 구출한다는 것은 절대 불가능한 일이었습니다. 헤롯은 베드로가 아예 탈출하지 못하도록 베드로를 놓치면 감옥을 지키는 자들도 다 죽인다고 경고했습니다. 그래서 베드로를 살리는데 인간적인 힘은 아무 소용이 없었습니다. 그런데 교회가 베드로를 위해 기도할 때 하나님은 움직이기 시작하셨습니다.

베드로는 쇠사슬에 묶여 있고 그가 조금만 움직여도 간수들이 알 수 있도록 간수와 베드로를 쇠사슬로 같이 묶어 놓았습니다. 그리고 내일이면 베드로의 사형은 집행될 예정이었습니다. 파수꾼들은 감옥 안팎으로 베드로를 지키고 있었습니다. 그런데 교회가 기도했을 때 캄캄한 감옥 안에 광채가 비취었습니다. 그리고 하나님의 천사가 나타났습니다. 하나님은 자기 백성의 부르짖는 소리를 들으시고 언제든지 기적을 베풀어주십니다. 베드로는 다음 날이면 사형을 당하는데도 깊이 잠들어 있었습니다. 베드로는 어떻게 해서 죽음을 앞두고 이렇게 깊이 잠들 수 있었을까요? 아마 베드로는 모든 것을 하나님께 맡겨버리니까 마음이 편해지면서 잠을 깊이 잘 수 있었던 것 같습니다.

베드로는 감옥 안에 빛이 비취고 천사가 나타난 것을 알지 못했습니다. 그래서 천사는 베드로의 옆구리를 쳐서 깨웠습니다. 그리고 베드로에게 일어나라고 했습니다. 베드로는 쇠사슬에 매여서 옆의 군인을 깨우지 않고는 일어날 수 없었는데 그 순간 쇠고랑이 벗겨져 버렸습니다. 천사는 베드로에게 띠를 띠고 신을 신으라고 한 후 겉옷을 입고 따라오라고 했습니다. 그런데 베드로는 이것이 실제로 일어나고 있는 일인지 아니면 꿈을 꾸고 있는지 알지 못했습니다. 베드로는 자기가 환상을 보고 있는 줄로 생각했습니다.

천사가 베드로를 데리고 나가는데 첫 번째와 두 번째 쇠문이 저절로 열려버렸습니다. 그리고 거기에 경비하는 자들이 그들을 보고 있으면서도 알지 못했습니다. 경비병의 눈에는 베드로와 천사가 보이지 않았던 것입니다. 천사가 베드로를 데리고 큰 도로까지 가니까 천사는 사라져버렸습니다. 그때야 비로소 베드로는 자기 얼굴에 느껴지는 찬바람을 통해서 이것이 꿈이 아니고 현실이라는 것을 깨달았습니다. 그때 베드로는 정신이 번쩍 들면서 자기가 죽임당하기 전날 밤에 주님이 천사를 보내어서 자기를 구출해주셨고 헤롯의 손과 그 모든 백성의 기대에서 벗어나게 하셨다는 사실을 알게 되었습니다.

다음 날 아침이 되었을 때 헤롯은 군대를 보내어서 베드로를 감옥에서 끄집어 내오게 했습니다. 그런데 놀랍게도 감옥 문은 그대로 잠겨 있고 경비병들은 아무것도 보지 못했는데 베드로만 사라지고 없어졌습니다. 왕이나 상관들이 아무리 경비병들을 추궁해도 그들은 아무것도 모른다고 했습니다. 그래서 헤롯은 베드로를 지켰던 모든 병사를 다 처형시켜버렸습니다.

3. 교회의 반응

당시 교회는 많은 사람이 모인 것은 아니었습니다. 그들이 모인 장소도 멋진 예배당이 아니라 그냥 평범한 가정집이었습니다. 교인들은 마가의 어머니 집에 모여 있었습니다. 그 집에는 넓은 다락방이 있었습니다. 예수님은 이 집에서 성찬을 행하셨고 이 집에서 제자들의 발을 씻겨주셨습니다. 그리고 예수님은 부활하신 후 이 집에 모여 있는 제자들을 찾아오셨습니다. 또 이 집에 모여서 기도하던 성도들에게 오순절의 성령이 임하셨습니다.

교회는 바로 그 집에 모여서 베드로의 석방을 위해서 기도하고 있었습니다. 그러나 교회나 교인들은 기도하면서도 하나님이 그들의 기도를 들으시고 천사를 보내어 베드로를 구출하실 줄은 꿈에도 몰랐습니다. 그러나 하나님은 그들의 기도를 들어주셔서 어떤 권력자도 하지 못하고 어떤 특공대도 할 수 없는 일을 하셨습니다. 베드로가 감옥에서 나온 후 가장 먼저 찾아간 곳이 바로 이 교회였습니다. 베드로에게 가장 중요한 사람들은 교인들이었기 때문입니다. 베드로는 교인들에게 주님이 하신 놀라운 일을 증언하기를 원했습니다. 베드로는 교인들이 마가의 어머니 집에 모여 있다는 것을 알기 때문에 그 집으로 가장 먼저 찾아갔습니다. 전부 기도한다고 애를 쓰고 있는데 누군가가 문을 두드리는 소리가 났습니다. 그래서 그 집에서 일하는 로데라는 여자 아이가 문을 열어주려고 나갔습니다.

로데가 문을 향해서 "누구세요?"라고 물으니 "나다"라고 하는 베드로의 음성이 들렸습니다. 로데는 모든 교인이 베드로가 풀려나도록 기도하고 있는데 베드로가 문밖에 와 있으니까 너무 기뻐서 어쩔 줄 몰랐습니다. 그래서 로데는 문을 열어주지도 않고 방으로 뛰어 들어가서 "지금 베드로님이 왔어요!"라고 소리 질렀습니다. 그때 집 주인인 마리아나 모든 교인이 "하나님이 드디어 우리의 기도를 들어주셨구나!" 하면서 기뻐한 것이 아니었습니다. 교인들은 베드로의 석방을 위해서 기도하면서도 베드로가 진짜 감옥에서 나와서 자기들을 찾아올 줄은 믿지 못했습니다. 이것이 바로 우리 인간의 연약함입니다. 우리는 어떤 문제가 해결되도록 하나님께 간절히 기도하면서도 진짜 그것이 이루어질 줄은 믿지 못할 때가 많습니다. 그래서 교인들은 로데에게 "네가 미쳤구나"라고 말했습니다. 그러니까 로데는 "아니예요. 진짜 베드로님이 왔단 말이예요!"라고 주장했습니다. 그러니까 교인들은 "그러면 베드로의 천사가 찾아온 모양이다"라고 했습니다. 그런데 밖에서는 누군가가 계속 문을 두드리고 있었습니다.

마리아와 교인들이 문을 열어보니 진짜 베드로였습니다. 그때 교인들은 모두 놀라서 소리 지르려고 했습니다. 그때 베드로는 손짓으로 소리 지르지 말라고 하고 교인들을 다 모아놓고 주님이 천사를 보내어 감옥에서 꺼내신 일을 자세히 설명해주었습니다. 그리고 다른 곳에 숨어 있는 다른 제자들에게도 자기가 기적으로 풀려난 것을 알려서 안심시키라고 하고 그는 다른 곳으로 피해서 숨었습니다.

우리는 모두 삶과 죽음의 사이에서 살아가고 있습니다. 어떤 사람은 한순간의 위기에서 기적적으로 살기도 하고 어떤 사람은 살지 못하고 목숨을 잃기도 합니다. 그런데 교회의 기도는 아주 강력한 힘을 가지고 있습니다. 교회에 말씀이 있고 기도가 뜨거울 때는 암이 낫고 우울증이나 불면증이 낫고 전쟁도 막을 수 있습니다. 그래서 교회는 작은 원전이고 핵무기와 같습니다.

그러면 헤롯 아그립바는 어떻게 되었을까요? 그는 자신의 교만한 태도를 버리지 않았습니다. 그때 이스라엘로부터 곡식을 수입하던 두로와 시돈이 헤롯에게 밉보여서 곡식을 수입하지 못했습니다. 그래서 두로 사람들은 헤롯과 화해하려고 어느 날 왕궁에서 만나기로 했습니다. 그때 헤롯은 화려한 왕복을 입고 단상에서 연설하는데 사람들이 헤롯 아그립바에게 아첨하느라고 "이것은 사람의 소리가 아니라 신의 소리라"고 추켜세우면서 우레 같은 박수를 보내었습니다. 그때 헤롯은 영광을 하나님께 돌리지 않고 자기가 영광을 받았습니다. 하나님은 헤롯의 이 교만을 보시고 진노하셔서 천사를 보내어 헤롯을 치니까 배에 벌레가 생겨서 그의 창자를 다 뜯어 먹었습니다. 역사가 요세푸스는 이에 대하여 기록하기를 벌레가 그의 배를 파먹으니까 헤롯은 그 복통을 견디지 못해서 소리를 지르는데 밖에까지 그 소리가 들렸고, 그 배에서 나오는 진물 때문에 썩는 냄새가 온 집에 진동했다고 합니다. 자기 스스로 신이 되려고 했던 헤롯은 벌레를 이기지 못해서 벌레에 먹혀서 고통스럽게 죽어갔습니다.

셰익스피어의 《햄릿》을 보면, 무덤을 파는 사람들이 꺼낸 해골을 들고 왕자 햄릿은 "이 사람도 한때는 자기가 최고인 줄 알았지만 결국은 구더기의 밥이 되고 말았다"고 말합니다. 사람이 아무리 똑똑하고 높은 자리에 있어도 결국 구더기 밥밖에 되지 못합니다. 우리는 하나님께만 영광을 돌려드리고 나에게 주어진 시간에 최선을 다해서 믿음을 연주하고 무대에서 내려올 수 있기를 바랍니다.

38 막다른 골목

왕의 귀환

삼하 19:24

사울의 손자 므비보셋이 내려와 왕을 맞으니 그는 왕이 떠난 날부터 평안히 돌아오는 날까지 그의 발을 맵시 내지 아니하며 그의 수염을 깎지 아니하며 옷을 빨지 아니하였더라

식구 중 누군가 외출했을 때 시간에 맞추어 집에 돌아오는 것이 중요합니다. 아이가 학교 간다고 집을 나갔는데 밤이 되어도 돌아오지 않으면 사고가 생겼든지, 유괴된 것입니다. 또 부인이나 남편이 밤이 늦었는데도 집에 돌아오지 않으면 사고를 당했든지 가출한 것입니다. 이만큼 사람은 집에 돌아오는 것이 중요합니다.

옛날 영화 중에 〈아이반호〉라는 영화가 있습니다. 로버트 테일러와 엘리자베스 테일러 같은 배우가 주연을 맡은 유명한 영화입니다. 아이반호는 영국 리차드 왕 때의 충성된 기사였습니다. 리차드 왕은 십자군 전쟁을 하러 영국을 떠난 후 상당한 세월이 흘러도 돌아오지 않았습니다. 그동안 왕의 동생이 대리 왕을 했는데, 자기 통치를 강화하기 위하여 충신들을 다 죽이고 악한 정치를 했습니다. 그리고 동생

왕과 그의 부하들은 리차드 왕이 죽었다고 소문을 퍼트립니다. 그러나 아이반호는 틀림없이 왕이 어디엔가 살아있다고 확신하고 음유 시인이 되어서 왕을 찾으러 말을 타고 노래를 부르면서 돌아다닙니다.

이때 리처드 왕은 오스트리아 왕국에 붙들려서 탑에 갇혀 있었습니다. 리처드 왕은 아이반호의 목소리를 알아듣고는 쇠창살 밖으로 메모를 적어서 던집니다. 아이반호는 왕이 그 성에 인질로 붙들려 있다는 것을 알고는 본국에 가서 몰래 모금하는데 돈이 모자랐습니다. 그래서 유대인을 찾아가서 돈을 빌립니다. 대리 왕은 반대파를 박해하기 위해서 창술대회를 여는데 이때 아무도 감히 왕의 기사와 대결하려고 하지 않았습니다. 이때 아이반호가 전신을 까만 옷과 투구와 말로 무장하고 혼자서 다섯 명의 왕의 기사와 대결해서 차례로 긴 창으로 왕의 기사들을 찔러서 말에서 떨어트립니다. 그러나 아이반호는 이 대결에서 상대방의 창에 다쳐서 중상을 입습니다.

대리 왕은 유대인들이 리차드 왕을 위한 모금을 하지 못하게 하려고 유대인 지도자의 딸을 마녀로 몰아서 화형시키려고 합니다. 이때 다시 아이반호가 나타나서 왕의 명령에 도전하는데 그것이 장갑을 던지는 것입니다. 아이반호는 왕의 경비대장과 대결하는데 먼저 말에서 떨어지면서 불리한 싸움을 하지만 결국 도끼로 경비대장의 가슴을 찍어서 이기고 그때 리차드 왕은 풀려나서 부하들을 데리고 경기장에 등장합니다. 그리고 리처드 왕은 다시 왕이 되고 대리 왕과 그 세력들은 물러나게 됩니다. 이렇게 왕이 일시적으로 왕위에서 물러나지만 다시 돌아와서 왕위를 되찾는 일들이 세상 역사에서도 드물게 있습니다.

셰익스피어 작품 중에도 《자는 자대로》(measure for measure)라는 작품이 있는데, 형이 왕위를 동생에게 맡기고 딴 곳으로 간 동안 동생은 악한 정치를 하고 특히 처녀인 수녀를 유혹해서 강제로 겁탈하려고 하는데, 마침내 왕이 돌아와서 모든 것을 바로 잡습니다.

마태복음 25장에 보면 우리가 잘 아는 예수님의 달란트 비유가 나옵니다. 주인이 먼 타국에 가면서 자기 종들을 불러서 능력에 따라서 종들에게 다섯 달란트, 두 달란트, 한 달란트를 장사 밑천으로 각각 나누어주고 떠납니다. 주인은 결국 왕이 되어서 돌아와서 종들을 불러서 그들이 장사한 것을 결산합니다. 그 결과는 우리가 너무나 잘 압니다.

오늘 본문에서 돌아온 왕은 다른 사람이 아니라 바로 다윗입니다. 압살롬이 반역했을 때 많은 이스라엘 백성은 다윗을 배반하고 악한 왕 압살롬에게 붙었습니다. 그러나 다윗이 돌아왔을 때 죽은 요나단의 아들 므비보셋이 있었습니다. 그는 도망치는 다윗을 위해서 아무것도 기여한 것이 없었습니다. 그는 장애인이어서 다윗을 따라갈 수 없었습니다. 그러나 므비보셋은 틀림없이 다윗이 돌아올 것을 알았습니다. 므비보셋은 다윗이 돌아왔을 때 자기가 다윗을 배반하지 않았다는 것을 증명해야만 했습니다. 주님이 다시 오실 때 우리도 주님을 배반하지 않았다는 것을 보여줄 수 있어야 합니다.

1. 장애인 므비보셋

이스라엘 초대 왕 사울의 식구들은 거의 다윗에게 적대적이었습니다. 사울의 후손들 가운데는 사울의 불신앙의 피가 흐르고 있었습니다. 사울이 길보아 산에서 다른 아들들과 전사한 후에도 이스보셋 같은 아들은 끝까지 다윗을 대적해서 싸웠습니다. 그러나 사울의 자식 중에서 사울의 피가 흐르지 않는 사람이 하나 있었습니다. 바로 다윗의 친구 요나단이었습니다. 요나단은 다윗에게 하나님의 능력이 나타나는 것을 보고 그를 진정으로 사랑했습니다. 요나단은 다윗이 왕이 되어야 한다고 생각했고, 아버지 사울이 다윗을 죽이려고 할 때마다 다윗을 도와주어서 피하게 했습니다. 사울의 아들 요나단 속에는 사울의 피가 아니라 성령의 피가 흐르고 있었습니다. 그러나 요나단은 안타깝게 사울 왕과 함께 길보아 산에서 죽습니다.

다윗은 왕이 된 후 어느 정도 안정되었을 때 사울의 집안이 몰락하는 것을 보았습니다. 하나님은 사울의 집을 저주하셔서 자손들이 거의 다 죽었습니다. 그런데 다윗은 자기가 어려울 때 자기를 도와주었던 요나단이 생각났습니다. 그래서 혹시 요나단의 자식이 있는지 조사했습니다. 그때 요나단의 유일한 아들 므비보셋이 살아 있다는 사실을 알게 되었습니다. 그런데 므비보셋은 아기였을 때 블레셋 사람들이 쳐들어온다는 소문을 듣고 유모가 아기를 안고 급히 도망치다가 떨어트리는 바람에 다리가 부러져서 두 다리를 다 쓰지 못하는 장애인이 되어버렸습니다.

예전에 대구에 있었을 때 처음에 교회 화장실에 장애인 화장실이 없었습니다. 그러니까 어떤 장애인이 화장실까지 와서는 기어서 화장실에 들어간 것입니다. 그것을 보고 누군가가 저에게 "교회가 이럴 수가 있느냐?"는 메일을 보내었습니다. 그 말을 듣고는 저는 정말 부끄러웠습니다. 그리고 그 주에 당장 화장실을 뜯어고쳐서 장애인들이 화장실 안에까지 휠체어를 타고 들어갈 수 있도록 바꾸었습니다. 그것은 누구의 허락을 맡고 안 맡고의 문제가 아니었습니다. 이것은 그야말로 인간성의 문제였던 것입니다.

다윗이 므비보셋을 찾아 그를 데리고 오라고 했을 때, 므비보셋은 '이제 내가 드디어 다윗의 손에 죽는구나'라고 생각했습니다. 그러나 므비보셋이 다윗 왕 앞에 엎드렸을 때 다윗은 아주 온화한 얼굴로 그를 맞이했습니다. 그리고 다윗은 므비보셋이 잘 알지 못하는 아버지와 다윗 사이의 우정과 은혜에 대해서 이야기했습니다. 그리고 다윗은 그 사랑을 보답하겠다고 했습니다. 다윗은 장애인 므비보셋에게 할아버지 사울의 모든 밭과 땅과 재산을 다 물려준다고 했습니다. 사울은 왕이었기 때문에 그의 땅은 정말 어마어마했습니다. 그리고 다윗은 므비보셋에게 이 순간부터 식사를 왕의 식탁에서 왕자들과 같이 하라고 했습니다. 므비보셋은 한순간에 엄청난 재산을 가진 부자가 되었을 뿐 아니라 왕자의 대우를 받게 되었습니다.

평소 므비보셋은 양다리 모두 못 쓰는 장애인이기 때문에 자기는 인간도 아니라는 자아상을 가지고 있었습니다. 그는 자신을 죽은 개나 다름없는 쓸모없는 인간이라고 생각했습니다. 그런데 므비보셋은 다윗을 만나면서 자아상이 완전히 달라졌습니다. 므비보셋은 자기에게 갑자기 닥친 이 행운을 어떻게 받아들여야 할지 몰랐습니다. 므비보셋은 다윗에게 감사한 마음을 가졌습니다. 그리고 므비보셋은 다윗에 대한 이 감사한 마음을 결코 잊지 않기로 결심했습니다. 므비보셋에게 가장 위험한 것은 바로 이 감사하는 마음을 잃어버리는 것입니다.

사실 므비보셋은 예수 믿기 전의 우리의 모습과 같습니다. 우리는 일어서지 못했습니다. 우리는 하나님 앞에서 아무 힘과 능력이 없었기 때문입니다. 그리고 우리는 자기 자신이 누구인지 알지 못했습니다. 우리는 모두 자기 자신을 찾느라고 방황했습니다. 그러나 우리는 예수님을 만남으로 자신을 찾게 되었습니다. 우리는 엄청난 하나님 축복의 상속자가 되었습니다. 그리고 우리는 하나님의 아들의 지위를 얻게 되었습니다. 그래서 우리는 하나님께 감사한 마음을 가지는 것이 가장 중요합니다.

2. 므비보셋이 빠진 함정

므비보셋이 다윗의 사랑을 받으면서 엄청난 부를 누리고 왕자 대접받는 것으로 감사하며 살 수만 있었으면 아무 문제 될 것이 없었습니다. 그러나 갑자기 다윗 왕이 아들 압살롬의 반역으로 왕의 자리를 잃게 됨으로써 므비보셋의 운명은 또 달라지게 되었습니다. 므비보셋에게는 그의 밭일을 봐주는 시바라는 집사가 있었습니다. 그런데 이 시바에게는 아들이 열다섯이 있었고 종이 스무 명이나 있었습니다. 그러다가 다윗의 아들 압살롬의 난이 일어나서 다윗은 왕의 자리에서 쫓겨나고 온 나라는 압살롬의 것이 되었습니다.

이때 므비보셋의 종 시바는 이 기회를 출세할 수 있는 좋은 기회로 생각했습니다. 그래서 시바는 도망치는 다윗을 도왔습니다. 다윗은 어렵게 피난을 가는데 므비보셋의 종 시바가 상당한 사람이 먹을 수 있는 떡과 포도주며 특히 여인이나 아이가 탈 수 있는 나귀까지 갖다 주니까 다윗은 시바를 아주 좋은 눈으로 보게 되었습니다.

이때 므비보셋은 갈림길에 서 있었습니다. 우선 압살롬이 통치하는 예루살렘에서 요나단의 아들이라는 이유로 많은 혜택을 본 것이 불리하게 작용될 것입니다. 이때 므비보셋이 다윗을 배신하고 압살롬에게 붙으면 목숨을 건질 수는 있었을 것입니다. 그러나 므비보셋은 자신의 가치를 회복시켜준 다윗을 배반하고 싶지 않았습니다. 하지만 그가 다윗을 위해서 할 수 있는 일이 아무것도 없었습니다. 그는 다윗이 피난 가는 것도 잘 몰랐고 그렇다고 해서 양발 장애를 가지고 다윗을 따라갈 수도 없었습니다. 그렇게 하면 므비보셋은 다윗에게 짐만 될 것이고 그들의 행군 속도를 더 더디게 할 것입니다.

그런데 므비보셋의 종 시바는 자기 주인을 다윗에게 나쁜 말로 고자질했습니다. 다윗은 시바에게 "너의 주인은 어디 있느냐?" 고 물었습니다. 이것은 이런 음식을 준비해 온 것이 순수한 시바, 너의 뜻인지, 므비보셋이 은혜를 갚으려고 한 것인지 알고 싶었던 것입니다. 그때 시바는 다윗에게 주인 므비보셋이 다윗 왕을 배반한 것 같다는 식으로 대답했습니다. 그러면서 자기 주인이 "내가 그들에게 잘 협력하면 이번에 반역을 일으킨 자들이 나에게 왕 자리를 줄지도 몰라" 고 하면서 왕궁에 남았다고 비방했습니다. 이것은 다윗의 가슴에 엄청난 상처를 주었습니다. 그래서 다윗은 자세히 알아보지도 않고 시바에게 “네 주인의 재산은 이제부터 모두 네 것이다”라고 하면서 므비보셋의 재산과 지위를 박탈한다고 선언했습니다. 물론 이 왕의 명령은 당장 시행되지는 않을 것입니다. 왕은 지금 도망치고 있어서 아무 실권이 없었기 때문입니다. 그러나 왕이 돌아온다면 므비보셋의 재산은 박탈되고 죽임당하게 될지 모릅니다. 이제 므비보셋은 자기 종 시바가 자기에게 모함하는 바람에 다윗이 살아서 돌아오면 재산도 뺏기고 목숨도 위험해지게 되었습니다.

그러나 이때 므비보셋은 깊이 생각했습니다. ‘다윗 왕은 틀림없이 돌아오신다. 그러나 나 혼자는 할 수 있는 것이 아무것도 없다. 시바는 이미 왕에게 나를 나쁘게 모함했기 때문에 왕은 나를 의심할 것이다. 내 마음을 떳떳하게 나타낼 수는 없을까?’ 라고 생각해보았습니다. 이때 므비보셋은 자기가 다윗 왕과 고통을 함께 나누는 방법을 생각하게 되었습니다. 그것은 다윗 왕이 고생하는 동안 자기도 그 고난에 동참하겠다는 것이었습니다. 그래서 므비보셋은 다윗 왕이 떠나고 돌아올 때까지 세수나 목욕을 하지 않고 수염을 깎지 않고 새 옷으로 갈아입지 않고 더러운 상태로 지냈습니다. 이것이 므비보셋이 가졌던 다윗에 대한 충성심이었습니다. 그것은 다윗이 고생하는 동안 자기도 그 고난에 동참한다는 뜻이었습니다.

사람들은 오래 있다가 떠나는 목회자나 지도자들에 대해서는 다시 만나지 않을 것으로 생각해서 온갖 나쁜 말을 다합니다. 그러나 옛 지도자의 가치를 아는 사람은 절대로 그런 말에 넘어가지 않습니다. 그리고 그다음에 더 성숙한 모습으로 만나게 됩니다. 사람들은 새로 오는 사람들은 젊고 아직 경험해보지 못했기 때문에 온갖 칭찬을 다 합니다. 그러나 얼마 가지 않아서 그 밑천이 다 드러나게 되면 미워하고 욕하며 쫓아내려고 합니다. 므비보셋은 그 당시 사람들의 시류에 넘어가지 않았습니다. 그리고 다윗에 대한 자신의 지조를 지켰습니다. 이것이 바로 그가 사는 길이었습니다.

3. 왕의 귀환

젊고 매력적인 아들과 나이 들어 쫓겨난 아버지 사이에는 도저히 하나 될 수 없는 차이가 있었습니다. 아버지는 그래도 하나님의 말씀을 따라가려고 하고, 아들은 인간적인 인기나 정책을 중요하게 생각했습니다. 늙은 아버지와 아들이 전쟁하면 젊은 사람이 이기는 것이 당연했습니다. 왜냐하면 아버지 편은 아버지만 늙은 것이 아니라 그의 신하나 백성이 모두 늙은 사람들이었기 때문입니다. 반면에 아들 압살롬은 자기만 젊은 것이 아니라 신하들도 젊고 생각이 도전적이고 그의 군사들도 모두 젊고 힘이 있었습니다. 이것은 당연히 아들이 이기는 전쟁이었습니다. 군대가 숲에 가려있으니까 나이가 많은지 적은지, 숫자가 많은지 적은지, 별로 표시 나지 않았습니다. 여기에 압살롬의 사소한 멋 부리기가 이 전쟁의 승패를 갈랐습니다.

압살롬은 여자같이 긴 머리를 언제나 자랑으로 생각했습니다. 그런데 전쟁할 때는 머리를 뒤로 묶어서 걸리적거리지 않게 해야 합니다. 그러나 압살롬은 사람에게 잘 보이려고 전쟁터인 숲속에서도 머리를 묶지 않고 늘어트려서 멋을 부리려고 했습니다. 이것이 압살롬에게는 치명적인 것이 되었습니다. 결국 하나님은 다윗 편이 되어주셨습니다. 압살롬은 나귀를 타고 긴 머리를 펄럭이면서 숲을 달리다가 그만 머리가 나뭇가지에 걸려버렸습니다. 타고 있던 나귀는 그대로 압살롬의 다리 사이에서 빠져나가고 압살롬의 머리만 나뭇가지에 대롱대롱 매달게 되었습니다. 이것을 다윗의 병사가 보고 요압에게 보고하니까 요압이 단창을 여러 개 들고 와서 압살롬의 심장에 꽂아서 즉사하고 맙니다. 전쟁은 이것으로 끝나버렸습니다.

다윗은 드디어 왕으로 귀환했습니다. 왕이 그동안 쫓겨나 있다가 다시 왕으로 되돌아오게 되니까 가장 먼저 해야 할 일은 그동안 왕을 반대하고 대적했던 사람들에 대한 심판이었습니다.

그때 다윗 왕은 므비보셋을 불렀습니다. 왜냐하면 므비보셋의 종 시바의 모함은 그만큼 다윗에게 깊은 상처가 되었기 때문입니다. 다윗은 므비보셋에게 "나는 버림받은 너를 내 아들과 똑같이 대우해주었는데 왜 나와 함께 도망가지 않았느냐? 설사 도망은 같이 가지 못하더라도 왜 도망치는 나를 보려고 나와 보지도 않았느냐?" 고 심문했습니다. 바로 이때가 므비보셋이 죽느냐 사느냐를 결정하는 순간이었습니다.

그때 므비보셋은 "왕이시여, 저는 결코 왕을 배신하지 않았습니다. 저는 양발 장애인이어서 왕을 따라갈 수 없었습니다. 그리고 왕이 떠나실 때 뵈려고 했지만 종이 나를 따돌리는 바람에 꼼짝하지 못했습니다. 그러나 저는 그동안 왕의 고통에 조금이라도 동참하려고 세수도 하지 않고 수염도 깎지 않고 옷도 갈아입지 않았습니다. 이것이 그 증거입니다"라고 대답했습니다. 다윗이 므비보셋을 보니까 정말 므비보셋은 그동안 세수를 한 번도 하지 않고 수염도 깎지 않아서 거지 같은 모습이었습니다. 이것이 므비보셋이 다윗 왕에게 보여줄 수 있는 최소한의 충성심이었습니다. 결국 다윗은 므비보셋의 충성심의 절반을 인정해줍니다. 그래서 왕은 시바에게 주었던 므비보셋의 재산의 반은 다시 므비보셋에게 주라고 했습니다.

우리가 만일 주님이 다시 오실 것을 믿는다면, 우리가 할 수 있는 최소한도의 충성심을 보여주어야 합니다. 이것이 바로 우리가 사는 길입니다. 우리에게 가장 위험한 것은 세상에서 호의호식하는 것입니다. 주님은 고통받고 있고 교회는 어려움을 겪는데 혼자 맛있는 것은 다 먹고 자기 하고 싶은 것을 다 한다면 그는 마치 한 달란트 받은 종과 같습니다.

저는 대구동부교회에서 25년간의 목회를 마쳤습니다. 그러나 저는 큰 교회에서 목회를 잘 마친 것에는 주님께 받을 상이 아무것도 없다는 것을 잘 압니다. 그래서 저는 다시 시작하기로 결심한 것입니다. 이제는 큰 교회의 틀을 벗어버리고 순수하게 마음을 다해서 목회할 것입니다. 저는 목회하면서 심장병을 얻었고 우울증으로 많은 고통을 받았습니다. 아마 우울증 약이나 교인들의 기도가 없었다면 한 7년 전쯤에 죽었을지 모릅니다. 제가 가지고 있는 병들은 주님이 오실 때 제가 주님께 내보일 수 있는 최소한의 충성심일 것입니다.

우리가 이 세상에서 누릴 것을 다 누리고 칭찬과 편안한 삶을 죽을 때까지 누린다면 주님이 다시 오셨을 때 "이 악하고 게으른 종아, 너는 내가 오지 않을 줄 알고 네 멋대로 살았지? 너는 어두운 데 내쫓겨서 영원히 이를 갈면서 있을 것이다"라고 책망하실 것입니다.

주님을 위해서 욕을 먹고 고통받는 것은 우리가 주님을 위해서 할 수 있는 최소한의 충성심입니다. 이 세상에서 호의호식하고 누릴 것을 다 누리지 마시기 바랍니다. 우리가 주님을 위해서 살 수 있는 최소한이 세수도 하지 않고 면도도 하지 않고 거지 같은 모습을 하는 것입니다. 이것은 꼭 우리가 거지 같은 모습으로 더럽게 살라는 뜻이 아닙니다. 주님 다시 오실 때 부끄럽지 않으려면 최소한도 주의 종들과 교회의 고통에 동참하는 것이 필요합니다. 주님에 대한 마음이 한결같은 성도들이 다 되시기를 바랍니다.

39 막다른 골목

결단의 순간

출 2:2-3

그 여자가 임신하여 아들을 낳으니 그가 잘 생긴 것을 보고 석 달 동안 그를 숨겼으나 더 숨길 수 없게 되매 그를 위하여 갈대 상자를 가져다가 역청과 나무 진을 칠하고 아기를 거기 담아 나일 강 가 갈대 사이에 두고

사람들은 누구나 어느 순간 결단을 내려야 할 때가 있습니다. 한번은 예배드리고 내려오는데 한 여성이 저에게 두꺼운 편지를 주고 가셨습니다. 그분은 저에게 편지를 주면서 "목사님, 해군을 위해서만 기도할 것이 아니라 공군을 위해서도 기도해 주십시오"라고 부탁했습니다. 저는 그 편지를 읽어보았습니다. 그분은 전투기를 조종하는 공군 대령의 부인이었습니다. 그 남편은 공군 조종사를 교육하는 교관이었는데, 훈련 중이던 전투기를 타고 하늘을 날다가 정비 불량으로 전투기가 추락해서 남편과 그 피교육생 장교는 목숨을 잃었다고 했습니다. 그 부인은 너무 마음이 아프고 괴로워서 전국을 돌아다니면서 설교를 들었는데 저희 교회에 와서 마음을 잡고 신앙생활을 하고 찬양대 봉사도 했다고 합니다. 그리고 이제는 마음이 다 치료되어서 친정으로 돌아간다고 했습니다.

신앙이 아주 좋은 한 여인은 어렵게 임신해서 출산 전에 산부인과에 진단을 받으러 갔습니다. 그런데 병원 의사가 한 말은 충격적이었습니다. 아기가 장애인일 가능성이 너무 크기 때문에 유산을 시켜야 한다는 것이었습니다. 이 여인은 장애인 아이를 데리고 한평생 살 것이냐, 아니면 이 아이를 유산시키고 다시 건강한 아기가 생길 것을 기다려야 하느냐 하는 기로에 서게 되었습니다. 이 여인은 신앙으로 결단하고 의사에게 "저는 크리스천이기 때문에 아이가 장애인이든 아니든 상관이 없어요. 저는 아이를 낳을 것이고 아이를 잘 키울 것입니다"라고 말하고 돌아왔습니다. 그리고는 교회에 와서 엎드려서 펑펑 울면서 기도하다가 저와 상담하게 되었습니다. 저는 그 여인에게 훌륭한 결정을 내렸다고 하면서 같이 기도했습니다. 그리고 시간이 흘러서 아이가 태어났습니다. 아이는 멀쩡했습니다. 오히려 아이는 신앙이 너무 좋은 학생으로 자랐습니다. 그리고 공부도 잘해서 고대에 합격해서 졸업까지 했습니다. 아마 그 엄마가 믿음이 없어서 의사 말을 들었더라면 멀쩡하고 귀한 아이를 잃어버릴 뻔했습니다.

옛날에 히브리인들이 애굽에서 노예살이를 할 때였습니다. 히브리인의 한 어머니가 아들을 낳고 결단을 내려야만 했습니다. 그것은 왕의 명령에 복종해서 아들을 죽여야 하느냐 아니면 가족이 모두 명령 불복종 죄로 죽임당하더라도 아이를 살려야 하느냐 하는 결단이었습니다. 이때 그들은 아직 이스라엘 백성이라는 이름을 얻기 전이었습니다. 그들은 남의 나라에서 더부살이하고 있었는데 그 백성이 번식을 너무나도 많이 하는 바람에 애굽 왕 바로는 이것을 골치 아프게 생각했습니다. 바로는 히브리인들의 인구를 억제하기 위해서 모든 나쁜 정책을 다 썼습니다. 그래서 모든 히브리인을 노예로 만들어서 강제로 성을 쌓게 하고 혹독하게 대했습니다. 그러나 히브리인들의 인구는 더 늘어났습니다. 그래서 바로는 히브리 산파를 불러서 출산을 돕다가 아들이 태어나면 죽이고 딸이 태어나면 살리라고 엄명을 내렸습니다. 그런데 이 산파들은 하나님을 두려워했기 때문에 차마 남자 아이들을 죽이지 못했습니다. 그러니까 드디어 바로는 본색을 드러내어서 군인들을 히브리인들 가운데 풀어서 아기 소리가 나면 무조건 조사해서 남자아이면 그 자리에서 죽이고 그 가족도 전부 다 죽이라고 명령을 내렸습니다. 이것은 역사상 가장 악랄한 인구 억제 정책이었습니다.

그때 한 히브리 여인이 아들을 출산했습니다. 그는 가족들이 살기 위해서 아들을 죽여야 하느냐 아니면 가족들의 목숨이 위험해지더라도 아기를 살릴 것이냐 하는 결단을 내려야만 했습니다.

1. 왕의 명령을 거부한 믿음

성경에는 한 레위인의 젊은 부부가 있었다고 말씀하고 있습니다. 이때까지만 해도 이스라엘 자손에게는 제사장이라는 것이 없었고 더욱이 레위인이 제사장이 되어야 한다는 법도 없었습니다. 이스라엘 백성에게 제사장이 없었다는 것은 이스라엘 백성도 이방의 다른 민족들과 다를 바가 하나도 없는 잡족이었다는 뜻입니다.

이스라엘 백성이 애굽에서 종살이를 하고 있을 때 레위인이라고 해서 특별히 더 성스러운 자들이거나 하나님을 가까이에서 모실 수 있는 자격이 있는 사람들이 아니었습니다. 그러나 한 레위인 부부는 자신들이 믿음을 붙들 기회가 생겼을 때 믿음을 붙들었습니다. 그리고 그때 태어난 아기는 이스라엘 역사만이 아니라 세계 역사에 전무후무한 능력의 사람이 되었습니다. 그래서 우리는 지금 나의 형편이나 처지가 어떻다고 불평하기보다는 믿음을 쓸 기회가 생겼을 때 그것을 붙잡아야 합니다.

베드로는 물고기를 잡다가 예수님이 '나를 따라오너라. 내가 너를 사람을 낚는 어부가 되게 하리라' 는 말씀을 하셨을 때 즉시 배와 그물을 버려두고 예수님을 따라갔습니다. 즉 베드로는 자기에게 믿음의 기회가 주어졌을 때 모든 것을 다 버리고 그 기회를 붙잡았습니다. 마태는 세리였는데 세관에서 돈을 헤아리고 있을 때 예수님이 나를 따라오라고 말씀하셨을 때 그 즉시 돈과 직업을 버리고 예수님을 따랐습니다. 그래서 마태는 마태복음이라고 하는 위대한 복음서를 쓸 수 있었습니다. 그러나 어떤 젊은 부자 관리는 예수님이 "네 모든 재물을 가난한 자들에게 나누어주고 나를 따르라"고 했을 때 고민하면서도 주저했습니다. 그 결과 그는 모르기는 하지만 돈에 파묻혀서 탐욕스럽게 죽는 사람이 되고 말았을 것입니다.

한 레위인 부부가 부인이 임신해서 아기를 낳았는데 불행히도 그 아기는 왕이 태어나면 다 죽이라고 한 남자 아기였습니다. 그 부부는 왕의 명령에 복종해서 아무 죄도 없는 그 아기를 죽여야 할까요? 아니면 살든지 죽든지 이 아기를 죽이지 않고 붙들고 있어야 할까요? 이 아기의 엄마는 아기에게 '너는 왜 이런 불행한 시기에 남자로 태어났니?' 라고 미워하지 않았습니다. 아기에게 무슨 책임이 있습니까? 이것은 모두 어른들의 욕심이 무고한 남자 아기를 죽이는 것이지, 아기는 죄가 없습니다. 이 부부가 왕의 명령을 거역하고 남자 아기를 계속 키우면 언젠가는 발각이 될 것이고 그때는 아기만이 아니라 집안 식구 모두가 죽을 수 있습니다. 아기 한 명의 목숨을 포기하는 것이 나을까요? 아니면 이 한 명 때문에 모든 식구가 죽는 것이 나을까요?

하버드 대학의 마이클 샌델 교수가 쓴《정의란 무엇인가?》라는 책은 한때 우리나라에서 백만 권 이상이 팔린 베스트셀러였습니다. 그 책에는 한 예가 나오는데 '미국의 특수부대가 아프가니스탄에서 탈레반과 싸우고 있었습니다. 그때 미군 수색대는 산에서 한 염소 목동을 붙잡게 되었습니다. 미군은 이 목동을 어떻게 처리해야 하는가' 하는 것을 두고 격론을 벌였습니다. 어떤 군인은 '이 목동이 우리들을 보았기 때문에 산에서 내려가면 즉시 탈레반에 알릴 것이고 그러면 우리 모두의 목숨이 위태로우니까 목동을 죽여야 한다' 고 했습니다. 거기에 비해서 어떤 군인은 '이 목동은 아무 죄가 없다. 우리는 그를 살려서 보내야 한다' 고 주장했습니다. 그리고 미군은 정의에 따라서 그 목동을 살려서 풀어주었습니다. 그런데 결국 그 목동은 탈레반에게 산에 미군이 있다는 것을 알렸고 미군 수색대는 엄청나게 많은 탈레반의 공격을 받게 됩니다. 그래서 미군 수색대는 거의 다 죽고 단 한 명만 살아서 돌아가는데 그도 한쪽 눈을 잃어버리고 몸에 중상을 입고 겨우 목숨만 살아서 돌아가게 되었습니다. 그것도 중간에 마을 사람들이 그를 도와주지 않았더라면 그는 살지 못했을 것입니다. 이때 마이클 샌델 교수는 질문합니다. 수색대가 자기들이 살기 위해서 그 목동을 죽이는 것이 정의였을까, 아니면 그 목동을 살리고 그 대가로 모든 수색대원이 다 죽는 것이 정의일까 하는 것입니다.

우리는 이 세상에서 이럴 수도 없고 저럴 수도 없는 애매한 경우를 만날 때가 많습니다. 과연 어떤 길을 택하는 것이 지혜로운 것이며 어떻게 하는 것이 정의로운 일일까요? 우리는 이 모든 답을 다 알지 못합니다. 그러나 예수 믿는 사람에게는 인생의 고비를 만날 때마다 하나님이 마음에 주시는 성령의 감동이 있습니다.

성령의 감동은 어떤 일이 있을 때 하나님께서 우리 마음에 주시는 강한 충동이나 어떤 생각을 말합니다. 어떤 사람은 마음의 강한 부담이라고 말하기도 합니다. 물론 그런 충동이 반드시 다 옳은 것은 아니고 남들이 이해하는 것도 아닙니다. 그러나 저는 그런 순간적인 생각이 떠오를 때 그대로 해버릴 때가 많습니다. 그것이 하나님이 주신 마음일 때가 많기 때문입니다. 그래서 저는 엉뚱한 인생을 살 때가 많았습니다. 사도 바울은 "성령을 소멸하지 말며"(살전 5:19)라고 했습니다. 그런데 이기적인 생각을 가지고 그 문제를 자꾸 생각하면 결국 그 감동이 사라져 버리고 그 일을 해야 할 이유가 없어지게 됩니다. 그래서 크리스천은 좀 엉뚱한 사람이 되는 것이 좋습니다. 그렇게 해야 우리가 선을 행할 수 있고 또 하나님의 역사를 체험할 수 있기 때문입니다.

한 남자 아기를 낳은 엄마는 아기의 얼굴을 유심히 보았습니다. 그때 엄마의 마음이 어떤 생각이 들었는가 하면 이렇게 잘생긴 아이를 죽인다고 하는 것은 하나님의 뜻일 수 없다는 생각이 든 것입니다. 엄마는 무슨 일이 있어도 이 아기를 살려야 한다는 강한 마음이 들었습니다. 이런 생각이 강하게 들자 태어난 아기가 남자 아기라는 사실을 숨기고 몰래 이 아기를 키우기 시작했습니다. 그러나 이들의 믿음은 무한정으로 통하는 것이 아니었습니다. 다시 말해서 이들의 믿음은 한계가 있었는데 그것은 3개월 즉 아기가 백일이 될 때까지였습니다. 아기가 3개월이 되기 전까지는 어떻게 해서든지 아기가 우는 소리를 내지 않고 몰래 키울 수 있었지만, 3개월이 되니까 아기 우는 소리가 너무 우렁차서 도저히 몰래 아기를 키울 수 없었습니다. 아기를 믿음으로 3개월 키웠을 때 엄마의 믿음은 동이 나고 말았고, 이제는 무엇인가를 해야만 했습니다. 그러나 이 아기의 엄마가 할 수 있는 것은 아무것도 없었습니다. 엄마가 밤에 아기를 안고 애굽 밖으로 도망칠 수 없었습니다. 그렇다고 해서 무한정으로 아기를 데리고 키울 수도 없었습니다. 엄마의 믿음은 이제 바닥이 나고 말았습니다. 이제는 어떻게 해야 합니까? 우리의 믿음이 바닥이 났을 때 어떻게 해야 합니까?

2. 아기의 생명을 하나님께 맡김

아기는 태어난 지 3개월이 되었지만 아직 이름이 없었습니다. 이 아기는 언제 죽을지 모르는 처지였기 때문입니다. 우리가 생각하기에 아기 엄마가 아기 이름을 짓지 않았다는 것은 엄마가 믿음이 없다고 볼 수도 있을 것입니다. 이 아기 엄마는 이름보다 더 중요한 것이 아기가 사는 것이라고 생각한 것 같습니다. 세상이 너무 악하기 때문에 아기 엄마는 이 아기가 끝까지 살 수 있다는 것을 확신하지 못했을 수도 있습니다. 이때 엄마는 이 아이를 위해서 무슨 결단을 내려야만 했습니다. 그러나 엄마로서 이 아기가 살 수 있도록 할 수 있는 것은 아무것도 없었습니다. 도대체 어떻게 해야 이 아기가 죽지 않고 살 수 있겠습니까?

이때 아기 엄마는 오직 딱 한 가지만 생각했습니다. 그것은 오직 하나, 아기가 죽지 않고 사는 것이었습니다. 엄마는 오직 이 한 가지에만 생각을 집중했습니다. '아기가 죽지만 않는다면 나는 모든 것을 포기할 수 있다' 그리고 거기서 한 걸음 더 나가서 '설사 하나님께서 이 아이를 죽게 하시면 나는 이 아이가 죽는 것까지도 각오하겠다' 고 생각했습니다. 이것이 우리 그리스도인의 단순화 작업입니다.

우리는 많은 경우 내가 살아남기는 해야겠는데 자존심까지 살리고 또 돈도 더 많이 받고 더 좋은 환경에서 살고 또 내가 싫어하는 사람과는 같이 일하지 않는 것을 조건으로 생각할 때가 많습니다. 그렇게 되면 생각이 너무 많아져서 쉽게 결단을 내리지 못하게 됩니다. 아기의 엄마는 오직 이 아기를 살릴 수 있는 것만 생각했습니다. 그랬더니 이 엄마의 머릿속에는 다른 어느 누구도 생각하지 못했고 심지어는 자기 자신도 감히 생각하지 못했던 과감하면서도 기가 막힌 생각이 떠올랐습니다. 그런데 이 생각은 너무 위험했고 아기가 죽을 변수가 많았습니다. 엄마가 생각한 것은 아기를 낳지 못하는 애굽 여자에게 줘버리는 것입니다. 이것은 이 아기를 애굽인에게 입양시켜서 애굽 사람이 되게 하는 것입니다. 만약 그렇게 할 수만 있다면 이 아기는 절대로 죽지 않고 살 수 있습니다. 그러나 다른 방법으로는 현재 이 아기가 살 수 있는 방법은 없었습니다. 그러나 이 방법은 굉장히 위험한 방법이었습니다. 이 아기를 애굽인에게 줘서 키우는 데도 일체 아무도 모르게 이 일이 이루어져야만 했습니다.

그래서 그 엄마는 아주 위험하면서도 비밀스러운 방법을 선택했습니다. 아마 이 당시에는 날이 더우면 애굽의 귀부인이나 왕궁의 여인들이 나일강에 나와서 목욕을 즐겼던 것 같은데 그런 곳은 악어도 없고 물도 깨끗한 곳일 것입니다. 아기 엄마는 애굽의 높은 집 젊은 부인들이 나와서 목욕하는 곳을 알아보았습니다. 그 결과 나일강 어떤 곳은 애굽에서 가장 높은 부잣집 딸들만 와서 즐기고 목욕하는데 가끔은 바로의 공주도 와서 목욕한다는 사실을 알아내었습니다. 그 엄마는 당장 작전을 개시했습니다. 물론 가장 먼저 아기를 위해서 기도했을 것입니다. "아기야, 우리가 계속 너를 지켜주지 못해서 미안하다. 하나님께서 너를 지켜주실 거야. 우리 꼭 살아서 다시 만나자."

그리고 엄마는 갈대 바구니를 하나 구했습니다. 이 바구니는 튼튼하고 물에 뜨는 바구니였습니다. 아기 엄마는 역청을 구해서 갈대 바구니 안팎을 빈틈없이 발라서 물이 안으로 들어오지 못하게 했습니다. 엄마의 생각은 아기를 이 바구니에 넣어서 애굽의 높은 사람 젊은 부인이나 딸들이 목욕하는 갈대 사이에 띄어놓는 것입니다. 그러면 그 젊은 부인이나 딸 중에서 아기가 없는 여자가 이 아기를 보고 데려다가 키울 것을 기대하였던 것입니다. 그러나 이 방법이 위험한 것은 만약 그날에 여자들이 오랫동안 목욕하러 나오지 않으면 아기가 더운데 오래 노출되어 있어서 질식해서 죽을 수도 있습니다. 혹은 바람이 세게 불어서 바구니가 뒤집어질 수도 있습니다. 그중에 가장 위험한 것은 애굽 여자들이 아기를 싫어해서 아기를 도리어 강에 빠트려 버리는 것입니다. 그러면 이 아기는 죽게 됩니다. 그러나 이 아기 엄마가 믿은 것은 하나님이었습니다. 아기 엄마에게는 하나님께서 이 아기를 석 달 동안 지켜주셨다면 앞으로도 지켜주실 것이라는 믿음이 있었습니다.

우리에게는 '지금까지' 라는 것이 중요합니다. "하나님께서 지금까지 우리를 살게 하셨다면 앞으로도 살게 하실 것이다" 라는 믿음입니다. 하나님은 실제로 그렇게 하시는 분이십니다. 그래서 우리에게 가장 중요한 것은 지금 내가 살아 있고 내가 하나님의 말씀을 듣고 붙들고 있다는 사실입니다. 다른 것으로는 우리 생명을 지킬 수 없습니다. 그래서 우리에게는 지금까지 살아있다는 것이 중요합니다. 그리고 지금까지 하나님께서 지켜주신 것이 중요합니다. 하나님은 어제나 오늘이나 동일하신 분이시기 때문입니다.

일단 그 아이의 엄마는 결단하고 난 후에는 일사천리로 일을 진행했습니다. 먼저 갈대 바구니를 구해서 물이 들어오지 않도록 역청을 안팎으로 충분히 발라서 방수가 되게 했습니다. 그리고 아이가 배가 고프지 않도록 충분히 젖을 먹였습니다. 그리고 아기를 안고 또 한 손으로는 갈대 바구니를 들고 애굽의 젊은 여성들이 목욕하러 자주 오는 나일 강가로 갔습니다. 그리고 아기를 상자에 넣고는 갈대 뚜껑을 씌우고 이 갈대 상자를 애굽 여인들이 목욕하는 곳 가까이에 있는 갈대 사이에 띄웠습니다. 그리고 엄마는 그냥 집에 돌아간 것이 아니라 아이의 누나 미리암으로 하여금 가까운데 숨어서 아기가 어떻게 되는지 지켜보게 했습니다. 이 작전이 실패하면 빨리 아기를 도로 데리고 와야 했기 때문입니다. 이때 아기의 누나 미리암은 충분히 유능한 첩보원 역할을 할 수 있었습니다. 그리고 이제는 더 이상 사람이 할 수 있는 일은 없었습니다. 이것은 더 이상 운명이 아니고 하나님의 손길이었습니다. 하나님이 아기를 살리면 아기는 사는 것이고, 하나님이 아기를 죽게 하시면 죽을 수밖에 없습니다. 그러나 그 하나님의 뜻이 나타나는 동안 아기 엄마의 마음은 얼마나 속이 탔겠습니까? 우리가 믿음으로 끝까지 최선을 다해 준비하고 기도하여 진행했을 때는 거의 실패하지 않습니다. 하나님은 반드시 우리 기도를 들어주셔서 승리하게 하십니다.

3. 실패가 없으신 하나님

아기 엄마는 아기를 갈대 상자에 넣어서 상자를 갈대밭에 두고 결말이 이루어질 때까지 얼마나 초조하고 걱정이 되었는지 모릅니다. 가장 두려운 것은 '애굽 여인이 우리 아기를 보고서 히브리 아기라고 하면서 강에 던져버리면 어떻게 하나?' 하는 것이었습니다. 그러나 하나님은 실수가 없으신 분입니다. 하나님은 이 믿음의 여인에게 가장 좋은 것을 주셨습니다.

이 당시 바로 왕에게는 무남독녀 공주가 하나 있었습니다. 이 공주 이름은 하세푸세트였는데 아들이 없었습니다. 그날 나일강에 목욕하러 나온 여인은 바로 바로의 공주였습니다. 바로의 공주는 시녀들에게 강둑 여기저기를 지키게 하고 강에 들어가서 목욕했던 것 같습니다. 그때 한 시녀가 갑자기 공주에게 "공주님, 저기 갈대 사이에 상자가 하나 있는데요?" 라고 소리를 질렀습니다. 공주는 시녀에게 가서 저 상자를 그대로 가져오라고 했습니다. 시녀는 상자를 가지고 공주에게 가져다주었고 공주는 그 상자를 들고 뚜껑을 열어보았습니다. 그랬더니 그 안에 너무 예쁜 남자아기가 들어 있었습니다. 아마 이 아기는 그때까지 잠들어 있었는데 뚜껑을 여니까 햇빛이 눈에 따갑기도 하고 배가 고프기도 했는지 울었습니다. 석 달이 된 아기는 이목구비가 뚜렷하고 가장 예쁠 때입니다. 이 남자 아기는 주먹을 불끈 쥐고 우는데 공주의 눈에는 너무나도 사랑스럽고 신기했습니다. 이때 공주의 마음에는 모성애가 끓어올랐습니다. '이 아기는 히브리인의 아기야. 이렇게 예쁜 아기가 왜 죽어야 해. 나는 이 아기를 살리고야 말 테야.'

그때 하세푸세트는 자기가 아들 없는 것을 생각하면서 '아, 신께서는 이 아기를 내 아들로 주셨구나' 라고 생각했습니다. 일단 공주는 이 아기 이름을 물에서 건져내었으니까 '모세' 로 하자고 생각했습니다. 그리고 이 공주는 결혼하고 몇 년이 지나도 아기가 생기지 않으니까 이 아기를 자기 아들로 삼기로 결심했습니다. 그런데 이 아기는 배가 고파서 우는데 공주나 시녀는 아기를 달랠 방법이 없었습니다. 시종 드는 시녀들은 모두 처녀였고 공주도 아기를 키워본 적이 없었습니다.

그때 갑자기 어디에서 나타났는지 모르겠지만 여자아이 하나가 튀어나왔습니다. 그리고 공주에게 "아기가 참 예쁘네요. 아기가 배가 고픈 것 같은데 이 아기에게 젖을 먹일 수 있는 아줌마를 데려올까요?" 라고 물었습니다. 공주는 그렇지 않아도 아기에게 젖을 먹이고 싶었는데 여자아이가 유모를 구해줄 수 있다고 하니까 너무나도 기뻤습니다. 공주는 여자아이에게 정말 이 아기에게 젖을 먹일 수 있는 유모를 구해줄 수 있는지 물었습니다. 그랬더니 그 여자아이는 지금 당장 구해올 수 있다고 대답했습니다. 그때 공주의 머리는 전광석화같이 돌아갔습니다. 공주는 곁에 있는 시녀들에게 "오늘 아기를 하나 강에서 건졌다는 사실을 아무에게도 말하면 안 된다. 만약 이것을 발설하는 자가 있다면 가차 없이 죽일 것이라" 고 했습니다. 그리고 여자아이에게 유모를 구해오라고 했습니다. 이 여자아이는 깜찍하게도 모세의 진짜 어머니를 유모라고 하면서 공주에게로 데리고 왔습니다. 공주는 모세의 어머니에게 "이 아기는 내 아이요. 내 아이를 조심스럽게 키워주기 바라오. 그리고 이 아이를 키우는데 드는 모든 비용을 주겠소"라고 했습니다. 그리고 "이 아이를 젖뗄 때까지 키워주기 바라오. 그 후에는 애굽 왕궁에 내가 데리고 가겠소. 이 아기의 생명은 아무도 건드리지 못할 것이요"라고 말한 후 마차를 타고 시녀들을 데리고 왕궁으로 돌아가 버렸습니다.

이때 모세의 어머니는 하나님의 살아계심에 감격하여 눈물을 폭포수같이 흘렸을 것입니다. 모세의 어머니는 모세를 포기했는데 이렇게 살아서 돌아왔습니다. 그리고 공주는 모세의 어머니에게 아기를 키우는 비용까지 주면서 젖을 뗄 때까지 키울 수 있는 자격까지 주었습니다. 이제 모세는 공주의 아들이 되었기 때문에 아무도 모세를 죽일 수 없었습니다. 하나님은 절대로 실수가 없으신 분이십니다. 하나님은 절대로 우리를 실망시키지 않으십니다. 모세의 어머니가 모세를 하나님께 맡기고 포기했을 때 모세는 살아서 돌아왔던 것입니다. 오늘 우리는 끝까지 자기가 붙들고 있어 봐야 자기가 아끼는 것이 더 나빠질 때가 많습니다. 우리는 집착하고 있는 것을 과감하게 하나님께 맡길 수 있어야 합니다.

예수님은 제자들에게 "누구든지 나를 따라오려는 자는 자기를 부인하고 자기 십자가를 지고 나를 따를 것이니라"고 말씀하셨습니다. 하나님은 우리에게 가장 좋은 것을 주시는 분이시고 절대로 실수가 없으신 분이십니다. 위기의 순간에 믿음으로 잘 결단하는 성도들이 되시기 바랍니다.

40 막다른 골목

천사와 씨름한 야곱

창 32:24-25

야곱은 홀로 남았더니 어떤 사람이 날이 새도록 야곱과 씨름하다가 자기가 야곱을 이기지 못함을 보고 그가 야곱의 허벅지 관절을 치매 야곱의 허벅지 관절이 그 사람과 씨름할 때에 어긋났더라

요즘도 저는 한 번씩 시간이 있으면 차이코프스키가 작곡한 〈1812년 서곡〉을 듣습니다. 이제는 동영상이 발달해서 그 곡 중에 나오는 대포를 예전에 직접 쏘면서 연주했던 곡도 보여주고, 대포 대신에 전자로 된 대포 장치를 터트리는 연주를 보여주기도 합니다. 이 곡은 1812년에 러시아를 침공했던 나폴레옹을 상대로 러시아가 싸워서 승리한 기념의 노래입니다. 그 당시 나폴레옹은 전쟁의 천재였습니다. 나폴레옹은 영국 봉쇄령을 내렸는데 말을 듣지 않는 러시아를 정복하기 위해서 40만 명 이상 되는 프랑스 군대를 이끌고 러시아를 공격합니다. 그때 러시아 장군은 쿠투조프였던데 그는 별로 인기가 없었고 한쪽 눈이 또 의안이었습니다. 그러나 그는 신앙심이 있었고 부하들의 생명을 사랑하는 장군이었습니다. 그는 한번 프랑스 군대와 싸움을 붙었는데 거의 비슷하게 피해를 보았지만, 러시아 군대를 전부 모스크바 외각으로 철수시켜 버립니다. 이런 식으로 싸우다가는 자기 부하들이 다 죽을 것으로 생각했기 때문입니다. 그래서 쿠투조프는 비겁하고 겁쟁이라고 무지무지한 욕을 얻어먹었습니다. 나폴레옹의 부하들은 거의 공짜로 모스크바에 입성해서 약탈하고 방화하고 방탕한 짓을 하면서 노략했는데 프랑스 군대는 점점 군기가 해이해지기 시작했습니다. 러시아 군대는 가까운 곳에서 모스크바의 모든 금이나 보물들이 약탈당하고 모스크바시가 불타는 것을 지켜보기만 했습니다. 그런데 나폴레옹이 미처 생각하지 못했던 것은 모스크바의 겨울이었습니다. 얼마 후에 겨울이 왔는데 얇은 옷을 입은 프랑스 군대는 속수무책으로 얼어 죽었습니다. 결국 나폴레옹은 후퇴를 명령합니다. 이때 쿠투조프는 십자가 앞에 엎드려 "주님이 우리 러시아를 살리셨습니다"라고 하면서 두 손을 모아 감사 기도합니다. 프랑스는 퇴각하는데 러시아 군대는 싸우지 않고 따라가기만 합니다. 프랑스 군대는 퇴각하면서 30만 명 정도 얼어 죽습니다. 그리고 마지막에 프랑스 군대가 강을 건널 때 러시아는 모든 대포를 동원해서 프랑스 군대를 전멸시킵니다. 이때 나폴레옹은 패배를 인정하고 자기 손으로 프랑스 국기를 불태우고 돌아갑니다. 이 전쟁 장면은 옛날에 만들어졌던 〈전쟁과 평화〉를 보면 잘 볼 수 있습니다.

이 세상에는 힘이나 세력을 보면 도저히 이길 수 없는 상대가 있습니다. 그러나 약한 자들이 사력을 다해서 싸워서 이겼을 때 그들은 자신의 두려움과 싸워서 이긴 것이고 진정한 승리자가 되는 것입니다.

어떤 직장에 교회 다니는 사람이 있었습니다. 그런데 이 사람을 무지무지하게 싫어하는 상사가 있었습니다. 이 상사는 교회 다니는 사람을 미워하고 틈이 있을 때마다 이 사람을 욕하고 괴롭히고 못살게 굴었습니다. 그러나 이 교회 다니는 사람은 반항 한번 하지 않고 묵묵하게 이 상사의 괴롭힘을 견디어내었습니다. 그 못된 상사는 이 교회 다니는 부하를 회사에서 쫓아내려고 별의별 소문을 다 만들고 사람들에게 나쁜 말을 퍼트렸습니다. 그런데 사람들은 전부 그 못된 상사의 말만 들었습니다. 그런데 나중에 이 상사가 회사에 잘못한 일이 드러나서 회사를 나가게 되었습니다. 그 회사의 진정한 승리자는 묵묵하게 참았던 기독교인이었습니다.

1. 가나안으로 돌아가는 야곱

야곱과 그 형 에서는 쌍둥이였습니다. 그런데 쌍둥이 아기들이 자기들끼리 사이좋게 잘 노는 경우도 있지만, 힘이 세고 고집이 센 하나가 좀 약한 동생이나 형을 때리거나 꼬집거나 우유병을 빼앗아서 울리는 경우가 많이 있습니다. 그래서 아이들끼리 얼굴을 때리거나 보행기를 밀거나 침대에서 밀어서 떨어트릴 때 잘못하면 크게 다칠 수 있기 때문에 부모는 아이들에게서 눈을 떼면 안 됩니다. 엄마나 아빠가 아이들에게 눈을 떼는 순간 아이는 사고를 칩니다.

야곱과 에서는 쌍둥이였지만 아버지의 축복의 경쟁자였습니다. 이 당시 축복의 장자가 된다고 하는 것은 부자 아버지의 재산의 3분의 2를 차지하는 것이었고 집안의 모든 결정권을 가지는 것이었습니다. 그런데 사실 아버지 이삭의 축복 속에는 하나님의 축복권이 들어 있었습니다. 이 축복은 만일 그 사람이 다른 사람을 축복하면 그 축복이 이루어지고 그가 다른 사람을 저주하면 그 저주가 이루어지는 것이었습니다. 이 두 형제는 눈에 보이는 아버지의 재산과 리더십을 가지고 경쟁했지만 그 속에는 그 이상의 어마어마한 미스터리가 들어 있었습니다. 그것은 결국 하나님의 축복을 상속하는 것이었습니다. 사실 야곱과 에서가 이 미스터리를 다 알았던 것 같지는 않습니다. 단지 에서는 사냥을 한다고 미쳐서 바깥에서만 돌아다녔기 때문에 이 축복의 미스터리를 잘 몰랐던 것 같습니다. 그러나 야곱은 주로 집에 있으면서 양을 돌보았기 때문에 자기 집이 보통 집이 아니고 하나님의 엄청난 축복이 상속되는 집이라는 것을 알았던 것 같습니다. 이들은 단지 눈에 보이는 아버지의 재산만 해도 어마어마했기 때문에 그 재산의 상속을 가지고 경쟁했던 것 같습니다.

원래 세상적으로 보면 5분을 먼저 태어났건 10 분을 먼저 태어났건 먼저 태어난 에서가 장자 되는 것이 맞습니다. 그러나 이 아이들이 태어나기 전에 하나님이 하신 말씀은 정반대였습니다. 하나님은 "큰 자가 작은 자를 섬기리라" 고 말씀하셨습니다. 즉 하나님의 말씀은 현실과 정반대였습니다. 그래서 두 아들 사이에 장자권을 두고 치열한 경쟁을 하게 되었습니다. 야곱은 일단 에서가 사냥하고 굶은 상태에서 집에 돌아왔을 때 그가 배고픈 것을 이용해서 팥죽 한 그릇으로 장자권을 샀습니다. 그리고 아버지가 실제로 장자를 축복하려고 했을 때 자기가 에서인 것처럼 꾸며 먼저 아버지가 좋아하는 음식을 가지고 형의 옷을 입고 아버지 방에 들어가서 아버지의 축복을 가로챘습니다. 그런데 야곱에게는 이해가 안 되는 결과가 나타났습니다.

야곱은 형에게서 장자권을 사고 아버지의 축복을 받았지만, 축복은 불발이었습니다. 야곱은 아버지의 축복도 받지 못하고 하나님의 축복도 받지 못했고, 에서는 너무 화가 나서 틈만 나면 자기를 죽이려고 하니까 살기 위해 야반도주를 해버렸습니다. 야곱은 아버지와 하나님의 축복을 상속하기 위해서 그렇게 애를 쓰고 몸부림쳤는데 모두 불발이었습니다. 야곱은 도망치다가 들판에서 돌을 베개하고 잠을 자는데 그때 꿈에 하나님을 뵙게 되었습니다. 야곱은 인생 가장 비참하고 암울한 밑바닥에서 하나님을 만났던 것입니다. 그것이 바로 하나님의 축복이었습니다. 우리가 하나님의 축복을 받는다는 것은 말씀을 듣는 것입니다. 우리는 이 하나님의 말씀을 내 것으로 받아들일 때 하나님의 축복을 상속하는 것입니다.

야곱이 하나님의 축복을 받은 후 그는 어떻게 살아야 하겠습니까? 하나님은 야곱이 하란 외삼촌 집에 가는 것 자체를 반대하시지는 않았습니다. 그러나 하나님을 만난 야곱은 그 후에 제사장이나 선지자로 살아야 했습니다. 하나님의 예언을 전하고 사람들의 죄를 위해서 기도하고 예배드리는 삶을 살아야 했습니다. 그러나 야곱은 하나님의 축복보다 현실을 더 중요하게 생각했습니다. 야곱은 하나님의 예언보다 결혼이 더 급하다고 생각했습니다. 그래서 야곱은 외삼촌 라반의 두 딸 중에서 라헬이 더 예쁘니까 라헬과 결혼하는 조건으로 7년 종살이를 합니다. 그리고 라반에게 사기 결혼을 당해서 7년을 더 종으로 살게 됩니다. 그리고 재산이 하나도 없으니까 재산을 불리기 위해서 6년 이상을 종살이했습니다. 따라서 야곱은 자식도 많고 재산도 많았지만 그는 전혀 하나님의 축복을 위해서 살지 못하고 20년의 세월을 허비했습니다. 하나님은 무려 20년 동안이나 야곱의 방황을 지켜봐 주셨습니다. 그러고는 야곱이 라반과의 관계가 나빠지게 하셔서 하란을 도망쳐서 가나안으로 돌아오게 하셨습니다. 그러면 왜 그 당시 가나안 땅이 그렇게 중요했을까요? 그것은 바로 가나안 땅이 하나님의 말씀이 임하는 현장이었기 때문입니다. 연극 무대에서 가장 중요한 부분은 조명이 비치는 부분입니다. 즉 하나님의 말씀이 임하는 곳이 이 세상의 중심인 것입니다.

2. 야곱의 두려움

이 세상에는 천적이라는 것이 있습니다. 쥐는 고양이 앞에서 절대로 담대할 수 없습니다. 개구리나 쥐는 독사 앞에서 절대로 용감할 수 없습니다. 개구리나 쥐가 절대로 독사를 이길 수가 없기 때문입니다. 마찬가지로 사람 사이에도 천적이 있습니다. 며느리가 아무리 좋은 대학을 나오고 똑똑하고 말을 잘한다고 해도 시어머니 앞에서는 꼼짝하지 못합니다. 그 이유가 무엇일까요? 시어머니와 아들은 사랑으로 얽혀 있는 사이이기 때문입니다. 며느리는 시어머니나 시누이는 싫어하지만, 남편을 사랑하므로 그를 무시할 수 없기 때문입니다. 이런 천적의 관계는 우리 기독교인 사이에도 있습니다. 어떤 장로나 목사가 교회에서 자기에게 상처를 주고 자신의 인격을 파멸시키는데도 불구하고 결코 대적하지 못하고 상처받기만 할 때가 있습니다. 그 이유는 그 사람은 밉지만 다른 한편으로 하나님을 믿고 사랑하기 때문입니다. 같은 하나님을 믿고 같은 예수를 믿기 때문에 아무리 나에게 함부로 말하고 상처를 주어도 꼼짝하지 못하고 당하기만 하는 것입니다.

야곱과 에서가 바로 그런 관계였습니다. 야곱과 에서는 서로 너무나도 생각하는 것이 달랐고, 서로 다른 가치관을 가지고 있었습니다. 그러나 그들은 쌍둥이 형제였고 같은 아버지와 어머니를 사랑하고 있었지만, 그들은 서로가 서로를 미워하고 있었습니다. 차라리 그들이 서로 만나지 않고 있었던 20년이 야곱과 에서에게는 더 편한 시간이었는지 모릅니다. 그러나 야곱은 하나님의 강권적인 뜻에 의해 말씀으로 돌아와야만 했습니다. 야곱이 하나님께 돌아오는데 가장 큰 걸림돌은 자기 형 에서였습니다. 그러나 야곱은 형 에서를 만나지 않는 한 가나안으로 돌아올 수 없었습니다.

야곱은 형에게서 도망치면서 들판에서 하나님을 만났습니다. 하나님께서는 야곱에게 약속하신 대로 야박하고 지독한 외삼촌 라반의 손에서 그를 지켜주시고 부자가 되게 하셨습니다. 하나님은 야곱이 외삼촌에게서 도망쳤을 때 끝까지 따라오는 라반이 야곱을 해치지 못하게 하셨습니다. 그러나 야곱은 형 에서만 생각하면 고양이 앞의 쥐처럼 꼼짝할 수 없었습니다. 그러나 형 에서를 만나지 않는 이상 절대로 가나안 땅에 들어올 수 없었습니다. 에서는 얼마든지 야곱을 죽일 수 있었고 에서는 야곱에게 절대적인 존재였습니다.

하나님께서는 야곱에게 형 에서를 두려워하지 말라는 뜻으로 천사들의 부대를 보여주셨습니다.

창 32:1-2, "야곱이 길을 가는데 하나님의 사자들이 그를 만난지라 야곱이 그들을 볼 때에 이르기를 이는 하나님의 군대라 하고 그 땅 이름을 마하나임이라 하였더라"

"마하나임"은 '두 부대'라는 뜻입니다. 아무리 하나님의 종이고 선지자라 하더라도 천사를 만나는 것은 흔한 일이 아니었습니다. 천사를 만난다는 것은 한평생에 한 번 있을까 말까 하는 드문 일이었습니다. 더욱이 천사들의 부대를 만난다는 것은 이것은 아무나 할 수 있는 체험이 아니었습니다. 특히 천사들의 부대를 두 부대나 길에서 만난다는 것은 아주 특별한 일이었습니다. 그런데 이 천사들의 부대가 길에서 무엇을 하고 있었을까요? 만약 시골길을 가는데 엄청난 부대가 트럭에 군인들을 잔뜩 싣고 또 대포나 탱크까지 수십 대씩 동원해서 이동하고 있다면 이것은 실전에 대비해서 군대가 팀 스피릿 훈련을 하고 있는 것입니다. 이런 부대를 두 부대나 만나게 된다는 것은 굉장히 큰 작전을 하고 있는 것입니다. 바다에서는 구축함들이 출동하고 하늘에서는 전투기들이 날아간다면 이것은 엄청난 규모의 군사 훈련을 하고 있는 것입니다.

북한에서 가장 두려워하는 것은 미군의 '죽음의 백조'라는 B-1B 폭격기가 우리나라에 오는 것입니다. 이 비행기에는 60톤 이상의 폭탄을 실을 수 있고 핵무기도 10개 이상 실을 수 있습니다. 또 무서운 것은 항공모함이 와서 동해에 와서 대기하고 있는 것입니다. 이런 폭격기나 항공모함은 한 대만 출동해도 웬만한 나라 하나는 초토화할 수 있습니다. 그러나 야곱은 이런 하나님의 부대가 두 부대나 작전하고 있는 것을 보았던 것입니다. 이것은 하나님께서 야곱에게 "너는 에서를 두려워할 필요가 없다. 네 주위에는 하나님의 천사들의 부대가 너를 지키고 있다"는 것을 보여주시는 것이었습니다.

그러나 야곱은 일종의 완벽주의자였습니다. 그는 하나님의 부대는 부대이고, 자기 눈으로 확인되지 않는 이상 쉽게 믿지 못하는 사람이었습니다. 우리도 하나님이 우리에게 아무리 많이 말씀을 하시고 체험하게 하신다고 해도 자기 손에 돈이 들어오지 않고 자기 눈앞에서 원수가 거꾸러지지 않는 이상 하나님을 잘 믿지 못하는 사람들이 많이 있습니다. 그래서 이런 완벽주의 신앙은 아무리 오래 믿어도 신앙이 앞으로 나아가지 못하고 늘 제자리에서 맴돌게 됩니다.

야곱은 일단 형 에서에게 자기 종들을 보내어서 자기가 온다는 사실을 알려야 되겠다고 해서 아주 겸손한 태도로 자기 종들을 보내었습니다. 그리고 마치 종이 주인에게 대하듯이 무릎을 꿇고 '야곱은 지금 부자가 되었고 형에게 조금도 폐를 끼칠 생각이 없으며 주에게 은혜를 입기를 원한다' 고 전하게 했습니다.

그랬더니 형 에서의 반응은 너무나도 놀라웠습니다. 에서는 그 말을 듣자마자 아무 말도 없이 사백 명의 남자들을 이끌고 야곱을 만나려고 출동했다는 것입니다. 에서가 무엇 때문에 야곱을 만나는데 사백 명이나 되는 사람을 데리고 오겠습니까? 이것은 야곱을 죽이려는 것이었습니다. 에서는 20년 전에 야곱에게 속은 원한을 아직까지 풀지 않고, 야곱이 온다는 말을 듣자마자 복수하려고 부하들을 데리고 출동한 것입니다. 이것이 야곱의 생각이었습니다.

물론 형이 20년 만에 돌아오는 동생과 그 가족을 다 죽이기야 하겠습니까마는 야곱은 에서가 그럴 수도 있다고 생각했습니다. 에서는 원래 사냥을 했기 때문에 죽이는 것을 잘했고 아주 무지막지한 성격을 가지고 있었으므로 자신과 가족을 몰살시킬 수도 있다고 생각했습니다. 그렇지 않다면 무엇 때문에 부하들을 사백 명이나 데리고 오겠습니까?

야곱은 최악의 경우를 생각하고 있었습니다. 왜냐하면 사람은 어떤 나쁜 일이 일어나려고 할 때 먼저 최악의 경우를 생각하고 그 최악의 경우는 벗어나야 살 수 있다고 생각합니다. 야곱은 완벽주의 성격을 가지고 있었기 때문에 오면서 천사 두 부대를 만난 것도 안심되지 않았습니다. 완벽주의자들은 조그만 가능성도 다 생각해 보고 불안해 합니다. 그러나 하나님의 말씀을 듣고 은혜받은 사람이 완벽주의 강박증을 가지면 믿음이 더 이상 작동하지 않습니다.

야곱은 형이 사백 명을 데리고 온다는 것이 몹시 두려웠습니다. 형은 20년 전에 자기에게 속은 것을 아직도 마음에 품고 있는 것은 사실이었습니다. 지금 자칫 잘못하면 최악의 경우도 벌어질 수 있는 위기의 순간입니다. 그러나 거기서 생각을 멈추어야 하는데, 야곱은 자신과 처와 자식들이나 양이 모두 다 죽임당하는 끔찍한 상황을 예측한 것입니다.

그래서 야곱은 즉시 인간적인 방법을 사용하였습니다. 먼저, 야곱은 자신의 모든 양떼와 소떼와 자녀들을 두 떼로 나누었습니다. 그래서 만일 에서가 어느 한쪽을 치면 다른 쪽은 도망치려는 계획이었습니다. 이것은 에서의 공격으로부터 절반이라도 건지겠다는 생각이었습니다. 야곱은 가축이나 가족을 한자리에 모았다가 전부 다 죽는 것보다는 절반이라도 건지는 것이 현명하다고 생각했습니다.

그리고 두 번째는 형의 마음을 돌이킬 많은 선물을 그에게 보내었습니다. 야곱이 형에게 보낸 선물을 보면 어마어마합니다. 암염소가 이백 마리, 숫염소가 이십 마리, 암양이 이백 마리, 숫양이 이십 마리, 젖 나는 낙타가 삼십 마리와 새끼들, 암소가 사십마리, 황소가 열 마리, 암나귀가 이십 마리에 새끼 나귀가 열 마리나 되었습니다. 그것도 그냥 한꺼번에 보내는 것이 아니라 여러 그룹으로 나누어서 에서가 여러 차례 선물을 보면서 '선물이 좀 더 있겠구나. 좀 더 있겠구나'

하는 기대로 그의 마음을 누그러지게 하려고 했습니다. 그래도 야곱의 마음은 안심이 되지 않았습니다. 그래서 야곱은 이제야 하나님께 가장 솔직한 기도를 드렸습니다.

"하나님, 저는 맨손으로 이 강을 건넜습니다. 그리고 엄청 많은 재산을 이루게 되었습니다. 지금 에서가 사백 명을 데리고 온다는데 나를 죽이려고 오는 것이 아닙니까? 저보고 여기에 오라고 하신 분은 하나님 아니십니까? 저를 에서의 손에서 건져주십시오."

사실 야곱은 이 기도를 가장 먼저 했어야 합니다. 그리고 하나님이 하라고 하시는 대로 하면 됩니다. 그러나 야곱은 인간적인 방법을 다 써놓고도 안심이 안 되니까 하나님께 기도했던 것입니다. 이것이 야곱의 강박증이었습니다. 그러나 야곱의 이번 기도는 가장 솔직한 기도였습니다. 기도는 형식이나 길이보다 솔직한 것이 더 중요합니다.

3. 천사와의 씨름

야곱의 그 많은 양떼와 소떼가 움직이는데 가장 큰 걸림돌은 얍복강이었습니다. 이 얍복강은 요단강의 지류인데 요단강으로 흘러 들어가는 강 중에서는 큰 편이었습니다. 야곱은 이 강을 건너는 도중에 에서가 치면 도망도 못 가고 다 죽기 때문에 밤에 다 건너게 했습니다. 그리고 얍복강 건너편에 야곱만 혼자 남았습니다. 아마도 야곱은 아직 안심되지 않아서 하나님께 좀 더 붙들고 기도하고 싶었던 것 같습니다. 사람은 속이 타면 짧게 기도해서는 안 될 것 같습니다. 그래서 기도원 같은 데 가서 나무를 붙들고 기도하든지 바위를 붙들고 기도하든지 밤새 기도해야 직성이 풀릴 것입니다.

그런데 하나님의 응답은 오지 않고 자기가 모르는 한 사람이 나타나서 야곱을 씨름으로 꺾으려고 공격해 왔습니다. 야곱은 아마 에서의 종이 벌써 와서 자기를 쓰러트리고 결박해서 종을 만들려고 하는가보다 생각해서 결사적으로 저항했습니다. 이 씨름이 얼마나 대단했는가 하면 해지고 난 뒤부터 시작해서 새벽까지 계속되었습니다. 야곱을 기습한 사람은 어떻게 해서든지 야곱을 꺾어서 바닥에 눕힌 후 밧줄로 묶으려는 것 같았고, 야곱은 무슨 일이 있어도 다시는 종이 되지 않겠다고 각오해서 크게 저항한 것 같습니다.

여기서 중요한 것은 우선, 야곱과 씨름한 사람이 누구냐 하는 것입니다. 그리고 두 번째는 그 사람이 야곱과 대결한 목적이 무엇인가 하는 것입니다. 그리고 세 번째는 과연 누가 이겼느냐 하는 것입니다.

물론 처음에는 야곱이 자기를 공격해서 쓰러트리려는 사람이 누구인지 알지 못했습니다. 그러나 씨름을 붙어보니까 엄청나게 강한 상대였습니다. 원래 야곱의 이름은 '뒤꿈치를 잡다' 라는 뜻입니다. 이것은 씨름의 기술에서 나온 것입니다. 씨름할 때 넘어지는 척하면서 상대방의 발꿈치를 잡고 쓰러트리는 것입니다. 그러나 야곱이 아무리 밤새 자기 나름대로 가지고 있던 비겁한 방법을 다 써봐도 상대방은 꿈쩍도 하지 않았습니다. 야곱의 힘으로는 상대방을 넘어트리는 것이 불가능했습니다. 그러나 야곱도 이제 내가 20년 만에 자유를 찾아가는데 절대로 여기서 노예로 붙들리지 않겠다는 각오로 사력을 다해서 싸웠습니다. 야곱과 싸운 분은 누구겠습니까? 나중에 야곱이 이 분에게 무릎을 꿇었을 때 그분은 자기를 소개하셨습니다. "너는 하나님과 사람과 겨루어 이겼다" 고 말했습니다. 이 세상에 하나님이면서 사람인 분이 누가 있겠습니까? 어떤 사람은 천사와 씨름했다고 하고 어떤 사람은 하나님과 씨름했다고 하는데 다 맞는 말입니다. 그런데 이분은 하나님이면서 동시에 사람인 분이셨습니다. 그는 결국 제2위의 하나님, 즉 하나님의 아들이셨던 것입니다.

그러면 하나님은 왜 야곱을 꺾으려고 하셨을까요? 야곱이 하나님을 만나고 많은 체험을 하고 많은 축복을 받았지만, 여전히 자기가 죽지 못해서 꼭 인간적인 방법을 쓰고 있었습니다. 그래서 하나님께서는 야곱에게 "이제 너는 좀 죽으라. 제발 믿음을 가지라"고 하면서 꺾으려고 하면 야곱은 "이런 형편에 내가 어떻게 하나님만 믿을 수 있습니까? 저는 절대로 내 방법을 포기하지 못합니다"라고 하면서 싸웠던 것입니다. 결국 어느 누구도 상대방을 이기지 못하니까 드디어 천사가 야곱의 허벅지를 손으로 때렸는데 그때 엉치뼈가 탈골되어 버렸습니다. 여기서 엉치뼈가 부러진 것은 아닙니다. 고관절이 부러지면 움직이지 못합니다. 대신 탈골이 되었는데 그래도 야곱은 이제 더 이상 도망칠 수 없게 되었습니다. 야곱은 지팡이를 짚어야 겨우 갈 수 있었습니다. 그래서 이때부터 야곱은 다리를 절게 되었습니다.

그러면 도대체 이 씨름은 누가 이긴 것일까요? 천사도 야곱을 이기지 못했고 야곱도 천사를 이기지 못했으니까 비긴 것으로 봐야 할 것입니다. 그러나 하나님은 야곱에게 "네가 이겼다"고 하셨습니다. 야곱은 천사를 이기지 못했습니다. 이 씨름은 비긴 것입니다. 그런데 어떻게 야곱이 이겼다고 말할 수 있습니까? 그것은 새벽이 되면서 천사가 이 씨름을 기권했기 때문입니다. 즉 천사의 기권패가 되는 것입니다. 왜 천사는 이 씨름을 끝까지 하지 않고 새벽에 기권했을까요? 그것은 야곱이 자기 엉치뼈가 탈골되는 것을 보고 이 천사의 정체를 알게 되었기 때문입니다. 그는 결코 사람이 아니었습니다. 그는 엄청나게 힘이 센 분이었습니다. 이 천사는 밤새 야곱을 봐주시면서 씨름했던 것입니다. 그래도 끝까지 야곱이 굴복하지 않으니까 한번 허벅지를 쳤는데 뼈가 어긋나 버렸습니다. 이때 야곱은 이분을 붙들면 에서도 물리칠 수 있겠구나 생각하면서 울며 그분을 붙잡고 축복해 달라고 매달렸습니다.

자기 힘으로 성공한 사람은 절대로 울지 않습니다. 야곱은 어떤 일이 있어도 우는 사람이 아니었습니다. 그러나 자기보다 수십 배 강한 사람을 만나서 씨름을 하고 난 후에는 자기의 약함을 인정하고 자기를 지켜달라고 울면서 부탁했습니다. 야곱이 더 이상 자신의 힘을 믿지 않고 하나님 앞에 항복했을 때 그는 승리자가 되었습니다. 우리가 하나님을 이기는 방법은 하나님께 지는 것입니다. 하나님 앞에 두 손 두 발 다 들고 항복하는 것입니다. 그때 하나님은 야곱을 축복해 주셨습니다. 그리고 하나님은 야곱의 이름을 바꾸어주셨습니다. 즉 그때까지 사기꾼으로 살아왔던 야곱이 이제는 진정한 승리자를 뜻하는 '이스라엘' 이 되었습니다.

우리는 하나님을 믿는다고 하면서도 야곱으로 살아왔습니다. 우리는 절대로 자기 생각이나 자기 방법을 포기하지 않았습니다. 그러나 우리가 믿던 다리가 절단 나 버리고 하나님 앞에 굴복할 때 우리는 진정한 승리자가 됩니다. 우리의 싸움은 결국 내 자아를 쳐 복종시키는 것이고, 내 완벽주의를 하나님 앞에서 굴복시키는 것이고, 내 살아온 방법과 내 본성을 굴복시키는 것입니다. 그때 하나님은 우리를 축복해 주십니다. 이제 더 이상 야곱으로 살지 말고 이스라엘이 되시는 성도들이 되시기 바랍니다.